Übersichtskarte

Lage der Kartenblätter

Weinbaugebiet Südsteiermark

6 Buschenschank mit Nummer

Maßstab der Kartenblätter

1:50 000
1 cm = 500 m

Übersichtskarte von Österreich

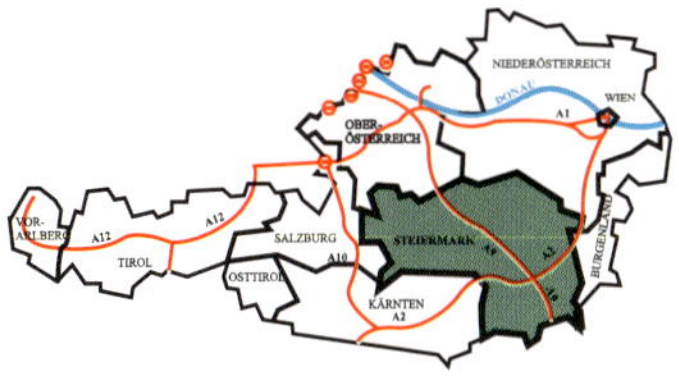

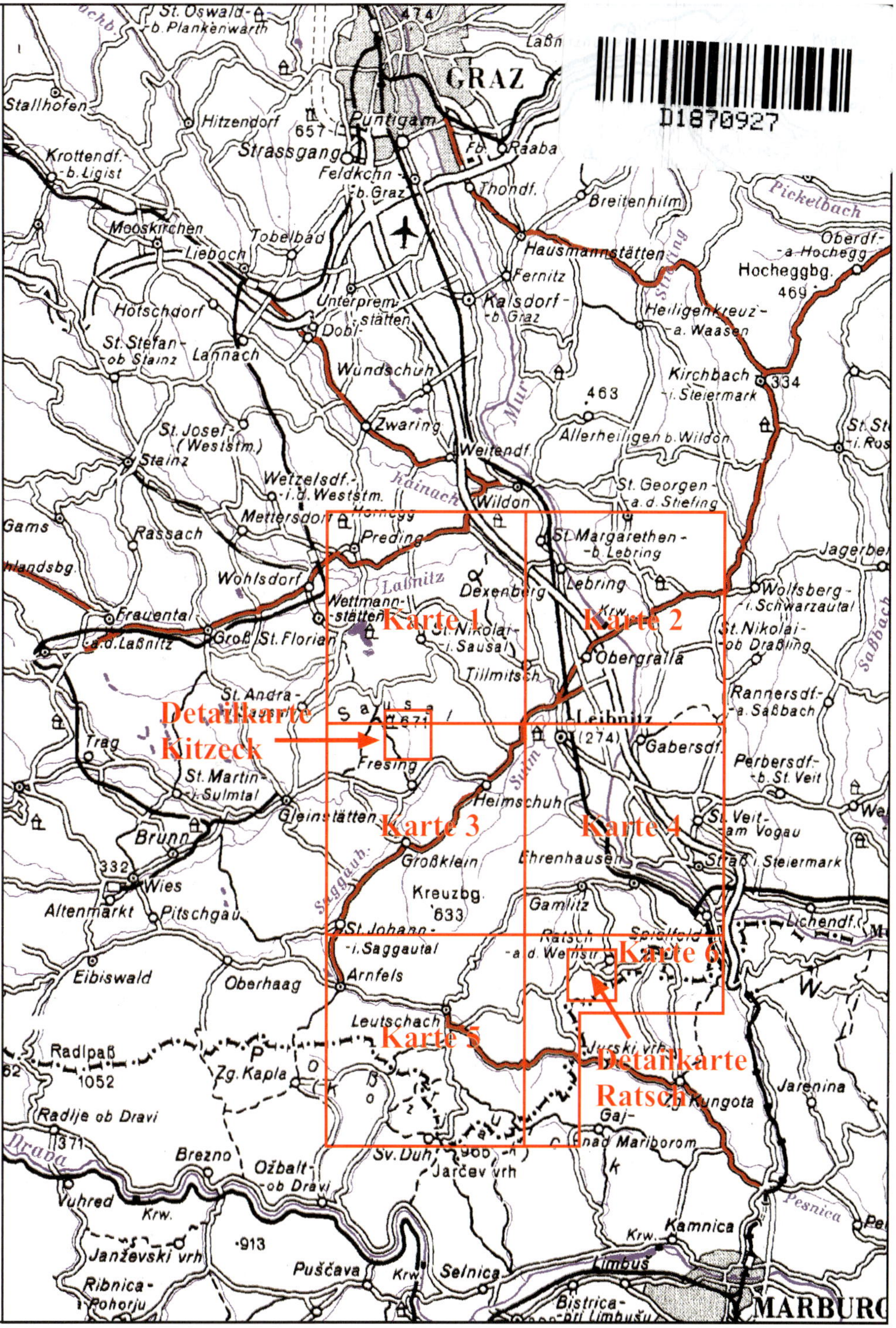

Impressum:
Sylvia und Herwig Millonig
Tel: 0664 / 45 11 844
sonmedia@multimediateam.at
http://www.multimediateam.at

Die weiteren Karten finden Sie ab Seite 194

Bildquellenverzeichnis

Das Umschlagbild und das Rückseitenbild stammen von Horst Rödding.
1 Punkt unter dem Farbbild: Bildautor H. Rödding.
2 Punkte unter dem Farbbild: Bildautor F. König.
Alle anderen Farbbilder: H. Strallhofer-Hödl

ISBN: 3-901284-17-6

Eigentümer, Herausgeber und Verleger: Unikum Verlag,
Inh.: Heidelore Strallhofer-Hödl,
Schubertstraße 24, A-8010 Graz, Tel. und Fax: 0316 / 33 71 12

Repro & Satz: Dominici Werbeagentur GmbH, 2333 Leopoldsdorf / Wien

BENÜTZERHINWEISE

Nach dem allgemeinen Textteil sind die Buschenschenken fortlaufend nummeriert, nach der ortsüblichen Benennung angegeben und nachfolgend beschrieben.

Im Index finden Sie die Buschenschenken geordnet nach Namen alphabetisch, nach aufsteigenden Zahlen, nach Vulgonamen, nach Orten.

Die Pläne sind mit einem Orientierungsnetz versehen, das am Rand mit Buchstaben und mit Zahlen bezeichnet ist - Planquadrat.

Die Karten sollen das Auffinden der Buschenschenken erleichtern, denn nicht immer gibt es Hinweistafeln. Einige Buschenschenken sind nur über Wanderwege erreichbar. Sonst fragen Sie einfach die meist hilfsbereiten und freundlichen Leute in der Nachbarschaft. Sie müssen auch damit rechnen, daß Buschenschenken auf- und zusperren, wie es der Weinvorrat zuläßt. Sie sollten auch nicht enttäuscht sein, wenn Sie einmal vor verschlossener Türe stehen, da im Weingarten jede Hand benötigt wird. Meistens lohnt sich das Warten. Bei einigen gelang es nicht, vollständige Auskünfte zu erhalten. Alle Angaben ohne Gewähr. Sollten Sie noch einige Buschenschenken oder weitere Informationen wissen, ist der Verlag für jeden Hinweis dankbar.

* Alle Buschenschenken mit Stern hatten zum Redaktionsschluß September 1998 keine Buschenschank mehr angemeldet. Trotzdem wurde die Nummerierung von der ersten Auflage beibehalten, da es sein könnte, daß manche Betriebe wieder aktiviert werden. Sie sind in den Karten nicht angeführt.

HEIDELORE STRALLHOFER-HÖDL

DIE MUTTER DER WEINSTRASSE

WEINBAU MENSCHEN BUSCHENSCHENKEN IN DER SÜDSTEIERMARK

2. AUFLAGE

UNIKUM VERLAG

EINBEGLEITUNG

In den letzten 6 Jahren, seit dieses Buch in der 1. Auflage erschienen ist, hat sich einiges geändert. Viele junge Weinbauern sind nachgekommen und bringen Bewegung in die Szene. Und so kommen mir auf „unserem" Hügel Dixieland- und Swingklänge von einer benachbarten Buschenschank ans Ohr, wo diesmal ein Jazz-Weinseminar stattfindet. Ein angenehmes Gefühl, wenn diese Musik neben Traktorengeräuschen vom Wind heraufgetragen wird.
Was gibt es schöneres, als an einem heißen Sommernachmittag im südsteirischen Weinland die Seele baumeln zu lassen. Ein Pfauenauge setzt sich ruhig auf meine Schreibmaschine, klappt die Flügel zu, um dann wieder zu den Blumen weiterzugaukeln. Ich spüre den leichten Wind, der immer am Nachmittag aufkommt. Er bringt Düfte des Zitronenbaumes, des Oleanders und all der mediteranen Pflanzen mit, die in diesem milden Klima gedeihen. Es ist eine Gegend, in der erwiesenermaßen die Sonne mehr scheint, es milder ist als anderswo in Österreich. Der Wind ist weicher und voll der Düfte.
Zurück zum Heute, zum Leben der Weinbäuerinnen und Weinbauern in der Südsteiermark, das hart ist. Die Bauersleute pflegen die guten und die besten Lagen mit hervorragendem Boden und wollen den besten Wein produzieren.
In diesem, etwas abgelegenen Teil zwischen Graz und der slowenischen Grenze, wächst Österreichs exklusivster Wein und gedeihen Edelkastanien, Pappeln, Kürbisse. Der Klapotetz gibt der Landschaft das unverwechselbare Gepräge.
Ich komme wieder ins Schwärmen über eine meiner Lieblingslandschaften, die oft mit der Toskana verglichen wird, für mich aber einen eigenständigen Charakter hat, wenngleich mit südländischem Reiz. Schon lange ist es mir ein Anliegen, über die Buschenschenken, den Weinbau und die Menschen, die dahinter stehen, zu berichten und einige Geschichten und Daten dieser südsteirischen Region aufzuzeigen.
Seit wir hier im Sulztal Fuß gefaßt haben, erlebe ich es hautnah, wie arbeitsintensiv der Weinbau ist.
Ein Hauptaugenmerk gilt den Frauen im Weinbau und in den Buschenschenken, voran Frau Emmi Bullmann, als Pionierin des Baues der Südsteirischen Weinstraße. Zusätzlich zu den Buschenschenken, finden Sie noch einen Überblick über Weinbauern, die keinen Buschenschank betreiben, aber Wein und anderes Selbstangebautes ab Hof verkaufen und eine kleine Auswahl von Betrieben, die ihre Produkte selbst vermarkten.
Das Buch ist dem Süden der Steiermark, den Buschenschenkern und vor allem den Buschenschenkerinnen gewidmet, deren unermüdlicher Einsatz lebenserhaltend für dieses Stück Kulturgut ist.
Die Neuauflage des 1992 erstmalig erschienenen Buches soll ein Streifzug durch einen genau angegebenen Teil der südsteirischen Landschaft in Wort und Bild sein.
Jedes Jahr schließen ein paar Buschenschenken und jedes Jahr kommen einige dazu. Was bleibt ist der Wein mit seiner charakteristischen Qualität und die Landschaft mit der ihr eigenen Prägung.

Heidelore Strallhofer-Hödl
Herbst 1998

DIE STEIRISCHEN WEINSTRASSEN UND WEINBAUREGIONEN

Österreich ist ein herrliches, wenn auch kleines, Weinland. Mittlerweile erreicht die Qualität der Weine Weltrang. Von den vier weinbaubetreibenden Bundesländern Steiermark, Niederösterreich, Burgenland und Wien ist die Steiermark das kleinste. Das Anbaugebiet verringerte sich nach dem Ersten Weltkrieg durch die Abtrennung der Untersteiermark auf ca. 2.500 ha. Heute bearbeiten ca. 4.000 Weinbauern rund 3.000 Hektar Rebfläche. Die Weinbauregion Steiermark teilt sich wiederum in drei Weinbaugebiete: Südsteiermark, Oststeiermark und Weststeiermark.

Das südsteirische Weinbaugebiet
Von diesen drei Weinbaugebieten ist es das flächenmäßig größte und liegt im Bezirk Leibnitz. Es erstreckt sich entlang der Staatsgrenze nach Slowenien und reicht ungefähr von Ehrenhausen bis Schloßberg. Es umfaßt ca. 1.850 ha.

Klöch – oststeirisches Weinbaugebiet
Ein großes Weinbaugebiet mit den meisten Weinbaubetrieben. Es reicht von der Mur bis zum Wechsel, von Bad Radkersburg bis Fehring. Es umfaßt ca. 1.070 ha.

Das weststeirische Weinbaugebiet
Sein Markenzeichen ist der Schilcher und es reicht von den Bezirken Graz-Umgebung bis Deutschlandsberg und Voitsberg. Es umfaßt eine Fläche von ca. 320 ha.

In diesem Buch wird die Weinbauregion Südsteiermark (alle Gemeinden den Bezirk Leibnitz betreffend, mit Ausnahme der Gemeinden links der Mur) behandelt: Die Südsteirische Weinstraße, die Sausaler Weinstraße und die Rebenlandstraße mit ihren Buschenschenken.

DER STEIRISCHE WEINBAU

Auf dem Weg zum Ursprung des Weinbaues in der Steiermark stößt man auf die älteste steirische Rebe, eine Wildrebe, die in einer Versteinerung aus dem mittleren Tertiär nachzuweisen ist. Die vier- bis fünftausend Jahre alten Traubenkerne aus Leoben geben Zeugnis von dem edlen Gewächs in unseren Breitengraden. Daß die Kelten schon 400 v. Chr. Wein angebaut, die Pflanzen genutzt und die Trauben genossen haben, ist bekannt. Eine der Wildreben, die sie damals kultivierten, gilt als wahrscheinliche Vorläuferin der Blauen Wildbacher Traube. Die Römer kamen in Teile der heutigen Steiermark und machten diese zu ihren Provinzen.

Durch die Wirren der Völkerwanderung ging der Weinanbau völlig zurück. Erst nach Einsetzen der Christianisierung und der damit einhergehenden Urbarmachung des Landes hörte man wieder vom Weinbau. Urkundlich wird er um 890 n. chr. in der Untersteiermark erwähnt. In der Folge spielten Kirche und Klöster eine besondere Rolle bei der Verbreitung und Förderung des Weinanbaues. Sie gaben das Land zur Weiterbenützung an „unfreie" Bauern, die einen Anteil ihres Weinertrages als Zehent an die Besitzer liefern mußten.

Im 15. Jahrhundert zählte man im Bistum Seckau über 6000 Weingärten. Einfuhrverbote von ausländischen Weinen vom 13. bis zum 15. Jahrhundert beweisen, daß dieser Wirtschaftszweig zu dieser Zeit in unserem Land florierte. Der damals meist saure Wein wurde gerne gezuckert und gewürzt.

Durch Kriege, Seuchen und Heuschreckenplagen ging der Weinanbau in der Zeit des 16. und 17. Jahrhunderts drastisch zurück. Unter Maria Theresia und Josef II. erfuhr dieser Wirtschaftszweig wieder einen Aufschwung. Die Kaiserin brachte zwischen 1751 und 1753 eine neue Verordnung heraus, die für jeden Eimer eingeführten Weines Zoll verlangte, da genügend Wein im Lande war. 1784 erließ Josef II. ein Edikt – eine josefinische Zirkularverordnung -, die besagte, daß jeder Weinbauer seinen Wein ausschenken und kalte selbstgemachte Speisen dazu verkaufen durfte: die erste gesetzliche Grundlage für den Buschenschank.

Ein weiterer großer Förderer in der Geschichte des steirischen Weines war Erzherzog Johann, der 1819 die „k.u.k. Landwirtschaftliche Gesellschaft für Steiermark" gründete. Sie gilt als die Vorläuferin der heutigen Landwirtschaftskammer. Ihre Schwerpunkte lagen in der Förderung des Obst- und Weinbaues.

Es war der Erzherzog, der dem steirischen Wein zu einem besonders hohen Niveau verhalf. 1822 kaufte er einen Besitz in Pickern bei Marburg, ließ ein Musterweingut anlegen und berief Kellermeister aus verschiedensten Ländern in die Steiermark. Er brachte viele neue Rebsorten aus aller Welt nach Pickern – z.B. von der Krim, aus Ungarn, Frankreich, Griechenland und aus Deutschland – im Speziellen aus dem Rheingau und aus dem Elsaß (Rheinriesling, Welschriesling, Traminer, Klevner und viele andere mehr).
Der Erzherzog ließ Bodenverhältnisse, Klima, Düngung und den Rebschnitt erforschen, und sein Prinzenweingarten wurde so ein Musterbeispiel einer Rebanlage weit über die Grenzen der Monarchie hinaus. Er war auch bestrebt, in der Kellerwirtschaft Sauberkeit und Konservierungsmaßnahmen zu verbessern, um einem guten und auch sortenreinen Wein den Weg zu ebnen.

Der Aufschwung des steirischen Weinbaues wurde jäh unterbrochen, als im Jahre 1850 der echte Mehltau auftrat, um 1878 die Peronospora, und um 1880 die Reblaus eingeschleppt wurden. Letztere kam aus Amerika und war die eigentliche Katastrophe des 19. Jahrhunderts für den Weinbau. Ganze Weinlandschaften mußten gerodet werden, da fast alle Reben befallen wurden. Die Steiermärkische Sparkasse unterstützte die durch die Reblaus geschädigten Bauern mit zinsenlosen Darlehen und förderte ebenso wie der Staat und das Land die Anlage von Schulweingärten. Ein Neubeginn des Weinanbaues war erst durch die amerikanischen Unterlagsreben möglich, da diese gegen die Reblaus resistent sind. Federführend bei der Züchtung der amerikanischen Unterlagsrebe „Rupestris Göthe Nr. 9" war Hermann Göthe. Der Direktor der Obst- und Weinbauschule Marburg verfaßte ein für den Weinbau wichtiges Werk: „Das Handbuch der Ampelographie". 1889 wurde der Landes-Obst- und Weinbauverein Steiermark gegründet.

Zu Beginn unseres Jahrhunderts erholte sich der Weinbau in der Steiermark zusehends. Nach dem Ersten Weltkrieg wurde die Untersteiermark von Österreich abgetrennt und der größte Teil der steirischen Weingärten ging an das damalige Jugoslawien, heute Slowenien. Damals verblieben von den rund 34.000 ha Rebflächen nur um die 8.000 in der Steiermark. Außerdem machte die Einfuhr ausländischer Weine nach 1918 der steirischen Weinwirtschaft harte Konkurrenz. Man versuchte alles, um dem steirischen Wein wieder auf die Beine zu helfen. So veranstaltete z.B. der Landes-Obst- und Weinbauverein 1927 das erste Werbe-Wein-Kosten. 1928 wurde das „Buschenschankgesetz zur Ausschank von Wein, Traubenmost und Obstwein" beschlossen und so der Direktverkauf des Weines gefördert. Das Weinbaugesetz von 1936 verbot das Anpflanzen von Direktträgern und verordnete eine flächenmäßige Begrenzung des Weinbaues. In der Steiermark handelte es sich hiebei um eine Anbaugrenze von 4.000 ha, die heute noch nicht zur Gänze ausgeschöpft ist. 1938 hatte man in der Steiermark wieder Absatzschwierigkeiten, der Krieg stand vor der Tür. Der Zweite Weltkrieg verursachte dann einen starken Rückgang des Weinbaus und man hatte nach 1945 alle Hände voll zu tun, der Weinproduktion zu neuem Leben zu verhelfen. Dies wurde damit versucht, indem die Kammer Wander-Weinbaulehrer einsetzte, die durch ihr Wissen die Bauern beim Wiederaufbau unterstützten. 1947 wurde das erste Lehrweinkosten veranstaltet.

Die technische Entwicklung im Weinbau nahm rapide zu, neue Anbauweisen wurden ausprobiert. Waren 1959 noch 12 % der Weingärten mit Hochkultur bepflanzt, waren es 1970 schon 75 %. Fortschrittliche Maßnahmen im Weinbau wurden vom Land gefördert. So gab es ab 1961 vier Weinbaupläne, die neue Anbauweisen, steile Hanglagen, Grenzlandlage usw. berücksichtigten und finanziell unterstützten. Um auf die Probleme in der Weinwirtschaft besser eingehen zu können, gründete die Kammer 1975 den Landesweinbauverband. Aber es gab und gibt auch Privatinitiativen. So den 1977 gegründeten Schutzring-Verein, der sich zum Ziel gesetzt hat, den steirischen Wein zu fördern. Das neue Buschenschankgesetz 1979 und seine Novellierungen, das Österreichische Weingesetz 1985, das Mißbrauch bei der Weinerzeugung verhindern soll, aber auch das Steiermärkische Landesweinbaugesetz 1986, das die Hektarhöchsterträge und einen Weinkataster beschloß, sind Marksteine der jüngsten Weinbaugeschichte.

Heute gibt es sowohl eine Bundesgesetzgebung als auch eine Landesgesetzgebung. Es gibt nach wie vor Regelungen für die Anbaugebiete, zur Kellerwirtschaft, zum Arbeitsrecht, aber auch Gesetze, die das Förderungswesen der öffentlichen Hand betreffen.

STEIRISCHE REBSORTEN

WEISSWEINE

GOLDBURGER
Kreuzung aus Welschriesling und Orangetraube. Extraktreich mit neutralem Bukett, vollmundig, mild.

GRÜNER SYLVANER
Stammland: Siebenbürgen oder Deutschland. Grünlich-gelbe Farbe. Im Kabinettbereich nachhaltiges Bukett, im Abgang ähnlich reifen Bananen.

MORILLON (Chardonnay)
Feines, neutrales Bukett, extraktreich, vollmundig. Ideal für lange Lagerung, feine Säure, typisches Bukett

MÜLLER THURGAU
Rheinriesling x Sylvaner, Stammland: Deutschland. Zartblumig, mild, als Jungwein besonders spritzig und süffig. Nicht zu lange lagerfähig, nach neuester Forschung Kreuzung von Riesling und Gutedel.

MUSKATSYLVANER (Sauvignon blanc)
Stammland: Frankreich. Voll, würziges Bukett, ausgeprägter Sortengeschmack, lange lagerfähig, manchmal grasig, schöne Säurestruktur.

MUSKATELLER (gelber Muskateller)
Ausgeprägtes Muskatbukett, besonderes Säurespiel, Farbe gelblich-grün, rassige Säure, eine steirische Spezialität.

RHEINRIESLING (Weißer Riesling)
Hochfeine Blume, spritzig, rassig, elegant, blumig, baut langsam aus. Lagerung bis zu 4 Jahren.

RULÄNDER (Grauer Burgunder, Pinot gris)
Eigentliches Ursprungsland Frankreich. Alkoholreicher, fülliger, körperreicher Wein, feine gut eingebundene Säure, kräftige Farbe, manchmal leichte Rotfärbung. Beste Lagerung, hohe Qualität als Altwein.

SÄMLING 88 (Scheurebe)
Kreuzung aus Sylvaner x Rheinriesling. Fruchtig, stark duftend, ausgeprägtes Bukett.

TRAMINER (weißer/roter Gewürztraminer)
Feines, intensives Sortenbukett, Duftfülle. Gewürztraminer mit besonders aromatischer Würze, extraktreich, Körper und Eleganz.

WEISSER BURGUNDER (Klevner, Pinot blanc)
Stammland: Frankreich, im besonderen Burgund. Voll, pikante Säure, nicht aufdringliches Sortenbukett, teilweise Geschmack von Mandeln. Bei längerer Lagerung beste Qualität als Altwein.

WELSCHRIESLING (Riesler, Riesling)
Stammland: Champagne (Frankreich) – wird dort nicht mehr angebaut. Feinwürzig, fruchtig, spritzig, heiterer Wein. Steirische Hauptsorte, säurebetont, wird zu Recht meist einjährig getrunken.

ROTWEINE

BLAUBURGER
Blaufränkisch x Portugieser. Extraktreich, gute Qualität, tiefdunkle Farbe, eher herber Charakter.

ST. LAURENT (Laurenzi-Traube)
Stammland: Frankreich – Champagne – wird dort nicht mehr angebaut. Feines Bukett, tiefrot, samtig, körperreich. Lange Lagerung.

WILDBACHER BLAU (Schilcher)
Zwiebelfarbe bis Rubinrot. Fruchtig, spritzig mit hoher Säure, ein sortentypisches Bukett. Diese Sorte ist für die Steiermark weingesetzlich geschützt (Roséwein).

ZWEIGELT BLAU (Rotburger)
Blaufränkisch x St. Laurent. Voller, kräftiger Rotwein mit ausgeprägtem Rotweincharakter, kräftige Rubinfarbe, Zartheit im Geschmack.

SÜDSTEIRISCHE WEINSTRASSE

Sie beginnt in Ehrenhausen und verzweigt sich nach Gamlitz, Spielfeld und Ratsch, Sulztal, Glanz, Langegg, Schloßberg und Eichberg-Trautenburg liegen ebenfalls an der Straße. Sie ist die älteste der steirischen Weinstraßen und als Besonderheit bildet auf eine Länge von 2,5 km die Mitte der Straße die Grenze zwischen Österreich und Slowenien – „die neutrale Straße". Leutschach ist das Ende der „Ersten Steirischen Weinstraße".

DIE MUTTER DER WEINSTRASSE ERZÄHLT

In der Erwartung, eine 93jährige Frau zu treffen, war ich ganz verblüfft, einer rüstigen und agilen Dame gegenüberzustehen. Ich besuchte diese Frau, weil ich von ihr gehört hatte, daß sie ein Meilenstein in der Geschichte des Weinstraßenbaues sei, ja daß man sie als **„Mutter der Weinstraße"** bezeichnen kann. Es war eines der wenigen historischen Interviews zur Geschichte der Weinstraße. Frau Bullmann lebt nicht mehr, ihre damaligen Aussagen sind geschichtliche Dokumente. Nachfolgend der Situationsbericht aus dem Jahre 1992:

Jetzt sitze ich dieser Frau gegenüber, die voll von Erinnerungen ist und beginne zu fragen: „Wie war das mit dem Weinstraßenbau?" Neugierig schaue ich diese Frau an, die so viel geleistet hat und deren ganze Liebe dem Weingarten gehört. Die Sehnsucht ist ihr ins Gesicht geschrieben, wenn sie von „unten" zu erzählen anfängt. Die Anrainer der Gegend rund um das Weingut Bullmann hatten mit ihr eine Idee geboren, den Trampelpfad zwischen „Rebenburg und Kästenburg" in eine Straße auszubauen. Es geschah in den Jahren nach Kriegsende, in der die engagierte Emmy Bullmann, unterstützt von Weinbauern wie Robert Knaus und anderen, sich mit dem

Bürgermeister von Ratsch, Herrn Wagner, zusammentat, um Bittgesuche an den damaligen Landeshauptmann Josef Krainer, „den Ersten", zu formulieren. Es war ihr auch der damals noch beschwerliche Weg nicht zu weit, ihre Bitte um Unterstützung für den Weinstraßenbau dem Landeshauptmann mündlich vorzutragen. Ihre Bitten waren von Erfolg gekrönt und so konnten sie mit dem Bau der Weinstraße beginnen. In dieser Zeit hatte sich zum Bau der Straße ein Verein gebildet,

in dem der Bürgermeister von Ratsch und Robert Knaus als Obmann und Frau Bullmann als Kassiererin äußerst tatkräftig waren. Doch Frau Bullmanns Engagement war mit dem Weinstraßenbau noch nicht zu Ende. Stets hielt sie guten Kontakt zu den Grenznachbarn. Dabei kam es ihr zugute, daß sie in den Kriegszeiten immer ein gutes, aber nicht zu intensives Verhältnis zu Personen auf beiden Seiten der Grenze gebildet hatte. Frau Bullmann erzählt, daß die ganze Straße mit Steinen aus einem Steinbruch jenseits der Grenze gebaut wurde. Das Material war dort ungleich billiger zu haben als in Österreich. So oft sie nur konnte, fuhr sie mit den Arbeitern nach Jugoslawien, um Steine zu holen. Zum Teil verköstigte sie die Arbeiter und stellte Quartiere im eigenen Haus zur Verfügung. Mitten in der Erzählung steht Frau Bullmann auf, geht zum Schrank und sucht nach ihrem Gästebuch. Sie findet die Eintragung, die den krönenden Abschluß des Straßenbaues in Wort und Bild wiedergibt: 15. Oktober 1955 – die Eröffnung der steirischen Weinstraße.

„Wissen Sie, ein Bild war das, die ganze Straße beflaggt in Grün und Weiß – ein Bild, das ich nicht vergesse."

Im Gästebuch haben alle unterschrieben und ein besonderer Dank gebühre der Schulleiterin, Frau Elli Permoser als Verfasserin eines Gedichtes und der Zeichnung anläßlich der Eröffnung. Frau Permoser war Lehrerin an der Südmarkschule in Ratsch. „Wissen Sie, das Leid, die Sorge der Nachkriegszeit, haben die wenigen Leute, die hier lebten, zusammengeschweißt"„Wenn man im Gästebuch blättert, sieht man, wie wichtig der Weinstraßenbau war. Er wurde zwei Jahre nach der Eröffnung in einer Reportage von Radio Steiermark durch Peter Girn in der Sendung „Ein Bild aus dem Grenzland" gewürdigt.

Wieder schwelgt Frau Bullmann in den Erinnerungen über die Jahre vor und während des Krieges. Immer wieder taucht in der Erzählung der Name Anderlitsch auf, der ihr beim Weinstraßenbau und bei der Beschaffung der Steine behilflich war. „Ein fescher, großer Mann war er, der Partisanenhäuptling, meint Frau Emmy. In diesem Grenzland war man sich gegenseitig behilflich. So wurde Frau Bullmann durch den Schutz von Herrn Anderlitsch mehrfach vor Plünderungen bewahrt. Andererseits schenkte sie seiner Frau, als diese nichts mehr zum Anziehen hatte, Kleidung. „Er hat mich bewahrt, er hat mich beschützt, ja er war wie ein Schutzengel für mich", sagt Frau Bullmann.

Auch zu Herrn Dadieu, dem Gauhauptmann, hatte sie eine gute Beziehung und sie setzte sich bei ihm für die Frau des Partisanenführers ein, als dieser eine Aussiedlung droht. Daß die Zeiten, trotz Nachbarschaftshilfe, schwer waren, wird deutlich, wenn Frau Bullmann erzählt: „Ich wollte nie weg vom Weingarten, wollte das Haus nicht alleine lassen, damit vor allem dem Wein im Keller nichts passiert. Dort lagerten oft bis zu 30.000 Liter Wein. Meistens sind wir ja gut weggekommen, aber einmal haben uns die Russen doch erwischt. Sie sind mit einem Lastwagen gekommen und haben sich ihre Behälter aus den Weinfässern vom Keller angefüllt. Sie haben dann ihre „Piepen" nicht geschlossen und der Wein ist zum Teil über den Weinberg hinuntergeronnen. Aber Glück im Unglück haben wir trotzdem gehabt", berichtet Frau Bullmann weiter, „während eine Gehilfin in der Küche eine Eierspeise von 40 Eiern zubereitete, mußte ich mit den Russen in den Keller gehen. Gezittert hab ich als sie von den Fasseln den Wein abzapften, denn in ein paar Fässern waren nämlich Weinflaschen versteckt, wenn sie die entdeckt hätten! Man war letztendlich Freiwild", so erzählt Frau Bullmann. Sie fürchtete sich schrecklich, hat aber die ganze Zeit ihren Besitz verteidigt. So erzählt sie von einer Begebenheit mit einer Freundin, einer gebürtigen Leibnitzerin, die jenseits der Grenze, in Jugoslawien, ihren Besitz hatte. Diese konnte die schlaflosen Nächte der Emmy Bullmann nicht mehr mitansehen und schlug vor, sie solle bei ihr wohnen. Daß diese Frau einerseits die Partisanen versorgte und es andererseits auch mit den Österreichern hielt, also ein Doppelspiel trieb, wußte Frau Bullmann nicht. Sie ging zu dieser Frau den Hang hinunter und schlief bei ihr. Eines Nachts klopfte es an der Türe. Partisanen standen draußen, befahlen „anziehen" und nahmen diese Frau mit. Zu Frau Bullmann sagten sie: „Sie sind doch die Frau vom Nachbargut da oben, sie können bleiben, aber wir kommen zurück". Kaum waren die Männer weg, lief sie mitten in der Nacht durch den jugoslawischen Wald, den Hügel hinauf, so schnell sie ihre Füße tragen konnten. Nur nach Hause, zu ihrem Besitz, waren ihre Gedanken. In den nächsten Tagen erfuhr sie von vorbeikommenden Partisanen, daß ihre Gastgeberin erschossen worden war. Vorher hatte sie sich noch ihr Grab selber schaufeln müssen. Der Sohn, der von der Deutschen Wehrmacht im hohen Norden zurückkam, stand vor dem leeren Elternhaus.

Mitten in ihrem Redestrom schaue ich auf und denke mir, wo kommt sie her, die soviel von der Südsteiermark zu erzählen weiß, wie kam sie eigentlich da hinunter. Und so beginnt die Geschichte des Weingutes Bullmann. 1753 wird es erstmals als Winzerkeusche erwähnt. Zum Herrenhaus wird es unter dem Postmeister Knopper 1851. Frau Maria Bullmann, geb. Knopper und ihr Mann Jakob Bullmann übernahmen 1877 das Haus. Einige Jahre später erfolgte der Umbau des Hauses, des Kellers und der Turmzubau. Kurz war es auch im Besitz der bei einer Kahnfahrt tragisch verunglückten Gabriele Bullmann. 1891 übernahm Baumeister Josef Bullmann das Anwesen, der in Graz nicht nur durch die Nürnbergerhäuser und Bauten in der Elisabethstraße und Merangasse, sondern insbesondere durch die Errichtung vieler öffentlicher Bauwerke, wie z.B. des Landesmuseums, der Landesbibliothek, mehrerer Universitätsgebäude, zweier Realschulen u.a.m., bekannt war. Nun tritt Emmy Bullmann in die Geschichte des Weingutes. Durch ihre Heirat mit Hermann Bullmann, dem Sohn des Baumeisters, lernte sie diesen Weingarten kennen. Sie fuhr, so oft sie konnte, zum Anwesen ihrer Schwiegereltern und

scheute auch den eineinhalbstündigen Fußmarsch von der Bahnstation Ehrenhausen nicht, um in ihren geliebten Weingarten zu kommen.
Nach dem Tode der Schwiegereltern (1929) übernahm ihr Mann den Besitz. Er war als Baumeister sehr an Graz gebunden und kam nur am Wochenende „hinunter". So war der Weingarten immer mehr unter ihrer Obhut. Nach dem Tode ihres Mannes 1961 war sie die unumschränkte „Herrscherin" des Weinguts, das sie mit großer Liebe und Sorgfalt betreute. Als ihr im 78. Lebensjahr der Betrieb doch zu beschwerlich wurde, nahm sie schweren Herzens von ihrem geliebten „Weingarten" Abschied.
Sie überließ 1977 alles dem Jüngsten ihrer Geschwister, Dr. Manfred Brandstätter, der mit großen Investitionen einen modernen Musterbetrieb ausbaute. Eine besondere Stütze ist ihm der unermüdliche Hofrat i.R. Dr. Willi Jauker, dessen Umsicht, Fachkenntnis und persönlicher Einsatz für dieses Weingut prägend sind.

SÜDSTEIERMARKS ERDÖL

Aus der steirischen Küche ist das Kernöl nicht mehr wegzudenken. Früher als „armer Leute Fett" bekannt, gilt es heute als Delikatesse. Es wird aus den Kernen der großen bauchigen „Ölkürbisse" gewonnen (eine spezielle steirische Kürbissorte mit schalenlosen Kernen entstammt einer besonderen Züchtung). Früher wurde der Ölkürbis als Zwischenpflanze in den Maisfeldern angebaut. Die Anbaufläche in der Steiermark beträgt über 7.000 ha, bei einem Kernertrag von 700 – 1.000 kg je ha. Man kann sich die Südsteiermark ohne Kürbisfelder gar nicht vorstellen. Anbau, Ernte und Verarbeitung ist zum Großteil Frauenarbeit. Im Mai beginnt's. Getrocknete Kerne vom Vorjahr werden in „Furchenzeilen", die in gewissen Abständen angelegt sind, in die Erde gelegt und mit etwas Erde bedeckt. Eine alte Überlieferung sagt, daß die Kürbisse besonders gut wachsen, wenn die Frauen beim Setzen viel lügen. Nach kurzer Zeit schauen die Pflänzchen aus der Erde und der Acker muß gehackt werden. Einige Wochen danach bedecken die Ausläufer, die Kürbisnetze – Spinnennetzen gleich – die Äcker. Später entfalten sich gelbe Blüten und bis Oktober dauert der Reifeprozeß. Nachdem der Mais eingebracht ist, kommt die Zeit der Kürbisbäuerinnen. Ein buntes Bild ist es, wenn im Herbst die Frauen mit ihren Schürzen und Kopftüchern, oft ein Lied auf den Lippen, die Kürbisse mit einem Hieb spalten und danach entkernen. Die weiche innere Masse wird als Futter für die Schweine verwendet. Ein Teil des restlichen Kürbisfleisches kann entweder gebacken oder geschabt werden und daraus werden köstliche Gemüsespeisen oder Suppen zubereitet. Der Rest verbleibt auf den Äckern als Düngung. Nach dem Putzen der Kerne werden sie zum Trocknen in die Sonne gelegt. Getrocknete Kürbiskerne finden auch als Knabberkerne Absatz. Damit das Kernöl möglichst frisch ist, wird mehrmals im Jahr gepreßt. Von zweieinhalb Kilo Kernen bekommt man in der Regel 1 Liter Öl. Die getrockneten Kerne werden fein gemahlen und unter Wasserzusatz geknetet, geröstet und unter hohem Druck gepreßt. Als „kaltgepreßt" darf das Öl nur bezeichnet werden, wenn die Temperatur 120 Grad nicht übersteigt. Daher handelt es sich beim Kernöl um eines der gesündesten Öle.
Das „Salatöl" dagegen ist ein Kernöl, bei dem der gepreßte Ölkuchen einer zweiten Pressung unterzogen wird. Das echte Kürbiskernöl ist ein Öl aus erster Pressung. Da der Kürbis Eisen, Magnesium, Natrium und Kalium enthält, wird diese Frucht noch interessanter. Der Kernöl ist darüber hinaus reich an Vitaminen, Spurenelementen, Linolsäure und Eiweiß. Außerdem sagt man dem Kernöl Heilkräfte und Linderung bei Prostataleiden nach. Dieses braungrüne Öl mit dem charakteristischen Nußaroma wird nicht nur für Salate, sondern in jüngster Zeit auch in der gehobenen Gastronomie für Saucen verwendet. Der Geruch des frisch gepreßten Öles hält an die vier Wochen, die Lagerung ist über Monate hinaus möglich. Am Besten ist es für das Öl, wenn es dunkel lagert. Die Echtheit des Öles erkennt man nicht an der Dickflüssigkeit und Farbe, sondern an der Schmierfähigkeit des Öles. Die Flecken, so sagen erfahrene Hausfrauen, kann nur die Sonne bleichen.

DER ARBEITSALLTAG EINER WEINBÄUERIN

Bewunderung fordert einem Frau Berta Dreisiebner ab, wenn man Gelegenheit hat, sie ein wenig bei ihrem Arbeitsalltag zu „belauschen" und ihr zuzusehen, wenn sie – oft unauffällig – ihre Pflichten erledigt. „Ich arbeite gerne", sagt sie, und man nimmt es ihr ab. Ja, man könnte diesen Satz wohl über ihr ganzes Leben, das Leben einer Weinbäuerin, Hausfrau und Mutter schreiben.
Sie haben acht Kinder, die Dreisiebners. Sie aufzuziehen war und ist nur eine der Aufgaben der Frau des Hauses, bei der sie – wie bei vielem anderen auch – von ihrem Mann sehr unterstützt wird. Jetzt passen oft schon die größeren auf die kleine-

ren Kinder auf. Aber früher kam es durchaus vor, daß die Mutter die Kleinen in den Weingarten mitnahm, weil niemand Zeit hatte, auf sie aufzupassen und die Arbeit doch getan werden mußte. Die Arbeiten im Weinbau hat Frau Dreisiebner, die erst durch ihre Heirat in die Südsteiermark kam, von ihrem Mann erlernt. Heute empfindet die Frau, die viel im Haus arbeitet, die Tätigkeiten im Weingarten fast schon als Erholung. Schneiden, Bögen niederbinden, Neuanlagen hauen, jäten, einschlupfen und mähen sind Arbeiten, die ihr leicht von der Hand gehen und die sie gerne verrichtet. Wie viele andere Weinbäuerinnen auch, ist sie bei Bedarf beim Etikettieren oder Flaschenabfüllen dabei und hilft eben, wo sie gebraucht wird. Dies ist umso mehr hervorzuheben als der Hauptaufgabenbereich von Frau Dreisiebner im Haus liegt. Sie betreut neben der Buschenschank auch den „Urlaub am Weinbauernhof". Dies ist ein Begriff in der Südsteiermark und viele Fremde genießen diese spezielle Art der Freizeit- und Urlaubsgestaltung. Für Frau Dreisiebner heißt dies aber umsichtiges Eingehen auf Gäste und weitere Arbeit. Zehn Betten, zehn Gäste, das heißt für zwanzig Menschen kochen, wenn man die Familie hinzuzählt. Die Gäste des Hauses haben hier Familienanschluß. Immer ist jemand im Haus, der sich um sie kümmert. Meist ist dies Frau Dreisiebner. Sie sorgt nicht nur für das körperliche Wohl der Menschen, die von Ostern bis weit in den Herbst hinein hier Urlaub machen. Sie schafft es, neben aller Arbeit auch noch Zeit zu finden, einen Brotbackkurs anzubieten. Ist der Herbst vorbei, nützt sie die kalte Jahreszeit mit Sticken, Stricken und Nähen, wofür sie bis jetzt Kurse für die Bäuerinnen der Umgebung abgehalten hat. Trotzdem schafft sie es in den Stunden, die ihr ganz persönlich bleiben, nicht nur zu stricken – auch dies tut sie gerne und mit Ausdauer – sondern immer wieder ein Buch in die Hand zu nehmen und zu lesen.

DIE STEIRISCHE KNOPFERLHARMONIKA

Nicht wegzudenken ist in der Steiermark die Knopfharmonika, die unter vielen anderen Namen wie Ziachorgel, Wanzenpreß oder Quetsch'n in der Bevölkerung bekannt ist. Die ersten Harmonikainstrumente wurden erst vor knapp 100 Jahren von einer Wiener Orgelbaufamilie gebaut. Diese ersten Modelle sind aber eher den mechanischen Spielzeugen zuzuordnen. Es gab dann Weiterentwicklungen und nach dem Ersten Weltkrieg hört man das erste Mal von der „Steirischen". Von den anderen Musikinstrumenten unterscheidet sie sich als Besonderheit dadurch, daß sie diatonisch gestimmt ist und nur in wenigen Tonarten gespielt werden kann. Es ist so üblich, die Knopferlharmonika nach Gehör zu erlernen. Erst Alfons Holzschuh hat eine Tabulatur für die diatonische Harmonika verfaßt. Nach den Noten von Max Rosenzopf war es auch erst möglich im Musikunterricht die Knopferlharmonika zu erlernen. So kam es zur Renaissance der Harmonika. Heute gibt es fünf Betriebe in der Steiermark. Der Bau des Instrumentes wird meist überliefert, also wie man das Instrument fertigt, wird meist von einer Familie in die andere weitergegeben. In der Steiermark gehört die Knopferlharmonika zu den liebsten Volksinstrumenten und die neue Generation der Volksmusik, wie die Ausseer Hardbradler oder Hubert von Goisern, verwenden sie auch auf der Showbühne. Um einen besonderen Harmonikafertigungsbetrieb hervorzuheben, möchte ich kurz das Haus Jamnegg hervorheben. Umgeben von Buschenschenken und Weinhügeln direkt an der slowenischen Grenze von einem Schlagbaum getrennt ist der bekannte südsteirische Harmonikabauer beheimatet. Ohne Beschilderung, aber Sie finden ihn. Private und Autobusse, die sich seine Werkstatt ansehen wollen und vielleicht so ein edles Stück erwerben wollen. Dann kann es schon sein, daß man quer über die Hügel herrliche Zieharmonikalaute hört. An die 200 Stunden fallen für die Fertigung einer solchen Harmonika an Zeit an.

EINE GANZ ANDERE BUSCHENSCHENKERIN

Sie traut sich zu sagen, was sie meint, ist kritisch, vielseitig und kann nicht ohne Aktivitäten sein. Ihre Hobbies – Blumen und Politik. Sie bewältigt einfach alles – Gertrude Trabos. Selbst von einem Bauernhof und Weinbaubetrieb, hatte sie nach der Landwirtschaftsschule Burgstall und der Fachschule Haidegg eigentlich andere Pläne. Durch die Heirat kam sie ein paar

Hügel weiter in einen anderen Betrieb, auch einem Bauernhof mit Weinbau und Buschenschank. Als rechte Hand des Bauern hilft sie im Weingarten mit, wo 60% der Arbeiten ohne Maschineneinsatz gemacht werden müssen, trotzdem muß sie beim Mähen und Spritzen mit allen Maschinen und Geräten vertraut sein. Vielseitig ist mittlerweile der Aufgabenbereich der Bäuerin, da man nicht mehr den Hof voller Mägde hat und die Arbeit selbst besorgen muß. Die Buschenschank bringt neben der Arbeit viel Abwechslung in den Alltag. Durch die Möglichkeit des Familienanschlusses und mit Freundlichkeit versteht sie es, unter den Gästen Freunde und Stammgäste zu gewinnen. Wie sie richtig meint, kann man Gäste auch mit einem „Brotschertzel", einer ausgefallenen Brettljause oder einem Abschlußglaserl verwöhnen. Als Vertreterin der Buschenschenker der Gemeinde Gamlitz zieht sie Bilanz, was die Landesausstellung Weinkultur gebracht hat. Sie meint: „Die Saat ist aufgegangen und hat die ersten Früchte gebracht, es war noch keine volle Ernte, aber das heißt nicht, die Hände in den Schoß zu legen, sondern auch selbst Aktivitäten setzen." Als die drei Kinder aus dem ärgsten heraus waren, kam ihre immer schon vorhandene „Vereinsader" wieder durch. Die Landjugend hat sie geprägt, meint sie, und war für ihren weiteren politischen Werdegang ausschlaggebend, denn trotz der vielen Arbeit vertritt sie als Gemeindebäuerin von Kranach die Interessen der Bäuerinnen und ist im Gemeinderat, Pfarrkirchenrat und als Vertreterin der Buschenschenker der Gemeinde Gamlitz sehr bemüht tätig. Eines ihrer Anliegen ist das Abbauen der Kluft zwischen Bäuerinnen und Arbeiterinnen im ländlichen Bereich.

DAS LEBEN DER BÄUERIN

„Ihr sollt es einmal leichter haben im Leben!" sind häufig zu hörende, wohl gut gemeinte Wünsche vieler Eltern an ihre Kinder. Wünsche, die vor allem Bäuerinnen und Mütter vor ihren Töchtern aussprechen und dabei immer wieder ihr eigenes Leben bedauern. Mit dem „Leichter haben im Leben" ist gemeint: geregelte Arbeits- und Urlaubszeit, materieller Wohlstand, keine körperlich schweren Arbeiten verrichten müssen oder bei der Arbeit nicht schmutzig werden. Selten zu hören sind Gespräche, die die Freude an der Arbeit hervorstreichen, wie wichtig es ist, bei der täglichen Arbeit Sinn und Erfüllung zu finden. Und dies muß durchaus nicht mit sauberer und leichter Arbeit, viel Freizeit und langem Urlaub im Einklang sein.

Arbeiten im eigenen Betrieb – das Leben einer Bäuerin hat sehr schöne Seiten

Daß Bäuerin sein ein Leben auch mit Freude und Zufriedenheit ausfüllen kann, möchte ich in meinem Beitrag genauer erläutern: Wichtig ist, daß wir versuchen, die Ist-Situation kritisch und möglichst objektiv zu beurteilen. Es ist grundsätzlich falsch, im eigenen Beruf die Nachteile und bei anderen Berufen die Vorteile aufzuzählen. Die Folgeerscheinungen davon sind, daß man sich ständig bemitleidet, den Beruf krankjammert und sich später wundert, wenn es keine Hof-Nachfolger gibt. Da ich als junge Frau und Mutter in einem außerlandwirtschaftlichen Beruf tätig war, habe ich auch die Vor- und Nachteile der „geregelten Arbeitszeit" kennengelernt und sehe so viele Situationen aus einem anderen Blickwinkel. Mir tut es manchesmal weh, wenn ich Bäuerinnen über ihren Beruf reden höre. Sie sind blind geworden und wollen die Vorteile gegenüber Frauen in anderen Berufen nicht wahrhaben. Wir vergessen so schnell, daß wir mit Lebendigem arbeiten dürfen, daß wir mit der Schöpfung so eng verbunden sind. Mit offenen Augen können wir uns jedes Jahr von neuem erfreuen, wenn im Frühjahr die ersten Triebe und Knospen hervorsprießen. Mit welcher Kraft und mit wieviel Optimismus gehen wir an die Arbeit und beobachten das Wachsen, Gedeihen und Reifen verschiedener Früchte. Freilich dürfen Fleiß und Ausdauer nicht fehlen und die Kulturen müssen das ganze Jahr über gepflegt werden, wenn man im Herbst ernten will. Und manches Bangen und Sorgen um die Weiterentwicklung und über die Vorkommnisse im Stall wird uns nicht erspart bleiben. Doch wir planen, gestalten und arbeiten am eigenen Betrieb; sofern nicht der Nebenerwerb notwendig ist, den ganzen Tag mit dem eigenen Partner!

Freiräume für jung und alt sind notwendig

Das Zusammenleben in einer Großfamilie, wie es auf bäuerlichen Höfen sehr häufig ist, soll für uns eine Herausforderung sein, wir sollen sie als Chance nützen. Wichtig dabei ist, allen Familienmitgliedern, entsprechend ihren körperlichen und geistigen Fähigkeiten, ein Aufgabengebiet bzw. einen Tätigkeitsbereich zuzuordnen. Es gibt nichts Schrecklicheres im Leben, als nicht gebraucht zu werden. Das gilt für jung und alt. Jugendliche können in einen Betrieb nur hineinwachsen, wenn sie mitentscheiden und einteilen dürfen, wo sie eine Aufgabe zu erfüllen und Verantwortung zu tragen haben. Jede außerlandwirtschaftliche Berufstätigkeit weil der Hofübernehmer noch nicht gebraucht wird - löst oft die Bindung zum elterlichen Betrieb. Genauso unrichtig ist es, dem älteren Menschen alle gewohnten Rechte abzunehmen, ihn wegen seiner Wirtschafts- und Denkweise zu kritisieren. Es waren früher andere wirtschaftliche und familiäre Voraussetzungen, es war ein anderer Wissensstand in Forschung, Technik und Beratung.

Die Bäuerin ist eine Persönlichkeit

Ein wesentlicher Faktor, der die Freude am Beruf der Bäuerin hebt, ist die Bejahung der eigenen Persönlichkeit und der durchzuführenden Arbeit. Daran mangelt es in bäuerlichen Kreisen leider sehr häufig. Bäuerin sein ist ein Beruf wie jeder andere. Er beginnt mit der Lehre, beinhaltet Heim- und Fremdpraxis und schließt mit der Meisterprüfung ab. Das Aufgabengebiet der Bäuerin ist sehr vielfältig. Es ist eine Fülle von Berufen vereint. Sie ist Sekretärin und Buchhalterin, muß den Betrieb geistig mittragen, kalkulieren, den bäuerlichen Schriftverkehr durchführen oder die Buchführung tätigen. Sie bleibt Bäuerin, arbeitet in der Produktion mit, vor allem wenn Spezialkulturen vorhanden sind oder Stallarbeit anfällt. In Selbstvermarktungs- und Beherbergungsbetrieben reicht ihr Tätigkeitsbereich in den einer Geschäftsfrau und Wirtin. Wie erfolgreich sie ist, hängt von ihrer Kontaktfreudigkeit, ihrer Aufgeschlossenheit, ihrer Geduld und Ausdauer ab. Als Mutter und Hausfrau betreut sie nebenbei die Kinder und führt den Haushalt. Sie ist Managerin zwischen diesen Berufen, die sie selbst ausübt. Ihre Fähigkeit, ihr Wissen, ihre Einsatzbereitschaft wirken sich auf die ganze bäuerliche Familie und natürlich auf deren Einkommenssituation aus. Also absolut kein Grund, an Selbstbewußtsein zu zweifeln.
„In Problemen eine Chance sehen und nicht immer aus einer Chance ein Problem machen", sollte unser Leitspruch sein. Unser Leben ist dem Rhythmus der Natur unterworfen - mit Höhen und Tiefen. Das Beste aus diesem naturgegebenen Angebot zu machen, ist eine ständig wechselnde und erfüllende Aufgabe. Nur Höhen gibt es ja nirgends, nur Tiefen auch nicht. Bäuerin sein ist eine große, aber schöne Herausforderung an eine Frau. Eine Fülle von Vorteilen überwiegen manche Belastung und manche Überforderung. Wichtig ist, auch in bäuerlichen Familien in der Rangordnung der Werte Klarheit zu schaffen und den Menschen in den Mittelpunkt und allem voranzustellen. Dann können wir mit leisem, aber berechtigtem Stolz sagen: „Ich bin eine Bäuerin", und wir werden mit einer positiven Lebenseinstellung und ehrlichem Gottvertrauen dieser Herausforderung gewachsen sein!

Johanna Muster

DER PHILOSOPH AM BAUERNHOF

Ein Wegweiser führt von der romantischen Weinstraße zum Bauernhof von Robert und Berta Knaus. Warum verschlägt es uns zu diesem Buschenschank, der von der Hauptstraße aus nicht sichtbar ist? Es sind die Plauderstunden mit Robert Knaus, die so manchem – gleich ob Arbeiter oder Universitätsprofessor und auch anderen „Kopfmenschen" in Erinnerung bleiben. Die Seele des Hauses war die zurückhaltende Berta Knaus. Nun ist sie krank. Sohn Otto hat den Buschenschank übernommen. Trotz des Nachrückens der Jugend hat Vater Knaus noch ein Auge auf den Weingarten. Sein Revier ist außer dem Wald auch noch der Stall. Der 1919 geborene Herr Knaus ist nicht nur ein amüsanter Anekdotenerzähler, sondern er weiß auch viel aus seiner Kriegsvergangenheit mitzuteilen. Er war 1953 – 1954 Obmann des Vereins für den Ausbau zwischen Rebenhof und dem Neuen Winzerhaus – heute besser bekannt als südsteirische Weinstraße. Übrigens ist es dem Vater von Herrn Knaus, dem ehemaligen Bürgermeister Franz Knaus, zu verdanken, daß die Gemeinde Sulztal nach dem Kriege wieder anerkannt wurde. Als leidenschaftlicher Jäger gibt er so manche Jagdgeschichte zum Besten. Wenn man vom Weinstraßenbau spricht, erfährt man, daß Herr Knaus mit Frau Bullmann beim Ausbau der Weinstraße beteiligt war. So mancher kam schon mit ihm ins Philosophieren, denn Knaus ist für alle Themen aufgeschlossen. Er kommentiert Tagespolitisches, bezieht zu Ereignissen der letzten Zeit Stellung und spricht über die Probleme der Weinbauern. Wenn Herr Knaus sich mit den Gästen unterhält, kann es durchaus passieren, daß er abrupt aufsteht, ein Kind an der Hand nimmt, um ihm den Stall und die Tiere zu zeigen. Er beschäftigt sich auch mit existentiellen Fragen der Landwirtschaft und meint, daß der kurze Griff zum schnellen Geld für die Landwirtschaft eher destruktiv ist. Beim Weinbau ist er bestrebt, alte Rebengattungen zu pflegen und zu bewahren.

BÄUERLICHES KLEINHANDWERK

Wenn man das Südsteirische Weinland kennenlernen will, sollte man auch etwas über das hier beheimatete Handwerk erfahren. Denn gerade in diesem Gebiet hat sich in der Vergangenheit eine sehr eigenständige handwerkliche Tradition entwickelt, und viele der alten Formen und Fertigkeiten sind bis heute lebendig geblieben: Keramik, Kerbschnitzarbeiten, Herstellung bäuerlicher Holzgeräte, Spinnräder, Holzspielzeug, Kerzen, bemalte Gläser, Bauernmalerei, Trockengestecke, Gewürzsträußchen, Häkelarbeiten, Stick- und Strickarbeiten, Schafwoll- und Fleckerlteppiche, Stroh- und Weidenkörbe.
So wie die Frauen sich im Winter mit Kreuzsticharbeiten, Weben und Stricken beschäftigen, stellt für die Männer die alte Volkskunst des Korbnähens eine echte Winterarbeit dar. Beim Korbflechten werden in erster Linie als Materialien Goldweide und Roggenstroh verwendet. Mit der Gewinnung wird im Herbst begonnen. Die langen, glatten Ruten der Goldweide werden als Korbschiene verwendet. Die Ruten gespalten, mit einem Weidenhobel bearbeitet und auf dem Dachboden zu Ringen gebunden und getrocknet. Um den Unterwuchs und die Blätter zu entfernen, wird die Strohgarbe mit einem Holzrechen ausgezogen, die Ähren werden ebenfalls abgeschnitten. Aus Holz, Leder oder Metall besteht das „Strohringl", durch welches die Strohhalme gezogen werden, damit der „Brahm" (Korbriegel) entsteht. eine „Wuz" (Aale) wird zum Durchfädeln der Schiene verwendet. Schneckenförmig wird der Korbriegel gelegt und dann vernäht. Nach dem Boden wird die Rundung begonnen und der Korbabschluß gut versäumt. Zum Tragen kommen noch Ringe, Henkeln oder Standhölzer dazu.
Auch heute noch finden wir die verschiedenartigsten Körbe in Haushalt und Landwirtschaft. Die flachen Körbe als Brotkörbe oder das „Wazkörbel" (Brotkörberl), das von der Bäuerin beim Brotbacken zum „Aufgehenlassen" des Teiges verwendet wird. Ovale Körbe werden gerne zum Schwammerlsuchen verwendet. Als Aufbewahrungsbehältnisse und zum Tragen werden Körbe auch von den „Städtern" verwendet.
Verkaufsstellen des „Bäuerlichen Kleinhandwerkes sind in Kitzeck und Ehrenhausen zu finden. Außerdem findet noch eine Weihnachtsausstellung in Schloß Laubegg statt.

ÖKOLOGISCHER WEINBAU IN DER STEIERMARK

Trotz einer ziemlich schwierigen Weinbausituation in der Steiermark (hohe Niederschlagsmengen, ausgeprägte Temperaturunterschiede zwischen Tag und Nacht, Steillagen etc.) haben sich in den letzten Jahren bereits 17 Weinbauern für den ökologischen Weinbau entschieden und sind anerkannte Betriebe, die nach den Prinzipien des organisch-biologischen Landbaues arbeiten. Zusätzlich befinden sich etliche Betriebe in der Umstellung.
Dennoch wird der Öko-Weinbau hierzulande belächelt, verleugnet oder schlicht verkannt, indem er mit der „naturnahen" (wie „nah" ist das?) oder „integrierten" Wirtschaftsweise gleich gesetzt wird. Aber Bio-Weinbau hat kein Hintertürchen! Bei uns reicht es nicht, nur bewußter mit den konventionellen Spritzmitteln umzugehen (was ohnehin als Mindestmaß an Umweltrücksicht zu erwarten wäre), sondern wir müssen – sobald wir uns für diesen Weg offiziell entschieden haben – auf sämtliche synthetische Fungizide, Herbizide und Pestizide verzichten.
Erlaubt sind für uns Mittel zur Pflanzenstärkung wie Schachtelhalm-, Algen- und Staudenknöterichextrakte, Gesteinsmehle, Kompostauszüge und ähnliches. Zur Pilzbekämpfung bleiben uns Schwefel und eine geringfügige Kupfermenge.
Eine einfache Ausbringung von leichtlöslichen Mineraldüngern („Kunstdünger") ist für uns tabu. Wir düngen organisch, d. h. mit Kompost, Stallmist, Gesteins- und Tiermehl und einer artenreichen Gründecke.
Wir müssen uns also intensiv mit den ökologischen Bedürfnissen der Rebe und ihrem Umfeld auseinandersetzen und hier sehr eng mit der Natur (und nicht gegen sie) unsere Möglichkeiten im Weinbau erkennen. Das ist aber auch zugleich die schönste und spannendste Seite unserer Arbeit. Positiv ist auch ein ruhiges Gewissen gegenüber unseren Mitmenschen, der Natur und uns selbst.
Unsere Erträge liegen im Schnitt um 20 % bis 30 % niedriger als im konventionellen Weinbau, aber es gibt immer mehr Konsumenten, die bereit sind unsere Bemühungen zu honorieren.
Schmeckt er nun anders der Bio-Wein? Glücklicherweise schmeckt in der Steiermark fast jeder Wein anders, aber beim Biowein ist's wie beim Konventionellen: Es gibt sehr gute und auch weniger gute Tröpferln. Bis auf die eingeschränkten Behandlungsmöglichkeiten beim Böckser und bei zu hohem Eisengehalt, hat man auch beim Keltern nach Bioart die Mög-

lichkeit aus einwandfreiem Traubenmaterial beste Weine zu erzeugen.
Erstmals verkosten konnte man die Weine aller steirischen Bio-Weinbauern am Samstag, dem 13. Mai 1995.
Ein steirisches Buffet mit Spezialitäten aus organisch-biologischer Landwirtschaft und Musik rundete diese erstmals stattfindende Präsentation ab.

Gitta Rupp

DER „ÖKONOMIERAT"

Er lebt nicht mehr und war einer der Pioniere des Weinbaues. Ich traf ihn damals inmitten eines Weingartens. Er liest „Märchen aus Tausend und einer Nacht", eines seiner Lieblingsbücher. Seine Augen blitzen, wenn er von seinen Reisen nach China oder Südamerika erzählt; sei es mit dem Bananendampfer nach Equador oder mit dem Postschiff zum Polarkreis. Herr Ökonomierat König wurde weit über Achtzig und blickte auf ein erfülltes Leben zurück, das fast ausschließlich vom Obst- und Weinbau bestimmt war. Man versteht, daß er schon in seiner Jugend ein „Revoluzzer" gewesen ist, wenn man seinen Erzählungen lauscht. Damals betrieb er in seiner Freizeit viel Sport, entweder Paddeln oder Skifahren. Er liebte den Reiz des Ungewissen. Er hat viel gelernt: Bulme-Ingenieur, Jusstudium, von dem er kurz vor Abschluß aus der engen Welt seiner väterlichen Anwaltspraxis nach Deutschland „flüchtete", bis er endlich beim Obst- und Weinbau landete, um zu einem der größten Obst- und Weinbauexperten zu werden. Als Gründungsobmann der „Weinbaulichen Arbeitsgemeinschaft" hat er 1952 mit den Mitgliedern Max Gschiel, Leo Hitti, Eduard Tscheppe und Franz Zach der von Lenz Moser befürworteten Hochkultur zum Durchbruch verholfen. Diese Erziehungsform brachte eine große Erleichterung, denn der Abstand der Stockreihen betrug nun im Schnitt drei Meter, die Höhe der Stöcke bis zu 1,20 Meter. Heute stehen in der Steiermark fast ausschließlich rationell zu bewirtschaftende Hochkulturen.
Mit Direktor Schlager vom Silberberg bewies er, daß die Drahtrahmenkultur eine wesentliche Erleichterung bei der Bearbeitung des Bodens brachte. Außerdem fiel die gebückte Haltung beim Arbeiten weg. Der Abstand zwischen den Stöcken und die Stammhöhe wurden geändert und die Bögen an den Drähten entlang gezogen. Es zeigte sich, daß der Arbeitsaufwand bei dieser Erziehungsform wesentlich geringer war als bei der Stockkultur. Ebenso überzeugte Herr König die Bauern von den Vorteilen des Mulchsystems. Hierbei geht es darum, das Gras zur Verrottung liegenzulassen, damit sich Humus bildet. Bis dahin war man der Meinung gewesen, daß das Unkraut und Gras den Rebstöcken die Nährstoffe aus dem Boden entziehe und es wurde fleißig gejätet. „Zu diesen Überlegungen kam ich einfach, weil ich den ganzen Tag im Weingarten arbeitete und den steilen Weinhang hinauf die Erde aufhaute, um dann wieder Gras zu säen", meinte er. Trotzdem gab es bei der Umstellung auf die Methode des Mulchens Schwierigkeiten. So wurde einmal der Verwalter eines Weingutes, beim Eintreten für diese Mulchmethode, während einer Diskussion in einem Gasthaus

niedergeschlagen. Fritz König war federführend mit dieser Idee in der Steiermark und damit in ganz Europa. Durch all diese Verbesserungen konnte der Arbeitsaufwand von 4.500 Stunden/Hektar auf rund 1.000 Stunden/Hektar reduziert werden. Diese Erfahrungen zwischen 1952 und 1960 gesammelt, konnten in den ersten Steirischen Weinbauplan eingebracht werden. Herr König spricht auch von „integriertem Pflanzenschutz" und damit meint er u.a. auch Temperatur, Niederschlag, Luftfeuchtigkeit zu berücksichtigen und dann mit Bedacht zu spritzen.
Der Landschaftscharakter hat sich gegenüber früher verändert. „Wenn man jetzt durch die Südsteiermark fährt, sieht man rechts und links Wein. „Der Wein", meint er „ist sehr anspruchsvoll. Dort wo im Frühjahr als erstes der Schnee schmilzt, dort sollte man einen Wein anbauen. Man solle alle jene Weinbaulagen, die nicht brauchbar sind, nicht bebauen. Der Schilcher oder ein Traminer zum Beispiel sollte nur dort angebaut werden, wo er wirklich hingehört."
Ein europaweit anerkanntes Standardwerk über den Obstbau hat ihn überlebt.

PETER SKOFF AUS KRANACHBERG

Es gibt viele Skoffs. Den sonnigen blonden „Feschak" zählt man zu den jungen innovativen Weinbauern. Er versucht aus den alten Strukturen etwas auszubrechen, aber nicht so wie einige „Wilde" mit dem Kopf durch die Wand, sondern mit guten Kenntnissen, Köpfchen und Selbstbewußtsein, gepaart mit Bescheidenheit und – nicht zu vergessen – mit einer tüchtigen Frau. Sie managt die Buschenschank, die Fremdenzimmer und auch im Weingarten hilft sie mit. Aus dem elterlichen Betrieb ist sein Weingut gewachsen, mittlerweile auf 6,5 ha. Der Wein bzw. die Traube wird bei ihm nur mehr gequetscht, nicht mehr gerebelt. Er baut die steirischen Sortenweine trocken aus, ist sehr um Qualität bemüht und versteht sich als besonderer Morillon-Betrieb. Warum der Morillon? Nach der Weinbauschule, in der ihn sein Weinbaulehrer Ing. Surma auf den Morillon als besondere steirische Sorte aufmerksam machte, baute er auf einem Hektar Morillon. Als einer der ersten kultivierte er schon Anfang der 70er Jahre diesen Wein. Zur Zeit gehören zu seinen Besonderheiten der Burgunder Cuvée und der feingliedrige Morillon. Sein Prinzip ist Sauberkeit im Keller und Garten, ebenso liegt ihm daran, im Weingarten wenig zu spritzen. Zur persönlichen Weiterbildung nimmt er mit seiner Frau immer wieder an Weinreisen im In- und Ausland teil.
Mittlerweile ist schon ein Sohn als Absolvent der Weinbauschule Klosterneuburg im elterlichen Betrieb aktiv.

EIN WEINBAUER VOM GRASSNITZBERG

Als einen der Innovativen oder „Neuen" kann man den Weinbauern Ing. Klaus Prünte bezeichnen. Seit über dreihundert Jahren ist sein Weingut im Familienbesitz. Zu Beginn unseres Jahrhunderts baute Josef Orth, damals Schuldirektor von Arnfels – seine Gattin Hedwig war übrigens die erste Lehrerin in der Steiermark – das Wohnhaus am Graßnitzberg zu einem stimmungsvollen Sommerhaus um. Zu dieser Zeit war der Weinbau meist noch kein Erwerbszweig, sondern vielmehr Lieblingsnebenbeschäftigung, der sich vor allem angesehene Bürger widmeten. Der Arzt Dr. Rupert Strohmaier, Klaus Prüntes Großvater, ebenfalls Freizeitweinbauer – war übrigens der erste Steirer, der nach dem ausgezeichneten Erntejahr 1929 Flaschenweine mit modernen Filteranlagen aus dem Rheinland abfüllte. Das Weingut wurde immer wieder vergrößert; auch durch den Jägerhof, der ab 1925 als Betriebsstätte diente. Als nach dem Zweiten Weltkrieg die Strohmaiers starben, führte Tochter Inge, als einzige von sechs Kindern, den Betrieb am Jägerhof, später unterstützt durch ihren Mann, August Clemens Prünte, weiter. Bekannte Künstler, wie Norbertine von Bresslern-Roth oder Carl Rotky, trafen sich hier. Nach dem Krieg blieb Inge Prünte allein am Jägerhof. Ihr Sohn, Ing. Klaus Prünte, stand am Anfang eines langen Weges, als er 1964 nach Abschluß der Weinbauschule in Klosterneuburg das Weingut, das durch die schwere Krankheit der Mutter vernachlässigt worden war, wieder in Schwung zu bringen begann. Er pachtete Weingärten dazu und es gelang ihm, unterstützt von Frau und Kindern, dem Boden beste Weine zu entringen. Seine Rieden am Graßnitzberg und Witscheiner Herrenberg gehören zu den Spitzenlagen im südsteirischen Weinland. Noch aus der Zeit von Großvater Strohmaier stammt die Bezeichnung „Schneckenkogel". Dem Spielbetrieb der Kinder ist der „Schneckenkogler" zu verdanken. Sie spielten so gerne östlich vom Stammhaus der Familie auf einem Kogel. Über diesen Kogel zieht sich ein Weingarten mit reinem Sandboden, der Lebensraum für unzählige kleine weiße Schnecken ist. Es handelt sich hiebei nicht um Weinbergschnecken, sondern im Vergleich zu diesen um relativ kleine Schnecken. Heute sieht man von diesen Schnecken bei weitem nicht mehr so viele wie früher. Damals wurde der Boden noch aufgehauen und nach jedem darauffolgenden Regenguß waren die Schneckenhäuser reingewaschen und zu Tausenden über den Boden verstreut. Damals hat Klaus Prüntes Urgroßmutter ihre Kinder mit in den Weingarten genommen, um die Schneckenhäuser zu sammeln. Und damals haben auch Mutter und Kindere immer wieder gesagt: „Gehen wir in den Schneckenkogel". So wurde der Name „Schneckenkogel" und dann „Schneckenkogler" geboren, der zum Betriebsnamen wurde, obwohl der Schneckenkogel nur einer der Hänge ist, auf dem er Wein baut. Zur Weinverkostung ladet die in einem dreihundert Jahre alten Keller ausgebaute Vinothek am Graßnitzberg. Er setzt auf Qualität und zählt zu den führenden Weinbauern der Südsteiermark, unterstützt von seiner tüchtigen Frau Hanna. „Kompromißlose Beschränkung auf eigene Trauben, sorgfaltige und langfristig angelegte Arbeit im Weingarten, die stets optimale Reife der Rebe und eine ausgeglichene Verbindung von traditionellem Wissen und modernster Kellertechnik" meint er und redet weiter vom Boden des Graßnitzberges. An der Spitze besteht er aus Muschelkalk – fossilem Kalk – und am Fuß des Hügels aus Spielfelder Gley. So ein Boden ist speziell für die Burgunderfamilien: Ruländer, Morillon, Weißburgunder und auch Sauvignon geeignet. Dies sind Sorten, die heute stark im Kommen sind – nicht zuletzt deshalb, weil sie international bekannt und anerkannt sind. Die zarte Fruchtigkeit der Weine vom Graßnitzberg hat eine Qualität, die zum Trinken und Genießen animiert. Der südsteirische Sauvignon kann beim internationalen Standard mithalten. Auch der Muskateller ist zu einer steirischen Spezialität geworden und ist berühmt wie die neue Linie des steirischen Traminers: ein anregender und extraktreicher Wein. Nach dem steirischen Maler Carl Rotky, der sich 1943 im Gästebuch mit einem Aquarell verewigte, ist auch der erste südsteirische Sekt nach Champagnermethode benannt. Er wird aus Grundweinen von Klaus Prünte, Erich Polz, Manfred Tement und Friedrich Tinnacher gemacht.

DER WEINPROMOTOR

Folgt man der südsteirischen Weinstraße von Gamlitz nach Ratsch, trifft man auf den jungen Weinbauern Hannes Zweytick. Bekannt ist Herr Zweytick nicht zuletzt durch sein Engagement bei allem, was irgendwie mit Weinproduktion und Weinverkauf zu tun hat. Sei es, daß er für den Inhalt der Mitteilungen des Obst- und Weinbauvereines Gamlitz („Auslese") verantwortlich war, sei es, daß er sich durch Reisen in andere Weingebiete weitergebildet hat oder sei es, daß er beim „Schutzring" aktives Mitglied ist und v.a.m. Das Bild hat sich gewandelt. Seit 1994 ist er Nationalratsabgeordneter und setzt sich für die Menschen in der Region ein. Nachwievor ist er nicht nur am Wiener Parkett, sondern auch zu Hause am Weinbauernhof anzutreffen. Sein Bruder Ewald bewirtschaftet nun den Hof, natürlich unterstützt von den Eltern. Die erst so in Sachen Politik skeptische Mama ist nun stolz auf ihren Sohn. „Den steirischen Wein fördern" ist sein Motto. Apropos Marketing: Mundpropaganda sei das Um und Auf, wenn es um die Bewerbung des südsteirischen „Saftes" geht. Reden, reden und immer wieder reden müsse man, meint Herr Zweytick. Den Konsumenten und Konsumentinnen das Produkt nahe bringen, sie informieren, nicht nur über den Wein selbst – auch über den Betrieb und über die Trink- und Glaskultur ohne die ein echtes Wein-Genießen nicht auskommt. Wenn man Hannes Zweytick besucht, demonstriert er es: Er nimmt sich Zeit, erklärt, führt die Besucher und Besucherinnen in den Kostraum und schenkt ein Stück „Seele" mit, wenn er von seinem Wein redet. „Ein Winzer im Nationalrat".

SAUSALER WEINSTRASSE

Der Beginn ist in Leibnitz, sie führt weiter nach Kaindorf und Silberberg und verbindet Fresing, Kitzeck, St. Nikolai, St. Andrä und Höch am Demmerkogel und windet sich hinunter den Sausaler Berg bis nach Maierhof.

WINZER UND WINZERINNEN

Der Begriff Winzer stammt vom lateinischen Wort „vinitor", was soviel wie Weinmacher bedeutet. Die Berufsbezeichnung „Winzer" reicht über Jahrhunderte zurück und war europaweit verbreitet. Dennoch ist die Geschichte der Winzer und Winzerinnen in der Steiermark eine andere als beispielsweise die in Niederösterreich oder Deutschland. Das ist schon deshalb so, weil ein Winzer in der Steiermark nicht wie anderswo die Person ist, die den Weingarten bearbeitet und gleichzeitig für die Kellerei und den Vertrieb der Weine zuständig ist. Noch in den Dreißiger-Jahren unseres Jahrhunderts wurde von Weingartenbesitzern bzw. Eigentümern mit Winzerfamilien der Steiermark ein einjähriger Vertrag abgeschlossen, nach dem der Familie pro bearbeitetem Joch Weingarten eine Pauschale zustand. In der Steiermark wurden Winzerfamilien in der Hauptsache dadurch entlohnt, daß ihnen Wohnraum – Winzerhäuser – und Land zur Bearbeitung zur Verfügung gestellt wurden. Frauen und Männer arbeiteten gleichermaßen im Weingarten und oftmals halfen schon die Kleinsten der Familie mit. Die Arbeit war ungleich schwerer als heute, da das meiste händisch getan werden mußte. Vor allem das Bearbeiten des Weingartenbodens der meist steilen Hänge, erforderte fast übermenschliche Kräfte.

Die Berufsvertretung des Winzers hat auch – ähnlich anderen Berufsständen – eine eigene Geschichte. Besonders für die Südsteiermark ist die Geschichte der Winzerinnung Kaindorf, die noch heute aktiv ist, hervorzuheben. Die Innung – früher auch „Bruderschaft" genannt – hat noch ca. fünfzig Mitglieder und beteiligt sich z.B. jährlich am Umzug zu Fronleichnam.

Die Begriffe „Innung", „Bruderschaft", „Gilde", „Zeche", „Zunft" bezeichneten den Zusammenschluß von Menschen ein und desselben Berufsstandes in einem Verein mit meist sehr strengen Regeln und Statuten. Jede Innung hatte einen eigenen Schutzpatron, der gefeiert wurde. Man feierte auch gemeinsame Messen und war verpflichtet, zu den Begräbnissen der Innungsmitglieder zu gehen. Die Innung oder Bruderschaft regelte aber auch die Versorgung der Kranken, Alten, Waisen und Witwen. Teilweise geschieht dies heute noch in der Kaindorfer Winzerinnung.

Eine besondere Bedeutung wurde dem Fronleichnamstag beigemessen, da dies ein Fest war, bei dem Innungen geschlossen teilnahmen, die Zunftfahne mit sich trugen, die Jahresversammlung abhielten und die Lade mit sich führten, in der die Urkunden und Schriftstücke der Innung und ihre Gelder verwaltet und aufbewahrt wurden. Wer zu Fronleichnam nicht erschien, wurde bestraft. Als die evangelische Religion im 16. Jahrhundert auch ins Habsburgische Österreich eindrang, beeinflußte und verunsicherte dies natürlich den Ablauf der katholischen Riten innerhalb der Innungen. Manche lösten sich auf, andere bildeten sich neu. Im Zuge der Gegenreformation regenerierten sich alte Zünfte, aber es entstanden auch ganz neue. In dieser Zeit geschah es auch, daß die Statuten der Winzerbruderschaft zu Leibnitz – heute Kaindorfer Innung – festgehalten wurden. 1622 wurden sie niedergeschrieben und der Fürstbischof Eberlein von Seckau hat sie ein paar Jahre später in seinem Tagebuch festgehalten.

Die Satzungen bzw. „Artikel" der „Bruderschaft der Hauer zu Leibnitz" – so ihr ursprünglicher Name – wurden bis auf die beiden letzten im Jahr 1880 im Grazer Volksblatt abgedruckt, z.B.:

2. Es war Pflicht sich am 25. Mai, dem Tag des Heiligen Urban, zu der Messe in der Pfarrkirche in Leibnitz einzufinden. Wer das nicht tat, mußte drei Pfund Wachs Strafe zahlen. Ein Pfund Wachs war etwas mehr als ein halbes Kilogramm.

16. Es bestand eine Zwangsmitgliedschaft aller im Weingarten Arbeitender bei der Winzerinnung. Denn wer ohne Wissen oder Einwilligung der Zechmeister der Innung in einem Weingarten arbeitete, mußte vier Pfund Wachs Strafe zahlen. Und wenn er dann die Arbeitsbewilligung der Zunft nachträglich erhielt, zahlte er das doppelte Beitrittsgeld. Befand die Innung, daß er kein guter Winzer sei, durfte er überhaupt nicht mehr arbeiten.

18. Innungsmitglieder hatten sich bei allen Zusammenkünften und Abhandlungen bescheiden zu verhalten und nicht zu „pochen, schreien, fluchen noch zu schelten". Ihre Beitrittsgelder – „Verleggeld" – und etwaige Strafgelder hatten sie mit Bescheidenheit zu entrichten und alles „Widrige, insbesondere das Gotteslästern" wurde empfindlich abgestraft. So streng wie im letztgenannten Punkt der ersten Innungsstatuten geht es heute bei den Winzern und Winzerinnen zu Kaindorf natürlich nicht her. Dennoch haben sich Sitten und Gebräuche erhalten: So wird zu Pfingsten die Hl. Messe besucht und ebenso die anschließende Tanzveranstaltung. Die Innungsmitglieder nehmen an der Eröffnung der Steirischen Weinwoche in Leibnitz teil und sie vergessen auch heute noch kein Begräbnis ihrer Mitglieder.

Eine Besonderheit der Kaindorfer Winzerinnung sei hier noch erwähnt: Der gegenwärtige Obmann, Josef Kahr, verwaltet noch immer ein Innungsbuch, das aus Blättern gebunden ist, die teilweise noch aus dem 17. Jahrhundert stammen.

WEINBAUSCHULE SILBERBERG

Was ein guter steirischer Weinbauer werden will, kommt an der Weinbaufachschule Silberberg in Kaindorf nicht vorbei. Silberberg ist das Zentrum der Weinbauausbildung in der Steiermark. Zwischen 20 und 25 Mädchen und Burschen absolvieren jährlich die Schule, berichtet Direktor Robert Eder stolz. Seit 26 Jahren leitet er die bereits 1895 gegründete Schule. Damals hieß die Schule noch „Winzer- und Korbflechterschule". Mitte des vorigen Jahrhunderts wurde die Reblaus als Schädling und der Mehltau eingeschleppt. Zur Rettung des Weinbaues wurden Schulen und Forschungsstellen gegründet. Das Land Steiermark erwarb das Weingut Silberberg und richtete eine Weinbauschule ein. Durch diese Maßnahme konnte der Weinbau in der gesamten Steiermark gesichert werden.

Im praxisbezogenen Unterricht werden die Schüler heute mit den Arbeitsvorgängen in Keller und Weingarten vertraut gemacht. Die Grundstufe besteht aus zwei Schuljahren mit je 10 Monaten und vermittelt das Wissen über die Grundlagen des Weinbaues, der Kellerwirtschaft, der Landtechnik, des Pflanzenbaues und der Tierhaltung. Die Praxis holen sich die jungen Leute im elterlichen Gut und in verschiedenen Lehrbetrieben. Während der Grundstufe sind das insgesamt vier Monate Praxis, im zweiten Ausbildungsteil weitere 14 Monate. An die Grundstufe und die Praxis schließt der sechsmonatige Betriebsleiterlehrgang an, nach dessen Abschluß die Schüler und Schülerinnen befähigt sind, einen Weinbau- und Kellereibetrieb zu führen. Drei Jahre nach Abschluß der Schule gibt es noch die Möglichkeit einen Meisterkurs zu besuchen und

nach bestandener Prüfung den Titel eines Meisters für Weinbau und Kellerwirtschaft zu erlangen.
Der Schule angeschlossen ist ein Weinbaubetrieb und ein Schauweingarten, der alle Weinsorten der Steiermark und ihre Erziehungsarten anschaulich darstellt. Der Weinlehrpfand steht auch Besuchern offen.
Nebst vielerlei Art und Weise, sich Wissen anzueignen, gehört die Form des „Erwandern" sicherlich zu den schönsten. Der Weinlehrpfad der Weinbauschule Silberberg bringt uns neben vielen geschichtlichen Details die schwere Arbeit im Weingarten besonders nahe. Die extremen Steillagen erfordern ein hohes Maß an körperlichen Einsatz und extreme Standfestigkeit, wie die „Steigeisen" sehr eindrucksvoll zeigen. Der „Lesestock" der Buttenträger diente als „Taschenrechner" für den Traubenertrag eines Tages oder eines Riedes. Und der Klapotez, ein Windrad aus schiefgestellten Flügeln, erzeugt durch sein helles Klappern sogar Ultraschalltöne, die die Vögel von den Weintrauben fernhalten sollen. Man wußte sich immer schon zu helfen.
Am Anfang war die Frucht. Aber wie kommt sie bloß als Geist in die Flasche? Diese und andere „hochgeistige" Fragen über das Grundprodukt Obst, Maische, Gärung, Rauh- und Feinbrand sowie Lagerung der Destillate werden in zehn Stationen geklärt. Zur Veranschaulichung steht mitten im Wald ein funktionsfähiger Brennkessel.
Ob Ost-, Süd- oder Weststeiermark, es liegt nun an Ihnen, die Wanderschuhe hervorzuholen und sich auf den Weg zu machen. Vieles Unbekanntes wartet auf Sie. Wie sagt schon eine alte chinesische Weisheit – der Pfad ist das Ziel.
Nicht nur lehren wie es geht, sondern auch die Qualität laufend beweisen, heißt es in den vier Landesgütern von über 27 Hektar.

PAUL ANTON KELLER

Neben Franz Nabl, Margarethe Weinhandl, Max Mell, Rudolf Hans Bartsch und den noch Lebenden, wie Alois Hergouth, Helmut Eisendle und Reinhard P. Gruber war es vor allem Paul Anton Keller, der sich mit der Untersteiermark im besonderen mit dem Sausal sehr verbunden fühlte. Er war nicht nur ein Meister der kleinen Anekdote, sondern ein „erzählender Maler", der die Landschaft und die Menschen des Sausals, wie kaum ein anderer, beschrieb. Durch unzählige Wanderungen war ihm dieser Landstrich so vertraut.
Wenn ich seinen Weg so zurückverfolge, gehörten ihm immer die schönsten Besitzungen in der Steiermark. So sagt man auch, daß das schönste Haus von Wiesberg, in seinem Besitz war. Ein Höhepunkt in seiner „Häuserkarriere" war sicher der „Flamhof", von dem aus ihm die wohl eindruckvollsten Schilderungen des Sausals gelangen.
P.A. Keller muß eine schillernde und facettenreiche Persönlichkeit gewesen sein, der neben der Hausmusik auch noch Malerei betrieb. Infolge einer Grünblindheit ließ er von der Malerei ab. Schon in jungen Jahren suchte der Dichter den Kontakt mit bedeutenden Künstlern, wie zum Beispiel mit Max Mell. Einige Jahre nach seiner Hochzeit mit Grete Hausmann erwarben seine Eltern und er das Jagdschlößchen „Flamhof". Auch wieder ein Zufall, da eigentlich der Kauf des Schlosses Schielleiten geplant war. In unzähligen Geschichten beschrieb er die Menschen, ihre Arbeit und die Landschaft, wie kaum ein anderer.
Ein Jahr nach Kriegsbeginn wurde aus den verschiedensten Gründen das mit viel Liebe und Mühen restaurierte Schloß Flamhof verkauft. Man blieb der Gegend treu und erwarb einen Besitz am Wiesberg samt Weingartenbetrieb, dazu auch noch ein Gut in Graz-Petersbergen.
1966 wurde Wiesberg verkauft. Da er in Graz die sogenannte „Schweizervilla" besaß, konnte er dort seinem dichterischen Schaffen weiter nachkommen. Bei seinem Hang zu schönen Bauten verschlug es ihn ins Burgenland, er verliebte sich in die Burg Lockenhaus, die er 1968 kaufte und dort im Jahre 1976 als „Burgherr" verstarb.

CARL ROTKY

Wenn man übers Sausal schreibt, gehört einfach Carl Rotky dazu. Fernab vom Treiben der Großstadt treffe ich in der Idylle des Landlebens auf einen der besten Freunde Rotkys, Franz Weiss. Er erzählt von den Facetten des vielseitigen Menschen Carl Rotky:
Der 1891 in Graz geborene Carl Rotky studierte in Prag und Wien Medizin. Seine Arzttätigkeit beschränkte sich auf die Zeit im Ersten Weltkrieg. Neben seinem Medizinstudium ließ er sich in München und Wien bei Anton Marussnig, Constantin Damianos und Alfred Kubinyi in der Malerei ausbilden und betrieb diese nach 1919 hauptberuflich. Er lebte ab diesem Zeitpunkt vom Malen und entschied sich für ein Künstlerleben mit allen seinen Licht- und Schattenseiten.
Wie kam er in die Sausaler Gegend? Seine Eltern besaßen schon vor dem Ersten Weltkrieg einen Sommersitz in Grot-

tenhof bei Kainach. Zu Konzert- und Theaterbesuchen fuhr man nach Graz, wo die Rotkys eine Wohnung in der Mandellstraße besaßen. In den 50igern entschieden sie sich ganz fürs Landleben und gaben die Grazer Wohnung auf. Das romantische Haus in Grottenhof wurde für sie zu einem Refugium, in dem sie inmitten ihrer Blumen und Katzen ein gastfreundliches Haus führten. Seinen malerisch verwilderten Garten, den Bäumen, der Blumenpracht sind viele seiner Bilder gewidmet. Da auch Frau Hilda, als Katzenfreundin bekannt, nicht nur eine begnadete Gärtnerin, sondern auch eine hervorragende Köchin war, wurde gut getafelt und gab es viel aus dem eigenen Garten. Bekannt waren z.B. ihre eingelegten Feigen. Auch der Wein stammte aus dem eigenen Weingarten, die Weinetiketten im Linolschnitt verfertigt er für andere.
So oft seine finanziellen Mittel es erlaubten, fuhr er mit Frau oder Freunden in den europäischen Süden. Von Paros (Griechenland), von der jugoslawischen Küste oder Italien, von Grado oder Gargano stammen viele Aquarelle.
Als „Grandseigneur mit leichtem Hang zum Snobismus" trat er im hellen Trenchcoat und auch sonst in heller Kleidung auf, denn grau und schwarz waren keine Farben für ihn. Er liebte es, Plätze zu besuchen, wo er schon einmal war, wie ein Gasthaus in Witschein, in dem eine alte Wirtin den Hasen oder Fasan wie die Großmutter zubereitete. Als ein überaus vielseitiger Mensch überraschte er auch als Sänger mit Liedern von Hugo Wolf, Mahler oder Strauß. Mit seinem Freund Franz Weiss war er oft auf Schlössern zu Gast, Morgenstern, Rilke und Goethe rezitierend. Carl Rotky war ein rein imaginärer Mensch und lebte teilweise nicht in unserer Welt. Die Gestalten der Weltliteratur waren ihm so vertraut, sie waren seine Freunde, mit ihnen lebte er. Als Professor, Künstlerbundmitglied und Ehrenbürger von Kaindorf starb er 1977, drei Jahre nach dem Tod seiner Frau.

DIE FLORA UND FAUNA AM DEMMERKOGEL

Aus silikatischer Felsbraunerde besteht der Boden des Sausals und durch das mediterrane Klima gedeihen hier Pflanzen, die Wärme und Trockenheit bevorzugen. Der Demmerkogel liegt z.B. am gleichen Breitengrad wie Meran und die Flora und Fauna gleicht der Istriens. Vom Klima derart begünstigt, wachsen hier noch echte Akazien und der Oleander gehört genauso zum Bild der Landschaft wie die Edelkastanie. Neben Mandeln und Zitronen gedeihen auch Feigen, Kiwi, Pfirsiche und Quitten. Das ölkologische Gleichgewicht war früher eher gewährleistet als heute, denn die Winzer, die teilweise arme Keuschler waren, bearbeiteten neben den Weingärten auch die Vieh- und sogenannten Hutweide. Bei den Hutweiden handelt es sich um unkultivierte Grünlandflächen, deren Pflanzendecke keine andere Nutzung zuläßt. Diese und andere landwirtschaftliche Nutzungsformen erzeugten vielfältige Biotope. Leider kann ein zu intensiver Weinanbau als Monokultur zur Gefahr für die Vielfalt in der südsteirischen Natur werden. Weingärten zu spritzen beugt drohendem Pilzbefall vor, aber so besteht die Gefahr, daß der Osterluzeifalter und die Osterluzeipflanze, die wahrscheinlich die Römer mit den Weinsetzlingen hierher brachten, verdrängt werden. Diese Heilpflanze und der Schmetterling sind voneinander abhängig, da die Raupen sich von den Blättern der Pflanze ernähren.
Zum Glück gibt es sie noch, die Schmetterlingwiese am Demmerkogel, mit Arten, wie die des „Osterluzeifalters", des „Bräunlichen Schneckenfalters", des „Schwarzen Apollofalters", des „Augenbläulings" und des „Nachtpfauenauges". Daneben gibt es noch Schmetterlingsarten wie den „Blauäugigen Waldportier", den „Kaisermantel", das „Kuhauge", den „Admiral", den „Russischen Bär", den „Segelfalter", den „Distelfalter" und den „Trauermantel". Pirol, Wiedehopf und Blauracke sind Vögel, die der Landschaft ihre besondere Note geben.

DIE CHRONIK DES WEINGUTES ALBERT

Durch eine Lungenerkrankung war „Carl Albert" gezwungen, 1848 sein Geschäft als Kaufmann in Graz aufzugeben und auf's Land zu ziehen. Er bevorzugte Kitzeck wegen des milden Klimas – und wurde Weinbauer. Der Wein scheint seiner Gesundheit gut getan zu haben, denn er starb erst im Alter von 77 Jahren. Da seine Ehe kinderlos geblieben war, vermachte er den Besitz seinem Neffen Gustav Zettl, einem Schnaps-, Likör- und Essigfabrikanten, dem Urgroßvater des heutigen Besitzers. Dieser baute das Gut in Kitzeck als Sommerfrische aus. Nach der „Reblauskatastrophe" wurde die Weingartenfläche mit erprobten steirischen Qualitätssorten bepflanzt. Damals waren Welschriesling und Sylvaner dominierend. Die Tochter Margarethe, verehelichte von Cramer, übernahm nach dem Tode des Vaters das elterliche Anwesen. Zu vielen Urkunden und Preisen haben sicher auch die extrem steilen und steinigen Südlagen, welche auch heute noch im Anbau stehen,

beigetragen. Einige Jahre nach dem Zweiten Weltkrieg zog sich das Ehepaar Cramer nach Wien zurück und überließ die Führung des Gutes ihrem jüngsten Sohn Wilfried. Dieser hatte sich nach der Heimkehr aus der Kriegsgefangenschaft und dem Tode seines älteren Bruders entschlossen, das begonnene Studium an der Hochschule für Welthandel aufzugeben und statt dessen die Weinbauschule in Klosterneuburg zu absolvieren. Ihm gelang es, die Grundlage für das heutige Ertragsweingut aufzubauen. Die vielen Urkunden für prämierte Weine, die heute die Wände der Buschenschenke zieren, beweisen, daß seine Bemühungen von Erfolg gekrönt waren. Er war auch der Initiator des „1. Steirischen Weinmuseums" in Kitzeck. Heute schmökert er in seiner Bibliothek und weiß viele Anekdoten aus der Gegend zu erzählen, die er in den letzten Jahren zu einem Büchlein zusammengefaßt hat.
Seit dem Jahre 1984 ist sein jüngster Sohn Christian für Keller und Wirtschaft verantwortlich. Nach Absolvierung der Weinbauschule in Silberberg und Ablegung der Weinbau- und Kellermeisterprüfung besitzt er alle Voraussetzungen, die über ein Jahrhundert gepflegte Tradition des steirischen Spitzenweinbaues weiterhin aufrecht zu erhalten.
Das Traubengut wird von Hand gelesen, gerebelt und dann mit der 200jährigen Baumpresse schonend gepreßt. In Eichenfässern reifen die Weine zu besten Qualitäten.

Helga Kronawittleitner
Teilnehmerin der Malwoche in Kitzeck

AUGUST TRUMMER – DER MALER DER SÜDLICHEN STEIERMARK

Weinlandschaften waren und sind schon immer ein begehrtes Malobjekt für Künstler. Was lag näher für den Grazer Maler August Trummer, der aus der Südsteiermark stammt, seine geliebten Weinhügel zum Gegenstand seiner Aquarelle, Ölbilder und Kreidezeichnungen zu machen. In seinen Bildern spürt man, wie er mit Leib und Seele mit dieser Landschaft

verwurzelt ist. Er war meines Wissens der erste steirische Maler nach Carl Rotky, der die Süsteiermark zu seinem Malinhalt gemacht hat. Mittlerweile hat seine Liebe zum steirischen Süden auch auf die Toskana in Italien übergegriffen.
Im Jahre 1985 wurde die Kitzecker Malwoche gegründet unter der Leitung von August Trummer. Das Ziel dieser Malveranstaltung ist es, den Teilnehmern ein unbefangenes Sehen der Farben, Formen und Proportionen nahezubringen und das Erlernen der Maltechniken. Mittlerweile sind diese Malerwochen Tradition geworden und mit seinen Schülern und Anhängern ist August Trummer auch oft bei seiner Cousine in der Grenzbuschenschank Trunk anzutreffen. Malwochen in der Toskana sind nun auch zum festen Bestandteil des Malers geworden. Eine Galerie hat er nun auch zusammen mit seiner Frau. Den ganzen Jahrlauf des Weingartens, die Verwandlung des Weinblattes im Laufe des Jahres hat er in seinen Bildern festgehalten.

DER WEINPHILOSOPH

Als „oberster" Buschenschenker setzte sich Weinbaumeister Franz Hirschmugl sehr für die Anliegen der Buschenschenken ein. Die Rückbesinnung auf den Begriff Buschenschenken und die Ursprünglichkeit dieser Institution betrieb er unter anderem als Vorsitzender der Buschenschankarbeitskreise im Landesweinbauverband. Der Natur immer sehr verbunden, ging er zur Obst-Weinbauschule Silberberg und nach Lehr und vielen Praxisjahren erwarb er 1963 die Weingüter von Schloß Harrachegg in St. Andrä. Sein Vater war dort als Verwalter tätig gewesen und Franz Hirschmugl baute die Rebflächen weiter aus. Doch mit der Zeit verfiel das Schloß und wurde verkauft bzw. in Wohnungen umgebaut. Daher mußte er seinen Weinkeller aus dem Schloß verlegen. Er baute sich neben seinem Wohnhaus einen eigenen Keller mit Buschenschank und Terrasse. Nur die besten Lagen mit den geeigneten Reben zu bepflanzen, ist seine Devise. Seine naturnahe Weinbauphilosophie beginnt im Weingarten: möglichst ohne Chemie auszukommen, nur mit organischen Mitteln zu arbeiten. Die konsequente Einstellung zum „Lebewesen" Wein findet im Keller seine Vollendung. Weinbaumeister Hirschmugl ist auch viel unterwegs, führt Exkursionen und ist in vielen Bereichen tätig, wie auch als Buchautor mit seinem Weinbrevier Ehrenamtlich fungierte er noch als Landesobmannstellvertreter vom Weinbauverband, als Obmann des Südsteirischen Weinbauringes und als Obmann der Steirischen Weinwoche. Durch familiäre Schicksale bedingt hat er seine Weingärten flächenreduziert und auch der Buschenschank ist nur mehr nach telefonischer Anmeldung geöffnet.

HOCH DROBEN AM KOGELBERG

Wenn man auf den Spuren von Carl Rotky wandelt, gehört das Weingut der Familie Kieslinger, hoch droben am Kogelberg einfach dazu. Oftmals war er hier, um den wunderbaren Ausblick und den herrlichen Wein zu genießen.
Das Herrenhaus der Kieslingers, ursprünglich als Sommersitz für einen Abgeordneten zum Reichstag gebaut, wechselte 14mal den Besitzer bis es in die Hände von Großvater Kieslinger kam. Ab 1933 ist das Weingut im Besitz von Otto Kieslinger (I.), er war Lehrer in Grottenhof bei Graz, Otto (II.) war Beamter, nun ist Otto (III.) Weinbau- und Kellermeister der Besitzer zusammen mit seiner Frau Erika.
Von der Terrasse der Buschenschank reicht der Blick rund um den Kogelberg bis zum Pacherngebirge hin. Im Inneren der Buschenschank zeigt eine alte Baumpresse, wie früher gearbeitet wurde. Vater Kieslinger hatte sich bis zu seinem Tode 1991 nicht ganz zurückgezogen. Immer wieder fand man ihn an einem der Tische plaudernd. Er erzählte Anekdoten aus der Vergangenheit. Er verwies auf die Bilder von Rotky und war stolz, daß der Maler so oft bei ihnen zu Gast war. Daher ziert auch ein Holzschnitt von Carl Rotky ihre Weinflaschen. Die Weine lagern in Eichenfässern im alten Kellergewölbe, das seit 1711 besteht.
Sohn Andreas besuchte die Schule in Silberberg, Sohn Peter absolvierte Klosterneuburg. Vor kurzem war sogar eine Delegation aus der Ukraine, nach einer Besichtigung der Schule in Silberberg, am Weingut Kieslinger.
Weitere Kontakte zur Weinforschungsanstalt in Tairow bei Odessa ermöglichten auch einen Sortenversuch von resistenten neuen Traubensorten in Kieslingers Weingarten.

REBENLANDSTRASSE

50 km südlich von Graz und 15 km von Leibnitz zwischen der Südsteirischen Weinstraße und der Sausaler Weinstraße gelegen, führt sie von Gamlitz weg nach Kleinklein, Großklein nach Eichberg-Trautenburg weiter zum Karnerberg und über die Fötschacher Höhenstraße nach Leutschach. Man kann sie von Eichberg-Trautenburg nach Arnfels oder von Eichberg-Trautenburg nach Gündorf oder von Eichberg-Trautenburg über den Karnerberg und Kreuzberg nach Großklein befahren.

KLEINE EXKURSION ZUM HOPFEN

Lange Stangen und Drähte mit Hopfenstauden beherrschen neben dem Wein das Bild der Gegend um Leutschach. Wie mir Direktor Tauß, als Geschäftsführer des Hopfenbauvereines erzählt, kann man das Jahr 1951 als Wiederbeginn des Hopfenanbaues in der Leutschacher Gegend nennen. Als Initiator gilt Präsident Reininghaus, den sein aus der Gegend stammender Chauffeur, an die früheren Hopfenanlagen erinnerte. Einem Journalisten gegenüber äußerte Präsident Reininghaus, daß er niemals mehr um Hopfen betteln wolle, weil seine Hopfenanbauideen in anderen Gegenden abgewiesen wur-

den. Er finanzierte die Bauern mit zinsenlosen Darlehen, die mit einem Teil des Jahresertrages zurückgezahlt werden konnten. Daher gab es in den Anfängen 98 Hopfenbauern, die zusammen 65 Hektar bebauten und jetzt gibt es 25, die 85 Hektar bewirtschaften. Der Hopfen liebt Sonne und hohe Luftfeuchtigkeit und ist ein Rechtsdreher (die Bohne ist ein Linksdreher).
Der Hopfen stammt aus der Familie der Nesselpflanzen und kommt auch wildwachsend am Wegerand vor. Zum Würzen beim Bierbrauen werden nur die Fruchtzapfen der weiblichen Pflanze benutzt. Die männlichen Hopfenpflanzen werden ausgerottet, um die Befruchtung und Samenbildung der weiblichen Blüten zu verhindern. Durch „Schößlinge" wird der Brauhopfen fortgepflanzt. Der Wurzelstock ist mehrjährig. Alles was über der Erde wächst hat bei optimalen Bedingungen eine Vegetationszeit von April bis August. An Steigdrähten rankt sich die Pflanze empor und wächst bis zu 30 cm täglich. Daher sieht man im Frühjahr die Hopfenbauern, die der Pflanze beim Hinaufwachsen „loatn" helfen. Die Seitentriebe sind die Fruchttriebe und werden gegen Ende August abgeerntet, was vorwiegend mit Maschinen geschieht. Nach dem Trocknen, genannt „Darren", geht es weiter in die Hopfenhallen der Brauereien. Von 1 kg Grünhopfen erhält man ca. 20 dkg Reingewicht. Es sei noch erwähnt, daß der „Draht", klein zusammengehackt, kompostiert und als Dünger wiederverwertet wird. Die sogenannte Hopfenstraße wurde im Rahmen des „Hopfenfestes" von Präsident Reininghaus – mit Strohhut und obligater Zigarre – im Jahre 1960 eröffnet und niemand weiß genau wie lang sie ist.

DIE WÖLFL-MUTTER

Zuerst werden die Forellen ausgenommen: Prächtige, fleischige, frische – aus eigenem Gewässer. In der Abwasch, neben dem großen Herd. Es dauert, auch wenn der Gast durstig ist. Mutter Wölfl ist sorgfältig, aber routiniert. Eine Mischung – bitte. Wenige Gäste sind in der Küche – Marktplatz der Buschenschank und private Sphäre der Familie zugleich.
Eine Frau kommt: Postbote, Tratsch, Abwechslung.
Die Fische sind fertig zum Braten. Ein Sohn kommt aus dem Weinhang zurück. Er schwitzt, aber er ist zufrieden. Harte Arbeit beruhigt auch den stärksten Mann. Der zweite Sohn bringt Holzscheiter für den Herd. In einem großen Weidenkorb. Selbstgeflochten – und wenn nicht, sieht er so aus. Alles sieht aus, wie selbstgebaut, selbst bearbeitet, selbsterlitten. Vor allem das Gehöft. Uralt – soll zur Türkenzeit entstanden sein – unverwechselbar von den Alten übernommen und weitergeführt. Ihr Mann ist gestorben, als sie noch jung war. Hart ist das Leben, hart ist des Tages Müh' – sie ist selbst auch härter geworden. Aber immer ist sie bemüht, mütterlich und manchmal sieht man sie auch herzlich lachen.
Alle halten zusammen. alle können alles und packen zu. Jeder nach seinen Fähigkeiten. Der eine ist ausgebildeter Weinfachmann – und Jäger. Der andere bemüht sich emsig in seiner Art und bedarf umsichtiger Anleitung. Sie rundet alles ab.
Sie kocht – Leberaufstrich und Grammeln sind selbstverständlich – wäscht, arbeitet im Weingarten und hat stets eine passende Antwort auf der Lippe. Eine tüchtige Frau in einer Umgebung, die ihres gleichen sucht.

SÜDSTEIRISCHE WEINNOTIZEN:

STEIRISCHE HOHEIT

Grundprinzip dieser Qualitätsgemeinschaft ist es, aus jedem Betrieb den geeignetsten Wein auszuwählen, der dann limitiert abgefüllt wird.

Dieser Wein sollte einen Alkoholgehalt von über 11,8 Vol.% nicht übersteigen, im Eichenfaß trocken ausgebaut werden und die Trauben sollten innerhalb des Gemeindegebietes von Kitzeck 100% sortenrein gelesen werden.

Der Hektarhöchstertrag darf 5500 kg nicht übersteigen, die Ausstattung der Flaschen erfolgt einheitlich mit fortlaufender Nummerierung.

Mitglied der steirischen Hoheit sind die folgenden Weingüter: Cramer, Kappel, Lambauer, Lorenz, Schauer, Schrotter, Schwarz, Warga-Hack, Wolmuth.

STEIRISCHER JUNKER

„I ziag' mein Hut vor Dir", so lautet der Slogan, mit dem der steirische Jungwein mit dem Namen Steirischer Junker vermarktet wird. Seit 1995 besteht die Initiative einzelner Weingüter unter der Führung der Marktgemeinschaft Steirischer Wein – einem Zusammenschluß der steirischen Weinwirtschaft; bestehend aus Weinbauern, Handel und Genossenschaft. Unverwechselbares Flaschendesign und ein markantes Etikett

– passend zum Slogan – sind die sichtbaren Eigenschaften des Junkers. Am Gaumen präsentiert sich der Junker frisch, leicht und lebendig – ein belebendes Trinkvergnügen. Trotz der Jugend läßt sich aufgrund seiner Konstitution bereits auf den neuen Jahrgang schließen. Der wiederum steckt noch in den Kinderschuhen und reift gemächlich im Keller.
Jeweils Mittwoch vor Martini Punkt 12 Uhr bekommt der neue Jahrgang den Botschaftsrang. Mehr als 100 erstklassige steirische Weingüter, die Junker produzieren – im gesamten steirischen Weinland verstreut – laden ab diesem Zeitpunkt zur Degustation und zum Kauf ein. Und nicht nur bei ihnen – überall in Österreich wird sich der Junker in der guten Gastronomie, in Vinotheken und im gehobenen Weinhandel finden.

TRILOGIE

Die Kunst, sortenreines, erstklassiges Obst einzumaischen, zu vergären und dann daraus einen steirischen Edelbrand zu destillieren, wird in der Präsentation „Steirische Trilogie der Früchte, vom Obst über die Maische zum Brand" vor Augen geführt. Ausgezeichnete Produkte, die in einer freiwilligen Vorkost der Produzenten ausgewählt wurden. Die Palette reicht von Steinobst-, Kernobst-, Beerenobst- über Wein- und Trauben- bis hin zu Tresternbränden erster Güte.
Diese Sortenvielfalt, welche die Gegenwart der steirischen Brennkultur auszeichnet, macht sie erst konkurrenzfähig.

TAG DER OFFENEN KELLERTÜR

Viele bemühte, die nicht die Öffentlichkeit suchen, sondern den steirischen Wein zur Öffentlichkeit verhelfen wollen, haben in den letzten Jahren und Jahrzehnten hart gearbeitet, um nicht nur guten Wein – sogar Weltspitzenwein – zu produzieren, sondern diesen auch entsprechend zu vermarkten. Alle diese sind auf gutem Wege und die Meilensteine lassen sich sehen. Alljährlich Ende August gibt es einen Tag der offenen Kellertür.
Ende September gibt es ein Pressfest.
Und am Mittwoch vor Martini (Eingeweihte wissen, daß dies im November ist) wird der Junker präsentiert, das ist der steirische Jungwein, der ebenfalls internationale Qualität hat.
Für den echten Weinliebhaber sind dies Termine, die er in seinem Terminkalender Jahr für Jahr vortragen sollte.

SEGGAU GEHÖRT SECKAU

Seit über 400 Jahren ist das Schloß Seggau bei Leibnitz im Alleinbesitz der Bischöfe von Graz Seckau. Dieses historische Schmuckstück der Südsteiermark erlebte eine beeindruckende Geschichte. Heute ist sie ein gut besuchtes Bildungszentrum, aber auch ein „Weinjuwel". Eine breite Palette von Qualitätsweinen wird angeboten, in einem Ambiente, das wohl kein Weinliebhaber missen sollte. Der bischöfliche Weinkeller ist ein Erlebnis und über 300 Jahre alt. In der Vinothek lagern Altweine, die bis in das Jahr 1928 zurückreichen.

GRÜNDUNGSMITGLIED „REBLAUS"

Die positive Entwicklung des steirischen Weines wäre undenkbar, gäbe es nicht „Silberberg". Seit über 100 Jahren wird dort die Jugend zum Wein herangeführt, werden die Weinmeister – es sind übrigens die meisten Meister des Weines, aus- gebildet und vor allem in den letzten Jahrzehnten unter der behutsamen zielstrebigen profilierten Tätigkeit des Direktors Dr. Eder und seiner engagierten Mitarbeiter ist diese Institution ein Meilenstein für den steirischen Weinbau geworden.
Es gibt kaum einen steirischen Weinbaubetrieb, der nicht einen Nachwuchs in Silberberg schulen ließ. Die mittlerweile dreijährige Fachausbildung erfreut sich regen Zulaufs. Parallel dazu stieg die Qualität und Professionalität des steirischen Weines – und wo bleibt die Reblaus? Letztendlich war sie daran schuld, daß durch den damaligen Befall und die sich daraus ergebende Zerstörung der Kulturen alle Bemühungen gebündelt wurden, um eine neue Weinkultur zu begründen, damit der existenzvernichtenden Schadwirkung der Reblaus ein Ende gesetzt wurde. Damals waren neue Maßnahmen notwendig, diese wurden gesetzt, verfeinert und heute ist Silberberg das Markenzeichen für den exquisiten und exklusiven steirischen Wein.

INTERNATIONALE PRÄMIERUNGEN

Der Kabinett Sauvignon von Günter Müller, Domäne Ottenberg erreichte bei einer internationalen Degustation in London den 3. Platz und schlug damit angesehenste Bordeauxweine. Der Weißburgunder 1994 von Reinhold Schwarzl Leutschach bekam bei der Weinmesse in Laibach den Titel Champion. Der Sauvignon blanc von Manfred Tement Graßnitzberg wurde ein Verkaufshit auf der Weinmesse in Chicago und ebenso wie der Sauvignon blanc von Walter Skoff prämiert.
Weine von Günter Polz und vom Weingut Cramer sind immer wieder in den Auswahllisten und Prämierungen zu finden. Daß diese Weine auch im klassischen Weinland Italien guten Absatz haben, bezeugt ihre Qualität.

URBANIWEIN

Ein Cuvee südsteirischen Weines des Jahrganges 1992 wurde als außergewöhnliches Kind eines ungewöhnlichen Jahrganges bezeichnet. Der Jahrgang 1997 wurde wieder dazu ausersehen, einen sogenannten Urbaniwein herzustellen.
Damals 1992 in einem ungewöhnlichen Dürrejahr wurden aus 6 Weißweinsorten (Traminer, Morillon, Sämling 88, Ruländer, Weißburgunder und Sauvignon blanc) von 11 Ratscher Weinbauern aus insgesamt 14 Spätlesen zu gleichen Mengenanteilen dieser Wein produziert. Das Ergebnis ist halbsüß mit 14 Gramm unvergorenem Restzucker und 12 Prozent Alkohol. Ob es diesen Wein noch gibt ist nicht sicher, man müßte nachfragen. Fragen Sie beim Weingut Zweytick oder beim Weingut Bullmann. Auf jeden Fall müßte es den 97er Jahrgang noch geben. Doch auch dieser wird zu den seltenen Weinen gezählt.

DIE STEIRISCHE WEINFLASCHE

Von der Weinbauschule Silberberg wurde eine eigene steirische Weinflasche kreiert, um sich deutlich von anderen zu unterscheiden. Die Flasche in Bordeauxform gibt es in altweiß, reinweiß und antikgrün und hat ein im Glas mitgeprägtes Siegel an der Schulter, nämlich den steirischen Panther.

DIE HANS-WEINKOST

Am Gedenktag des Apostels Johannes – dem 27.12. – tragen die Weinbauern eine Flasche ihres jungen Weines in die Kirche, um ihn segnen zu lassen. Dieser Wein wird danach nach Hause mitgenommen und im Keller auf die dort lagernden Fässer aufgeteilt.
Dieser als heilsam geltende Brauch mündet ebenso traditionell in die dann anschließende Hans-Weinkost, die jeweils in einem der beteiligten Weingüter vorgenommen wird.

DER GRÖSSTE KLAPOTEZ DER WELT

In Andrä-Höch im Sausaler Weinland, steht der größte Klapotez der Welt. Er hat 13m Flügeldurchmesser und wiegt 6 Tonnen. In diesem Gebiet entsteht in den Kellergewölben des Schlosses Harrachegg zur Zeit der Sausaler Wein- und Kulturkeller, der spätestens ab 1999 möglichst viele Besucher anziehen soll und ein besonderes Programm bieten wird.

DER STEIRISCHE UHUDLER

Daß ein „Heckenklescher" ein Genußmittel sein kann, beweist der Weinbauer Karl Heinz Grasmuck. Er produziert im 11 Gebinde ein Trinkerlebnis, das nach dem Weingesetz zwar nur als Tafelwein bezeichnet werden kann, das jedoch äußert duftig und fruchtbetont in der Nase ist und am Gaumen den leisen Unterton von Himbeeren aufweist.
Dieser „steirische Uhudler" wird aus der Aramontraube, die zusammen mit der Isabellatraube gepreßt wird, gewonnen.

DAS URBANIFEST

Alljährlich, etwa Ende Mai, wird einer alten Tradition entsprechend, in Ratsch das Urbanifest abgehalten. St. Urban ist der Schutzpatron der Weinbauern und in Ratsch wurde eine ihm geweihte Kapelle errichtet, die 1972 eingeweiht wurde. Diese Kapelle entwickelte sich zu einem religiösen Zentrum des südsteirischen Weinlandes. Der Erlös des jährlichen Urbanifestes wird der Erhaltung dieser Kapelle gestiftet.

DIE BRETTLJAUSE

Die Brettljause ist eine relativ junge Erfindung. Früher kannte man Vorspeisen in der steirischen Volkskost gar nicht. Das Wort Jause hatte zweierlei Bedeutung. Einmal die Jause als Proviant, die man einem auswärts Arbeitenden oder Reisenden als Verpflegung mitgab, oder die Jause als Zwischenmahlzeit zwischen den drei Hauptmahlzeiten. Diese Jausenzeiten waren meist nur während der Sommermonate üblich, an jenen langen Tagen und bei schwerer Arbeit, und bestanden häufig aus trockenem aber schmackhaftem Brot, einem Getränk (Milch oder Most) Obst oder Dörrobst. Butter, Fleisch oder Wurst gab es nur ausnahmsweise bei Schwerstarbeit oder für Handwerker und Gäste. Die Brettljause ist daher eine Erfindung der Neuzeit und besteht meist aus Speck, Hauswürsten, Käse, Sulz, Geselchtem und einer neuzeitlichen Art von Verhackerts.

VEREDELTE SCHAFMILCH

An der südsteirischen Weinstraße wird nicht nur der Rebensaft ausgeschenkt, sonder es gibt auch kulinarische Köstlichkeiten, wie z.B. den Schafkäse.
Er ist würzig und mild zugleich. Den steirischen Schafkäse unterscheidet von seinen importierten Brüdern der Geschmack, der nicht so salzig ist und nicht so bröckelig. Einen besonders guten Schafkäse erzeugt die Schafkäserei Abel (Tel. 03454/6384). Die Abels findet man am letzten Stück der Weinstraße oder am ersten, aus der Sicht der Leutschacher.
Eine Besonderheit ist der Winzerkäse, der eine Glasur aus Weingeläger hat, das ist der Rückstand, der vom Rotwein im Faß bleibt.

DER ERSTE STEIRISCHE STROHWEIN

Man sollte es nicht glauben, aber auch in der Steiermark gibt es einen Strohwein.

Der erste steirische Strohwein wurde vom Weinbau- und Kellermeister Johannes Söll, vom damaligen Weingut Rebenhof in Ratsch, an der südsteirischen Weinstraße, 1993 im Barriquefaß produziert.

Die Trauben für diesen Wein wurden aus der Burgunderfamilie (Weißburgunder, Morillon und Grauburgunder) genommen, spät geerntet und bis Jänner auf Strohmatten gelagert. Die stark geschrumpften, mit Edelfäule besetzten Trauben, kamen dann vom Dachboden direkt in die Presse. Damals ergaben die ca. 500 kg Trauben rund 200 l der edelsüßen Pracht.

KULTUR IM WEINLAND

Wem der herrliche steirische Wein zu wenig ist, sondern darüber hinaus in die Vergangenheit des Landes Einblick nehmen will, sollte sich in die Marktgemeinde Großklein wagen. Von der Autobahn A9, Abfahrt Leibnitz, immer geradeaus Richtung Sausal, in Heimschuh an der großen Tankstelle links abbiegen und schon ist man bei der vorhallstadtzeitlichen, damals 5 Hektar großen Siedlung oder was davon noch heute anzusehen ist.

Ein ganz besonderes Erlebnis ist auch der „urgeschichtliche Wanderweg". Über Goldes und den Burgstallkogel, zwischen Großklein, Kleinklein und Schloß Gleinstätten.

Der bequeme, gut beschilderte und reich mit erklärenden Schautafeln versehene Weg (Gehzeit ca. 3 Stunden) bietet neben Grabhügeln, Siedlungsterrassen und den wichtigsten Fundstellen großartige Ausblicke in die südsteirische Weinlandschaft.

DER DEMMERKOGELRUNDWEG

Dieser wunderschöne Wanderweg beginnt beim Sausaler Hof, unter der Wegnummer 2 und verbindet Höch mit dem Höchwirt. Hier kann man sich den Schlüssel zur Demmerkogelwarte ausleihen. Weiter geht's als „Bergstrecke" über die Schmetterlingswiese zum Aussichtsturm, der aus Holz errichtet ist. Ein sehenswertes Panorama über das Sausal, Sulmtal, Saggautal bis weit hinaus zur Koralpe und zum Remschnig öffnet sich dem Besucher. Schlüssel zurückgeben beim Höchwirt und weitermaschieren über die steilen Weinhänge zur Marienkapelle. Dort steht eine Sitzbank, neben der der Weg Nummer 3 einmündet. Weiter geht's zum Buschenschank Adam und zum „Gerngroß". Ein nächster Höhepunkt ist die Theresienkapelle und dann geht`s zum Weinphilosophen Hirschmugl. Alles zusammen kann man in guten 2 Stunden schaffen.

DIE WEINPOLITIKER

Daß er elegant auftritt, Handy im Aktenkoffer, Anzug wie ein Advokat ist seine Note. Daß er ein begnadeter Winzer ist, würde man hinter dieser Fassade gar nicht vermuten.

Gerhard Wolmuth verkauft allerdings über 100000 Flaschen pro Jahr, wovon knappe 95% in den Wiederverkauf und in die Gastronomie gehen. Als Gremialvorsteher der steirischen Weinwirtschaft managt er nicht nur seinen eigenen Betrieb, der seit 1803 urkundlich erwähnt ist, sondern auch das aktuelle Geschehen der steirischen Weinwirtschaft.

Seine Frau Maria ist eine ideale Mitmanagerin: elegant in der Kundenbetreuung, diskret im Service, zielstrebig im gemeinsamen Bemühen für den eigenen Betrieb, aber auch für den steirischen Wein bestmöglichste Ergebnisse zu erzielen, ohne dabei auf die ureigenste Philosophie zu verzichten, daß Wein nicht nur ein Handelsgut ist, sondern eine Philosophie. Sieht man die jährlich wechselnden von ambitionierten Künstlern gestalteten Weinetiketten, weiß man, daß zielgerichtetes Geschäft und ambitioniertes Mäzenatentum sich naturgemäß ergänzen.

DIE WEINBRÜDER

Straffung des Weinangebotes und eine Fülle von Detailverbesserungen im Weinkeller sind sichtbare Zeichen der Weinbrüder Erich und Walter Polz in ihrem Bemühen, die steirische Traube zur Weltgeltung zu bringen. Das, was den steirischen Wein so deutlich hervorhebt, nämlich ein wahres Feuerwerk an Fruchtspiel, Eleganz und Individualität zu entfalten, ist die Zielrichtung Ihrer Bestrebungen.

„DER HANDELNDE ÖNOLOGE"

Die südsteirische Weingegend prägt ihre Typen.

Alle haben zu kämpfen, um guten Wein zu machen und ihn entsprechend gut zu verkaufen. Manche sind bessere Händler ,manche bessere Weinmacher. Georg Regele – seit kurzem „Weinakademiker" (ebenso auch seine charmante Gattin) – ringt noch damit,wem er den Vorzug geben sollte. Von seinem Vater hat er ein prägendes Erbe übernommen,das in vielen Bereichen zu neuen Innovationen führen wird und sollte.

Regele bevorzugt, sehr sorgfältig zu planen und nicht übereilt zu handeln. Der Liebling der Familie – der jüngstgeborene Sohn Franz (- der IV., oder? in der Generationenreihe) wird ebenfalls auf ein Erbe warten, dessen Pflege der erklärte Wille des „Handelnden Önologen" ist.

WEINHOF KUGEL

Ursprünglich war er nicht größer als 1 Hektar. Der Familienbetrieb, den Christian Kugel (seit 1970 Weinbaumeister) mit viel Idealismus und Traditionsbewußtsein aufgebaut hat. Er ist einer der Bemühten in dieser Gegend, die reintönige, fruchtige, trockene Weine produzieren. Für Weinfreaks können wir auf den „Altsteirischen gemischten Satz" hinweisen, der aus einem um die Jahrhundertwende angelegten Weingarten gewonnen wird und u.a. die längst vergessenen Sorten „Mosler" und „Grüner Hainer" aufweist.

Am östlichsten Punkt der südsteirischen Weinstraße, mit den typischen Muschelkalk Obokboden und mit seinen sandigen Lehmen, wiederholt sich Jahr für Jahr das Geheimnis traditioneller Weinbaukunst.

WEINGUT HIRSCHMUGL:

Nicht alle mögen ihn – manchmal mag er sich selbst nicht – aber eines ist unbestritten, seine Vision von einer Qualitätsweinproduktion hat er vorgelebt, hat sie seinen Mitkonkurrenten vorexerziert und ist von dieser Idee nach wie vor besessen. Nun gibt es wie in vielen anderen Bereichen des Lebens auch in der Weinphilosophie mehrere Wege zur ewigen Glückseligkeit, aber es gibt auch Grundregeln, ohne die diese Glückseligkeit nur ein Wunschbild ist. Und diese Grundregeln hat er erforscht, erprobt, weiterentwickelt und hört damit sicherlich nicht auf, solange er lebt. Ob es Fragen der Düngung sind, die Ablehnung von Insektiziden, der Ausbau und die Reife des Weines im Eichenholzfaß, die Einbindung der Natur in aller ihrer Vielfalt in den Ablauf eines jedes Jahr anders sich gestaltenden Weinjahres und vieles andere mehr. Hirschmugl bleibt der Vorreiter und unbequeme Weinexperte den eine Weingegend eigentlich nötig hat.

DIE WEINZWILLINGE

Doppelt hält besser, das erlebt man anschaulich mit den beiden Weinzwillingen Johann und Franz Skringer. Die uralte Tradition – angeblich diente der Bauernhof und die Buschenschank bereits im 16. Jahrhundert als Türkenlager – hindert sie nicht Innovationen mitzugestalten, die für den südsteirischen Weinbau prägend sind, so z.B. die steirische Idylle. Wieder stand hier das Landesweingut Silberberg mit seiner ungeheuren Ausbildungswucht und Sorgfalt Pate, sodaß Johann bereits mit 23 Jahren als Betriebsführer seinen Vater unterstützen konnte.

Die Skringer Weine haben sich einen Namen gemacht, die beiden Brüder auch. Wenn Bescheidenheit eine Zier ist, wird diese Tugend von den Skringers subtil gepflegt, wenngleich man ihre Weine im unbescheidenen Rahmen eines Hotel Hilton in Wien genauso findet, wie beim Reitbauer vom Steirer Eck.

DER WEINKAUFMANN

Es gibt viele Tscheppes in der Südsteiermark, seit die Familie vor etwa 250 Jahren aus den südöstlichen Reichsgebieten der Monarchie kommend, sich in dem südsteirischen Gebiet heimisch machte.

Dipl. Ing. Roland Tscheppe ist der bekannteste einer Weindynastie mit wirtschaftlich bewegten Jahrzehnten seiner südsteirischen Weingeschichte.

Der gelernte Gärungstechniker, mit der nicht nur weingeschulten sondern auch kaufmännischen Nase, hat sich schon lange modernster Kellerwirtschaft verschrieben und handelt nicht nur Wein, sondern hat auch sein eigenes Anbaugebiet stark ausgeweitet. Unermüdlich arbeitet er an neuen Innovationen im Vertrieb und Verkauf, und an der Verbesserung der Qualität seiner Sorten.

Tscheppe arbeitet mit seiner Familie und seine Familie arbeitet mit ihm. Ein Wahlspruch ist „Vergangenheit hat man, Tradition erwirbt man". Um diese Tradition hat er hart gekämpft

DAS GEHEIMNIS – SÜDSTEIRISCHE WEINSTRASSE

Eigentlich gibt es die Steiermark zwei Mal. Einmal auf der österreichischen Seite und einmal auf der slowenischen Seite. Mit der südsteirischen Weinstraße vermischen sich die Grenzlinien auf einigen hundert Metern. Wenn man in dieser Gegend lebt und sich umhört, erlebt man Befindlichkeiten wie Tag und Nacht. Viele pflegen die grenzüberschreitende Kameradschaft, manche fühlen sich von alten längst Geschichte gewordenen Bedrohlichkeiten noch immer verfolgt. Ein wenig ratlos ist ein weitdenkender Teil der Bevölkerung, was die Aufnahme Sloweniens in die EU wohl bringen wird. Eines ist sicher, die politische Entwicklung, das Fallen innereuropäischer Grenzen wird kommen. Unsere nachwachsende Generation sollte schon jetzt die Fundamente für neue Brücken legen und mit der alten und geschundenen Generation sorgsam darüber sprechen, wie man Fehler vermeiden könnte. Schönwetter ist zwar angesagt, doch die „Grenzer" wissen, wie schnell ein Unwetter alles zerstören kann.

WEINVERANSTALTUNGEN

Gesamtsteirische Veranstaltungen

Tage der offenen Kellertür
jährlich an einem Wochenende im Mai/Juni
Im gesamten steirischen Weinland werden eine Vielzahl von Weinbauern bemüht sein, dem Gast ein unvergeßliches Weinerlebnis zu bieten.

Steirisches Preßfest
jährlich Ende September
An der Südsteirischen Weinstraße, gegenüber dem Bacchuskeller

„Steirische Junker"-Präsentation
jährlich Mittwoch vor Martini
Diesmal: 4. November 1998, ab 12 Uhr mittags

Südoststeiermark – Interessentenweinkosten
jährlich im März und April
Vinothek St. Anna am Aigen; Kulturhaus Straden; GH Liebmann, St. Peter am Ottersbach; Hartberghalle, Hartberg, GH Gradwohl in Fehring; Pfarrheim, Klöch

Südoststeirisches Weinforum
jährlich im April

Riegersburger Weinerlebnis
jährlich im April

Südsteiermark
Weingalerie Leutschach
April bis November
Öffnungszeiten: Mittwoch bis Sonntag ab 13.30 Uhr; Fachliche Beratung, Weineinkauf: Anmeldung von Gruppen erbeten; Auskünfte Tel. und Fax 03454/6311

Weinmuseum Schloß Gamlitz
1. Mai bis 11. November
Öffnungszeiten: 9 bis 12 Uhr und 13 bis 17 Uhr, Montag Ruhetag; Voranmeldung erbeten; Auskünfte Tel. 03453/3922 oder 4848

Weinmuseum Kitzeck und Vinothek
Samstag, Sonntag und gegen Voranmeldung ab 10 Personen

Frühlingsweinkost Gamlitz
Jährlich am Palmwochenende
Auskünfte Weinbauverein Gamlitz, Tel. 03453/2556

Südsteirische Weinpräsentation
jährlich Ende April
Kulturzentrum Leibnitz, Auskünfte Ing. Keller,
Tel. 03452/82578-21

Weinpräsentation Leutschach
jährlich im Mai
Schloß Trautenburg, Auskünfte Hr. Tauß, Tel. 03454/6715

Steirische Weinwoche in Leibnitz
jährlich Ende August
Marenzipark, Leibnitz, Auskünfte Ing. Keller,
Tel. 03452/82578-21

Steirische Trilogie der Früchte
August bis Ende Oktober
Edelbrandpräsentation auf Schloß Gamlitz; Ausstellung und Verkostung; Auskünfte Tel. 03453/3922 oder 4848

Kitzecker Weintage
jährlich im August
Auskünfte Tel. 03456/3500

Hopfen- und Weinlesefest Leutschach
jährlich Ende September
Auskünfte Tel. 03454/707010

Weinlesefest Gamlitz
jährlich Anfang Oktober
Auskünfte Tel. 03453/3922

RADWEGE IM WEINLAND

MURRADWEG

Beginnt in Predlitz und endet in Bad Radkersburg – Länge 350 km. Der Murradweg führt Sie in einer einfachen Radtour von Graz über Kalsdorf – Wildon – Leibnitz – Spielfeld nach Radkersburg. Es sind stets flache Wege, die fast immer abseits der Verkehrswege an der Mur entlang geführt werden. Die Tour ist für Familien ideal geeignet.

GOGI

Kilometer: Graz – Spielfeld 52,3 km, Spielfeld – Radkersburg 38 km
Beschilderung: R 2
Anschluß an: Römerradweg R 6 in Lebring nördlich von Leibnitz, Römerradweg R 6 in Leitring südlich von Leibnitz, Weinlandradweg R 25 in Vogau/Ehrenhausen

RÖMERRADWEG

Vom Murradweg zweigt bei Lebring – St. Margarethen ein Radweg ab, der Sie als Römerradweg rund um die Weinstadt Leibnitz führt. Man hat allerdings auch die Möglichkeit, durch die Stadt abzukürzen und bei Gralla wieder zum Murradweg zu gelangen. Auch dieser Weg ist eine einfache Route ohne Steigungen.
Lebring – Tillmitsch – Kaindorf – Fuß Seggauberg – an Leibnitz vorbei – Wagna – Leitring oder Leibnitz über den Hauptplatz – Gralla – Murradweg R 2
Beschilderung: R 6
Anschluß an: Murradweg R 2 in Lebring nördlich von Leibnitz, Murradweg R 2 in Leitring südlich von Leibnitz, Sulmtalradweg R 1 in Kaindorf bei Leibnitz

SULMTALRADWEG

Der Sulmtalradweg ist eine gemütliche Radtour, weist kaum Steigungen auf und führt fast immer auf Nebenstraßen. Der Weg von Kaindorf über Heimschuh – Gleinstätten – St. Martin nach Deutschlandsberg ist vor allem für Familien geeignet.
Kilometer: Kaindorf – Deutschlandsberg 44 km
Beschilderung: R 1
Anschluß an: Römerradweg R 6 in Kaindorf, Saggautalradweg R 20 in Mattelsberg/Großklein, Weiße Sulmradweg R 3 in Gasselsdorf, St. Peter Radweg R 22 in Bergla, Schilcherrasweg R 4 in Deutschlandsberg

SAGGAUTALRADWEG

Der Radweg durch das Saggautal (Mattelsberg/Großklein – St. Johann im Saggautal – Saggau – Oberhaag – Pitschgau) ist eine durchwegs flache Strecke und führt auf Nebenstraßen oder eigens angelegten Radwegen.
Kilometer: Großklein/Mattelsberg – Pitschgau 23 km
Beschilderung: R 20
Anschluß an: Sulmtalradweg R 1, Weinlandradweg R 25, Weiße Sulmradweg R 3

WEISSE SULMRADWEG

Dieser Radweg ist ein kürzerer Radweg, der die Verbindung vom Schilcherradweg zum Sulmtalradweg über Gasselsdorf – Pitschgau nach Eibiswald herstellt und ebenfalls ohne größere Steigungen verläuft.
Kilometer: Gasselsdorf – Eibiswald ca. 10 km
Anschluß an: Schilcherradweg R 4 in Eibiswald, Saggautalradweg R 20 in Pitschgau, Sulmtalradweg R 1 in Gasselsdorf

WEINLANDRADWEG

Die Tour von Ehrenhausen/Vogau – Gamlitz – Glanz – Schloßberg – Leutschach – Maltschach – Arnfels – Saggau ist eine anspruchsvollere Tour mit sehr vielen kurzen Steigungen.
Beschilderung: R 25
Kilometer: Ehrenhausen – Saggau ca. 26 km
Anschluß an: Saggautalradweg R 20 in Saggau, Murradweg R 2 in Ehrenhausen

KUNSTATELIERS AN DER WEINSTRAßE

Die Werkstätten diverser Künstler in der Südsteiermark sind frei zugänglich. Vorherige Anmeldung erbeten. Informationen: Kulturerlebnis Schloß Gamlitz, Tel. 03453/2363

Künstler in Gamlitz:
Heinrich Meisl, Malerei, Haus der Urbani-Apotheke, Gamlitz, Tel. 03453/7322

Künstler an der Weinstraße:
Marta Kaemmer
Malerei, Graßnitzberg 74, Spielfeld, Tel. 03453/4877
Elfi und Manfred Sonnenberg
Gebrauchs- u. Gartenkeramik, Malerei, Wielitsch 35, Ehrenhausen, Tel. 03453/5219
Christa und Peter Thomas
Keramik, Wielitsch 1, Ehrenhausen, Tel. 0664/3407450
Friedgard-Johanna Kortschak
Raku, Textilbilder, Ottenberg 40, Ehrehausen, Tel. 03453/5058
Annelise Pschait
Webkunst, Eckberg 98, Gamlitz, Tel. 03453/5163

Nähe Grenzübergang Langegg:
Atelier W. Trojan
Pössnitz 27, Leutschach, Tel. 03454/276

Nähe Kreuzbergwarte Eichberg:
Karin und Gerd Martinak
Gebrauchskunst aus Edelstahl, Eichberg-Trautenburg 101, Tel. 03454/6067

BUSCHENSCHENKEN

Im Wiener Raum ist es „Der Heurige", in der Steiermark heißt es „Buschenschank", nicht die Buschenschenke, sondern „Der Buschenschank". Seit 17.8.1784, also seit über 200 Jahren, gibt es das von Kaiser Josef II. durch eine Zirkularverordnung Nr. 482 geregelte Buschenschankgesetz. Der Anlaß für die Josefinische Zirkularverordnung war die Klage der Wirte eines kleinen Ortes in der Grafschaft Görz, daß der Herr Graf Delmetri sie zwingen wollte, nur Wein aus seinen Gütern auszuschenken. Mit dieser Zirkularverordnung wurden Verkauf und Ausschank geregelt, daß jeder Erzeuger von Lebensmitteln und Getränken das Recht hat, dieselben wann und zu welchen Preisen er will, selbst zu verkaufen. Mit eigenem Wein und hausgemachter Jause bewirteten die Weinbauern die Gäste. Seit damals ist das Buschenschankrecht mehrmals geändert worden. Am 28.11.1845 wurden diese Bestimmungen durch ein Hofkanzleidekret erneuert und sind immer wieder verschiedenartig ausgelegt worden. Vom Ackerbauministerium wurde in den Jahren 1880 und 1883 die Regelung des Ausschanks den Bezirksbehörden übertragen. Diese hatten auch die Aufsichts- und Überwachungspflicht. Durch einen Erlaß der Niederösterreichischen Stadthalterei im Jahre 1887 wurde erstmals auch der Verkauf von Brot in den Schankstellen erlaubt. Das erste steirische Buschenschankgesetz wurde 1928 beschlossen. Es regelte, was, wer, wo und zu welcher Zeit gegen Entgelt abgeben darf. Dieses Gesetz wurde dann 1932 und 1958 geringfügig geändert und erweitert. Der Vorstand des Landesweinverbandes setzte sich 1975 für eine abermalige Novellierung des Buschenschankgesetzes ein. Die Erweiterung des Angebotes an Speisen und Getränken und die Möglichkeit des Zukaufs von Lebensmitteln mußte geschaffen werden.
Im Rahmen des Landesweinbauverbandes wurde der „Arbeitskreis Buschenschank" gegründet, um die inzwischen schon ca. 800 Buschenschankbetriebe in der Steiermark zu betreuen. Denn die Grundeinstellung „Buschenschank soll Buschenschank bleiben", hat dazu beigetragen, daß – im Gegensatz zum Heurigen – keine warmen Speisen und kein Kaffee verabreicht werden dürfen. Das Buschenschankgesetz 1979 bietet eine klare Abgrenzung zwischen den Buschenschanken und der Gastronomie. In Niederösterreich, im Burgenland, in Wien und in der Steiermark gibt es einige Landesgesetze zum Buschenschank, aus Rücksicht auf die eigenen spezifischen Weinbauregionen, wie eben die unterschiedliche Bezeichnung Buschenschank und Heuriger zeigt.

In der Steiermark wird die Brettljause serviert und beim Heurigen kann man sich den warmen Schweinsbraten am Buffet holen. Auf Limonaden wird in den Buschenschenken verzichtet, weil jeder bestrebt ist, mit selbst am Hof erzeugten Produkten zu werben. Es gibt daher außer Wein, Mineralwasser und Sodawasser noch Traubensäfte und selbstgemachte Fruchtsäfte.
Im Buschenschank gibt es Glühwein, Glühobstwein, heimische Fruchtsäfte und Milch, Wurst, Speck, Schweinefleisch, Grammelfett, Verhackert, Butter, Eier, Käse, Sardinen, Rollmöpse, Wurst-, Käse- und Eiersalat, Essig- und Garniergemüse, Brot, Weißgebäck, Kekse und Salzgebäck, wie Erdnüsse und Mandeln, Edelkastanien (gekoch oder gebraten) und Obst.

Im Gesetz steht: „Eigentümer, Fruchtgenießer und Pächter von in der Steiermark gelegenen Wein- und Obstgärten sind berechtigt, den aus ihrer eigenen Ernte stammenden und ihrem Betrieb erzeugten Wein und Obstwein, samt alkoholfreier Trauben und Obstsäfte in der Gemeinde des Erzeugungsortes oder der Gemeinde ihrer Hauptbetriebsstätte an Gäste entgeltlich auszuschenken.
Mittlerweile gibt es auch die Möglichkeit einer Zusatzkonzession.

BESCHREIBUNG DER BUSCHENSCHENKEN

B.G.S

BUSCHENSCHANK ADAM (1)

Inhaber: Franz u. Dorothea **ADAM**
Vulgoname: Hermann
Adresse: Fötschach 25, **A-8463 LEUTSCHACH**
Telefon: 03454/314
Öffnungszeiten: ganzjährig; täglich von 10 Uhr bis 22 Uhr
Ab-Hof-Verkauf: Wein, Edelbrände, Kernöl, Obst je nach Saison
Weinkost: auf Anfrage
Musik: Hausmusik
Ausstattung: Innen 80 Sitzplätze, außen 60 Sitzplätze (Terrasse)
Zimmer: 4 x 2
Anbaufläche: 5 ha
Busse: auf Anfrage
Spielplatz: vorhanden
Sturm: ja
Kastanien: ja
Besonderheiten: Als absoluter Selbstversorger – vom großen Gemüsegarten bis zu den naturgefütterten Schweinen – besteht dieser Buschenschank seit 1975. Die sehr ruhige Lage und der Blick in die Weinberge sind zum Anziehungspunkt für viele Vereine geworden. Für Stimmung sorgen die Steirische Zieharmonika oder im Herbst das Kastanienbraten. Der junge Bauer ist auch hier als Silberbergabsolvent immer mehr für den Weinbau zuständig.
Speisen: selbstgebackenes Brot, Bauernjause, Belegtes Brot, Brettljause, Germmehlspeisen, Hausplatte, Hauswürstl, Leberaufstrich, Liptauer, Schweinsbraten, Schweinsbrüstl, Verhackert, Verhackertwürstl, Salate können nach Belieben direkt vom Garten geholt werden
Weine: Chardonay/Morillon, Muskat Sylvaner/Sauvignon blanc, Muskateller, Sämling, Weißburgunder, Welschriesling, Zweigelt blau
Edelbrände: Birnen-, Kriecherl-, Zwetschkenbrand, Obstler
angesetzte Schnäpse: Weichselschnaps
Fruchtsaft: Apfel-, Traubensaft

BUSCHENSCHANK ADAM (2)

Inhaber: Fam. Monika **ADAM**
Vulgoname: Ilgi
Adresse: Brudersegg 34, **A-8441 FRESING**
Telefon: 03456/2366
Busverbindung: Fresing 2 km

nächster Bahnhof: Leibnitz 14 km
Öffnungszeiten: ganzjährig; täglich von 9 Uhr bis 22 Uhr
Ab-Hof-Verkauf: Wein, Edelbrände, Traubensaft
Weinkost: ja – auf Anfrage (Verkostraum)
Ausstattung: Innen 50 Sitzplätze, außen 50 Sitzplätze
Zimmer: 2 x 1, 2 x 2
Anbaufläche: 2 ha
Wege: Wanderweg Nr. 3
Sturm: ja
Kastanien: ja – auf Wunsch
Zufahrt: A9-Abfahrt Leibnitz, Richtung Gleinstätten, am Ortsende von Fresing rechts, der Beschilderung nach ca. 2 km
Besonderheiten: Ein kleiner Familienbetrieb in ruhiger Lage mit herrlichem Blick über das Sulmtal bis zur Koralm. Monika sorgt bei Gesellschaften mit der Ziehharmonika für Unterhaltung und als Silberbergabsolventin ist sie auch für Weingarten und Keller zuständig. Es wird bei allen Produkten auf höchste Qualität geachtet und die Jause kommt aus hauseigener Schlachtung. Für die kleinen Gäste gibt es eine Spielwiese.
Speisen: Belegtes Brot, Brettljause, Leberstreichwurst, Liptauer, Verhackert, Verhackertwürstl, Winzersalat, Preßwurst, hausgemachte Mehlspeisen
Weine: Gelber Muskateller, Sämling, Schilcher, Weißburgunder, Welschriesling, Schlagerblut (eine Rarität der Steiermark), Heckenklescher
Edelbrände: Kriecherl-, Zwetschkenbrand
Fruchtsaft: Apfel-, Traubensaft, Pfirsichnektar

BUSCHENSCHANK SABATHI (3)

Inhaber: Anna u. Otto **SABATHI**
Vulgoname: Sunki
Adresse: Kranach 51, **A-8462 GAMLITZ**
Telefon: 03453/29 00, **Fax:** 03453/29 00
Busverbindung: Bushaltestelle 3 km (Gamlitz)

nächster Bahnhof: Ehrenhausen ca. 7 km
Öffnungszeiten: ganzjährig; täglich außer Do von 9 bis 22 Uhr
Ab-Hof-Verkauf: Wein, Säfte, Kürbiskernöl
Weinkost: auf Anfrage
Ausstattung: Innen 30 + 60 Sitzplätze, außen 40 Sitzplätze
Zimmer: 3 x 2
Anbaufläche: 8 ha
Wege: Wanderweg Nr. 3, Weg „Vital durch die Jahreszeiten"
Busse: ja – auf Anmeldung
Spielplatz: vorhanden
Sturm: ja
Kastanien: ja
Zufahrt: A9-Abfahrt Vogau über Ehrenhausen, Gamlitz, Richtung Leutschach, Eibiswald vor dem Koglwirt rechts den Berg hinauf (beschildert)
Besonderheiten: Ein gepflegtes Hofensemble an einem ruhigen Platz, umgeben von alten Bäumen und Weinhängen, das so richtig zum Ausspannen einlädt. Am Wanderweg „Vital durch die Jahreszeiten" gelegen, gibt es als Kneippstation ein Wassertretbecken. Das Buschenschankhaus aus 1860 wurde bestens renoviert und im Nebenhaus gepflegte Fremdenzimmer ausgebaut. Gästeabholung ist selbstverständlich, Mountainbikeverleih oder Fischen im eigenen Teich werden ebenfalls geboten. Frau Anna ist in ihrem Element, wenn sie Gäste hat, mit denen sie plaudern und mit ihren Spezialitäten aus der Küche verwöhnen kann. Als Silberbergabsolvent entlastet Sohn Hannes den Vater im Weinbau und arbeitet schon sehr eigenständig. Weinverkostungen im alten Gewölbekeller werden auch angeboten. Diesem schönen Gehöft ist natürlich ein Bauernhof mit jeder Menge von Tieren angeschlossen.
Speisen: Aufstriche, Brettljause, Belegtes Brot, Grammelaufstrich, Leberaufstrich, Liptauer, Verhackert, Speckjause, Schmalzbrot, Topfenkrenaufstrich, Bauernnest, saure Preßwurst, Käsebrot, saurer Käse, Buchteln, Krapfen (Wochenende)
Weine: Welschriesling, Muskat Sylvaner/Sauvignon blanc, Gelber Muskateller, Traminer, Müller Thurgau, Weißburgunder, Zweigelt blau
Fruchtsaft: Apfel-, Traubensaft

BUSCHENSCHANK ALBRECHER (4)

Inhaber: Herbert **ALBRECHER**
Vulgoname: Sraka
Adresse: Schloßberg 24, **A-8463 LEUTSCHACH**
Telefon: 03454/453
Busverbindung: Leutschach
Öffnungszeiten: ganzjährig; täglich von 10 Uhr bis 23 Uhr
Ab-Hof-Verkauf: Wein, Edelbrände, Säfte, Trauben, Äpfel, Kriecherl
Weinkost: auf Anfrage
Ausstattung: Innen 30 Sitzplätze, außen 20 Sitzplätze
Zimmer: 2 x 2
Anbaufläche: 2 ha
Zufahrt: A9-Abfahrt Vogau, Ehrenhausen, Leutschach Ortsende Richtung Langegg, weist an der Straßenkreuzung das Schild zur 2 km entfernten Buschenschank
Besonderheiten: Auch hier hat ein Generationenwechsel stattgefunden. Der dynamische Silberbergabsolvent Herbert führt nun den Betrieb, unterstützt von den Eltern. Er hat „sanfte" Erweiterungen vor und macht Weinverkostungen im alten Keller. In diesem sympathischen Familienbetrieb in ruhiger Lage, am Fuße der Heiligengeist-Klamm, kann man Urlaub machen, Wanderungen unternehmen und die Köstlichkeiten der Buschenschank genießen. Alles

vom dazugehörigen Bauernhof, sogar das Brot wird selbst gebacken. Ein zweites Standbein ist die große Holunderanlage, deren Früchte an die Farbstoffindustrie geliefert werden.
Speisen: Aufstriche, selbstgebackenes Brot, Belegtes Brot, Brettljause, Hauswurst, Verhackertwürstl, Germmehlspeisen
Weine: Chardonnay/Morillon, Müller Thurgau, Muskat Sylvaner/Sauvignon blanc, Muskateller, Weißburgunder, Welschriesling, Zweigelt blau
Edelbrände: Kriecherl-, Birnen-, Traubenbrand (Zweigelt, Muskateller)
Fruchtsaft: Apfel-, Traubensaft

BUSCHENSCHANK MAXL (5)

Inhaber: Peter **ALDRIAN**
Vulgoname: Maxl
Adresse: Mitteregg 24, **A-8505 ST. NIKOLAI**
Telefon: 03456/2356, **Fax:** 03456/2356
Busverbindung: Sausal – Haltestelle Stoiser 1,5 km

nächster Bahnhof: Wettmannstätten
Öffnungszeiten: ganzjährig; täglich außer Mo von 10 Uhr bis 23 Uhr
Ab-Hof-Verkauf: Wein, Edelbrände, Traubensaft
Weinkost: ja – auf Anfrage
Ausstattung: Innen 80 Sitzplätze, außen 120 Sitzplätze
Anbaufläche: 4 ha
Wege: Wanderweg Nr. 2
Busse: ja – auf Anfrage
Spielplatz: vorhanden
Sturm: ja
Kastanien: ja
Zufahrt: Autobahnabfahrt Wildon – Hengsberg – Grötsch – St. Nikolai – Mitteregg oder über Kitzeck
Besonderheiten: Dieser Buschenschank liegt inmitten von Rebhängen in ruhiger Lage. Die Gäste bevorzugen die persönliche Bedienung und den schattigen Garten des Hofes, der seit 1965 ein Teil des Buschenschanks ist. Für das leibliche Wohl sorgt die Frau des Hauses, die sogar das Fleisch selber zerlegt, der Weinanbau liegt in der Hand des Mannes (Weinbau- und Kellermeister).
Speisen: Belegtes Brot, Brettljause, Germmehlspeisen, Grammelbrot, Hausplatte, Käseauswahl, Leberwurst, Liptauer, Schweinsbraten, Schweinsbrüstl, Speck, Verhackert, Verhackertwürstl
Weine: Müller Thurgau, Muskat Sylvaner/Sauvignon blanc, Ruländer/Grauburgunder, Traminer, Weißburgunder, Zweigelt blau, Welschriesling, Muskat Ottonel, Blauburger
Edelbrände: Apfel-, Birnen-, Kriecherl-, Zwetschkenbrand
Fruchtsaft: Apfel-, Holunderblüten-, Traubensaft

BUSCHENSCHANK KOLLER (6)

Inhaber: Willibald **ALDRIAN**
Vulgoname: Koller
Adresse: Greith 11, **A-8442 KITZECK**
Telefon: 03456/3563
Busverbindung: Haltestelle „Peterl" 500 m

nächster Bahnhof: Leibnitz
Öffnungszeiten: ganzjährig; täglich außer Di, von 9 Uhr bis 23 Uhr
Ab-Hof-Verkauf: Wein, Edelbrände, Säfte
Weinkost: auf Anfrage
Ausstattung: Innen 40 – 60 Sitzplätze, außen 40 – 50 Sitzplätze
Anbaufläche: 2 ha
Busse: auf Anfrage
Spielplatz: vorhanden
Sturm: ja
Kastanien: ja
Zufahrt: Über Kitzeck, Sausaler Weinstraße, ca. 2 km nach Kitzeck auf der linken Seite (3/4 Stunde zu Fuß von Kitzeck)
Besonderheiten: Das Weingut liegt am Rande des sonnigen Kitzeck, gleich an der Sausaler Weinstraße und bietet gleichzeitig einen prachtvollen Fernblick über die hügeligen Weiten dieser einmaligen Landschaft. Ein kinderfreundlicher Platz, in ruhiger Lage, wo die Weingärten direkt an den Bauernhof grenzen. Die selbstgemachten Spezialitäten kommen aus der eigenen Hausschlachtung. Sohn Willibald ist Silberbergabsolvent, Weinbau- und Kellermeister.
Speisen: Belegtes Brot, Brettljause, Brüstl, Germmehlspeisen, Hausplatte, Hauswürstl, Käferbohnensalat, Leberwurst, Liptauer, Preßwurst, Verhackert, Aufschnitt, Eiaufstrich, Käsebrot
Weine: Altsteirischer Mischsatz, Chardonnay/Morillon, Müller Thurgau, Sämling, Traminer, Muskat Sylvaner/Sauvignon blanc, Weißburgunder, Welschriesling, Zweigelt blau, Zweigelt rose
Edelbrände: Apfel-, Birnen-, Kriecherl-, Trebern-, Zwetschkenbrand
Most: ja
Fruchtsaft: Apfel-, Ribisel-, Traubensaft

BUSCHENSCHANK ALTENBACHER (7)

Inhaber: Fam. **ALTENBACHER**
Adresse: Sulztal 26, **A-8461 EHRENHAUSEN**
Telefon: 03453/2851
Busverbindung: Haltestelle 100 m oberhalb
Öffnungszeiten: von März bis Dezember; Sa, So, Feiertag von 13 Uhr bis 22 Uhr, wochentags nur auf Bestellung
Ab-Hof-Verkauf: Wein, Säfte, Kriecherl- u. Zwetschkenbrand

Weinkost: auf Anfrage (auch Kellerführungen)
Musik: auf Bestellung
Ausstattung: Innen 50 Sitzplätze (2 Räume), außen 40 Sitzplätze
Anbaufläche: 3,4 ha
Wege: Wanderweg Nr. 6
Busse: nur auf Anfrage
Sturm: ja
Kastanien: ja
Besonderheiten: Ein ruhiger Buschenschank an der Südsteirischen Weinstraße gelegen, etwas erhöht mit traumhaftem Weitblick bis nach Slowenien zum Pacherngebirge oder bis zum Schöckl (Hausberg der Grazer). Der Familienbetrieb bringt nur Produkte vom etwas tiefer gelegenen Bauernhof auf den Tisch. Schutzringbetrieb. Die neuen Attraktionen sind seit 1996 das gemeinsame Feiern des Osterfestes mit Aufstellen des Osterkreuzes und dem Abbrennen des Osterfeuers. Bei den nun alljährlich hier stattfindenden Sonnwendfeiern (um den 21.6.) kamen über 300 Leute zum Tanz.
Speisen: selbstgebackenes Brot, Belegtes Brot, Brettljause, Buchtl, Geselchtes, Leberaufstrich, Liptauer, Verhackert, Verhackertwürstl
Weine: Muskat Sylvaner/Sauvignon blanc, Muskateller, Ruländer/Grauburgunder, Sämling, Schilcher, Welschriesling, Zweigelt blau
Edelbrände: Kriecherl-, Zwetschkenbrand
Fruchtsaft: Apfel-, Traubensaft

BUSCHENSCHANK ANDRÄ (8) *

BUSCHENSCHANK ARKADENHOF (9)

Inhaber: Franz u. Gene **BROLLI**
Vulgoname: Arkadenhof
Adresse: Eckberg 43, **A-8462 GAMLITZ**
Telefon: 03453/2341, **Fax:** 03453/2341
Busverbindung: Haltestelle 200 m

nächster Bahnhof: Ehrenhausen 7 km
Öffnungszeiten: von März bis November; täglich
Ab-Hof-Verkauf: Wein, Edelbrände, Säfte, Obst (Kirschen, Marillen, Birnen, Speisetrauben)
Weinkost: ja – mit Kellerführung oder in der Vinothek
Musik: auf Bestellung
Ausstattung: Innen 50 Sitzplätze, außen 50 Sitzplätze (teilweise Laube)
Zimmer: 2 x 2;
Anbaufläche: 10,5 ha
Wege: Weitwanderweg
Busse: auf Anfrage und Anmeldung
Spielplatz: vorhanden
Sturm: ja
Kastanien: ja
Parkplatz: vorhanden
Besonderheiten: Wenige Meter neben der Weinstraße steht weithin sichtbar der renommierte Arkadenhof, prädestiniert für Feiern, Gesellschaften, Familien- und Betriebsausflüge. Unter schattigen Weinlauben hat man einen herrlichen Rundblick über sanfte Weinhügel bis zur Koralpe. Manche Sommerabende werden hier von klassischen Musikklängen verschönt. Die Seele baumeln lassen und steirische Gastlichkeit genießen. Von der jungen dynamischen Familie Franz und Gené Brolli wird der Familienbetrieb in der vierten Generation geführt. Franz und Reinhard Brolli, beide Silberbergabsolventen, sowie Weinbau- und Kellermeister, bieten meist samstags, Kellerführungen und kommentierte Weinverkostungen an (Anmeldung!). Ein weiteres Standbein, das noch weiter ausgebaut wird, sind die Edelbrände.
Speisen: Arkadenhofplatte (Überraschungsplatte mit kleinem Geheimnis), Bauernbuffet, Belegtes Brot, Brettljause, Hauswurst, Käseauswahl, Leberaufstrich, Schweinsbrüstl, Obstkuchen, Buchteln, Weinstrauben
Weine: Weißburgunder, Sauvignon blanc, Muskateller, Sämling, Chardonnay/Morillon,
Welschriesling, Schilcher, Traminer, Ruländer/Grauburgunder, Cabernet Sauvignon, Zweigelt blau
Edelbrände: Kriecherl-, Marillen-, Williams-Birnen-, Trauben-, Maschanskerbrand
angesetzte Schnäpse: Weichsel-, Rotweinlikör
Fruchtsaft: Apfel-, Johannisbeer-, Traubensaft (weiß, rot), Marillennektar

BUSCHENSCHANK BACCHUSKELLER (10)

Inhaber: Eva **LAMBAUER**
Vulgoname: Bacchuskeller
Adresse: Eckberg 37, **A-8462 GAMLITZ**
Telefon: 03453/2570
Busverbindung: Rudel-Keller 100 m
nächster Bahnhof: Ehrenhausen 7 km
Öffnungszeiten: von Mitte Januar bis Mitte November, restliche Zeit auf Anmeldung; täglich außer Mo von 10 Uhr bis 23 Uhr
Ab-Hof-Verkauf: Wein, Traubensaft, Apfelsaft, Edelbrände
Weinkost: ja
Musik: auf Bestellung
Ausstattung: Innen 150 Sitzplätze, außen 50 Sitzplätze
Zimmer: 5 x 2
Anbaufläche: 4 ha
Wege: Weitwanderweg 03

Busse: ja – auf Anfrage
Spielplatz: vorhanden
Sturm: ja
Kastanien: ja
Zufahrt: A9-Abfahrt Vogau, Ehrenhausen, in Gamlitz die Eckbergstraße den Berg hinauf. 150 m nach der Kreuzung nach Ehrenhausen rechts
Besonderheiten: Dieser urige, rustikal eingerichtete Buschenschank mit herrlicher Fernsicht in die slowenischen Weinberge liegt direkt an der südsteirischen Weinstraße. Die Fachfrau Eva, Absolventin der Weinbauschule Silberberg, betreibt das Weingut und den Buschenschank nun selbständig. Im Hintergrund wirkt ganz bescheiden die zierliche Frau Mama. Zwei von den restlichen vier Schwestern sind ebenfalls in der unmittelbaren Umgebung im Weinbau tätig. Eva ist sogenannte Doppelbesitzerin, da ein Teil des Weingartens in Slowenien liegt. Das Haus aus 1722 wurde von einem Wiener General als Sommersitz gebaut. Es ist ein alter Familienbesitz, denn der Stammbaum der Weinbauernfamilie Lambauer reicht weit zurück. Neben bester Jause kredenzt sie im Sommer verschiedenste Salate mit ihrem speziellen Zweigeltessig.
Speisen: Bauernsalat, Belegtes Brot, Brettljause, Germmehlspeisen, Geselchtes, Käseauswahl, Kräutertopfen, Kürbiskernaufstrich, Leberaufstrich, Steirisches Buffet, Strudel, Verhackertwürstl, Bratlfettbrot, Obstkuchen, Weinstrauben
Weine: Grüner Sylvaner, Müller Thurgau, Muskat Sylvaner/ Sauvignon blanc, Rheinriesling, Schilcher, Weißburgunder, Welschriesling, Zweigelt blau
Edelbrände: Apfel-, Kriecherlbrand
angesetzte Schnäpse: grüner Nußschnaps
Fruchtsaft: Apfelsaft, Traubensaft

BUSCHENSCHANK BAUMANN (11)

Inhaber: Gerhard u. Theresia **BAUMANN**
Adresse: Sulztal 7, **A-8461 EHRENHAUSEN**
Telefon: 03453/4969
Busverbindung: Ehrenhausen
nächster Bahnhof: Ehrenhausen ca. 7 km
Öffnungszeiten: von Mai bis Oktober; täglich von 10 Uhr bis 22 Uhr
Ab-Hof-Verkauf: Wein, Saft

Weinkost: auf Anfrage
Musik: Hausmusik
Ausstattung: Innen 20 Sitzplätze, außen 70 Sitzplätze (Garten, Terrasse)
Zimmer: 3 x 2
Anbaufläche: 1,5 ha
Wege: Wanderweg Nr. 6
Busse: ja
Sturm: ja
Kastanien: ja
Zufahrt: A9-Abfahrt Spielfeld, die Weinstraße immer bergauf, über Berghausen, Wielitsch, ca. 1 km nach dem Weingut Bullmann links der Beschilderung nach
Besonderheiten: Nahe der Weinstraße in ruhiger Lage mit Blick nach Slowenien liegt linkerhand der Buschenschank, daneben das 200 Jahre alte Elternhaus, angeschlossen der Bauernhof mit vielen Tieren, wie Schweinen, Hasen, Katzen und Hund. Der Junior des Hauses, ein aufgeweckter Bursche, hat größtes Interesse an der Natur,

betreibt seinen eigenen Garten und wird später sicher Weinbauer. Die energische Frau Theresia schupft den Laden und verwöhnt ihre Gäste, so wie ihre Schwester Veronika einige Hügel weiter.
Speisen: selbstgebackenes Brot, Belegtes Brot, Brettljause, Grammelaufstrich, Hauswurst, Leberpastete, Liptauer, Schweinsbrüstl, Verhackert
Weine: Muskat Sylvaner/Sauvignon blanc, Sämling, Welschriesling, Zweigelt rot
Fruchtsaft: Apfel-, Holunderblüten- und Johannisbeer-saft

BUSCHENSCHANK BEIL (12) *

BUSCHENSCHANK BERNHARD (13)

Inhaber: Gerhard u. Stefanie **BERNHARD**
Adresse: Seggauberg 37, **A-8430 LEIBNITZ**
Telefon: 03452/74359 u. 86402
Busverbindung: Haltestelle beim Haus (Schliefsteiner Bus)

nächster Bahnhof: Leibnitz 4 km
Öffnungszeiten: von März bis November; täglich von 13 Uhr bis 23 Uhr
Ab-Hof-Verkauf: Wein, Äpfel, Birnen, Pfirsich, Edelbrände
Weinkost: auf Anfrage
Ausstattung: Innen 50 Sitzplätze, außen 50 Sitzplätze
Zimmer: 1 x 1, 4 x 2
Anbaufläche: 3 ha
Wege: Wanderweg Nr. 6 und Nr. 11 (Kompaß), Radweg R 1, R 25
Busse: auf Anfrage
Besonderheiten: Gut beschildert gelangt man zu dem am Seggauberg gelegenen, gastfreundlichen Haus. Gerne kehren Wanderer, Radfahrer und Stammgäste in diesen seit langem bestehenden Buschenschank ein, bei dem alle Produkte vom angrenzenden Bauernhof stammen. Neben Jause und Wein werden eine schöne Aussicht, ein Kinderspielplatz, Bademöglichkeit am Sulmsee und viel Spaziermöglichkeiten geboten.
Speisen: Bauernsalat, Belegtes Brot, Brettljause, Germmehlspeisen, Geselchtes, Käferbohnensalat, Käseauswahl, Leberaufstrich, Liptauer, saure Preßwurst, Schweinsbrüstl, Platten, Buffets auf Bestellung
Weine: Gelber Muskateller, Chardonnay/Morillon, Sämling, Welschriesling, Zweigelt blau, Schilcher, Grauer Burgunder
Edelbrände: Apfel-, Kriecherl-, Birnenbrand
Fruchtsaft: Apfel-, Traubensaft

BUSCHENSCHANK BROLLI (14)

Inhaber: Helga **BROLLI**
Adresse: Eckberg 54, **A-8462 GAMLITZ**
Telefon: 03453/4212, **Fax:** 03453/4212-15
Busverbindung: Haltestelle Brolli-Keller
nächster Bahnhof: Ehrenhausen ca. 8 km
Öffnungszeiten: ganzjährig; täglich außer Di, von Weihnachten bis Mitte Januar geschlossen
Ab-Hof-Verkauf: Wein, Edelbrände, Säfte, Kernöl
Weinkost: ja
Musik: auf Bestellung
Ausstattung: Innen 90 Sitzplätze, 2. Buschenschank-Haus: 50 Sitzplätze (geschlossene Gesellschaften, Busse), außen 50 Sitzplätze
Zimmer: 2 x 1, 9 x 2
Anbaufläche: 4,5 ha
Wege: Wanderweg Nr. 6, Weitwanderweg 03
Busse: auf Anfrage
Spielplatz: vorhanden
Sturm: ja
Kastanien: ja
Besonderheiten: Der seit 150 Jahren bestehende Familienbetrieb wird seit etlichen Jahren von der engagierten Helga Brolli geführt. Die weinkundliche Weiterbildung erfolgte

durch Kurse und Seminare, doch Vater Brolli unterstützt seine Tochter noch im Keller. Das ehemalige Buschenschankhaus wird für Busse und geschlossene Gesellschaften genützt. Denn seit 1992 steht das neue gelbe Haus beherrschend am Hügel, mit herrlichem Rundumblick, direkt an der Weinstraße. Die Einrichtung ist geschmackvoll in hellem Holz und von der dominierenden Theke aus agiert die fesche Frau Helga. Eine charmante Buschenschenkerin der neuen Generation.

Speisen: Belegtes Brot, Brettljause, Brüstl, Buchteln, Grammelbrot, Käseauswahl, Kräutertopfen, saure Bohnen, Leberaufstrich, Liptauer, saure Preßwurst, Speck, Strauben, Strudel, Verhackert, Verhackertwürstl, Schinkenplatte, Zunge, Tomatensalat, Sauerkrautsalat
Weine: Chardonnay/Morillon, Cuvee, Gelber Muskateller, Muskat Sylvaner/Sauvignon blanc, Rheinriesling, Sämling, Schilcher, Traminer, Welschriesling, Zweigelt blau
Edelbrände: Apfel-, Kriecherl-, Marillen-, Birnen-, Wacholder-, Marschansker-, Kräuter-, Anisbrand
angesetzte Schnäpse: Weichselschnaps
Fruchtsaft: Apfel-, Holunderblüten-, Trauben-, Johannisbeersaft

BUSCHENSCHANK DEUTSCHMANN (15)

Inhaber: Otmar **DEUTSCHMANN**
Vulgoname: Smonde
Adresse: Glanz 46, **A-8463 LEUTSCHACH**
Telefon: 03454/312
Busverbindung: Haltestelle Mahorko 300 m
Öffnungszeiten: von April bis November; täglich von 10 Uhr bis 22 Uhr
Ab-Hof-Verkauf: Wein, Edelbrände, Bioäpfel
Ausstattung: Innen 120 Sitzplätze, außen 60 Sitzplätze
Zimmer: 3 x 2
Anbaufläche: 4 ha
Wege: Wanderweg Nr. 3a (Kleeblatt)
Busse: auf Anfrage
Spielplatz: vorhanden
Sturm: ja
Zufahrt: Auf der südsteirischen Weinstraße ca. 200 m nach dem Gasthof Mahorko zeigt die Tafel zum wenige Meter unterhalb der Straße gelegenen Hof
Besonderheiten: Der Weinbau hat hier Tradition und reicht bis 1693 zurück. Der Buschenschank war 1954 einer der ersten in dieser Gegend. Die kinderfreundliche Familie ist sehr um ihre Gäste bemüht. Jung und alt schätzen auch die ruhige Lage. Von Gesellschaften bis zu Geburtstagsfeiern ist hier alles möglich. Geboten wird noch eine herrliche Aussicht bis zum Bacherngebirge nach Slowenien.
Speisen: selbstgebackenes Brot, Belegtes Brot, Brettljause, Buchteln, Geselchtes, Hausplatte, Kräutertopfen, Leberstreichwurst, Liptauer, Strauben, Verhackert, Verhackertwürstl, Käsebrot
Weine: Chardonnay/Morillon, Gelber Muskateller, Muskat Sylvaner/Sauvignon blanc, Rheinriesling, Weißburgunder, Welschriesling, Zweigelt blau
Edelbrände: Apfel-, Kriecherl-, Traubenbrand, Slibowitz

BUSCHENSCHANK DIESTLER (16)

Inhaber: Ernst u. Martha **DIESTLER**
Vulgoname: Finksimmerl
Adresse: Gauitsch 28, **A-8442 KITZECK**
Telefon: 03456/2547
Busverbindung: Haltestelle „Warga-Hack" 500 m
nächster Bahnhof: Leibnitz
Öffnungszeiten: ganzjährig; täglich von 8 Uhr bis 23 Uhr

Ab-Hof-Verkauf: Wein, Edelbrände, Säfte, Weichsellikör
Weinkost: auf Anfrage
Ausstattung: Innen 60 Sitzplätze, außen 50 Sitzplätze
Anbaufläche: 1,4 ha
Wege: Wanderweg Nr. 10 und Nr. 11
Busse: auf Anfrage (werktags)
Spielplatz: vorhanden
Sturm: ja
Kastanien: ja
Zufahrt: Kitzeck – Tischlerwirt rechts – nach 200 m rechts, 500 m rechts (neben Tennisplatz Tourismusverband Kitzeck)
Besonderheiten: In dieser ruhigen Lage, mit herrlicher Fernsicht, von Weinbergen umgeben, schmeckt die Jause aus eigener Schlachtung. Eine Spielwiese steht den Kindern zur Verfügung. Als besonderes Service bietet das Haus den danebenliegenden Tennisplatz des FVV Kitzeck, mit Anmeldung, Umkleideraum und Dusche bei der Familie Diestler.
Speisen: Belegtes Brot, Brettljause, Brüstl, Germmehlspeisen, Geselchtes, Grammelaufstrich, Käseauswahl, Kübelfleisch, Leberwurst, Liptauer, saure Preßwurst, saure Wurst, Speck, Speckbrot, Sulz, Verhackert, Verhackertwürstl, Gorgonzolabrot
Weine: Altsteirischer Mischsatz, Ruländer/Grauburgunder, Sämling, Weißburgunder, Welschriesling, Zweigelt blau
Edelbrände: Apfel-, Pfirsich-, Traubenbrand
angesetzte Schnäpse: Weichsellikör
Fruchtsaft: Apfel-, Trauben-, Johannisbeersaft

BUSCHENSCHANK DIESTLER (17)

Inhaber: Fam. **DIESTLER**
Vulgoname: Kitzeck-Kappel
Adresse: Gauitsch 22, **A-8442 KITZECK**
Telefon: 03456/3213
Busverbindung: Haltestelle „Warga-Hack" 300 m
nächster Bahnhof: Leibnitz
Öffnungszeiten: ganzjährig; täglich von 12 Uhr bis 22 Uhr
Ab-Hof-Verkauf: Wein
Ausstattung: Innen 20 Sitzplätze, außen 25 Sitzplätze
Zimmer: 5 x 2; Urlaub am Weinbauernhof

Anbaufläche: 0,5 ha
Wege: Wanderweg Nr. 1
Spielplatz: vorhanden
Zufahrt: Kitzeck – Tischlerwirt rechts – nach 200 m wieder rechts, dann nach 200 m auf der linken Seite.
Besonderheiten: In ruhiger, sonniger Lage liegt dieses Haus inmitten der zauberhaften Kulisse des Weinortes Kitzeck. Den Urlaubsgästen steht auch noch eine Liegewiese im angeschlossenen Weingarten zur Verfügung.
Speisen: Belegtes Brot, Brettljause, Germmehlspeisen, Geselchtes, Käseauswahl, Leberwurst, saure Preßwurst, saure Wurst, Schinken, Schmalzbrot, Speck, Speckbrot, Verhackert, Verhackertwürstl
Weine: Weißburgunder, Sämling
Fruchtsaft: Ribiselsaft

BUSCHENSCHANK DIETRICH (18)

Inhaber: Johann **SOMMER**
Adresse: Höch 87, **A-8442 KITZECK**
Telefon: 03456/2247

Busverbindung: Haltestelle 600 m (Josef Krainer Volksschule)
Öffnungszeiten: von März bis November; täglich von 10 Uhr bis 22 Uhr
Ab-Hof-Verkauf: Wein, Säfte, Edelbrände, Honig, Kernöl, Verhackert, Ringelblumensalbe
Ausstattung: Innen 60 Sitzplätze, außen 90 Sitzplätze
Anbaufläche: 1,3 ha
Wege: Wanderweg Nr. 2 und Nr. 8
Busse: auf Anfrage
Spielplatz: vorhanden
Sturm: ja
Kastanien: ja
Zufahrt: Über St. Andrä-Höch führt die Sausaler Weinstraße einige Kilometer bis zu einer Kreuzung, wovon die mittlere der drei Straßen wenige hundert Meter direkt in den Hof führt
Besonderheiten: Ein alteingesessener Buschenschank mitten im Sausal in ruhigster Lage. Jede Menge Spaziermöglichkeiten gibt es ringsum und Kinder können ungestört neben der Weinlaube herumtollen. Ganz etwas besonderes ist hier die Hausmusik – auf Wunsch spielen die Kinder steirische Harmonika und Hackbrett.
Speisen: selbstgebackenes Brot, Belegtes Brot, Brettljause, Buchteln, Germmehlspeisen, Geselchtes, Leberstreichwurst, Schweinsbraten, Verhackert
Weine: Chardonnay/Morillon, Sämling, Schilcher, Weißburgunder, Welschriesling, Zweigelt blau, Hauswein
Edelbrände: Apfel-, Birnen-, Kriecherl-, Pfirsich-, Weinbrand
angesetzte Schnäpse: Holunder-, Weichselschnaps
Fruchtsaft: Apfel-, Traubensaft

BUSCHENSCHANK DIETRICH (19)

Inhaber: Franz u. Claudia **DIETRICH**
Vulgoname: Tischler
Adresse: Sernau 13, **A-8462 GAMLITZ**
Telefon: 03453/3384, **Fax:** 03453/3384
Busverbindung: Gamlitz 2,5 km
nächster Bahnhof: Ehrenhausen 6 km
Öffnungszeiten: von Februar bis 20. Dezember; täglich außer Do von 10 Uhr bis 22 Uhr

Ab-Hof-Verkauf: Wein, Säfte, Edelbrände, Kernöl, Hochzeitswein
Weinkost: auf Anfrage
Ausstattung: Innen 25 Sitzplätze, außen 50 Sitzplätze (schattiger Baum)
Zimmer: 5 x 2
Anbaufläche: 5 ha
Wege: Wandermöglichkeiten, Radweg
Spielplatz: vorhanden
Sturm: ja
Kastanien: ja
Zufahrt: A9-Abfahrt Vogau, Ortsende Gamlitz, Richtung Arnfels links, nach wenigen Metern rechts die Sernaustraße bis zum großen Faß und Klapotez links
Besonderheiten: Frischen Wind hat auch hier der junge Herr Franz mit seiner charmanten Vorarlberger Frau Clau-

dia gebracht. Vier Generationen leben hier am Hof. Mama Maria und Claudia servieren hausgemachte Jausenspezialitäten und Oma Christine kann einiges aus der „Alten Zeit des Weinbaues“ erzählen. Sie war sogar schon im Fernsehen: „beim Kürbisputzen“. Die Weine wachsen am Tischlerkogel, im Biedermann und im Schirmann-Weingarten. Sie reifen im Hauskeller, begleitet und behütet vom Herrn Franz. Beim Sitzplatz unter der einzigartigen Traueresche können Sie Einblick in die Weinkultur nehmen.

Speisen: selbstgebackenes Brot, Belegtes Brot, Brettljause, Grammelaufstrich, Liptauer, Schinken, Verhackert, Verhackertwürstl, Käsebrot

Weine: Weißburgunder, Welschriesling, Muskateller, Traminer, Chardonnay/Morillon, Muskat Sylvaner/Sauvignon blanc, Müller Thurgau, Zweigelt blau, Sämling, Schilcher, Blauburgunder, Bacchus

Edelbrände: Kriecherl-, Birnenbrand, Obstler

angesetzte Schnäpse: Weichselschnaps

Fruchtsaft: Apfel-, Traubensaft

Sonstige Getränke: Hochzeitswein

BUSCHENSCHANK DÖTTLING (20)

Inhaber: Karl **DÖTTLING**

Vulgoname: Gürtler

Adresse: Steinbach 41, **A-8462 GAMLITZ**

Telefon: 03453/3733

Busverbindung: Gamlitz 4,5 km

Öffnungszeiten: ganzjährig; täglich von 10 Uhr bis 22 Uhr

Ab-Hof-Verkauf: Wein

Ausstattung: Innen 45 Sitzplätze, außen 50 Sitzplätze

Zimmer: 2 x 2

Anbaufläche: 3,5 ha

Busse: auf Anfrage

Sturm: ja

Kastanien: ja

Zufahrt: A9-Abfahrt Vogau, Ortsende Gamlitz, Richtung Arnfels, links die Steinbachstraße ca. 4 km, dann rechts der Beschilderung nach

Besonderheiten: Zu dem Familienbetrieb mit angeschlossenem Bauernhof kommen gerne Urlauber, Wanderer und Einheimische. Sie genießen die ruhige Lage, den schönen Ausblick und verkosten unter der Weinlaube oder im Gewölbekeller.

Speisen: selbstgebackenes Brot, Belegtes Brot, Brettljause, Germmehlspeisen, Grammelfett, Hauswurst, Leberaufstrich, Verhackert, Milchbrot

Weine: Chardonnay/Morillon, Müller Thurgau, Muskat Sylvaner/Sauvignon blanc, Muskateller, Sämling, Weißburgunder, Welschriesling, Zweigelt blau

Fruchtsaft: Ribiselsaft

BUSCHENSCHANK A.U.B. DREISIEBNER (21)

Inhaber: Adolf u. Berta **DREISIEBNER**

Adresse: Sulztal 44, **A-8461 EHRENHAUSEN**

Telefon: 03453/2809, **Fax:** 03453/2809

Busverbindung: Haltestelle Eckberg/Gendarmerie – Valentinstüberl – 1 km

nächster Bahnhof: Ehrenhausen 10 km

Öffnungszeiten: ganzjährig; täglich

Ab-Hof-Verkauf: Wein, Säfte, Edelbrände, Marmeladen, Obst je nach Saison

Weinkost: auf Anfrage

Ausstattung: Innen 15 Sitzplätze, außen 35 Sitzplätze

Zimmer: 2 x 2, 2 x 3

Anbaufläche: 2 ha

Wege: Wanderweg 6, Trobiergrabenweg

Spielplatz: vorhanden

Sturm: ja

Kastanien: ja

Zufahrt: Von der A9, Abfahrt Vogau-Straß, über Ehrenhausen nach Gamlitz. In der Ortsmitte den Eckberg hinauf die Weinstraße Richtung Langegg, nach ca. 5,5 km links die Straße nach Sulztal der Beschilderung nach

Besonderheiten: Der Familienbetrieb Dreisiebner besteht seit 1966 in einem umgebauten Winzerhaus aus 1751 mit dem alten Keller. Herr Adolf, wie sein Sohn Hans sind Silbergabsolventen. Auch die restlichen sieben Kinder helfen tatkräftig zu Hause mit. Nach der Gründung des Schutzringes Wein aus steirischen Trauben können sie auch auf Erfolge bei Landesweinkosten und beim Salon österreichischer Weine verweisen. Für die Gäste, viele Stammgäste, gibt es eine Weinbibliothek und geführte Wanderungen nach Slowenien. Weinseminare werden ebenfalls vom Hausherrn abgehalten. Der Urlaub am Weinbauernhof ist schon seit Jahren bestens eingeführt und wird geschätzt wegen seiner Qualität aus Küche und Keller. Gästeabholdienst.

Speisen: selbstgebackenes Brot, Belegtes Brot, Brettljause, Germmehlspeisen, Hauswürstl, Kübelfleisch, Kürbiskernaufstrich, Leberstreichwurst, Verhackert

Weine: Müller Thurgau, Muskateller, Rheinriesling, Junker, Traminer, Weißburgunder, Muskat Sylvaner/Sauvignon blanc, Welschriesling, Zweigelt blau, Zweigelt rose

Edelbrände: Apfel-, Kriecherl-, Pfirsich-, Trebern-, Wein-, Himbeerbrand, Slibowitz

Fruchtsaft: Apfel-, Traubensaft

BUSCHENSCHANK DREISIEBNER-STAMMHAUS (22)

Inhaber: Betriebsgemeinschaft **DREISIEBNER**
Adresse: Sulztal 35, **A-8461 Ehrenhausen**
Telefon: 03453/2590, **Fax:** 03453/2590
Busverbindung: Haltestelle Eckberg, Gendarmerie 1 km
nächster Bahnhof: Ehrenhausen ca. 9 km
Öffnungszeiten: ganzjährig; täglich von 10 Uhr bis 21 Uhr
Ab-Hof-Verkauf: Wein, Säfte, Edelbrände
Weinkost: auf Anfrage
Ausstattung: Innen 40 Sitzplätze (2 Räume), außen 30 Sitzplätze (neue Terrasse)
Zimmer: 3 x 2, 2 Mehrbett;
Anbaufläche: 12 ha
Wege: Weinbergrundwanderweg Nr. 6
Busse: auf Anfrage
Spielplatz: vorhanden

Sturm: ja

Zufahrt: A9-Abfahrt Vogau-Straß, Ehrenhausen, Ortsmitte Gamlitz links. Einige Kilometer oberhalb von Gamlitz Richtung Leutschach/Langegg zweigt von der Weinstraße links die Straße nach Sulztal ab (Beschilderung)

Besonderheiten: Das Weingut Josef Dreisiebner besteht seit über 100 Jahren. Der Urgroßvater erwarb diesen Hof von einem Schlosser und setzte die ersten Weinstöcke. Josef Dreisiebner begann nach dem 2. Weltkrieg den Weinbau voranzutreiben und füllte schon Ende der 40er Jahre Wein in Bouteillen. 1948 wurde der Buschenschank eröffnet, 1974 der Hof an die vier im Haus verbleibenden Söhne weitergegeben, von denen sich drei dem Weinbau zuwandten. Sie verheirateten sich mit drei Schwestern und so wurde die Betriebsgemeinschaft Dreisiebner gegründet. Mit den Söhnen Rudolf und Hannes, beide Silberbergabsolventen, kommt wieder eine neue Generation dazu ein Stück Familiengeschichte zu schreiben. Das gemeinsame Anliegen ist die Erhaltung einer einzigartigen Kulturlandschaft, auch als Urlaubs- und Erholungsgebiet. In dieser dynamischen Familie wurde mittlerweile das Weingut vergrößert, der Keller erweitert und auf den neuesten Stand der Technik gebracht. Weitere Gästezimmer wurden geschaffen und die Buschenschankräume umgebaut, wo man sehr persönlich und familiär betreut wird.

Speisen: selbstgebackenes Brot, Belegtes Brot, Brettljause, Germmehlspeisen, Geselchtes, Hausplatte, Käseauswahl, Leberstreichwurst, saure Preßwurst, Speck, Verhackert, Verhackertwürstl, Verhackertbrot

Weine: Gelber Muskateller, Chardonnay/Morillon, Muskat Sylvaner/Sauvignon blanc, Muskateller, Rheinriesling, Ruländer/Grauburgunder, Sämling, Schilcher, Gewürztraminer, Weißburgunder, Welschriesling, Zweigelt blau, Zweigelt rose

Edelbrände: Apfel-, Kriecherl-, Pfirsich-, Weichsel-, Birnen-, Zwetschken-, Muskatellertrauben-, Johannisbeerbrand

angesetzte Schnäpse: verschiedene Fruchtliköre

Sekt: Schilcher-, Weißburgundersekt

Fruchtsaft: Apfel-, Trauben-, Johannisbeersaft

BUSCHENSCHANK S. DREISIEBNER (23)

Inhaber: Siegfried **DREISIEBNER**

Adresse: Ottenberg 15, **A-8461 EHRENHAUSEN**

Telefon: 03453/2122

Busverbindung: Ehrenhausen 3 km

nächster Bahnhof: Ehrenhausen 3 km

Öffnungszeiten: ganzjährig; täglich

Ab-Hof-Verkauf: Wein, Apfelsaft, Obst

Weinkost: auf Anfrage

Ausstattung: Innen 20 Sitzplätze, außen 40 Sitzplätze (Terrasse)

Anbaufläche: 2,8 ha

Zufahrt: Direkt von der Steirischen Weinstraße über Spielfeld möglich oder nach Ehrenhausen vor Gamlitz der Beschilderung nach

Besonderheiten: Inmitten einer Obst- und Weinplantage liegt der Hof mit dem kleinen Buschenschank – ein Schutzringbetrieb. Wieder einer der großen Weinbaufamilie Dreisiebner. Hier ist schon der Sohn Siegfried, Silbergabsolvent, für den Weinbau, der Vater für den Obstbau und die Mutter für den Buschenschank zuständig. Ansonsten als Familienbetrieb geführt hat hier Wein- und Obstbau schon lange Tradition.

Speisen: Aufstriche, selbstgebackenes Brot, Brettljause, Germmehlspeisen, Geselchtes, Grammelfett, Hausbrot, Leberpastete, Liptauer, Schweinsbrüstl, Verhackert

Weine: Müller Thurgau, Rheinriesling, Ruländer/Grauburgunder, Sämling, Traminer, Weißburgunder, Welschriesling, Zweigelt blau, Gelber Muskateller, Blauburger, Chardonnay/Morillon

Fruchtsaft: Apfelsaft

BUSCHENSCHANK DREISIEBNER / MUSTER (24)

Inhaber: Otto **DREISIEBNER**/Josef **MUSTER**

Vulgoname: Wallner

Adresse: Grubtal 14, **A-8462 Gamlitz**

Telefon: 03453/2300, **Fax:** 03453/23004

Busverbindung: Gamlitz 2,5 km

nächster Bahnhof: Ehrenhausen 5 km

Öffnungszeiten: ganzjährig; täglich

Ab-Hof-Verkauf: Wein, Edelbrände, Fruchtsäfte, Obst

Weinkost: möglich

Musik: auf Bestellung (Kinder des Hauses), echte Volksmusik

Ausstattung: Innen 50 Sitzplätze, außen 40 Sitzplätze

Anbaufläche: 6 ha

Busse: auf Anfrage
Spielplatz: vorhanden
Sturm: ja
Kastanien: ja
Zufahrt: Über die Verbindungsstraße von Gamlitz über Grubtal nach Seggauberg – Leibnitz zu erreichen (Beschilderung)
Besonderheiten: Eine qualitätsorientierte Disziplin bringt den Erfolg in diesem auf Wein- und Obstbau spezialisierten Produktions- und Veredelungsbetrieb. Er wurde 1974 von zwei Familien gegründet, die sich die Arbeit teilen und alles gemeinsam bewirtschaften. Für den Weinbau ist Otto Dreisiebner zuständig, für die Obstanlagen Josef Muster, beide Absolventen der Weinbauschule Silberberg. Kellerführungen im 200 Jahre alten Gewölbekeller mit geschnitzten Holzfässern oder Weinverkostungen werden auf Anmeldung gerne gemacht. Die Frauen sind für den Buschenschank zuständig, der umgeben von Wein- und Obstgärten, mit einem herrlichen Ausblick, gelegen ist. Es wird nur Selbsterzeugtes verabreicht. Das Gemüse stammt aus dem eigenen Garten und die Aufstriche sind täglich frisch. Frau Muster schrieb einen eindrucksvollen Artikel zur positiven Einstellung des Bäuerinnenseins. Schutzringbetrieb, deren engagierter Obmann zur Zeit Otto Dreisiebner ist.
Speisen: selbstgebackenes Brot, Brettljause, Brüstl, Buchteln, Germmehlspeisen, Hauswurst, Käseauswahl, Kräutertopfen, Leberaufstrich, Liptauer, Rettichsalat, saure Bohnen, Steirisches Buffet, Verhackert
Weine: Müller Thurgau, Muskat Sylvaner/Sauvignon blanc, Muskateller, Ruländer/Grauburgunder, Sämling, Traminer, Weißburgunder, Welschriesling, Zweigelt rose, Chardonnay/Morillon
Edelbrände: Kriecherl-, Pfirsich-, Wein-, Birnen-, Zwetschken-, Quitten-, Trauben-, Himbeer-, Holunderbrand, Gockel (Harmonie aus verschiedenen Bränden), Slibowitz
angesetzte Schnäpse: Weichselschnaps
Fruchtsaft: Apfel-, Traubensaft (rot und weiß)

BUSCHENSCHANK ELSNEGG (25)

Inhaber: Engelbert u. Monika **ELSNEGG**
Adresse: Eckberg 26, **A-8462 GAMLITZ**
Telefon: 03453/4812, **Fax:** 03453/4812-4
Busverbindung: Ofner-Bus-Haltestelle Ferlinz 20 m
nächster Bahnhof: Ehrenhausen ca. 6 km
Öffnungszeiten: von März bis Dezember; Sa, So von 8 Uhr bis 22 Uhr
Ab-Hof-Verkauf: Wein, Obst, Säfte, Edelbrände, Geschenkskartons – täglich von 8 Uhr bis 19 Uhr
Weinkost: auf Anfrage
Ausstattung: Innen 35 Sitzplätze, außen 30 Sitzplätze (Terrasse)
Zimmer: 1 x 1, 2 x 2
Anbaufläche: 6,5 ha
Wege: Weinbergrundwanderweg (Urlkogel)
Spielplatz: vorhanden
Sturm: ja
Kastanien: ja

Besonderheiten: Direkt an der Weinstraße in Eckberg betreibt die Familie Elsnegg seit den 20er Jahren ein Weingut. Dominierte unter Großvater Engelbert noch der Obstbau, so stellte Vater Engelbert den Betrieb vorwiegend auf Weinbau um. Nun ist Weinbaumeister Engelbert jun. mit seiner Frau Monika bestrebt, die Tradition des Qualitätsweinbaus fortzusetzen. Daß seine Linie richtig ist, beweisen die vielen Prämierungen, wie auch die bis jetzt viermalige Salonauszeichnung. Die Riede Edelsbach ist beim Hof gelegen, die Riede Urlkogel gegenüber und ein kleinerer Teil der Weingärten sind im nahen Sulztal. Im gemütlichen Buschenschank kann man die Weinpalette mit einer festen Unterlage vom Hausgemachten verkosten – betreut von Mutter Anna und Frau Monika. Die Edelbrände sind das Hobby von Vater Engelbert. Als Mitglied der Qualitätsgemeinschaft „Junker" bringen sie im November ihren Jungwein auf den Markt.

Speisen: Belegtes Brot, Brettljause, Käseteller, Grammelaufstrich, Leberpastete, Liptauer, Speckbrot, Verhackert
Weine: Chardonnay/Morillon, Muskat Sylvaner/Sauvignon blanc, Gelber Muskateller, Rheinriesling, Traminer, Weißburgunder, Welschriesling, Zweigelt blau
Edelbrände: Kriecherl-, Pfirsich-, Wein-, Birnen-, Muskateller Trebernbrand
angesetzte Schnäpse: Roafla (angesetzter Wiesenfarn)
Fruchtsaft: Apfel-, Traubensaft

BUSCHENSCHANK EORY (26)

Inhaber: Wilhelm **EORY**
Vulgoname: Trutscherl
Adresse: Pößnitz 65, **A-8463 LEUTSCHACH**
Telefon: 03454/360, **Fax:** 03454/360
Öffnungszeiten: von April bis August; täglich außer Do, September bis November, täglich von 9 Uhr bis 23 Uhr
Ab-Hof-Verkauf: Wein, Edelbrände
Weinkost: auf Anfrage (Kellerführung)
Musik: auf Bestellung
Ausstattung: Innen 120 Sitzplätze, außen 150 Sitzplätze
Anbaufläche: 7 ha

Wege: Wanderweg Nr. 3
Busse: ja
Spielplatz: vorhanden
Sturm: ja
Kastanien: ja
Besonderheiten: Der Buschenschank ist ein umgebautes Wirtschaftsgebäude. Der Kaminraum war der Viehstall, der zweite Raum war die Tenne. Der Keller datiert von 1846-1880. Die Eichenfässer stammen von 1880. Die Vorfahren waren k.k. Hoflieferanten. Sehenswert sind die im Winzerhaus an den 4 Ecken eingebauten mächtigen spätrömischen Säulenkapitelle. Seit kurzem werden die Gäste von Frau Erika Hirschmugl – nun Frau Eory – bestens betreut. Herrlicher Rundblick über die südsteirischen Weinhügel, ruhige Lage, bequeme Wanderwege, nur 1 km von der slowenischen Grenze entfernt. Mitglied der Weingalerie Leutschach.
Speisen: Belegtes Brot, Brettljause, Geselchtes, Leberaufstrich, Liptauer, Rohschinken, Schafkäse, Strauben, Verhackertwürstl, Verhackertbrot, Käsebrot, Knabberkerne
Weine: Blauburger, Chardonnay/Morillon, Cuvee, Gelber Muskateller, Gewürztraminer, Müller Thurgau, Schilcher, Traminer, Weißburgunder, Welschriesling, Zweigelt blau, Zweigelt rot, Muskat Ottonel, Riesling x Sylvaner
Verkaufstellen: Auf Anfrage in diversen Vinotheken
Edelbrände: Slibowitz
angesetzte Schnäpse: Weichselschnaps
Fruchtsaft: Apfel-, Ribiselsaft, Marillennektar

BUSCHENSCHANK FAGITSCH (27) *

BUSCHENSCHANK FEDL (28)

Inhaber: Ernst **FEDL**
Vulgoname: Zenzjörg
Adresse: Mittergrub 37, **A-8412 ALLERHEILIGEN**
Telefon: 03135/82417, **Fax:** 03135/82417-4
Busverbindung: Haltestelle Schloß Waasen 1 km
nächster Bahnhof: Wildon 6 km
Öffnungszeiten: ganzjährig, Januar bis Juli, September bis Dezember; täglich außer Di von 9 Uhr bis 23 Uhr
Ab-Hof-Verkauf: Wein, alle Speisen
Weinkost: auf Anfrage
Musik: auf Bestellung
Ausstattung: Innen 80 u. 20 Sitzplätze, außen 150 Sitzplätze
Anbaufläche: 3,5 ha
Wege: Krainer Wanderweg führt direkt vorbei
Busse: ja
Spielplatz: vorhanden

Sturm: ja
Kastanien: ja
Zufahrt: Kalsdorf, Fernitz, Murberg, Schloß Waasen, der Hinweistafel ca. 700 m von der Hauptstraße entfernt nach
Besonderheiten: Erstmals 1825 erwähnt, dann Buschenschank um 1935, später wieder ab 1971. Man sitzt in einer 165 Jahre alten holzgetäfelten Stube, mit Kachelofen oder im sonnigen Gastgarten. Ein Blick ins Gästebuch zeigt Namen wie: Franz Klammer, Franz Walcher, Helmut

Marko, Otto Wanz, Ulla Weigersdorfer und andere Gäste aus aller Welt. In ruhiger Lage kann man die Natur von der Sonnenterrasse aus genießen oder aktiv sein und wandern oder in den Fischteichen fischen. Die selbsterzeugten Produkte stammen alle vom eigenen Bauernhof.
Speisen: Aufstriche, selbstgebackenes Brot, Bauernjause, Belegtes Brot, Brettljause, Brüstl, Germmehlspeisen, Geselchtes, Grammelaufstrich, Hausplatte, Krapfen, Kübelfleisch, Kürbiskernaufstrich, Liptauer, Preßwurst, saure Preßwurst, Schinken, Schweinsbraten, Steirisches Buffet, Sulz, Surbraten, Verhackert, Verhackertwürstl
Weine: gemischter Satz – weiß, Ruländer/Grauburgunder, Schilcher, Zweigelt blau
Most: ja
Fruchtsaft: Apfelsaft

BUSCHENSCHANK FEKONJA (29) *

BUSCHENSCHANK FELLNER (30)

Inhaber: Franz u. Eva Maria **FELLNER**
Vulgoname: Glanzer
Adresse: Glanz 57, **A-8463 LEUTSCHACH**
Telefon: 03454/288, **Fax:** 03454/288
nächster Bahnhof: Ehrenhausen
Öffnungszeiten: ganzjährig; täglich von 9 Uhr bis 23 Uhr
Ab-Hof-Verkauf: Wein, Edelbrände
Weinkost: ja – auf Anfrage (kleine Gruppen)
Ausstattung: Innen 65 Sitzplätze, außen 25 (Terrasse), 35 (Veranda überdacht) und 50 Sitzplätze (Sitzgarten)
Anbaufläche: 6 ha
Spielplatz: vorhanden
Sturm: ja
Kastanien: ja
Besonderheiten: Ein gepflegter Bauernhof nahe der südsteirischen Weinstraße, trotzdem ruhigst gelegen mit schönem Blumenschmuck. Zu Träumen beginnt man bei dieser Aussicht weit über die Hügel ins slowenische Weinland, unter alten Obstbäumen, auf der Veranda oder der Terrasse sitzend.

Speisen: Aufstriche, selbstgebackenes Brot, Belegtes Brot, Brettljause, Brüstl, Buchtl, Geselchtes, Hausplatte, Hauswürstl, Kübelfleisch, Leberaufstrich, Liptauer, Preßwurst, Schweinsbrüstl, Strauben, Verhackert, Verhackertwürstl
Weine: Chardonnay/Morillon, Gewürztraminer, Muskateller, Sämling, Weißburgunder, Welschriesling, Zweigelt blau, Sauvignon blanc, Blauer Portugieser
Verkaufstellen: Obervogau, Hitzendorf

Edelbrände: Apfel-, Kriecherl-, Pfirsich-, Trebern-, Wein-, Birnen-, Zwetschken-, Winterbirnenbrand
Fruchtsaft: Apfel-, Ribisel-, Traubensaft

BUSCHENSCHANK STEINBERGHOF (31)

Inhaber: Dieter u. Uli **FIRMENICH**
Vulgoname: Steinberghof
Adresse: Berghausen 62, **A-8461 EHRENHAUSEN**
Telefon: 03453/2435, **Fax:** 03453/4417
Busverbindung: Schulbus Haltestelle 300 m
nächster Bahnhof: Ehrenhausen 4,5 km, Spielfeld 4,5 km
Öffnungszeiten: vom 1. März bis 30. November, täglich außer Mi von 12.30 Uhr bis 22 Uhr, Februar – Sa/So oder auf telefonische Anfrage
Ab-Hof-Verkauf: Wein, Edelbrände
Weinkost: auf Anfrage (Vinothek)
Ausstattung: Innen 40 Sitzplätze, außen 40 Sitzplätze (Gastgarten)
Anbaufläche: 2,75 ha
Sturm: während Lesezeit
Zufahrt: A9-Abfahrt Spielfeld, ca. 4 km die Weinstraße über Berghausen entlang, rechts die Tafel zum wenige hundert Meter entfernten Hof
Besonderheiten: Schon in der Chronik von Ehrenhausen ist dieser Betrieb beschrieben. Von den Großeltern hat er das Weingut übernommen und ausgebaut und nun widmet sich der engagierte Hausherr vollberuflich dem Weinbau und den Edelbränden. Nachdem jahrelang die alte Kellertüre das Markenzeichen war, hat er ein neues Weinetikett kreiert. Da Malen sein Hobby ist, verwundert es nicht, daß er damit beim Etiketten-Grand-Prix gewann und auch die Bilder an den Wänden des Buschenschank stammen aus seiner Feder. Die umsichtige Frau Uli ist als geborene Lambauer im Weinbau zu Hause und durch ihre außergewöhnlich kreative Küche bekannt. In der Kulinarixbewertung der Kleinen Zeitung wurde dieses Haus für exzellent befunden. Im alten Preßhaus, das durch einen Wintergarten erweitert wurde, ist der geschmackvoll mit Holzmöbeln eingerichtete Buschenschank untergebracht. Sehenswert ist auch die rund um die 140 Jahre alte Baumpresse errichtete Vinothek.
Speisen: selbstgebackenes Brot, Belegtes Brot, Brettljause, Germmehlspeisen, Käferbohnensalat, Käseauswahl, Leberaufstrich, Speckbrot, Verhackert, Käsebrot, Schinken, Wildschweinsalami, Wildschweinpastete, Schafkäse-Kernöl, Steinbergplatte (ab 2 Pers.), wechselnde Tageskarte

Weine: Gelber Muskateller, Chardonnay/Morillon, Müller Thurgau, Muskat Sylvaner/Sauvignon blanc, Altsteirischer Mischsatz, Weißburgunder, Welschriesling, Zweigelt blau
Edelbrände: Birnen-, Kriecherl-, Trestern-, Wein-, Zwetschken-, Quitten-, Apfelbrand
angesetzte Schnäpse: Weichsel-, Ribisel-, Holunderschnaps

BUSCHENSCHANK FLURLWEBER (32)

Inhaber: Franz u. Maria **LENHARD**
Vulgoname: Flurlweber
Adresse: Göttling 16, **A-8403 LEBRING**
Telefon: 03182/7186 oder 4238
Busverbindung: Lebring 2 km
nächster Bahnhof: Lebring

Öffnungszeiten: ganzjährig; Fr, Sa, So von 17 Uhr bis 23 Uhr, Sa und So ab 14 Uhr, sonst auf Anfrage
Ab-Hof-Verkauf: Wein, Saft, Honig
Ausstattung: Innen 120 Sitzplätze (davon 60 im Wintergarten), außen 60 Sitzplätze (Laube)
Anbaufläche: 3 ha
Busse: auf Anfrage
Sturm: ja
Kastanien: ja
Zufahrt: Bei der Autobahnabfahrt Lebring fährt man beim Gasthaus Zieglerwirt Richtung Göttling, gut beschildert den Berg hinauf, in Göttling den Tafeln nach
Besonderheiten: In einem alten Winzerhaus bei Lebring auf dem Lechenberg mit herrlichem Weitblick nach Slowenien liegt dieser am Wochenende geöffnete Buschenschank. Gemütlich sitzt es sich in der Weinlaube. Im Inneren sorgt viel Holz für Behaglichkeit. Die „geborene Buschenschenkerin" Frau Lenhard besuchte die Weinbauschule Silberberg und ist zusätzlich Imkermeisterin. Den Buschenschank betreibt sie mit ihrem Mann zusammen, wobei Franz Lenhard nun für den Wein zuständig ist und seine Frau mehr für den lukullischen Teil. Daß sie ihre Gäste verwöhnen, zeigen die vielen Stammgäste und Reservierungen für Feiern.
Speisen: Aufstriche, Bauchfleisch, Bauernjause, Bauernsalat, Belegtes Brot, Brettljause, Brüstl, Buchteln, Germmehlspeisen, Geselchtes, Grammelbrot, Hausplatte, Hauswürstl, Jause, Käferbohnensalat, Leberwurst, Preßwurst, saure Preßwurst, Rohschinken, Schweinsbraten, Strauben, Verhackert, Verhackertwürstl
Weine: gemischter Satz – weiß, Goldburger, Müller Thurgau, Muskat Sylvaner/Sauvignon blanc, Traminer, Weißburgunder, Welschriesling, Zweigelt blau, Zweigelt rot
Fruchtsaft: Apfelsaft, Traubensaft, Johannisbeersaft

BUSCHENSCHANK FRÖHLICH-HAMMER (33)

Inhaber: Anton **FRÖHLICH-HAMMER**
Vulgoname: Asper
Adresse: Altenberg 51, **A-8430 TILLMITSCH**
Telefon: 03452/72493
Öffnungszeiten: ganzjährig; So, Feiertag, nachmittags
Ausstattung: Innen 12 Sitzplätze
Anbaufläche: 1 ha
Sturm: ja
Besonderheiten: Solange der Vorrat reicht, wird in der 200 Jahre alten Bauernstube mit Kachelofen nur Sonntag am Nachmittag ausgeschenkt. Nun ist die jüngere Generation nachgerückt. Neben der Landwirtschaft führen Frau Katharina und ihr Mann Anton wie bisher diesen kleinen Buschenschank.
Speisen: Geselchtes, Verhackert
Weine: gemischter Satz – weiß
Edelbrände: Kriecherl-, Zwetschkenbrand

BUSCHENSCHANK FÜRNSCHUSS-KLÖSCH (34)

Inhaber: Fam. **KLÖSCH**
Vulgoname: Steiri
Adresse: Mitteregg 62, **A-8505 ST. NIKOLAI**
Telefon: 03456/3328
Busverbindung: Haltestelle vor dem Haus (Sausalbus)
nächster Bahnhof: Leibnitz
Öffnungszeiten: ganzjährig; täglich außer Mi von 10 Uhr bis 23 Uhr
Ab-Hof-Verkauf: Wein, Edelbrände
Ausstattung: Innen 65 Sitzplätze, außen 50 Sitzplätze
Anbaufläche: 2 ha
Wege: Wanderweg Nr. 2 und Nr. 5 (führen am Haus vorbei)
Busse: auf Anfrage
Sturm: ja

Zufahrt: A9-Abfahrt Leibnitz, nach Weinbauschule Silberberg rechts Richtung St. Nikolai, dann links (Haltestelle Kittenberg) ca. 8 km der Beschilderung nach

Besonderheiten: Am Rundwanderweg Nr. 2 und 5 gelegen, genießt man von hier einen schönen Ausblick zum Waldschachersee und nach Kitzeck. Kinder können sich im Hof austoben, Fußball, Basketball oder Tischfußball spielen oder jede Menge Tiere besichtigen. Im Inneren wurde das neue Stüberl rustikal eingerichtet, im Freien die große Sitzterrasse mit einer Weinlaube. Sollten einmal die Gelenke zwicken, rät der Hausherr zu seinem Gelägerschnaps.

Speisen: Aufstriche, selbstgebackenes Brot, Bauernsalat, Belegtes Brot, Brüstl, Germmehlspeisen, Grammelaufstrich, Hauswürstl, Käferbohnensalat, Käseauswahl, Kürbiskernaufstrich, Leberstreichwurst, Liptauer, Preßwurst, Schweinsbraten, Speckbrot, Verhackert, Topfenaufstrich, Winzeraufstrich

Weine: Chardonnay/Morillon, Müller Thurgau, Ruländer, Welschriesling, gemischter Satz – weiß, Zweigelt blau

Edelbrände: Birnen-, Trauben-, Zwetschkenbrand

angesetzte Schnäpse: Weichsel-, Zirbe-, Himbeer-, Schwarzbeerschnaps

Fruchtsaft: Apfel-, Trauben-, Johannisbeersaft

BUSCHENSCHANK FÜRPASS (35)

Inhaber: Johann **FÜRPASS**

Vulgoname: Mandlhansl

Adresse: Höch 11, **A-8444 ST. ANDRÄ**

Telefon: 03456/3278

Busverbindung: Haltestelle Kreuzfreitag 300 m (Sausalbus)

nächster Bahnhof: Leibnitz

Öffnungszeiten: ganzjährig; täglich von 8 Uhr bis 23 Uhr

Ab-Hof-Verkauf: Wein

Ausstattung: Innen 35 Sitzplätze, außen 25 Sitzplätze

Anbaufläche: 1 ha

Wege: Wanderweg Nr. 9

Sturm: ja

Zufahrt: Kitzeck – Richtung St. Andrä (Höch) – 4 km nach Kitzeck (bei Kreuzung, wo Straße v. Petzles zur „Sausaler Weinstraße" stößt) links vorher abbiegen, ca. nach 200 m links

Besonderheiten: Ein seit über 20 Jahren bestehender kleiner Buschenschank samt angrenzendem Bauernhof mit Schweinen und Rindern. Schöner Blick nach Kitzeck.

Speisen: Belegtes Brot, Brettljause, Brüstl, Germmehlspeisen, Hauswurst, Ripperl

Weine: gemischter Satz – weiß

Fruchtsaft: Apfel-, Weichselsaft

WEINGUT-BUSCHENSCHANK GERNGROSS (36)

Inhaber: Reinhold **GERNGROSS**

Vulgoname: Hammerbauer

Adresse: Hochbrudersegg 11, **A-8441 FRESING**

Telefon: 03456/2922, **Fax:** 03456/3922

Busverbindung: Fresing 3 km

nächster Bahnhof: Leibnitz

Öffnungszeiten: von Jänner bis April, Sa, So; von April bis Oktober; täglich außer Do von 14 Uhr bis 23 Uhr

Ab-Hof-Verkauf: Wein, Edelbrände, Sekt, Kernöl, Honig

Weinkost: ja

Ausstattung: Innen 80 Sitzplätze, außen 100 Sitzplätze

Anbaufläche: 3,9 ha

Wege: Wanderweg Nr. 3

Busse: auf Anfrage

Spielplatz: vorhanden

Sturm: ja

Kastanien: ja

Zufahrt: A9-Abfahrt Leibnitz, Richtung Gleinstätten, in Maierhof rechts der Beschilderung nach

Besonderheiten: „Der Geheimtyp wurde entdeckt". Seit 1956 besteht dieser beliebte, mittlerweile neu gestaltete Buschenschank mit herrlicher Fernsicht bis zu den Karawanken. Schreibt doch Herr Gerngroß so treffend: „Wie eine Naturkulisse liegen unsere Rebflächen bis zu einer Seehöhe von 600 Meter in einer noch intakten Umwelt. Die Arbeit im Weingarten wird mit äußerster Sorgfalt naturnah vollzogen. Durch einen gesunden Schnitt bzw. durch das Abbrechen der Trauben vom Rebstock nach der Blüte haben wir uns selbst eine mengenmäßige Ertragsbeschränkung auferlegt, um die Qualität der am Rebstock hängengelassenen Trauben zu steigern. Diese bilden die gesunde Basis für naturbelassenen Wein von besonderer Güte." Investiert wurde auch in die Kellertechnologie, wo neben Stahltanks, traditionelle Barrique-Holzfässer stehen. Sie sind der Garant für eine optimale Vinifizierung der Gerngroßweine.

Speisen: Aufstriche, Bauchfleisch, Bauernbuffet, Bauernjause, Belegtes Brot, Brettljause, Geselchtes, Hauswürstl, Jause, Käseauswahl, Kräutertopfen, Kürbiskernaufstrich, Leberaufstrich, Lendbratl, Preßwurst, Rettichsalat, saure Bohnen, saure Preßwurst, Schinken, Schmalzbrot, Schweinsbrüstl, Speck, Speckbrot, Sulz, Strudel, Verhackert, Verhackertwürstl

Weine: Altsteirischer Mischsatz, Chardonnay/Morillon, Muskat Sylvaner/Sauvignon blanc, Ruländer/Grauburgunder, Schilcher, Weißburgunder, Welschriesling, Zweigelt blau, Klevner, Grauburgunder

Edelbrände: Trebern-, Weinbrand

Sekt: Burgunder Cuvee

Fruchtsaft: Apfel-, Traubensaft

BUSCHENSCHANK GLASERKELLER (37)

Inhaber: Vinzenz **KLOPFER**

Vulgoname: Glaserkeller

Adresse: Eichberg 111, **A-8453 ST. JOHANN I.S.**

Telefon: 03456/2648

Öffnungszeiten: ganzjährig; täglich außer Di von 8 Uhr bis 23 Uhr

Ab-Hof-Verkauf: Wein, Edelbrände, Saft, Geselchtes

Weinkost: auf Anfrage

Musik: auf Bestellung

Ausstattung: Innen 120 Sitzplätze, außen 90 Sitzplätze

Zimmer: 4 x 2

Anbaufläche: 4 ha

Busse: erwünscht, Anmeldung

Spielplatz: vorhanden

Sturm: ja

Kastanien: ja

Besonderheiten: Die Familie Vinzenz Klopfer zeigte sehr viel Mut zu neuem, was besonders im neu errichteten Buschenschank Ausdruck findet. Dieser liegt inmitten der Weinberge in idyllischer Lage. Der geschmackvoll eingerichtete Buschenschank bietet ausreichend Platz auch für größere Gruppen. In manch geselliger Stunde weiß der Herr des Hauses einige Episoden aus seinem Jägerleben zu erzählen. Es besteht die Möglichkeit, bei einem Buschenschankbesuch neben flüssigen Köstlichkeiten auch frische Forellen aus den hauseigenen Teichen mitzunehmen. Hier tritt Tochter Alexandra die Weinbaunachfolge an. Sie beendet in Kürze nach einer Weinbaupraxis die Weinbauschule Silberberg.

Speisen: Bauernbuffet, Belegtes Brot, Brettljause, Käsebrot, Hausplatte, Käferbohnensalat, Krapfen, Leberaufstrich, Liptauer, Verhackert, Verhackertwürstl

Weine: gemischter Satz – weiß, Chardonnay/Morillon, Muskat Sylvaner/Sauvignon blanc, Muskateller, Sämling, Schilcher, Traminer, Weißburgunder, Welschriesling, Zweigelt blau, Schilcher

Edelbrände: Birnen-, Wein-, Muskateller Trebern-, Schilchertrauben-, Muskatellertrauben-, Weißburgunderbrand

angesetzte Schnäpse: Weichsel-, Himbeer-, Kirsch-, Zirbenschnaps

Fruchtsaft: Apfel-, Traubensaft

BUSCHENSCHANK GNASER (38)

Inhaber: Franz **GNASER**
Vulgoname: Hofstätter
Adresse: Grubtal 31, **A-8462 GAMLITZ**
Telefon: 03453/5115
Busverbindung: Gamlitz 3 km
nächster Bahnhof: Ehrenhausen ca. 6 km
Öffnungszeiten: ganzjährig; täglich außer Mi von 12 Uhr bis 22 Uhr
Ab-Hof-Verkauf: fallweise Wein
Ausstattung: Innen 35 Sitzplätze, außen 30 Sitzplätze (Terrasse)
Anbaufläche: 1 ha
Sturm: ja
Zufahrt: In Gamlitz bei der Raiffeisenbank Richtung Grubtal, nach ca. 2 km beim „Kreuz" Richtung Haus Ebenwalder bis zum altrosa Haus der Familie Gnaser
Besonderheiten: Unweit von Gamlitz, abseits der Weinstraße genießen die Gäste die Ruhe inmitten der Weinberge. Die hauseigenen „Schweindln" liefern die Buschenschankprodukte.
Speisen: Aufstriche, Belegtes Brot, Brettljause, Buchteln, Krapfen
Weine: gemischter Satz – weiß, Muskateller, Sämling

BUSCHENSCHANK GOTTLIEB (39) *

Inhaber: Josefa **GOTTLIEB**
Vulgoname: Bauernschmied
Adresse: Neudorf a. Mur, **A-8424 GABERSDORF**
Telefon: 03452/83875
Zimmer: 4 x 2

BUSCHENSCHANK GÖDL (40) *

BUSCHENSCHANK GRABIN (41)

Inhaber: Annemarie u. Gottfried **GRABIN**
Vulgoname: Hofer
Adresse: Labuttendorf 26, **A-8423 ST. VEIT**
Telefon: 03184/2324
Busverbindung: Leibnitz Haltestelle 200 m
Öffnungszeiten: ganzjährig; täglich
Ab-Hof-Verkauf: Wein, Säfte, Slibowitz
Weinkost: auf Anfrage
Musik: auf Bestellung
Ausstattung: Innen 130 Sitzplätze, außen 50 Sitzplätze (Sitzgarten)
Anbaufläche: 4 ha
Busse: erwünscht
Sturm: ja
Kastanien: ja
Besonderheiten: Ein Buschenschank geeignet für Busse und große Feiern. Auch für Musik wird bei Bedarf gesorgt. Der danebenliegende Bauernhof sorgt für die selbstgemachten hauseigenen Produkte.
Speisen: Aufstriche, Brettljause, Buchteln, Nußpotitze, Strauben, Verhackertwürstl
Weine: Gelber Muskateller, Chardonnay/Morillon, Müller Thurgau, Muskat Sylvaner/Sauvignon blanc, Sämling, Traminer, Weißburgunder, Welschriesling, Zweigelt blau
Edelbrände: Slibowitz
Fruchtsaft: Apfel-, Traubensaft

WEINBAU-BUSCHENSCHANK GRAMM (42)

Inhaber: Karl u. Christine **GRAMM**
Vulgoname: Hödl
Adresse: Rupertistraße 111, **A-8430 GRALLA**
Telefon: 03452/84439
Busverbindung: Gralla-Dorfplatz 500 m
nächster Bahnhof: Leibnitz 4 km
Öffnungszeiten: ganzjährig;
täglich außer Mo und Di von 9 Uhr bis 23 Uhr
Ab-Hof-Verkauf: Wein, Fleisch, Edelbrände
Weinkost: ja
Musik: auf Bestellung
Ausstattung: Innen 150 Sitzplätze, außen 50 Sitzplätze
Zimmer: 3 x 2; Urlaub am Bauernhof
Anbaufläche: 1,5 ha
Wege: Murradweg ca. 2 km entfernt
Busse: ja
Spielplatz: vorhanden
Sturm: ja
Kastanien: ja
Parkplatz: vorhanden
Zufahrt: Autobahn (Abfahrt Leibnitz) – Industriegürtel – Kreisverkehr, Richtung Graz, 500 m rechts einbiegen, ca. 400 m (auf der rechten Seite)

Besonderheiten: Im neuen Haus mit neu eingerichteten rustikalen Gastzimmern gibt es einen erweiterten Buschenschank. Alle Produkte kommen von der eigenen Landwirtschaft und werden selbst verarbeitet. Neue Weinbauerkenntnisse bringt „Junior" Reinhard, Absolvent der Weinbauschule Silberberg nun in den elterlichen Betrieb ein.
Speisen: Belegtes Brot, Brüstl, Hausplatte, Leberstreichwurst, Liptauer, Preßwurst, Ripperl, Schinken, Schmalzbrot, Verhackert
Weine: Müller Thurgau, Sämling, Weißburgunder, Welschriesling, Zweigelt blau
Edelbrände: Kriecherl-, Weichsel-, Birnen-, Zwetschkenbrand
Fruchtsaft: Apfel-, Traubensaft

BUSCHENSCHANK GRILL (43)

Inhaber: Peter **GRILL**
Vulgoname: Oberer Jesch
Adresse: Kranach 48, **A-8463 LEUTSCHACH**
Telefon: 03454/464
nächster Bahnhof: Ehrenhausen 10 km
Öffnungszeiten: von Ostern bis November; täglich von 9 Uhr bis 23 Uhr
Ab-Hof-Verkauf: Wein
Musik: auf Bestellung
Ausstattung: Gastraum, Frühstücksraum (ca. 30 Personen), Terrasse, Laube (ca. 30 Personen)
Zimmer: 5 x 2
Anbaufläche: 3 ha
Spielplatz: vorhanden
Sturm: ja
Kastanien: ja
Besonderheiten: Dieser Buschenschank in ruhiger Lage besteht seit 1970. Spezialisiert auf Urlaub am Weinbauernhof stehen den Gästen eine Natur- und russische Kegelbahn, eine Liegewiese und Tischtennis zur Verfügung. Neben Tieren am Hof können auch die eigenen Tiere mitgenommen werden. Der Gästeabholdienst ist selbstverständlich.

Speisen: Aufstriche, selbstgebackenes Brot, Bauernbuffet (auf Bestellung), Belegtes Brot, Brettljause, Brüstl, Geselchtes, Grammelaufstrich, Käseauswahl, Leberpastete, Liptauer, Speck, Speckbrot, Strauben, Verhackert, Verhackertwürstl
Weine: Altsteirischer Mischsatz, Chardonnay/Morillon, Muskat Sylvaner/Sauvignon blanc, Ruländer/Grauburgunder, Sämling, Schilcher, Weißburgunder, Welschriesling, Zweigelt blau, Blaufränkischer
Hausspezialität: Nußschnaps
Fruchtsaft: Apfel-, Holunderblüten-, Trauben-, Ribiselsaft

BUSCHENSCHANK GROSS (44)

Inhaber: Alois u. Ulrike **GROSS**
Adresse: Ratsch 10, **A-8461 RATSCH**
Telefon: 03453/2527, **Fax:** 03453/2728
nächster Bahnhof: Ehrenhausen

Öffnungszeiten: von April bis Mitte Juli, Ende August bis Dezember; täglich außer So von 14 Uhr bis 19 Uhr
Ab-Hof-Verkauf: Wein
Weinkost: auf Anmeldung
Ausstattung: Innen 25 Sitzplätze
Anbaufläche: 7 ha
Pachtfläche: 8 ha
Zufahrt: Von Ehrenhausen kommend, am Ortseingang von Gamlitz führt links die beschilderte Straße nach Ratsch, wo dieses Weingut mitten im Ort liegt. Auch über die Südsteirische Weinstraße erreichbar
Besonderheiten: Sie beschäftigen sich ausschließlich mit Qualitätsweinproduktion und betreiben den Buschenschank als zusätzliches Service für die Ab-Hof-Einkäufer. Schon bei der Hofübergabe 1978 begann Alois Gross die Weine trocken auszubauen. Obwohl er ein bescheidener und zurückhaltener Weinbauer ist, gehört er zu den Größen des Steirischen Weinbaues, natürlich unterstützt von seiner engagierten Frau. Der neugebaute Funktionskeller mit modernen Geräten wurde nach seinen Vorstellungen unter der Erde am Nußberg, mitten in den Weingarten gebaut. Äußerst umweltbewußt wurde dieses Pilotprojekt für Abwasserentsorgung bei Weinbaubetrieben, nach einer Studie der TU Graz, hier verwirklicht. Die Rieden liegen am hauseigenen Nußberg, Kittenberg, Sulz und Witschein.
Speisen: Belegtes Brot, Brettljause, Hauswurst, Käseauswahl, Leberaufstrich, saure Preßwurst, Verhackertwürstl, Hauswurst, Aufschnitt
Weine: Gelber Muskateller, Chardonnay/Morillon, Muskat Sylvaner/Sauvignon blanc, Ruländer/Grauburgunder, Sämling, Weißburgunder, Welschriesling, Zweigelt blau
Fruchtsaft: Apfel-, Traubensaft

BUSCHENSCHANK GROSSCHMIDT (45)

Inhaber: Franz u. Anna **GROSSCHMIDT**
Vulgoname: Ziegler
Adresse: Edelsee 11, **A-8413 ST. GEORGEN**
Telefon: 03183/312
nächster Bahnhof: Wildon
Öffnungszeiten: ganzjährig; täglich außer Mo von 10 Uhr bis 23 Uhr, November bis März Mo, Di geschlossen
Ab-Hof-Verkauf: Wein
Ausstattung: Innen 100 Sitzplätze, außen 50 Sitzplätze
Anbaufläche: 1 ha
Busse: auf Anmeldung
Spielplatz: vorhanden
Sturm: ja
Kastanien: ja
Zufahrt: Autobahnabfahrt Lebring, Richtung Lebring, Richtung Neuoedt, Haslach (Hinweisschild)
Besonderheiten: In einer reizvollen Landschaft gelegen, mit einer Teichanlage, wo es Möglichkeiten zum Sportfischen gibt. Im neu eingerichteten rustikalen Gastzimmer bewirkt der Kachelofen eine heimelige Atmosphäre. Für Schaulustige gibt es als Abwechslung ein Aquarium.
Speisen: Aufstriche, Brüstl, Buchteln, Haussalami, Käseauswahl, Leberstreichwurst, Liptauer, Preßwurst, saure Preßwurst, Speck, Strauben, Verhackert, Schweinsfischerl geräuchert, Kipferl
Weine: Muskateller, Welschriesling, Zweigelt blau
Fruchtsaft: Apfel-, Johannisbeersaft

BUSCHENSCHANK GRÜNDL (46)

Inhaber: Alois **GRÜNDL**
Vulgoname: Stefflbauer
Adresse: Lind 14, **A-8423 ST. VEIT A. VOGAU**
Telefon: 03453/2110, **Fax:** 03453/2110
Busverbindung: St. Veit a. Vogau 1,5 km
nächster Bahnhof: Leibnitz
Öffnungszeiten: ganzjährig; So von 10 Uhr bis 23 Uhr, wochentags auf Voranmeldung

Ab-Hof-Verkauf: Wein, Kernöl, Edelbrände
Weinkost: auf Anfrage
Ausstattung: Innen 25 Sitzplätze, außen 20 Sitzplätze
Anbaufläche: 4,5 ha
Spielplatz: vorhanden
Sturm: ja

Kastanien: ja
Zufahrt: A9-Abfahrt Vogau, Richtung St. Veit a. Vogau, an der Barockkirche vorbei, bei Lebensmittelgeschäft rechts abbiegen (Tafel für Lind a.V.), gibt es ca. 1,5 km im Ort Lind a.V. auf der linken Seite diesen Buschenschank
Besonderheiten: Mitten im kleinen Ort Lind liegt dieser Treffpunkt mit angeschlossenem Bauernhof in ruhigster Lage. Auf besonderen Wunsch ist der Weinkeller von 1777 zu besichtigen.
Speisen: Aufstriche, selbstgebackenes Brot, Brettljause, Brüstl, Germmehlspeisen, Hausbrot, Hausplatte, Hauswurst, Preßwurst, saure Bohnen, saure Preßwurst, saure Wurst, Schinken, Speck, Speckbrot, Verhackert, Verhackertwürstl
Weine: Chardonnay/Morillon, Goldburger, Müller Thurgau, Muskat Sylvaner/Sauvignon blanc, Muskateller, Ruländer/Grauburgunder, Sämling, Traminer, Weißburgunder, Welschriesling
Edelbrände: Obstler, Zwetschkenbrand
Fruchtsaft: Apfelsaft

BUSCHENSCHANK GRÜNDL (47)

Inhaber: Fam. **GRÜNDL**
Adresse: Labuttendorf 27, **A-8423 ST. VEIT A. VOGAU**
Telefon: 03184/2318
Busverbindung: Haltestelle im Ort Labuttendorf (Bus „Weiß")
nächster Bahnhof: Leibnitz ca. 10 km
Öffnungszeiten: ganzjährig; täglich außer Di von 10 Uhr bis 23 Uhr
Ab-Hof-Verkauf: Wein, Säfte
Weinkost: ja
Ausstattung: Innen 80 Sitzplätze, außen 50 Sitzplätze
Anbaufläche: 4,5 ha
Busse: auf Anfrage
Spielplatz: vorhanden
Zufahrt: A9-Abfahrt St. Veit/Vogau, Richtung Radkersburg, links nach Labuttendorf
Besonderheiten: Seit Generationen ist dieser Hof im Familienbesitz. Der Buschenschank ist ruhig gelegen und nur wenige Kilometer von der Abfahrt Vogau gelegen. Beste selbsterzeugte Produkte stammen vom nahegelegenen Bauernhof. Neben dem großzügigen Gastraum wurde ein eigenes Verkoststüberl eingerichtet.
Speisen: Aufstriche, belegtes Brot, Brettljause, Brüstl, Käferbohnensalat, Kübelfleisch, Leberaufstrich, saure Bohnen, saure Preßwurst, Verhackert, Verhackertwürstl
Weine: Chardonnay/Morillon, Gelber Muskateller, Müller Thurgau, Muskateller, Muskat Sylvaner/Sauvignon blanc, Sämling, Schilcher, Weißburgunder, Welschriesling, Zweigelt blau
Fruchtsaft: Apfel-, Traubensaft

BUSCHENSCHANK GUTJAHR (STOISER) (48)

Inhaber: Fam. **GUTJAHR**
Vulgoname: Kreuzwirth
Adresse: Neurath 33, **A-8442 KITZECK**
Telefon: 03456/3152
Busverbindung: Wellingtal – Haltestelle Assmann ca. 1,5 km
nächster Bahnhof: Leibnitz
Öffnungszeiten: ganzjährig; Mi bis So von 10 Uhr bis 23 Uhr
Ab-Hof-Verkauf: Wein, Edelbrände, Traubensaft
Weinkost: auf Anfrage

Ausstattung: Innen 70 Sitzplätze, außen 70 Sitzplätze
Anbaufläche: 3 ha
Wege: Wanderweg Nr. 2
Busse: auf Anfrage
Spielplatz: vorhanden
Sturm: ja
Kastanien: ja
Zufahrt: Leibnitz Richtung Eibiswald, nach der Weinbauschule Silberberg rechts Richtung St. Nikolai, bei Tischlerei links Richtung Neurath, bis zum Ortsanfang von Petzles, auf der rechten Seite
Besonderheiten: Der Beliebtheitsgrad wuchs und so wurde ein altes Stallgebäude mit Gewölbe zum Buschenschank ausgebaut, nachdem der Platz im eigenen Haus zu eng wurde. Auffallend sind bei diesem Familienbetrieb, die in Holz „handgeschnitzte" Speisekarte und die liebevoll dekorierten Räume für die Gäste. An heißen Tagen genießt man den Blick nach Kitzeck von der schattigen Laube aus.
Speisen: selbstgebackenes Brot, Bauernsalat, Belegtes Brot, Brettljause, Brüstl, Geselchtes, Grammelaufstrich, Hauswürstl, Käferbohnensalat, Käseauswahl, Leberpastete, Liptauer, Rettichsalat, saure Preßwurst, Speck, Speckbrot, Verhackert, Feitljause, Kinderteller
Weine: gemischter Satz – weiß, Chardonnay/Morillon, Müller Thurgau, Schilcher, Weißburgunder, Welschriesling, Kerner, Zweigelt blau
Edelbrände: Apfel-, Williams-Birnen-, Weichsel-, Trauben-, Zwetschkenbrand
angesetzte Schnäpse: Kräuter-, Kümmel-, Weichsel-, Enzianschnaps
Fruchtsaft: Apfel-, Trauben-, Johannisbeersaft

BUSCHENSCHANK GÜTTINGER (49)

Inhaber: Alfred u. Theresia **GÜTTINGER**
Vulgoname: Hoisl
Adresse: St. Andrä 79, **A-8444 ST. ANDRÄ I.S.**
Telefon: 03457/2979
Busverbindung: Haltestelle Ehmannkreuz 200 m
nächster Bahnhof: Leibnitz
Öffnungszeiten: ganzjährig; täglich von 10 Uhr bis 23 Uhr
Ausstattung: Innen 45 Sitzplätze, außen 20 Sitzplätze (Laube)
Anbaufläche: 0,32 ha
Zufahrt: Preding, Richtung St. Andrä i.S., ca. 1,5 km, nach „Waltschacher See – Einfahrt" auf der rechten Seite eine Haltestelle, danach rechts einbiegen; nach 300 m auf der linken Seite
Besonderheiten: Ein kleiner Buschenschank, der offen hat, solange der Vorrat reicht. Im neu ausgebauten Gastraum wird man von der Familie umsorgt. Auch den Kindern macht das Servieren schon Spaß.
Speisen: selbstgebackenes Brot, Belegtes Brot, Brettljause, Brüstl, Grammelbrot, Leberwurst, saure Preßwurst, Schmalzbrot, Verhackert, Verhackertwürstl
Weine: Müller Thurgau, Welschriesling, Zweigelt blau
angesetzte Schnäpse: Schwarzbeerschnaps

BUSCHENSCHANK „HÄUSERL IM WALD" (50)

Inhaber: Vinzenz **Hartner**
Vulgoname: Schmiedhansl
Adresse: Lichendorf 14, **A-8410 WILDON**
Telefon: 03182/2012, **Fax:** 03182/2012-4
Busverbindung: Wildon

nächster Bahnhof: Wildon
Öffnungszeiten: ganzjährig; täglich außer Mo von 10 Uhr bis 23 Uhr; Urlaub: letzte August-, erste Septemberwoche, Weihnachten/Neujahr
Ab-Hof-Verkauf: Wein, Most, Edelbrände, Speisen
Ausstattung: Innen 230 Sitzplätze, außen 72 Sitzplätze (überdacht)
Anbaufläche: 1,6 ha
Wege: Murradweg R 2 in der Nähe, „Predinger-Radweg“
Busse: nur auf Anfrage
Spielplatz: vorhanden
Sturm: ja
Kastanien: ja
Besonderheiten: Seit 1981 besteht dieser Erlebnisbuschenschank mit einem herrlichen Blick in das Wildoner Becken. Es gibt genügend Parkmöglichkeiten und einen großen übersichtlichen Kinderabenteuerspielplatz. Mit den selbsterzeugten Produkten, Schnaps und Weinverkostungen verwöhnen Heidelinde und Vinzenz Hartner ihre Gäste, zu denen auch viele Radfahrer zählen. In den letzten Jahren hat eine Spezialisierung auf den Most- und Schnapssektor stattgefunden.

Speisen: Aufstriche, selbstgebackenes Brot, Bauernbuffet, Bauernjause, Bauernsalat, Belegtes Brot, Bauernfleisch, Brettljause, Brüstl, Buchtl, Eiaufstrich, Geselchtes, Grammelaufstrich, Grammelbrot, Grammelfett, Hausbrot, Hausplatte, Hauswurst, Jause, Käferbohnensalat, Käseauswahl, Krapfen, Kräutertopfen, Kübelfleisch, Kürbiskernaufstrich, Leberaufstrich, Leberpastete, Leberwurst, Liptauer, Lendbratl, Preßwurst, Rettichsalat, Ripperl, Rohschinken, saure Preßwurst, Schinken
Weine: Sämling, Welschriesling, Zweigelt blau
Edelbrände: Apfel-, Birnen-, Marillen-, Obstler (4 versch. Sorten), Slibowitz, Zwetschken-, Holunder-, Vogelbeerbrand
angesetzte Schnäpse: Heidelbeer-, Zirbenschnaps
Most: sieben sortenreine Moste
Sekt: Kugerl Most (=Sektmost)
Fruchtsaft: Apfel-, Holunderblüten-, Himbeersaft

BUSCHENSCHANK HAIDEN (51)

Inhaber: Maria **HAIDEN**
Vulgoname: Pfeiffer
Adresse: Obervogau 64, **A-8461 EHRENHAUSEN**
Telefon: 03453/6764
Öffnungszeiten: ganzjährig; täglich von 18 Uhr bis 22 Uhr, am Wochenende ab 13 Uhr
Ab-Hof-Verkauf: Wein, Kernöl
Ausstattung: Innen 30 Sitzplätze, außen 20 Sitzplätze
Anbaufläche: 1 ha
Wege: R 2 Murradweg
Sturm: ja
Kastanien: ja
Besonderheiten: Die freundliche Maria Haiden führt mitten im Ort diesen kleinen Buschenschank. Die kleine angeschlossene Landwirtschaft liefert die hauseigenen Produkte. Gerne kommen auch angemeldete Fahrradrunden, da der R 2 Murradweg hier vorbeiführt. Durch familiäre Umstände vorübergehend geschlossen. Wahrscheinlich ab Sommer 1999 wieder geöffnet.
Speisen: Belegtes Brot, Brettljause, Geselchtes, Leberpastete, Verhackert, Topfenaufstrich
Weine: gemischter Satz – weiß

BUSCHENSCHANK HAINZ (52)

Inhaber: Josef **HAINZ**
Vulgoname: Sigl
Adresse: Langaberg 34, **A-8403 LEBRING**
Telefon: 03182/3188
Öffnungszeiten: ganzjährig; Fr, Sa, So von 9 Uhr bis 22 Uhr
Ausstattung: Innen 50 Sitzplätze, außen 25 Sitzplätze
Anbaufläche: 0,33 ha

Sturm: ja
Besonderheiten: Vorwiegend von Einheimischen wird dieser kleine Buschenschank besucht. Die Weingärten befinden sich gleich beim Haus. Auch hier rückt die Jugend nach und baut das Buschenschankgebäude neu aus.
Speisen: Aufstriche, Brettljause, Verhackert
Weine: Müller Thurgau, Zweigelt

BUSCHENSCHANK HASSMANN (53)

Inhaber: Ignaz u. Angela **HASSMANN**
Vulgoname: Gaspar
Adresse: Schloßberg 157, **A-8463 LEUTSCHACH**
Telefon: 03454/6130
Busverbindung: Leutschach
Öffnungszeiten: ganzjährig; täglich von 9 Uhr bis 23 Uhr
Ab-Hof-Verkauf: Wein, Edelbrände
Weinkost: auf Anfrage
Ausstattung: Innen 35 Sitzplätze, außen 50 Sitzplätze
Zimmer: 1 x 2, 2 x 3
Anbaufläche: 1 ha
Wege: Wanderweg Nr. 2
Busse: auf Anfrage
Sturm: ja
Kastanien: ja
Besonderheiten: Von Leutschach fährt man Richtung Schloßberg 4 km die zauberhafte Weinbergstraße hinauf. In völliger Ruhe sieht man von der Terrasse dieser Buschenschank einerseits in ein Waldgebiet, auf der anderen Seite ins weite hügelige Rebenland. Links vom Haus steht die Miniaturausgabe der „Felsenburg", von einem Pensionisten namens Drexler gebaut, der seine Vorgaben in Märchenbüchern fand und insgesamt 109 Miniaturburgen baute. Vom danebenliegenden Bauernhof stammt das Selbstgeschlachtete.

Speisen: Aufstriche, selbstgebackenes Brot, Bauernjause, Belegtes Brot, Brettljause, Germmehlspeisen, Hauswürstl, Kübelfleisch, Leberaufstrich, Liptauer, Preßwurst, Rettichsalat, Schweinsbraten, Speck, Strauben, Verhackert, Verhackertwürstl
Weine: Weißburgunder, Welschriesling, Zweigelt blau
Edelbrände: Grappa, Slibowitz, Kriecherlbrand
angesetzte Schnäpse: Himbeer-, Weichsel-, Heidelbeerschnaps
Fruchtsaft: Apfel-, Traubensaft

BUSCHENSCHANK HEBER-ARNFELSER (54)

Inhaber: Franz u. Sophie **HEBER-ARNFELSER**
Adresse: Mitteregg 6, **A-8505 ST. NIKOLAI**
Telefon: 03456/2290
Busverbindung: Haltestelle Kreuzfreitag (Sausalbus)
nächster Bahnhof: Leibnitz

Öffnungszeiten: ganzjährig; täglich außer Do von 10 Uhr bis 23 Uhr
Ab-Hof-Verkauf: Wein
Ausstattung: Innen 35 Sitzplätze, außen 60 Sitzplätze
Anbaufläche: 0,6 ha
Wege: Wanderweg Nr. 2

Busse: nur auf Anfrage
Sturm: ja
Kastanien: ja
Zufahrt: Autobahnabfahrt Leibnitz, Richtung St. Nikolai, beim Tischler „Scharabon" links Richtung Neurath (ca. 2 km), Petzles-Strohrieglkapelle oder Preding – St. Nikolai – Mitteregg
Besonderheiten: Idyllisch sitzt man unter Bäumen oder in der Laube und sieht die ganze Weite von der West bis zur Oststeiermark. Ein ruhig gelegener Buschenschank mit viel Blumenschmuck. Neben besten hausgemachten Speisen sind Frau Sophie's Vollkornweckerl äußerst beliebt.
Speisen: Aufstriche, selbstgebackenes Brot, Belegtes Brot, Brettljause, Germmehlspeisen, Hauswurst, Kürbiskernaufstrich, Leberstreichwurst, Liptauer, Preßwurst, saure Preßwurst, Schinken, Speck, Speckbrot, Steirisches Buffet, Vollkornweckerl hausgemacht
Weine: gemischter Satz – rot, gemischter Satz – weiß
Edelbrände: Apfel-, Birnen-, Marillen-, Zwetschkenbrand
angesetzte Schnäpse: Brombeer-, Kräuterschnaps
Fruchtsaft: Apfel-, Ribisel-, Brombeersaft

BUSCHENSCHANK HERNACH (55)

Inhaber: Ferdinand u. Maria **HERNACH**
Vulgoname: Hermann
Adresse: Pößnitz 1, **A-8463 LEUTSCHACH**
Telefon: 03454/6451
Öffnungszeiten: ganzjährig; täglich von 10 Uhr bis 23 Uhr
Ab-Hof-Verkauf: Wein, Edelbrände, Kernöl
Weinkost: ja
Musik: auf Bestellung
Ausstattung: Innen 25 Sitzplätze, außen 25 Sitzplätze
Anbaufläche: 1,5 ha
Spielplatz: vorhanden
Sturm: ja
Kastanien: ja
Zufahrt: Von Leutschach Richtung Langegg, beim Sägewerk links direkt bis zum Hof
Besonderheiten: Seit 1990 gibt es diesen Buschenschank in ruhiger Lage, inmitten von Weingärten. Abseits vom Straßenverkehr können hier Kinder ideal spielen. Vom angrenzenden Bauernhof werden beste selbsterzeugte Speisen serviert.
Speisen: Aufstriche, selbstgebackenes Brot, Bauernjause, Brettljause, Brüstl, Germmehlspeisen, Geselchtes, Grammelaufstrich, Hausplate, Käferbohnensalat, Käseauswahl, Kübelfleisch, Leberaufstrich, Leberwurst, Liptauer, Ripperl,

Schmalzbrot, Schweinsbraten, Schweinsbrüstl, Sulz, Verhackert, Verhackertwürstl
Weine: Chardonnay/Morillon, Muskat Sylvaner/Sauvignon blanc, Muskateller, Weißburgunder, Welschriesling, Blaufränkischer
Edelbrände: Apfel-, Birnen-, Weinbrand, Obstler
angesetzte Schnäpse: Weichsel-, Himbeer-, Enzian-, Kümmel-, Kräuterschnaps
Fruchtsaft: Apfel-, Traubensaft

BUSCHENSCHANK HIRSCHMUGL (56)

Inhaber: Weinbaumeister Franz **HIRSCHMUGL**
Adresse: Rettenberg 97, **A-8444 ST. ANDRÄ**
Telefon: 03456/2684, **Fax:** 03456/2654
Öffnungszeiten: ganzjährig, nur auf telefonische Anmeldung ab 6 Personen
Ab-Hof-Verkauf: Wein, Säfte
Weinkost: auf Anfrage
Ausstattung: Innen 40 Sitzplätze, außen 50 Sitzplätze
Anbaufläche: 4 ha
Besonderheiten: Er ist einer der großen Vorreiter des steirischen Weinbaues. Weinbau- und Kellermeister Franz Hirschmugl hat sich als „Weinbauphilosoph" der naturnahen Bewirtschaftung verschrieben. „Wein ist ein Naturprodukt und sein Leben sollte nicht zerstört werden. Gezielter individueller Schnitt, extreme Laubarbeit sind ein unbedingtes Muß für integrierten Pflanzenschutz. Das Vermeiden von

Unkrautherbiziden ist selbstverständlich und Insektizidgifte finden keine Verwendung" – so seine Worte. In seinem Weinbrevier hat er sein Wissen niedergeschrieben und zeigt auch seine Liebe zum Wein auf. Früher einmal oberster Sprecher der Buschenschenker, betreibt er seine Buschenschank zur Zeit mit seiner Frau nur mehr nach telefonischer Anmeldung. Auch die Weingärten hat er reduziert und konzentriert sich auf die Riede Sausaler Schlößl. Die Erzeugung der Edelbrände ist auch hier eng verbunden mit einer naturnahen Einstellung. Eine Besonderheit sind die Wildfrüchte, die vom Ehepaar selbst gesammelt werden.

Speisen: Aufstriche, Brettljause

Weine: Gelber Muskateller, Chardonnay/Morillon, Muskat Sylvaner/Sauvignon blanc, Ruländer/Grauburgunder, Weißburgunder, Welschriesling

Edelbrände: Apfel-, Wildkirsche-, Schattenmorelle-, Zwetschke-, Williams-Birnen-, Pfirsich-, Trauben-Trestern-, Kräuter-, Schwarzbeere-, Himbeere-, Quitte- und Wildholunderbrand

Fruchtsaft: Apfel-, Traubensaft

BUSCHENSCHANK HOHLER (57)

Inhaber: Lilian **HOHLER**
Adresse: Sulztal 9, **A-8461 EHRENHAUSEN**
Telefon: 03453/2172
Öffnungszeiten: von September bis Oktober; täglich
Ab-Hof-Verkauf: Sturm
Ausstattung: Außen 30 Sitzplätze
Wege: Wanderweg Nr. 6
Kastanien: ja
Zufahrt: A9-Abfahrt Spielfeld, die Weinstraße einige Kilometer, nach der Vinothek Resch links Richtung Barta-Haus.
Besonderheiten: Dieses „Spezialitätenhäuschen" direkt an der Südsteirischen Weinstraße beim Zollhaus in Sulztal schenkte nur im Herbst Sturm aus. Nun ist sie nach Sulztal 9, neben das Wohnhaus übersiedelt. Bei Frau Lilian machen Einheimische und Urlaubsgäste gerne Halt, auf ein „Stehachterl" oder für eine längere Rast an den Tischen mit den karierten Tüchern und dem begehrten Maronibrater.
Speisen: Aufstriche, Germmehlspeisen, Leberstreichwurst, Verhackert
Fruchtsaft: Apfel-, Holunderblüten-, Traubensaft
Sonstige Getränke: Sturm

BUSCHENSCHANK HOLLER (58)

Inhaber: Franz **HOLLER**
Adresse: Afram 14, **A-8410 WILDON**
Telefon: 03182/7248
Busverbindung: Stocking ca. 1 km
nächster Bahnhof: Wildon ca. 2,5 km
Öffnungszeiten: ganzjährig; Sa, So, Feiertag von 10 Uhr bis 23 Uhr
Ab-Hof-Verkauf: Wein, Edelbrände, Most, Geselchtes

Ausstattung: Innen 50 Sitzplätze, außen 50 Sitzplätze
Anbaufläche: 1,2 ha
Wege: 2 km vom R 2 (Murradweg) ab Wildon
Busse: auf Anfrage
Spielplatz: vorhanden
Sturm: ja
Kastanien: ja
Zufahrt: Autobahn Abfahrt Wildon, durch Wildon über die

Murbrücke Richtung St. Georgen, in Stocking links nach Afram und bei einer kleinen Kapelle wieder links abbiegen

Besonderheiten: Die Produkte der eigenen Landwirtschaft werden den Gästen am Wochenende in der ruhig gelegenen Buschenschank angeboten. In der Laube neben dem Haus kann man den Wein genießen, der von den Hängen am Hoch-Graßnitzberg stammt. Eine Besonderheit ist die „Kellervision", das beste Faß des gemischten Satzes aus zehn verschiedenen Sorten.

Speisen: Brüstl, Germmehlspeisen, Geselchtes, Grammelaufstrich, Grammelbrot, Grammelfett, Hauswurst, Leberstreichwurst, Lendbratl, Preßwurst, Schinken, Speck, Speckbrot, Verhackert

Weine: Altsteirischer Mischsatz, Muskateller, Traminer, Weißburgunder, Welschriesling

Edelbrände: Slibowitz, Trebernbrand

Most: ja

Fruchtsaft: Apfel-, Ribiselsaft

BUSCHENSCHANK HÖFER (59)

Inhaber: Paula **HÖFER**

Vulgoname: Puff

Adresse: Mitteregg 20, **A-8505 ST. NIKOLAI**

Telefon: 03456/3515

Busverbindung: Haltestelle Kreuzfreitag (Sausalbus)

nächster Bahnhof: Leibnitz

Öffnungszeiten: ganzjährig; täglich von 10 Uhr bis 23 Uhr

Ab-Hof-Verkauf: Wein, Edelbrände, Selchwaren

Ausstattung: Innen 70 Sitzplätze, außen 50 Sitzplätze

Anbaufläche: 1,5 ha

Wege: Wanderweg Nr. 2

Busse: nur auf Anfrage

Spielplatz: vorhanden

Sturm: ja

Kastanien: auf Bestellung

Zufahrt: Autobahnabfahrt Leibnitz, Richtung St. Nikolai, beim Tischler „Scharabon" links Richtung Neurath (ca. 2 km) Petzles-Strohrieglkapelle oder Preding – St. Nikolai – Mitteregg

Besonderheiten: In diesem Bauernhofmischbetrieb mit Schweinen, Ziegen, Hühnern, Hasen und Enten kann man den Ausblick nach Kitzeck, in die Oststeiermark oder bis Graz genießen. An den Sitzgarten unter Obstbäumen grenzt der Weingarten an. Bei kühlerem Wetter bietet die 300 Jahre alte Stube Platz und oft setzt sich die humorvolle Frau Höfer dazu und plaudert mit den Gästen. Wenn es die Zeit bei Frau Höfer erlaubt, befaßt sie sich mit Bauernmalerei auf Flaschen. Ein besonderes Service sind hier auch die Hausplatten, auf Bestellung, zum Mitnehmen.

Speisen: Aufstriche, selbstgebackenes Brot, Belegtes Brot, Brettljause, Brüstl, Buchteln, Germmehlspeisen, Grammelfett, Hausbrot, Hauswurst, Käseauswahl, Krapfen, Leberpastete, Leberstreichwurst, Liptauer, Rohschinken, saure Bohnen, saure Preßwurst, Schinken, Schmalzbrot, Speck, Verhackertwürstl, Weinstrauben, Germschnecken, Topfentascherl

Weine: Müller Thurgau, Weißburgunder, Welschriesling, Zweigelt blau

Edelbrände: Apfel-, Weichsel-, Wein-, Zwetschken-, Zweigeltbrand

angesetzte Schnäpse: Kräuterschnaps, Weichsel mit Kirsch, Himbeer-, Schwarzbeer-, Quittenschnaps, Wermuth, Enzianwurz

Fruchtsaft: Apfel-, Trauben-, Johannisbeersaft

BUSCHENSCHANK HACK-GEBELL (60)

Inhaber: Wilfried u. Annemarie **HACK**

Vulgoname: Hubertuskeller

Adresse: Eckberg 100, **A-8462 GAMLITZ**

Telefon: 03454/303, **Fax:** 03454/303

Busverbindung: Haltestelle Mahorko 400 m

nächster Bahnhof: Ehrenhausen 10 km

Öffnungszeiten: ganzjährig; täglich

Ab-Hof-Verkauf: Wein, Traubensaft

Weinkost: auf Anfrage

Ausstattung: Innen 40 Sitzplätze, außen 20 Sitzplätze (Terrasse, Weinlaube)

Zimmer: 3 x 2, 1 x 4; Ferienbauernhof (3 Blumen)

Anbaufläche: 4,5 ha

Wege: Wandermöglichkeiten

Spielplatz: vorhanden

Sturm: ja

Kastanien: ja

Zufahrt: 7 km von Gamlitz Richtung Leutschach am Scheitelpunkt der Weinstraße kurz nach dem Gasthof Mahorko, weniger Meter rechts von der Straße (beschildert)

Besonderheiten: Der Name „Hubertuskeller" kommt nicht von ungefähr, denn der Großvater, der ein viertel Jahrhundert Bürgermeister von Gamlitz war, liebte das Waidwerk

und diese Tradition wird noch heute fortgesetzt. Das Weingut, seit 1920 im Familienbesitz wird jetzt von Annemarie und Wilfried Hack geführt. Den Gästen werden wöchentliche Weingartenführungen und Kellerführungen geboten, auch Weinliteratur und Wissenswertes über die Gegend liegt auf. Die charmante Frau Annemarie ist immer für ihre Gäste da und verwöhnt sie unter anderem mit einer Leberwurst nach altem Stuttgarter Rezept. Das Anwesen liegt ruhig mit Panoramablick und ist geeignet als Ausgangspunkt für Wanderungen.

Speisen: Aufstriche, Belegtes Brot, Brettljause, Brüstl, Germmehlspeisen, Grammelfett, Käseauswahl, Kräutertopfen, Kübelfleisch, Kürbiskernaufstrich, Leberstreichwurst, Schinken, Verhackert, Hauswürstl, Haussalat, Klapotez-Radl (gemischte Hausplatte), saures Weinzerl

Weine: Blauburger, Gelber Muskateller, Chardonnay/Morillon, Riesling x Sylvaner, Muskat Sylvaner/Sauvignon blanc, Sämling, Schilcher, Traminer, Weißburgunder, Welschriesling, Zweigelt blau

Fruchtsaft: Holunderblüten-, Johannisbeer-, Traubensaft

BUSCHENSCHANK JAHRBACHER (61) *

BUSCHENSCHANK JAUNEGG (62)

Inhaber: Johann u. Johanna **JAUNEGG**

Adresse: Eichberg-Trautenburg 160, **A-8453 St. Johann i.S.**

Telefon: 03455/6754 oder 378, **Fax:** 03455/67544

Busverbindung: Schulbus am Haus vorbei, Bus St. Johann 4 km

Öffnungszeiten: von April bis Oktober; täglich außer Mo von 10 Uhr bis 23 Uhr

Ab-Hof-Verkauf: Wein, Edelbrände, Säfte

Weinkost: ja

Ausstattung: Innen 20 Sitzplätze, außen 20 Sitzplätze

Zimmer: 5 x 2

Anbaufläche: 5 ha

Wege: Wanderweg Nr. 4

Spielplatz: vorhanden

Sturm: ja

Kastanien: ja

Besonderheiten: Johann und Johanna, ein tüchtiges Ehepaar, das seit Jahren auf Ausstellungen in Oberösterreich präsent ist, um Urlaubsgäste für ihre Region und ihren Wein zu interessieren. Sie sind beim Schutzring und der Steirischen Idylle vertreten. Frau Johanna verwöhnt ihre Gäste unter anderem mit Marmeladen oder selbstgebackenem Brot. Beim Backen der Frühstücksweckerl schauen ihr die Gäste schon zu und wollen sie zu Brotbackkursen überreden.

Speisen: Aufstriche, selbstgebackenes Brot, Bauernbuffet, Bauernjause, Belegtes Brot, Brettljause, Brüstl, Buchteln, Germmehlspeisen, Geselchtes, Grammelaufstrich, Grammelbrot, Hausplatte, Hauswurst, Jause, Käferbohnensalat, Leberpastete, Leberstreichwurst, Liptauer, Rettichsalat, saure Preßwurst, Strauben, Verhackert, Verhackertwürstl

Weine: Blauburger, Gelber Muskateller, Chardonnay/Morillon, Müller Thurgau, Muskat Sylvaner/Sauvignon blanc, Ruländer/Grauburgunder, Sämling, Schilcher, Weißburgunder, Welschriesling, Zweigelt blau, Blauer Wildbacher (rot), Blauburger

Edelbrände: Apfel-, Birnen-, Kriecherl-, Trebern-, Zwetschkenbrand, Obstler, Slibowitz

angesetzte Schnäpse: Weichselschnaps

Sekt: Blauer Wildbachersekt (rot)

Fruchtsaft: Apfel-, Traubensaft

BUSCHENSCHANK JÖBST-ARBEITER (63)

Inhaber: Alois u. Theresia **JÖBSTL-ARBEITER**
Vulgoname: Bockmoar
Adresse: Bockberg 1, **A-8410 WILDON**
Telefon: 03182/2534, **Fax:** 03182/2534-4
Internet: http://members.styria.com/joebstl-arbeiter/
Busverbindung: Wildon 2 km
nächster Bahnhof: Wildon
Öffnungszeiten: ganzjährig; täglich außer Di von 13 Uhr bis 22 Uhr
Ab-Hof-Verkauf: Wein, Sekt, Edelbrände, Saft, Obst (Pfirsich, Himbeer, Äpfel, Birnen)
Weinkost: auf Anfrage
Ausstattung: Innen 100 Sitzplätze (1 Raum für Nichtraucher), außen 100 Sitzplätze
Anbaufläche: 9 ha
Pachtfläche: 3,5 ha
Wege: Wanderweg Buchkogel
Busse: nur auf Anfrage
Spielplatz: vorhanden
Sturm: ja
Kastanien: fallweise
Zufahrt: Autobahnabfahrt Wildon, Richtung Wildon, über die Kainachbrücke der Beschilderung nach
Besonderheiten: Seit über 15 Jahren ist der „Bockmoar" ein beliebtes Ausflugsziel. Auf einem Plateau gelegen sitzt man ruhigst im Freien, mit dem herrlichen Blick über den Wildoner Raum, nach Kitzeck und bis zur Koralpe. Spaziergänge durch den anschließenden Weingarten, wie auch in die nächste Umgebung, sind gegeben oder besuchen Sie einfach die Weinprinzessin Elisabeth I. Viele Preise bei Wein und Sekt sind auch auf die tatkräftige Unterstützung von Sohn Bernhard, Silberbergabsolvent, zurückzuführen

Speisen: Aufstriche, selbstgebackenes Brot, Belegtes Brot, Brettljause, Grammelbrot, Hausplatte, Käseauswahl, Leberaufstrich, Liptauer, Schinken, Schweinsbrüstl, Surbraten, Fleischaufstrich, Ziegenkäsebrot
Weine: Chardonnay/Morillon, Müller Thurgau, Muskateller, Schilcher, Weißburgunder, Welschriesling, Zweigelt blau, Blauburger
Edelbrände: Grappa, Wein-, Birnen-, Zwetschken-, Honigbirnen-, Himbeerbrand
Most: ja
Sekt: ja
Fruchtsaft: Apfel-, Trauben-, Himbeersaft, Birnen-, Pfirsichnektar

BUSCHENSCHANK JUS (64) *

BUSCHENSCHANK KAISER (65)

Inhaber: Franz u. Marianne **KAISER**
Vulgoname: Paulipp
Adresse: Greith 20, **A-8442 KITZECK**
Telefon: 03456/3232, **Fax:** 03456/3232-4
Busverbindung: Haltestelle Lambauer 200 m
nächster Bahnhof: Leibnitz
Öffnungszeiten: von März bis November; täglich außer Mo von 9 Uhr bis 23 Uhr
Ab-Hof-Verkauf: Wein, Edelbrände, Traubensaft
Weinkost: auf Anfrage
Ausstattung: Innen 45 Sitzplätze, außen 70 Sitzplätze
Anbaufläche: 2,5 ha
Wege: Wanderweg Nr. 1, Kroisgraben ca. 200 m entfernt
Busse: ja-auf Anfrage
Sturm: ja
Zufahrt: Kitzeck (bei Buschenschank Lambauer links abbiegen), ca. 150 m auf der rechten Seite ist der Buschenschank
Besonderheiten: Ein Familienbetrieb, abseits der Hauptstraße, ruhig gelegen mit einer romantischen Sitzterrasse. In dem seit 1857 bestehenden Haus, mit Blick zur Demmerkogelwarte, gibt es den im Holzfaß gereiften Kitzecker

Kaiserwein. Die Weingärten liegen am „Goaßriegel", einer markanten Erhebung im Gemeindegebiet.

Speisen: Belegtes Brot, Brüstl, Germmehlspeisen, Geselchtes, Grammelbrot, Hauswurst, Käseauswahl, Leberstreichwurst, Liptauer, Preßwurst, Rohschinken, Speck, Speckbrot, Verhackert, Verhackertwürstl, Bratlfettbrot, Topfentascherl

Weine: Chardonnay/Morillon, Muskat Sylvaner/Sauvignon blanc, Sämling, Weißburgunder, Welschriesling, Zweigelt blau, Klevner

Edelbrände: Apfel-, Birnen-, Pfirsich-, Zwetschken-, Traubenbrand, Obstler

Fruchtsaft: Apfel-, Traubensaft

BUSCHENSCHANK ALTE BAUERNSTUB'N (66)

Inhaber: Fam. **KALISCHNIK-PETROWITSCH**
Vulgoname: Alte Bauernstub'n
Adresse: Glanz 9, **A-8463 LEUTSCHACH**
Telefon: 03454/7020, **Fax:** 03454/7020-22
Busverbindung: Haltestelle Glanz 3,5 km
nächster Bahnhof: Ehrenhausen
Öffnungszeiten: von April bis Dezember, auf Anfrage auch im Winter; täglich von 10 Uhr bis 20 Uhr
Ab-Hof-Verkauf: Wein, Traubensaft, Edelbrände
Ausstattung: Innen 70 Sitzplätze (2 Räume), außen 40 Sitzplätze
Zimmer: 2 x 2, 1 x 3
Anbaufläche: 7 ha
Sturm: ja
Kastanien: fallweise
Zufahrt: Die Südsteirische Weinstraße von Gamlitz links den Berg hinauf Richtung Langegg, beim Bergabfahren in einer Kurve links die beschilderte Straße ab oder Richtung Langegg rechts die Klapotezstraße abzweigen

Besonderheiten: Auch Frauen können sich im Weinbau durchsetzen, wie dieses „4-Mäderl-Haus" beweist. Von Großmutter, Mutter und den zwei Töchtern wird das Weingut samt Buschenschank und Urlaub am Weinbauernhof bewirtschaftet. Jede der Frauen kennt sich aus, denn auch die Oma hat das Weingut einmal alleine geführt. Nun ist es ihre Tochter Gertraud, unterstützt von ihren Töchtern Beatrix und Barbara. Kommen Ihnen die Namen bekannt

vor? Wir sind im Hause der Weinköniginnen. Beatrix war Weinkönigin bis 1996 und hat bis 1998 die Regentschaft ihrer Schwester Barbara übergeben. Von vielen Fotos lachen einem die feschen Blondinnen entgegen. Sie sind und waren beste Botschafterinnen des Steirischen Weines. Fernab vom Durchzugsverkehr kann man hier die Landschaft genießen oder in der 300 Jahre alten Bauernstube neben dem blaugesetzten Herd sitzen. Daneben gibt es noch einen zweiten gemütlichen „hölzernen" Raum mit einer Theke. An der Klapotezstraße gelegen.

Speisen: Belegtes Brot, Brettljause, Geselchtes, Käferbohnensalat, Krapfen, Leberstreichwurst, Liptauer, Rohschinken, Schweinsbrüstl, Germmehlspeisen, Verhackert, Schafkäse mit Kernöl

Weine: Müller Thurgau, Rheinriesling, Sämling, Weißburgun-

der, Welschriesling, Zweigelt blau, Chardonnay/Morillon, Blauburger, Cabernet Sauvignon
Edelbrände: Grappa, Kriecherl-, Wein-, Birnen-, Zwetschkenbrand
Fruchtsaft: Traubensaft (rot und weiß)

BUSCHENSCHANK KÄSTENBURG (67)

Inhaber: Ilse **JAKOPE-BARTHAU**
Vulgoname: Kästenburg
Adresse: Ratsch 66, **A-8461 RATSCH**
Telefon: 03453/2565 oder 2466
Busverbindung: Haltestelle Weinstraße 2 km
nächster Bahnhof: Ehrenhausen
Öffnungszeiten: von März bis November; täglich von 10 Uhr bis 22 Uhr, Mo bis 18 Uhr
Ab-Hof-Verkauf: Wein, Traubensaft, Edelbrände, Himbeer-, Rotwein- und Kräuteressig
Weinkost: auf Anfrage (kommentiert)
Ausstattung: Innen 100 Sitzplätze (3 Gasträume), außen 150 Sitzplätze (Sonnenterrasse, Schattenplätze)
Zimmer: 5 x 2
Anbaufläche: 5,2 ha
Busse: auf Anfrage
Sturm: ja
Kastanien: ja
Zufahrt: Entweder die südsteirische Weinstraße über Ehrenhausen, Berghausen, nach der Rebenburg in einer Linkskurve vor dem Gasthaus oder über Gamlitz nach der Kreuzung bei Eckberg links Richtung Ratsch, Ehrenhausen
Besonderheiten: Die Kästenburg gilt als das älteste Haus an der südsteirischen Weinstraße, im Jahre 1638 erbaut, war einst Sitz eines Amtmannes und wurde 1956 ein Buschenschankbetrieb. Von zwei 500 Jahre alten Kastanien wird die Einfahrt bewacht. Eine Pestsäule aus dem Jahre 1642 vor dem Anwesen und ein Römerstein vor dem Eingang zum Weinkeller lassen die bewegte Geschichte des Hauses erahnen. An die herrschaftliche Vergangenheit erinnert der große Saal mit dem wunderschönen Kachelofen, die Holzdecke und die zum Teil noch in Blei gefaßten mundgeblasenen Fensterscheiben. Die ganze Familie hilft hier zusammen, doch Ilse Jakope lenkt mit ihrem weinkundigen Mann die Geschicke des Weingutes und den Buschenschank und bringt frischen Wind hinein. Sie ist mittlerweile geprüfter Diplomsommelier und Mutter des kleinen

Jakob Josef Jakope. Eine tüchtige, resolute und kunstsinnige Frau, die Wein und Kultur verbindet. Sie veranstaltet Ausstellungen und Musikabende. Auf weiteres darf man gespannt sein bei der „wilden Ilse als Sommelier und Mutter". Übrigens von der Gartenterrasse hat man einen herrlichen Rundblick ins südsteirische und slowenische Weinland. Seit 1998 verfügt das Haus über liebevoll eingerichtete Fremdenzimmer.
Speisen: Brettljause, geräucherte Forellen, Geselchtes, Grammelaufstrich, Kräutertopfen, Kübelfleisch, Leberstreichwurst, saure Preßwurst, Verhackert, Verhackertwürstl, Schafkäse, saures Weinzerl (G'sölchtes in Essig und Kernöl)
Weine: Muskat Sylvaner/Sauvignon blanc, Rheinriesling, Sämling, Schilcher, Weißburgunder, Welschriesling, Zweigelt blau
Edelbrände: Apfel-, Birnen-, Kriecherlbrand
angesetzte Schnäpse: Nußschnaps
Sekt: handgerüttelter Riesling- oder Traminersekt
Fruchtsaft: Apfel-, Traubensaft

BUSCHENSCHANK KEBER (68)

Inhaber: Johann u. Michaela **KEBER**
Adresse: Schattengasse 106, **A-8462 GAMLITZ**
Telefon: 03453/4644 u. 3344 (Steinbach 24)

Busverbindung: Gamlitz
nächster Bahnhof: Ehrenhausen 3,5 km
Öffnungszeiten: ganzjährig; täglich von 14 Uhr bis 22 Uhr, ansonsten gegen Voranmeldung
Ab-Hof-Verkauf: Wein, Edelbrände, Kernöl, alles rund ums Schwein
Ausstattung: Innen ca. 50 Sitzplätze (2 Räume), außen ca. 30 Sitzplätze (Terrasse)
Zimmer: 2 x 2, 1 Mehrbett
Anbaufläche: 1 ha
Wege: Wanderwege rund um Gamlitz
Busse: auf Anfrage
Sturm: ja
Kastanien: ja
Parkplatz: vorhanden
Zufahrt: In Gamlitz Richtung Arnfels, fährt man, gegenüber vom Postamt, links die Straße der Beschilderung nach
Besonderheiten: In dem kleinen Buschenschank mit der „Räuberjause" für den großen Hunger, geht es eher gemütlich zu. Das Haus liegt im ehemaligen Räubergaßl, daher der Name der Jause. Am Ende der Gasse soll sich eine Räuberhöhle befunden haben. Die hausgemachten Produkte stammen aus der wenige Meter entfernten Land-

wirtschaft in Steinbach, wo auch die Weingärten liegen. Der Hausherr und die engagierte quirrlige Tochter kümmern sich um die Gäste. Eine ihrer Winterbeschäftigungen sind die handgemalten Etiketten der Schnapsflaschen. Ein lustiges Haus, bei dem am Etikett von „Hansls Heckenklescher" steht, „daß über mögliche unerwünschte Wirkung und Nebenwirkung der Buschenschänker zu fragen sei." Als angeblich Erster in Gamlitz schenkt Herr Keber schon im August Sturm aus, da es sich um eine „frühe" Weinsorte handelt. Neu ist der Gamlitzer Puch-Stammtisch, an dem sich in zweiwöchigem Rhythmus die „500er Puchliebhaber" einfinden.
Speisen: selbstgebackenes Brot, Brettljause, Germmehlspeisen, Grammelfett, Hauswurst, Kräutertopfen, Leberaufstrich, Verhackert, Räuberjause
Weine: Sämling, Welschriesling, Zweigelt blau, Heckenklescher, Weißburgunder
Edelbrände: Kriecherl-, Kümmelschnaps, Obstler

BUSCHENSCHANK KERN (69) *

BUSCHENSCHANK KIESLINGER (70)

Inhaber: Otto u. Erika **KIESLINGER**
Vulgoname: Haselbrunn
Adresse: Kogelberg 36, **A-8430 LEIBNITZ**
Telefon: 03452/82780, **Fax:** 03452/82780
Busverbindung: Kaindorf a.d.S.
nächster Bahnhof: Leibnitz ca. 4 km
Öffnungszeiten: von März bis Dezember; täglich außer Mi von 14 Uhr bis 23 Uhr, Sa, So ab 12 Uhr
Ab-Hof-Verkauf: Wein, Säfte, Edelbrände
Weinkost: auf Anfrage
Ausstattung: Innen 60 Sitzplätze (2 Räume), außen 100 Sitzplätze (Terrasse + Garten)
Anbaufläche: 10,5 ha
Wege: Wanderweg Nr. 5 und Nr. 11
Spielplatz: vorhanden
Sturm: ja
Kastanien: ja
Zufahrt: Autobahnabfahrt Leibnitz Richtung Sulmsee, beim Bauernmuseum rechts der Beschilderung nach abzweigen, den Berg hinauf
Besonderheiten: Hier am Kogelberg ist ein Platz zum Wohlfühlen und Verweilen, wie z.B. für Künstler, Genießer und Verliebte. Von der Terrasse des alten Herrenhauses mit Feigen-, Bananen- und Zitronenbäumen hat man einen schönen Rundblick. Auch als Ausgangs- oder Kontrollpunkt von Wanderwegen, wie zur Kreuzkogelwarte ist es begehrt. Das Weinetikett für diesen Betrieb wurde 1937 vom Maler

Carl Rotky, der in der Nähe wohnte, geschaffen. Der Besitz wurde erstmals 1422 erwähnt, das Herrenhaus von einem Bahnarchitekten im italienischen Stil erbaut und in den dreißiger Jahren von Großvater Kieslinger erworben. Seit langen Jahren führt sein Sohn die Weinbautradition fort. Der besonnene, ruhige und vielseitig bewanderte Otto Kieslinger setzt auf bekömmliche, verträgliche Weine, die dem Jahrgang entsprechend ausgebaut werden. Daher gibt es im Weingarten Dauermulch, Hühnermist und keine Herbizide. Für die Buschenschankküche ist die charmante Frau zuständig, wobei ihm ein Gespräch mit den Gästen wichtig ist. Zum Kellergewölbe aus 1711, mit alten Eichenfässern, kommt ein moderner Keller mit Stahltanks, wo ein Sohn, Klosterneuburgabsolvent, mitmischt.

Speisen: selbstgebackenes Brot, Bauernbuffet, Belegtes Brot, Brettljause, Germmehlspeisen, Käseauswahl, Schweinsbrüstl, Verhackert, Aufstriche, Selchwürstl
Weine: Chardonnay/Morillon, Cabernet Sauvignon, Müller Thurgau, Muskat Sylvaner/Sauvignon blanc, Rheinriesling, Gewürztraminer, Weißburgunder, Welschriesling, Zweigelt blau, Riesling Auslese, Riesling Eiswein
Edelbrände: Apfel-, Trebern-, Birnen-, Quitten-, Mostbirnen-, Mispelbrand
angesetzte Schnäpse: Nuß-, Weichselschnaps
Sekt: Rieslingsekt
Fruchtsaft: Apfel-, Holunderblüten-, Ribisel-, Traubensaft, Pfirsichnektar

BUSCHENSCHANK KIESNER (71) *

BUSCHENSCHANK WEINZELKEUSCHE (72)

Inhaber: Franz-Karl **TEMMEL**
Vulgoname: Kitzeckmüller
Adresse: Steinriegel 10, **A-8442 KITZECK**
Telefon: 03456/2302, **Fax:** 03456/2302-33
Busverbindung: Haltestelle Kirche (Kitzeck) 200 m
nächster Bahnhof: Leibnitz
Öffnungszeiten: von Februar bis Dezember; Mi bis Fr von 16 Uhr bis 23 Uhr, Sa u. So 13 bis 23 Uhr
Ab-Hof-Verkauf: Wein, Edelbrände
Weinkost: auf Anfrage
Ausstattung: Innen 50 Sitzplätze (2 Räume), außen 50 Sitzplätze
Zimmer: Appartement

Anbaufläche: 5 ha
Wege: Wanderweg Nr. 1, Nr. 2 und Nr. 3
Spielplatz: vorhanden
Sturm: ja
Zufahrt: A9-Abfahrt Leibnitz, Fresing, Kitzeck nach der Kirche links, da 200 m hinunter
Besonderheiten: Das Weingut besteht seit 1545 und ist somit eines der ältesten Weingüter im südsteirischen Raum. Seit dem 18. Jhdt. ist es im Besitz der Familie Temmel. Der Buschenschank, von dem man einen wunderschönen Rundumblick hat, besteht seit 1950 und wurde nun ins „Nebengebäude" verlagert. Der Silberbergabsolvent Franz-Karl, Weinbau- und Kellermeister, steckt voller Ideen. Als Attraktion wurde das alte Winzerhaus aus der Mitte des 18. Jhdts. im alten Stil restauriert. Dort wurde im Frühjahr 1997 der Buschenschank „Weinzelkeusche" eröffnet. In einem Raum sieht man hinauf bis zur Dachstuhlkonstruktion, im anderen die alte Stukkatur, die Holztäfelung. Kachelöfen und die alte Holzeinrichtung sorgen für Behaglichkeit. Zur Freude der Kinder gibt es am Hof auch Katzen und Schafe.
Speisen: selbstgebackenes Brot, Brettljause, Buchteln, Geselchtes, Grammelaufstrich, Hauswurst, Käferbohnensalat, Käseauswahl, Leberstreichwurst, Liptauer, saure Preßwurst, Speck, Speckbrot, Verhackert, Bratlfett, Rohschinken, saurer Schafkäse
Weine: Ruländer/Grauburgunder, Riesling, Chardonnay/Morillon, Muskat Sylvaner/Sauvignon blanc, Weißburgunder, Ruländer, Traminer, Welschriesling, Zweigelt blau, St. Laurent
Edelbrände: Zwetschken-, Kriecherl-, Maschanskabrand, Grappa
angesetzte Schnäpse: Nußschnaps
Fruchtsaft: Apfel-, Schilchertraubensaft, Hollerkracherl

BUSCHENSCHANK KLUG (73)

Inhaber: Helmut **KLUG**
Adresse: Flamberg 84, **A-8505 ST. NIKOLAI I. S.**
Telefon: 03185/8774
Busverbindung: Zehndorf 5 km
Öffnungszeiten: ganzjährig; Fr bis So von 13 Uhr bis 22 Uhr
Ab-Hof-Verkauf: Wein
Ausstattung: Innen 40 Sitzplätze, außen 20 Sitzplätze
Anbaufläche: 1 ha
Sturm: ja
Zufahrt: Über die A9 – entweder Abfahrt Wildon oder Leibnitz gelangt man nach St. Nikolai, dort bei der Tankstelle rechts bis zum Transformator, wieder rechts die Sackstraße bis zum Ende
Besonderheiten: In einem gemütlichen 200 Jahre alten Haus in ruhiger Lage mit einer Fernsicht bis Kitzeck besteht dieser Buschenschank seit 1972. Solange die Oma noch kann wird geöffnet sein. Im bäuerlichen Betrieb gibt es Hühner, Rinder und Katzen.
Speisen: Belegtes Brot, Brettljause, Verhackert, Verhackertwürstl
Weine: Müller Thurgau, Rheinriesling, Weißburgunder, Zweigelt blau
Fruchtsaft: Traubensaft

BUSCHENSCHANK KLUG (74)

Inhaber: Josef u. Gerti **KLUG**
Vulgoname: Kerschenhammer
Adresse: Eichberg-Trautenburg 18, **A-8463 LEUTSCHACH**
Telefon: 03454/6163
Busverbindung: Leutschach
nächster Bahnhof: Ehrenhausen
Öffnungszeiten: ganzjährig; täglich von 9 Uhr bis 23 Uhr
Ab-Hof-Verkauf: Wein, Edelbrände
Weinkost: auf Anfrage
Ausstattung: Innen 50–60 Sitzplätze, außen 50–60 Sitzplätze

Zimmer: 2 x 2
Anbaufläche: 4 ha
Spielplatz: vorhanden
Sturm: ja
Kastanien: ja
Besonderheiten: Der Silberbergabsolvent Josef Klug setzt seit der Übernahme des Betriebes von den Eltern, auf Qualität. Im Keller stehen überwiegend moderne Stahltanks. In der gemütlichen Buschenschenke oder auf der Terrasse mit herrlicher Aussicht wird man mit hausgemachten Speisen verwöhnt. Mitglied der steirischen Idylle.
Speisen: Aufstriche, Bauernbuffet, Belegtes Brot, Brettljause, Germmehlspeisen, Geselchtes, Grammelfett, Hausbrot, Hauswürstl, Jause, Kräutertopfen, gemischter Aufschnitt, Liptauer, saure Preßwurst, Schweinsbraten, Verhackert
Weine: Welschriesling, Weißburgunder, Gelber Muskateller, Morillon, Sauvignon blanc, Ruländer/Grauburgunder, Sämling, Schilcher, Steirischer Junker, Zweigelt blau
Edelbrände: Apfel-, Birnen-, Kriecherl-, Pfirsich-, Trebern-, Zwetschkenbrand
Fruchtsaft: Apfel-, Ribisel-, Traubensaft

BUSCHENSCHANK KNAPP (75)

Inhaber: Adolf **KNAPP**
Vulgoname: Ploschitz
Adresse: Pößnitz 90, **A-8463 LEUTSCHACH**
Telefon: 03454/306
Busverbindung: Leutschach 5 km
Öffnungszeiten: von April bis Dezember; täglich von 10 Uhr bis 23 Uhr
Ab-Hof-Verkauf: Wein, Edelbrände
Weinkost: auf Anfrage
Ausstattung: Innen 50 Sitzplätze, außen 25 Sitzplätze
Anbaufläche: 2,5 ha
Spielplatz: vorhanden
Sturm: ja
Kastanien: ja
Zufahrt: Von Leutschach Richtung Langegg, wenige Meter nach dem Schloß links nach Fötschach vor der Steigung links der Beschreibung nach
Besonderheiten: Inmitten der Weinberge gelegen bietet dieser Weinbauernhof nur Selbsterzeugtes an. Auch hier besucht der Junior die Weinbauschule Silberberg.
Speisen: Aufstriche, selbstgebackenes Brot, Bauernbuffet, Bauernjause, Brettljause, Brüstl, Geselchtes, Hausbrot, Hauswürstl, Kübelfleisch, Leberaufstrich, Leberwurst, Liptauer, Schweinsbrüstl, Verhackert
Weine: Bacchus, Chardonnay/Morillon, Muskateller, Sämling, Weißburgunder, Welschriesling, Zweigelt blau
Edelbrände: Apfel-, Birnen-, Kriecherl-, Weichsel-, Wein-, Zwetschkenbrand
Fruchtsaft: Traubensaft

BUSCHENSCHANK KNAUS-HOFMANN (76)

Inhaber: Thomas **HOFMANN**
Adresse: Sulztal 11, **A-8461 EHRENHAUSEN**
Telefon: 03453/2694
Busverbindung: Schulbus 200 m (Gamlitz – Ehrenhausen)
Öffnungszeiten: von April bis Oktober; täglich von 14 Uhr bis 22 Uhr
Ab-Hof-Verkauf: Wein, Kriecherlschnaps, Nüsse
Ausstattung: Innen 25 u. 30 Sitzplätze (geschlossene Veranda), außen 20 Sitzplätze
Zimmer: 4 x 2
Anbaufläche: 1,5 ha
Wege: Weitwanderweg 03
Busse: auf Anfrage
Spielplatz: vorhanden
Sturm: ja
Kastanien: ja
Parkplatz: vorhanden
Besonderheiten: Direkt an der südsteirischen Weinstraße gelegen, führt nun der junge, energiegeladene Thomas Hofmann den Hof. Er ist der Enkel der allseits bekannten „Oma" Knaus, die immer noch aktiv ist. Von der mittlerweile geschlossenen Terrasse hat man einen herrlichen Blick auf die umliegenden Weingärten, weit ins Slowenische und in den Gemüsegarten von Frau Knaus.
Speisen: Belegtes Brot, Brettljause, Bratlfettbrot, Kübelfleisch, Leberaufstrich, Liptauer, Schweinsbrüstl, Verhackert, Verhackertwürstl, Salzstangerl
Weine: Müller Thurgau, Muskat Sylvaner/Sauvignon blanc, Traminer, Weißburgunder, Welschriesling
Edelbrände: Kriecherlbrand
Fruchtsaft: Apfelsaft

BUSCHENSCHANK KNAUS (77)

INHABER: Otto **KNAUS**
Vulgoname: Thomann
Adresse: Sulztal 8, **A-8461 EHRENHAUSEN**
Telefon: 03453/2652
E-Mail: otto.knaus@aon.at
Busverbindung: Ehrenhausen
nächster Bahnhof: Ehrenhausen ca. 12 km

Öffnungszeiten: ganzjährig; Sa, So, Feiertag
Ab-Hof-Verkauf: Wein, Nüsse, Edelbrände, Liköre
Weinkost: auf Anmeldung
Ausstattung: Innen 25 Sitzplätze, außen 40 Sitzplätze (Sitzgarten)
Anbaufläche: 4,5 ha
Wege: Wanderweg Nr. 6
Sturm: ja
Zufahrt: Autobahnabfahrt Vogau über Ehrenhausen. Berghausen, die Südsteirische Weinstraße weiter weist ca. 1 km nach dem Weingut Bullmann links das Schild zum Buschenschank (auch über Spielfeld erreichbar)
Besonderheiten: Leute von der Grazer Universität, Künstler und Menschen, die Unverfälschtes suchen, kommen gerne hierher. Der bescheidene Vater Knaus „betreut" die Gäste mit Kriegserlebnissen und Anekdoten – und oft kommt er ins Philosophieren. Frau Berta, die Seele des Hauses, ist leider krank und wird liebevoll betreut. Da ein Sohn in Deutschland, der andere in Wien arbeitet, liegen die Geschicke des Hofes in den Händen von Otto. Der sensible junge Herr zaubert beste selbsterzeugte Jausen und legt auch Wert auf Gemüse. Im Weingarten pflegt er schonende Bewirtschaftung, wo ihn, wie auch am Bauernhof der Vater unterstützt. Da die Arbeit am Hof nicht weniger wird, ist die Zeit mit Herrn Otto zu plaudern oder Schach zu spielen immer rarer.
Speisen: Belegtes Brot, Brettljause, Liptauer, Verhackert, Butterbrot, Käsebrot
Weine: Hauswein, Chardonnay/Morillon, Sauvignon blanc, Ruländer/Grauburgunder, Weißburgunder, Welschriesling
Edelbrände: Grappa, Obstler, Kriecherl-, Zwetschkenbrand
angesetzte Schnäpse: Weichsel-, Nußschnaps
Fruchtsaft: Apfel-, Traubensaft

BUSCHENSCHANK KOLB (78)

Inhaber: Johann u. Hermine **KOLB**
Vulgoname: Schneiderannerl
Adresse: Sausal 27, **A-8443 GLEINSTÄTTEN**
Telefon: 03457/2581
Busverbindung: Haltestelle Maierhof 4 km
Öffnungszeiten: ganzjährig; täglich von 9 Uhr bis 22 Uhr, Weihnachtsfeiertage geschlossen
Ab-Hof-Verkauf: Wein, Säfte, Edelbrände
Weinkost: auf Anfrage
Anbaufläche: 4 ha
Sturm: ja
Kastanien: auf Anfrage
Zufahrt: Von Leibnitz Richtung Gleinstätten, am Ortsende von Maierhof bei Obst Oswald rechts der Beschilderung nach ca. 3,5 km

Besonderheiten: Seit 1980 befindet sich der Buschenschank in einem alten Bauernhaus, welches um 1834 erbaut wurde. Neben vielen Wandermöglichkeiten kann man hier den schönen Ausblick in ruhiger Lage genießen. Auch hier mischen die beiden Töchter voll mit. Gerlinde, obwohl verheiratet, entlastet die Eltern im Buschenschank. Schwester Helga ist als Silberbergabsolventin fest im Weingarten und Keller tätig.
Speisen: Aufstriche, Belegtes Brot, Brettljause, Brüstl, Germmehlspeisen, Grammelaufstrich, Leberstreichwurst, Liptauer, Preßwurst, Verhackert, Nußkipferl
Weine: Gelber Muskateller, Müller Thurgau, Muskat Sylvaner/Sauvignon blanc, Rheinriesling, Sämling, Schilcher, Weißburgunder, Welschriesling, Zweigelt blau, Zweigelt rose, Schlagerblut
Edelbrände: Apfel-, Birnen-, Kriecherl-, Pfirsich-, Trebern-, Wein-, Zwetschkenbrand
angesetzte Schnäpse: Lärcherl-, Weichsel-, Brombeerschnaps
Fruchtsaft: Apfel-, Holunderblüten-, Traubensaft

BUSCHENSCHANK KOLERIC (79)

Inhaber: Raimund u. Elfriede **KOLERIC**
Adresse: Wagendorf 110, **A-8423 ST. VEIT**
Telefon: 03453/2578
Busverbindung: Haltestelle Wagendorf 500 m
Öffnungszeiten: ganzjährig; Do bis So von 15 Uhr bis 23 Uhr
Ab-Hof-Verkauf: Wein, Säfte
Ausstattung: Innen 110 Sitzplätze (2 Räume), außen 120 Sitzplätze (Terrasse)
Anbaufläche: 3 ha
Busse: auf Anfrage
Sturm: ja
Kastanien: ja
Zufahrt: Autobahnabfahrt Vogau, Richtung St. Veit, in die Ortsmitte von Wagendorf
Besonderheiten: Mitten im Ort Wagendorf liegt dieses Haus, in dem viele Feiern stattfinden. Von der Terrasse hat man eine schöne Aussicht auf die Umgebung. Begehrt sind neben dem Steirischen Buffet auch die vielen Germmehlspeisen der Hausfrau. Neu ist die Lohnabfüllung von Apfel- und Traubensaft.
Speisen: Aufstriche, Belegtes Brot, Brettljause, Buchteln, Krapfen, Leberaufstrich, Liptauer, Steirisches Buffet, Strauben
Weine: Gelber Muskateller, Sämling, Weißburgunder, Welschriesling, Blaufränkisch, Zweigelt blau
Fruchtsaft: Apfel-, Traubensaft

BUSCHENSCHANK KORB (80)

Inhaber: Frieda **KORB**
Vulgoname: Holzgregi
Adresse: Waldschach 22, **A-8505 ST. NIKOLAI**
Telefon: 03185/2667
Busverbindung: St. Nikolai 3 km
nächster Bahnhof: Leibnitz
Öffnungszeiten: ganzjährig; täglich von 10 Uhr bis 23 Uhr
Ausstattung: Innen 50 Sitzplätze, außen 50 Sitzplätze
Wege: Wanderweg Nr. 5
Busse: ja
Spielplatz: vorhanden
Sturm: ja
Zufahrt: Von Schloß Waldschach Richtung St. Nikolai, immer rechts halten, ca. 1,5 km auf der Hauptstraße, nach einer 90° Kurve nach links, dann nach rechts abbiegen, ca. 100 m auf der rechten Seite
Besonderheiten: Oberhalb des Schlosses Waldschach sitzt man neben den Weingärten, mit Blick zum Waldschachersee in ruhiger und angenehmer Atmosphäre.
Speisen: Belegtes Brot, Brettljause, Geselchtes, Grammelaufstrich, Hauswurst, Käseauswahl, Leberwurst, Speck, Verhackert
Weine: gemischter Satz – weiß
Fruchtsaft: Apfelsaft

BUSCHENSCHANK KOSCHAK (81)

Inhaber: Franz **KOSCHAK**
Adresse: Gauitsch 26, **A-8442 KITZECK**
Telefon: 03456/2237, **Fax:** 03456/2237
Busverbindung: Haltestelle bei „Warga-Hack“ ca. 500 m
nächster Bahnhof: Leibnitz ca. 16 km
Öffnungszeiten: von April bis November (Ostern bis Allerheiligen); Sa, So und Feiertag von 14 Uhr bis 23 Uhr, wochentags auf Voranmeldung
Ab-Hof-Verkauf: Wein, Edelbrände, Geselchtes, Kernöl
Weinkost: auf Anfrage
Ausstattung: Innen 60 Sitzplätze, außen 100 Sitzplätze

Anbaufläche: 2,5 ha
Wege: Wanderweg Nr. 1 und Nr. 10
Busse: auf Anfrage
Sturm: ja
Kastanien: ja
Zufahrt: Von Fresing nach Kitzeck, bei Tischlerwirt rechts (Beschilderung), nach 200 m wieder rechts, nach ca. 500 m rechts
Besonderheiten: Ein fröhliches Haus mit einem Eingangsturm und Blick auf die Kirche von Kitzeck. Eine der ersten Buschenschenken eröffnete wieder nach einer 20jährigen Ruhepause mit „Pauken und Trompeten" – es spielten 3 Blasmusikkapellen. Oftgesehene Gäste sind auch die Musikkapelle Frohnleiten. In diesem Familienbetrieb ist der Vater der Bastler, von der handgefertigten Einrichtung bis zum Klapotez und anderen Souveniren. Auch die Destillate fallen in seinen Bereich. Zum Hobby der Hausfrau gehören die angesetzten Schnäpse. Beim Wein fühlen sich alle zuständig.
Speisen: Aufstriche, selbstgebackenes Brot, Bauernbuffet, Bauernsalat, Belegtes Brot, Brettljause, Brüstl, Germmehlspeisen, Geselchtes, Grammelfett, Hausplatte, Hauswurst, Käferbohnensalat, Käseauswahl, Krapfen, Kräutertopfen, saures Rindfleisch, Leberstreichwurst, Liptauer, Rohschinken, saure Preßwurst, Schinken, Schweinebraten
Weine: Muskat Sylvaner/Sauvignon blanc, Sämling, Schilcher, Weißburgunder, Welschriesling, Zweigelt blau, Muskat Ottonell
Edelbrände: Apfel-, Birnen-, Pfirsich-, Zwetschkenbrand, Grappa, Obstler, Welschriesling-Traubenbrand
angesetzte Schnäpse: Heidelbeer-, Brombeer-, Vogelkirsche-, Weichsel-, Nußschnaps
Fruchtsaft: Apfel-, Traubensaft

BUSCHENSCHANK KÖGL (82)

Inhaber: Fam. **KÖGL**
Adresse: Gamlitz 47, **A-8462 GAMLITZ**
Telefon: 03453/3720
Busverbindung: Gamlitz 100 m
Öffnungszeiten: ganzjährig; täglich von 15 Uhr bis 23 Uhr
Ab-Hof-Verkauf: Wein, Kernöl, Geselchtes
Ausstattung: Innen 30 u. 20 Sitzplätze, außen 20 Sitzplätze (Hof)
Anbaufläche: 2 ha
Wege: Wandermöglichkeiten rund um Gamlitz
Busse: auf Anfrage
Sturm: ja
Kastanien: ja
Besonderheiten: Mitten im Ort Gamlitz liegt dieses Haus mit dem Bauernhof daneben, die Weingärten im Sulztal. Der Gemüsegarten ist einer Pferdekoppel gewichen, wo es im Besonderen für Kinder Ponys zum Streicheln gibt. Schon in den 60er Jahren wurde ausgeschenkt, einige Zeit pausiert und seit der Landesausstellung wieder geöffnet. Auch hier rückt nun die Jugend nach und hat so manches vor.
Speisen: Aufstriche, Belegtes Brot, Brettljause, Brüstl, Grammelaufstrich, Kräutertopfen, Leberaufstrich, Verhackert
Weine: Müller Thurgau, Muskat Sylvaner/Sauvignon blanc, Sämling, Traminer, Welschriesling, Zweigelt blau
Fruchtsaft: Apfel-, Traubensaft

BUSCHENSCHANK KÖRBLER (83)

Inhaber: Franz u. Maria **KÖRBLER**
Vulgoname: Glus
Adresse: Maltschach 34, **A-8454 ARNFELS**
Telefon: 03455/6236
Busverbindung: Arnfels 4 km
Öffnungszeiten: ganzjährig; täglich von 9 Uhr bis 23 Uhr
Ab-Hof-Verkauf: Wein, Edelbrände, Kürbiskernöl, Most
Weinkost: auf Anfrage
Musik: auf Bestellung
Ausstattung: Innen 50 – 60 Sitzplätze, außen 30 – 40 Sitzplätze
Anbaufläche: 3 ha
Wege: Wanderweg Nr. 4
Sturm: ja
Kastanien: ja
Besonderheiten: Auf diesem Bauernhof mit vielen Tieren, können die Gäste den schönen Blick nach Slowenien genießen – ihre Kinder werden betreut. Vor vielen Jahren soll hier eine Klause gewesen sein, daher der Hausname. Beim Tag der offenen Kellertüre ist dieses Haus mit Dichterlesung, Musik, steirischen Schmankerln, Geburtstagsparty und natürlich einer Weinkost, vertreten.
Speisen: Aufstriche, Bauchfleisch, Bauernbrot, Bauernbuffet, Bauernjause, Belegtes Brot, Bauernsalat, Brettljause, Brüstl, Buchteln, Eiaufstrich, Germmehlspeisen, Geselchtes, Gram-

melaufstrich, Hausbrot, Hauswürstl, Käferbohnensalat, Kräutertopfen, Kübelfleisch, Kürbiskernaufstrich, Leberaufstrich, Liptauer, Preßwurst, Schweinsbraten, Spagatkrapfen, Strauben, Sulz, Verhackert, Surbraten, Verhackertbrot

Weine: Müller Thurgau, Muskateller, Sämling, Schilcher, Welschriesling, Zweigelt blau, Sauvignon blanc
Edelbrände: Apfel-, Birnen-, Nuß-, Pfirsichbrand, Grappa
angesetzte Schnäpse: Weichselschnaps
Most: ja
Fruchtsaft: Apfel-, Traubensaft

BUSCHENSCHANK KÖRBLER-ZELLEGREIS (84)

Inhaber: Willibald **KÖRBLER-ZELLEGREIS**
Vulgoname: Zellegreis
Adresse: Eichberg 83, **A-8463 LEUTSCHACH**
Telefon: 03454/411
Busverbindung: Leutschach 3 km
Öffnungszeiten: ganzjährig; täglich von 10 Uhr bis 23 Uhr
Ab-Hof-Verkauf: Wein, Edelbrände, Marmelade, Gemüse, Obst, Fleisch, Wurst
Weinkost: ja
Ausstattung: Innen 60 Sitzplätze, außen 60–70 Sitzplätze (Terrasse mit Laube)
Zimmer: 4 x 2
Anbaufläche: 4 ha
Wege: Wanderweg Nr. 4
Spielplatz: vorhanden
Sturm: ja
Besonderheiten: Viel wird in diesem kinderfreundlichen Betrieb in ruhiger Lage geboten. Es gibt Schweine und Schafe, man kann fischen und auf Voranmeldung auch Tontauben schießen.
Speisen: Aufstriche, selbstgebackenes Brot, Bauernjause, Belegtes Brot, Bauchfleisch, Brettljause, Germmehlspeisen, Geselchtes, Grammelaufstrich, Grammelbrot, Grammelfett, Hausbrot, Hausplatte, Hauswürstl, Kübelfleisch, Leberaufstrich, Leberwurst, Schweinsbrüstl, Verhackert, Verhackertwürstl

Weine: Müller Thurgau, Muskat Sylvaner/Sauvignon blanc, Ruländer/Grauburgunder, Sämling, Welschriesling, Zweigelt blau, Blaufränkischer
Edelbrände: Apfel-, Birnen-, Kriecherl-, Nuß-, Wein-, Zwetschkenbrand, Obstler, Slibowitz
angesetzte Schnäpse: Weichsel-, Himbeer-, Schwarzbeer-, Salbei-, Kaffeeschnaps
Fruchtsaft: Apfelsaft

BUSCHENSCHANK KRAINER (85)

Inhaber: Franz **KRAINER**
Vulgoname: Goaljörgl
Adresse: Petzles 10, **A-8505 ST. NIKOLAI**
Telefon: 03456/3310
Busverbindung: Haltestelle Assmann Wellingtal 2 km
nächster Bahnhof: Leibnitz

Öffnungszeiten: ganzjährig; täglich außer Mo von 10 Uhr bis 23 Uhr
Ab-Hof-Verkauf: Wein, Geselchtes
Ausstattung: Innen 30 Sitzplätze, außen 20 Sitzplätze (Laube)
Anbaufläche: 0,5 ha
Wege: Wanderweg Nr. 5
Spielplatz: vorhanden
Sturm: ja
Kastanien: ja
Zufahrt: A9-Abfahrt Leibnitz, nach der Weinbauschule Silberberg rechts Richtung St. Nikolai, in Muggenau (Haltestelle Kittenberg) links durch Neurath beim Ortsanfang von Petzles auf der linken Seite
Besonderheiten: Gleich neben der Straße liegt dieses Bauerngehöft. In der Laube hinter dem Haus mit anschließendem Weingarten genießt man die Ruhe und den Blick nach Kitzeck. Die Wände des danebenliegenden Stallgebäudes sind mit alten Bauerngeräten geschmückt. Die alte Stube wurde renoviert und die festen Tische sind kaum mehr zu verrücken. Bei der Hausschlachtung übernimmt hier die Frau das Zerteilen. Man sieht, daß alles im „Eigenbau“ produziert wird. Für den Wein ist der Mann zuständig. Im Moment sind die beiden alleine, doch vielleicht rückt Jugend nach und es gibt einen neuen Wein.
Speisen: selbstgebackenes Brot, Brettljause, Brüstl, Geselchtes, Grammelfett, Hauswurst, Jause, Kübelfleisch, Leberaufstrich, Liptauer, Preßwurst, Schinken, Schmalzbrot, Verhackert, Verhackertwürstl
Weine: gemischter Satz – weiß
Edelbrände: Birnen-, Kriecherl-, Zwetschkenbrand

BUSCHENSCHANK KRAINER (86)

Inhaber: Karl u. Heidi **KRAINER**
Vulgoname: Krainz
Adresse: Kranach 14, **A-8463 LEUTSCHACH**
Telefon: 03454/404, **Fax:** 03454/404
Busverbindung: Leutschach 3 km
Öffnungszeiten: ganzjährig; täglich außer Di von 9 Uhr bis 23 Uhr
Ab-Hof-Verkauf: Wein, Edelbrände, Säfte
Weinkost: auf Anfrage
Musik: auf Bestellung (Instrument vorhanden)
Ausstattung: Innen 100 Sitzplätze (3 Gasträume), außen 100 Sitzplätze (Terrasse)
Anbaufläche: 6 ha
Wege: Wanderweg Nr. 4
Busse: auf Anfrage
Spielplatz: vorhanden
Sturm: ja
Kastanien: ja
Besonderheiten: Das alte Bauernhaus, vom Vater übernommen, baute der bemühte Herr Krainer zu einem Teil des großen Buschenschanks aus. Er liegt am Karnerberg in ruhiger Lage mit einem herrlichen Panoramablick. Frau Krainer verwöhnt mit erlesensten Spezialitäten. Der in den Berg hineingehauene Gewölbekeller bietet dem Besucher bei der Weinverkostung eine besonders urige Atmosphäre.
Speisen: Bauernjause, Belegtes Brot, Geselchtes, Käferbohnensalat, Kübelfleisch, Leberstreichwurst, Liptauer, Preßwurst, Schweinsbraten, Schweinsbrüstl, Steirisches Buffet (auf Bestellung), Verhackert, Verhackertwürstl, Karree, Käsebrot, gebratene Stelzen

Weine: Chardonnay/Morillon, Muskat Sylvaner/Sauvignon blanc, Muskateller, Sämling, Schilcher, Weißburgunder, Welschriesling, Zweigelt blau, Zweigelt rose, Blauburger, Wildbacher rot
Edelbrände: Kriecherlbrand, Grappa
Fruchtsaft: Apfel-, Ribisel-, Traubensaft

BUSCHENSCHANK KRAMPL (87)

Inhaber: Friedrich **KRAMPL**
Vulgoname: Oberes Gues
Adresse: Schloßberg 9, **A-8463 LEUTSCHACH**
Telefon: 03454/6366
Busverbindung: Leutschach 7 km

nächster Bahnhof: Ehrenhausen 18 km
Öffnungszeiten: ganzjährig; täglich von 10 Uhr bis 23 Uhr
Ab-Hof-Verkauf: Wein, Edelbrände, Honig
Weinkost: auf Anfrage
Ausstattung: Innen 38 Sitzplätze, außen 50 Sitzplätze
Anbaufläche: 3 ha
Wege: Wanderweg Nr. 1A und Nr. 1
Spielplatz: vorhanden
Sturm: ja

Kastanien: ja
Besonderheiten: Neben Jause und Wein lädt die schöne Aussicht zum Verweilen ein. Dieser Bauernhof, mit jeder Menge von Tieren bietet sich als idealer Punkt für Wanderungen an, da zwei markierte Wege vorbeiführen. Der Buschenschank besteht seit 1965. Erstmals urkundlich erwähnt wurde das Haus 1846.
Speisen: Aufstriche, selbstgebackenes Brot, Bauernjause, Belegtes Brot, Brettljause, Hausbrot, Hausplatte, Hauswürstl, Käseauswahl, Kürbiskernaufstrich, Leberaufstrich, Leberwurst, Liptauer, Schweinsbraten, Verhackert, Verhackertwürstl
Weine: Grüner Sylvaner, Müller Thurgau, Muskateller, Weißburgunder, Zweigelt blau
Edelbrände: Birnen-, Kriecherl-, Pfirsich-, Wein-, Zwetschken-, Kümmel-, Johannisbeerbrand
Fruchtsaft: Apfel-, Traubensaft

BUSCHENSCHANK KRATZER (88)

Inhaber: Herbert u. Petronella **KRATZER**
Adresse: Kittenberg 16, **A-8451 HEIMSCHUH**
Telefon: 03452/86055
Busverbindung: Haltestelle Silberberg 1,5 km
nächster Bahnhof: Leibnitz 7 km
Öffnungszeiten: ganzjährig; täglich außer Mi von 14 Uhr bis 23 Uhr, November bis April Do bis So
Ab-Hof-Verkauf: Wein, Säfte
Weinkost: auf Anfrage
Ausstattung: Innen 80 Sitzplätze, außen 100 Sitzplätze
Anbaufläche: 4 ha
Spielplatz: vorhanden
Sturm: ja
Kastanien: ja
Zufahrt: A9-Abfahrt Leibnitz, nach der Weinbauschule Silberberg erste Straße nach St. Nikolai/Grötsch, ca. 1 km dem Schild nach den Berg hinauf
Besonderheiten: Umgeben von Obst- und Weingärten sitzt man auf der neuausgebauten Terrasse oder in den zwei Gasträumen, in hellem Holz getäfelt, vom Kachelofen gewärmt. Das junge Ehepaar ist sehr bemüht um seine Gäste, die auch vom nahen Sulmsee kommen. Das Jausenangebot wird im eigenen Betrieb erzeugt und nach Hausrezepten zubereitet. Besonders geschätzt wird das selbstgebackene Brot.
Speisen: selbstgebackenes Brot, Bauernsalat, Belegtes Brot, Brettljause, Buchteln, Germmehlspeisen, Geselchtes, Hauswurst, Käferbohnensalat, Käseauswahl, Leberaufstrich, Lip-

tauer, saure Preßwurst, Schweinsbrüstl, Speck, Strauben, Verhackert, geselchte Schweinszunge
Weine: Chardonnay/Morillon, Muskat Sylvaner/Sauvignon blanc, Riesling Sylvaner, Muskateller, Rheinriesling, Weißburgunder, Welschriesling, Schilcher, Zweigelt blau
Most: ja
Fruchtsaft: Apfel, Trauben, Johannisbeersaft, Pfirsichnektar

BUSCHENSCHANK KRENN (89)

Inhaber: Erhard **KRENN**
Adresse: Eckberg 28, **A-8462 Gamlitz**
Telefon: 03453/3763
Busverbindung: Haltestelle Ferlinz 700 m, Gamlitz 3 km
Öffnungszeiten: von April bis Oktober; Sa, So, Feiertag von 14 Uhr bis 22 Uhr, Gesellschaften wochentags auf Anfrage

Ab-Hof-Verkauf: Wein, Säfte, Edelbrände
Weinkost: auf Anfrage
Ausstattung: Innen 40 Sitzplätze (2 Räume), außen 100 Sitzplätze
Anbaufläche: 2,5 ha
Wege: Urlkogel-Wanderweg
Sturm: ja
Kastanien: ja
Zufahrt: Im Ort Gamlitz die Weinstraße den Berg hinauf ca. 3 km und links ca. 100 m der Beschilderung nach
Besonderheiten: Eigentlich kaufte Vater Krenn diese Obst- und Weingärten samt Winzerhaus zum Privatvergnügen. Als bei Sohn Erhard die Leidenschaft für den Weinbau zu wachsen begann, entschloß sich dieser den Weinbau und den Buschenschank zum Haupterwerb zu machen. Sogar die Töchter haben schon Spaß daran und assistieren ihm, seiner Frau Helga und den Eltern. Den charmanten Herrn Erhard besuchen viele junge Leute und Stammpublikum. Inmitten von Obst- und Weingärten oder im Winzerhaus beim gemauerten Ofen, plaudert es sich gut.
Speisen: Belegtes Brot, Brettljause, Geselchtes, Leberaufstrich, Liptauer, saure Preßwurst, Speck, Strauben, Verhackert, Selchwürstl, Käsebrot, Krapfen
Weine: Müller Thurgau, Muskateller, Chardonnay/Morillon, Sämling, Schilcher, Welschriesling
Edelbrände: Apfel-, Kriecherl-, Wein-, Zwetschkenbrand
Fruchtsaft: Apfel-, Traubensaft

BUSCHENSCHANK KRIEGL (90) *

BUSCHENSCHANK KRÖLL (91)

Inhaber: Bruno **KRÖLL**
Vulgoname: Patschuster
Adresse: Eichberg 69, **A-8453 ST. JOHANN I.S.**
Telefon: 03455/6859, **Fax:** 03455/6859
Busverbindung: St. Johann oder Gündorf 2,5 km
Öffnungszeiten: ganzjährig; täglich von 10 Uhr bis 22 Uhr
Ab-Hof-Verkauf: Wein, Edelbrände, Säfte
Weinkost: auf Anfrage
Ausstattung: Innen 90 Sitzplätze, außen 30 Sitzplätze
Zimmer: im Ausbau
Anbaufläche: 3 ha
Busse: auf Anfrage
Sturm: ja
Zufahrt: A9-Abfahrt Leibnitz, Richtung Arnfels, in Gündorf bei der Kreuzung nach Gleinstätten links ca. 2 km den Berg hinauf (beschildert)
Besonderheiten: Der schöne Ausblick lohnt die Auffahrt zu diesem ruhigst gelegenen Buschenschank. Eine freundliche Familie, bei der auch Kinder willkommen sind. Angeschlossen ist eine kleine Landwirtschaft. Bei Geburtstags- oder Familienfeiern sind die rustikalen Platten sehr beliebt. Begehrt sind bei den Gästen ebenso die verschiedensten Germmehlspeisen der Hausfrau. Im Weingarten und Keller

hilft der Sohn, als Silberbergabsolvent bereits tatkräftig mit. Schutzringbetrieb.

Speisen: selbstgebackenes Brot, Belegtes Brot, Brettljause, Germmehlspeisen, Geselchtes, Leberaufstrich, Liptauer, Strauben, Verhackert, Verhackertwürstl

Weine: Muskat Sylvaner/Sauvignon blanc, Sämling, Weißburgunder, Welschriesling, Zweigelt blau, Schilcher
Edelbrände: Apfel-, Birnen-, Kriecherl-, Zwetschken-, Traubenbrand
angesetzte Schnäpse: Weichsel-, Nuß-, Himbeerschnaps
Fruchtsaft: Apfel, Traubensaft

BUSCHENSCHANK J. U. ST. KRÖLL (92) *

BUSCHENSCHANK KÜAHMÜLLER (93) *

BUSCHENSCHANK LABANZ (94)

Inhaber: Peter u. Maria **LABANZ**
Vulgoname: Christian
Adresse: Oberhaag 34, **A-8455 OBERHAAG**
Telefon: 03455/6172
Busverbindung: Haltestelle Oberhaag 800 m
nächster Bahnhof: Wies – Eibiswald ca. 6 km
Öffnungszeiten: ganzjährig; täglich von 11 Uhr bis 22 Uhr
Ab-Hof-Verkauf: Wein, Edelbrände
Weinkost: auf Anfrage
Musik: Hausmusik mit steirischer Zieharmonika
Ausstattung: Innen 60 Sitzplätze, außen 60 Sitzplätze (Terrasse)
Anbaufläche: 4,5 ha
Wege: Fahrradweg R 20, markierter Wanderweg
Busse: auf Anfrage
Spielplatz: vorhanden
Sturm: ja
Kastanien: ja
Zufahrt: Arnfels – Unterhaag – Oberhaag, nach dem Friedhof links die erste Straße der Beschilderung nach
Besonderheiten: Auch hier führt der Sohn als Silberbergabsolvent, Weinbau- und Kellermeister das „Weinbauregiment". Er versucht neue Wege im alten Gewölbekeller. Auch das Schnapsbrennen begeistert ihn. Im renovierten Bauernhaus mit überdachter Terrasse wird man von den Eltern bestens versorgt. Der schöne Ausblick, die Kinderfreundlichkeit und die guten Mehlspeisen begeistern die Gäste.
Speisen: Aufstriche, selbstgebackenes Brot, Brettljause, Krapfen, Strauben, Verhackert
Weine: Sämling, Schilcher, Weißburgunder, Welschriesling, Zweigelt blau
Edelbrände: Apfel-, Wein-, Birnen-, Zwetschkenbrand

BUSCHENSCHANK LAMBAUER-KÖSTENBAUER (95)

Inhaber: Georg u. Elisabeth **LAMBAUER**
Vulgoname: Köstenbauer
Adresse: Greith 19, **A-8442 KITZECK**
Telefon: 03456/2235
Busverbindung: Haltestelle vor dem Haus
nächster Bahnhof: Leibnitz 16 km
Öffnungszeiten: von April (Ostern) bis November
Ab-Hof-Verkauf: Wein, Edelbrände, Traubensaft
Weinkost: auf Anfrage
Ausstattung: Innen 60 Sitzplätze, außen 60 Sitzplätze (Sonnenterrasse)
Zimmer: 4 x 2
Anbaufläche: 5 ha
Wege: Wanderweg Nr. 1 in der Nähe (Kroisgraben)

Spielplatz: vorhanden
Sturm: ja
Zufahrt: Autobahnabfahrt Leibnitz – Richtung Kitzeck
Besonderheiten: Schon langjährig bekannt ist die Familie Lambauer für den Weinbau und den Buschenschank. Das Haus liegt auf einer Anhöhe, umgeben von ausgedehnten Weingärten, in idyllischer Ruhe und mit herrlicher Fernsicht. Genießen Sie die hausgemachte, steirische Jause mit einem Glas Wein auf der Sonnenterrasse oder der Weinlaube. Der Sohn als diplomierter Somelier führt Weinverkostungen direkt im Weinkeller durch. Für Urlauber gibt es einen Gästeabholdienst. Mitglied bei „Steirischer Hoheit".

Speisen: Aufstriche, Bauernjause, Belegtes Brot, Brettljause, Germmehlspeisen, Geselchtes, Grammelaufstrich, Hauswurst, Käferbohnensalat, Käseauswahl, Leberstreichwurst, saure Preßwurst, Schinken, Speck, Speckbrot, Sulz, Verhackert, Topfenaufstrich, Käseteller, Seggauer Butterkas, Gorgonzolabrot
Weine: Chardonnay/Morillon, Müller Thurgau, Muskat Sylvaner/Sauvignon blanc, Muskateller, Rheinriesling, Schilcher, Weißburgunder, Welschriesling, Zweigelt blau, Zweigelt rose
Edelbrände: Birnen-, Marillen-, Zwetschken-, Trauben-, Kirsch-, Himbeerbrand
Sekt: Schilchersekt
Fruchtsaft: Apfel-, Traubensaft, Pfirsichnektar

BUSCHENSCHANK LAMPRECHT (96)

Inhaber: Egon u. Heidi **LAMPRECHT**
Vulgoname: Lanzl
Adresse: Pößnitz 41, **A-8463 LEUTSCHACH**
Telefon: 03454/342, **Fax:** 03454/342
Busverbindung: Haltestelle 300m vom Haus
Öffnungszeiten: von April (Ostern) bis Oktober; täglich von 10 Uhr bis 23 Uhr
Ab-Hof-Verkauf: Wein
Weinkost: ja
Ausstattung: Innen 50 Sitzplätze, außen 30 Sitzplätze (Veranda u. Weinlaube)
Anbaufläche: 4 ha
Busse: auf Anfrage
Spielplatz: vorhanden
Sturm: ja
Kastanien: ja
Besonderheiten: Die Gaststube in dem alten Bauernhaus vermittelt dem Besucher eine besonders gemütliche Atmosphäre. Der Raum war ursprünglich die Küche des Bauernhauses und wurde in geschmackvoller Art und Weise zum Gastraum adaptiert, wobei der schöne alte Küchenkachelofen erhalten blieb. Ein Familienbetrieb am Weg nach Langegg, abseits der Hauptstraße. Herr Lamprecht ist für den

Wein zuständig, Mutter Judith und Heidi Lamprecht sind für ihre Mehlspeisen und im Besonderen ihr Brot bekannt.

Speisen: Aufstriche, selbstgebackenes Brot, Bauernbuffet, Belegtes Brot, Brettljause, Buchteln, Germmehlspeisen, Geselchtes, Hausbrot, Hauswurst, Leberaufstrich, Leberstreichwurst, Liptauer, Schweinsbrüstl, Strauben, Verhackert, Verhackertwürstl

Weine: Hauswein, Rheinriesling, Scheurebe, Muskateller, Traminer, Weißburgunder, Welschriesling, Zweigelt blau, Zweigelt rose

Verkaufstellen: Vinothek bei der Oper in Graz

Fruchtsaft: Apfel-, Ribiselsaft

BUSCHENSCHANK LAMPRECHT (97) *

BUSCHENSCHANK LEGAT (98)

Inhaber: Franz **LEGAT**

Vulgoname: Knapp

Adresse: Glanz 1, **A-8463 LEUTSCHACH**

Telefon: 03454/331

Busverbindung: Haltestelle Mahorko ca. 2 km

nächster Bahnhof: Ehrenhausen ca. 14 km

Öffnungszeiten: ganzjährig; täglich von 10 Uhr bis 22 Uhr

Ab-Hof-Verkauf: Wein, Säfte, Edelbrände

Weinkost: auf Anfrage

Ausstattung: Innen 80 Sitzplätze (3 Räume), außen 40 Sitzplätze

Anbaufläche: 4 ha

Wege: markierter Wanderweg

Busse: auf Anfrage

Spielplatz: vorhanden

Sturm: ja

Kastanien: ja

Zufahrt: Die Südsteirische Weinstraße über Gamlitz, Eckberg, Richtung Leutschach, ca. 1,5 km nach dem Gasthof Mahorko, links die Klapotezstraße zur 1. Buschenschank

Besonderheiten: An der Klapotezstraße liegt dieser herrlich ruhige Aussichtspunkt, mit einem Weitblick ins südsteirische Weinland und Slowenien. Seit 1930 ist der Betrieb im Besitz der Familie Legat. Der Buschenschank besteht seit 1960. Auch hier hat der Generationenwechsel stattgefunden und Silberbergabsolvent Franz Legat führt nun den Weinbaubetrieb. Wie im Familienbetrieb üblich unterstützen ihn seine Frau und die umsichtige, freundliche Mutter Maria. Auch die Schwester, die zum „Hopfen" abwanderte, hilft gerne im Elternhaus, da sie den Umgang mit den Leuten im Buschenschank nicht missen möchte. Die angebotenen Produkte stammen alle aus eigener Erzeugung. Die ganzjährig begrünten Weingärten werden auf natürlich

biologischer Basis bearbeitet.

Speisen: selbstgebackenes Brot, Brettljause, Grammelfett, Krapfen, Leberstreichwurst, Liptauer, Rettichsalat, saure Preßwurst, Brüstl, Verhackert, Käsebrot, Käferbohnen

Weine: Gewürztraminer, Chardonnay/Morillon, Müller Thurgau, Muskat Sylvaner/Sauvignon blanc, Ruländer/Grauburgunder, Sämling, Welschriesling, Zweigelt blau, Zweigelt rose

Edelbrände: Kriecherl-, Birnenbrand, Slibowitz

Fruchtsaft: Apfel-, Traubensaft

BUSCHENSCHANK LEGAT (99)

Inhaber: Harald **LEGAT**

Vulgoname: Tschöggl

Adresse: Eichberg-Trautenburg 9, **A-8463 LEUTSCHACH**

Telefon: 03454/230, **Fax:** 03454/230

Busverbindung: Leutschach 2,5 km

Öffnungszeiten: ganzjährig; täglich von 10 Uhr bis 23 Uhr

Ab-Hof-Verkauf: Wein, Edelbrände, Kernöl, Hauswürstl

Weinkost: auf Anfrage (Kellerführung bis 25 Personen)

Musik: auf Bestellung

Ausstattung: Innen 40 Sitzplätze, außen 40 Sitzplätze (überdachte Terrasse)
Zimmer: 4 x 2
Anbaufläche: 5 ha
Wege: Wanderweg 560
Spielplatz: vorhanden
Sturm: ja
Kastanien: ja
Besonderheiten: Ein idyllischer Sitzplatz unter der Weinlaube lädt zum Verweilen ein. Mittlerweile wurde das Haus auf Hochglanz hergerichtet, um auch für Urlauber gerüstet zu sein. Die Kinder finden einen Spielplatz, daneben gibt es einen Hund, Katzen, Schweine und Rinder. Seit über 30 Jahren besteht dieser Buschenschank und Vater und Sohn Legat können so manche Jagdanekdote erzählen.
Speisen: selbstgebackenes Brot, Bauernbuffet, Bauernjause, Belegtes Brot, Bauchfleisch, Brettljause, Geselchtes, Grammelbrot, Grammelfett, Hausplatte, Hauswürstl, Käseauswahl, Kübelfleisch, Leberwurst, Liptauer, Preßwurst, saure Preßwurst, Speck, Speckbrot, Verhackert, Verhackertwürstl
Weine: Blauburger, Chardonnay/Morillon, Ruländer/Grauburgunder, Sämling, Schilcher, Traminer, Weißburgunder, Welschriesling, Zweigelt blau, Sauvignon blanc
Edelbrände: Apfel-, Kriecherl-, Zwetschken-, Trebernbrand
angesetzte Schnäpse: Kümmelschnaps
Fruchtsaft: Apfel-, Traubensaft

BUSCHENSCHANK LEITNER (100)

Inhaber: Adorf u. Elfriede **LEITNER**
Adresse: Einöd 15, **A-8442 KITZECK**
Telefon: 03456/3430
Busverbindung: Haltestelle vor dem Haus
nächster Bahnhof: Leibnitz
Öffnungszeiten: ganzjährig; täglich außer Mo von 9 Uhr bis 23 Uhr
Ab-Hof-Verkauf: Wein, Edelbrände
Weinkost: ja
Musik: auf Bestellung
Ausstattung: Innen 300 Sitzplätze, außen 100 Sitzplätze
Zimmer: 1 x 1, 4 x 2
Anbaufläche: 9 ha
Busse: ja
Sturm: ja
Kastanien: ja
Zufahrt: Autobahn (Leibnitz) – Richtung Gleinstätten – Fresing – Richtung Kitzeck, nach ca. 2 km links
Besonderheiten: Hier können Sie auf einer schönen Aussichtsterrasse die Jause und den Wein, auch von Hausmusik begleitet, genießen. Auf bald 30 Jahre Weinbau, vom Pachtbetrieb zum eigenen Weingut, blickt die Familie Leitner zurück, zu deren Spezialitäten der Weißgepreßte „Blaue Wildbacher" zählt.
Speisen: Aufstriche, selbstgebackenes Brot, Belegtes Brot, Brettljause, Brüstl, Geselchtes, Grammelaufstrich, Bratlfett, Hausplatte, Hauswurst, Rettich mit Kernöl, Käferbohnensalat, Krapfen, Kürbiskernaufstrich, Leberaufstrich, Liptauer, saure Preßwurst, Schinken, Schmalzbrot, Schweinsbraten, Speckbrot, Sulz, Verhackert, Verhackertwürstl
Weine: Chardonnay/Morillon, Gelber Muskateller, Muskat Sylvaner/Sauvignon blanc, Rheinriesling, Sämling, Schilcher, Traminer, Weißburgunder, Welschriesling, Zweigelt blau
Edelbrände: Apfel-, Birnen-, Pfirsich-, Zwetschken-, Trebernbrand
Most: ja
Fruchtsaft: Apfel-, Trauben-, Schilchertraubensaft

BUSCHENSCHANK LIEBMANN (101)

Inhaber: Sepp **LIEBMANN**
Vulgoname: Annenkeller
Adresse: Sulztal 29, **A-8461 EHRENHAUSEN**
Telefon: 03453/3022
Busverbindung: Haltestelle 300 m vom Haus
nächster Bahnhof: Ehrenhausen ca. 8 km
Öffnungszeiten: von April (Ostern) bis Oktober; täglich von 10 Uhr bis 20 Uhr
Ab-Hof-Verkauf: Obst, Wein, Saft, Edelbrände
Weinkost: auf Anfrage
Ausstattung: Innen 80 Sitzplätze, außen 80 Sitzplätze
Anbaufläche: 3 ha
Wege: Wanderweg Nr. 6
Sturm: ja
Kastanien: ja
Zufahrt: A9-Abfahrt Vogau, Ehrenhausen, in Gamlitz die Eckbergstraße Richtung Leutschach/Langegg. Kurz nach der Abzweigung nach Ehrenhausen links hinunter (Beschilderung)
Besonderheiten: Hineingekuschelt in den Hang besteht in einem 200 Jahre urig belassenen Weingartenhaus seit dem

Jahre 1960 dieser Buschenschank. Die Tradition des Vaters im Weinbau führt Sohn Sepp fort und setzt sich für die natürliche Entwicklung des Weines ein. Er besuchte die Weinbauschulen Silberberg und Klosterneuburg. Neben dem Weinbau gehört seine Liebe den Autos, im besonderen dem Rallyefahren (3mal Bergrallyecupsieger). Die vielen Stammgäste der Buschenschabk genießen die Ruhe, den herrlichen Weitblick und beste kulinarische Versorgung von Mutter Anna Liebmann.

Speisen: Belegtes Brot, Brettljause, Geselchtes, Käseauswahl, Leberstreichwurst, Liptauer, Schafkäse, Schweinsbrüstl, Verhackert, Verhackertwürstl, Bratlfett, Germmehlspeisen
Weine: Müller Thurgau, Muskat Sylvaner/Sauvignon blanc, Muskateller, Schilcher, Traminer, Weißburgunder, Welschriesling, Zweigelt blau
Edelbrände: Apfel-, Kriecherl-, Birnenbrand
angesetzte Schnäpse: Heidelbeer-, Weichselschnaps
Fruchtsaft: Apfel-, Holunderblüten-, Traubensaft

BUSCHENSCHANK KOLLERHOF (102)

Inhaber: Franz **LIELEG**
Vulgoname: Koller-Hof
Adresse: Eichberg 39, **A-8463 LEUTSCHACH**
Telefon: 03454/439, **Fax:** 03454/439
Busverbindung: Leutschach 2,5 km
Öffnungszeiten: von April bis November; täglich außer Mi von 10 Uhr bis 22 Uhr
Ab-Hof-Verkauf: Wein, Edelbrände – ganzjährig, täglich außer So
Weinkost: auf Anmeldung
Ausstattung: Innen 70 Sitzplätze, außen 60 Sitzplätze (Terrasse)
Zimmer: 5 x 2, 2 Ferienwohnungen
Anbaufläche: 5 ha
Wege: Wanderweg – Weinkulturgarten
Sturm: ja
Zufahrt: Von Arnfels oder Schloßberg kommend fährt man in Leutschach über den Hauptplatz Richtung Karnerberg, Gamlitz und nach wenigen Metern links ins Rebenland immer gut beschildert ca. 3 km bis zum Kollerhof
Besonderheiten: Dieser Hof war vor 1828 im Besitz des Leopold Eder, gehörte zu der Herrschaft Laubegg bei Wagna. Durch einen Kaufschilling (1828) wurde es zum Grundstück der Familie Lieleg. Der Kollerhof ist ein Weinbaubetrieb mit großer Tradition. Der Sohn Manfred fungiert in diesem innovativen Haus als Kellermeister und produziert hervorragende Qualitätsweine. Die Weine weisen viele Medaillen auf, von Landessiegern bis zum „Salon“. Eine Neuheit am Kollerhof ist der Weinkulturgarten, der unter dem Motto Weinkultur – Geschichte und Kunst steht. Er bietet eine Weinreise um die Welt an.
Speisen: selbstgebackenes Brot, geräucherte Forellen, Verhackertwürstl, geräuchertes Lammfleisch, Brettljause, Belegtes Brot, Aufstriche, Käferbohnensalat, Krapfen
Weine: Gelber Muskateller, Morillon/Chardonnay, Grauer Burgunder, Jungsteirer Cuveé, Muskat Sylvaner/Sauvignon blanc, Sämling, Schilcher, Weißburgunder, Welschriesling, Zweigelt blau, Blauburger
Edelbrände: Apfel-, Kümmel-, Zwetschkenbrand, Grappa
Sekt: ja – Frizzante
Fruchtsaft: Apfel-, Traubensaft

BUSCHENSCHANK LIESCHNEGG (103)

Inhaber: Otto **LIESCHNEGG**
Vulgoname: Schlusseg
Adresse: Fötschach 22, **A-8463 LEUTSCHACH**
Telefon: 03454/307, **Fax:** 03454/307
nächster Bahnhof: Ehrenhausen 16 km
Öffnungszeiten: von April bis November; täglich außer Mo von 10 Uhr bis 23 Uhr

Ab-Hof-Verkauf: Wein, Kernöl
Weinkost: auf Anfrage (Verkostraum)
Ausstattung: Innen 70 Sitzplätze (2 Gasträume), außen 40 Sitzplätze (überdachte Terrasse)
Zimmer: 2 x 1, 4 x 2, 1 Ferienwohnung für 4 Personen, Urlaub am Weinbauernhof
Anbaufläche: 2,5 ha
Busse: auf Anfrage
Spielplatz: vorhanden
Sturm: ja
Kastanien: ja
Zufahrt: A9-Abfahrt Vogau/Straß, Richtung Ehrenhausen, Gamlitz, Leutschach, nach ca. 3 km rechts (Beschilderung)
Besonderheiten: Ein seit Jahrzehnten auf Qualitätsweinbau orientierter Familienbetrieb. Dem Vater Otto, steht nun der „Silberberger" Sohn Hubert als Weinbau- und Kellermeister zur Seite. Viele Diplome aus dem In- und Ausland bestätigen das Qualitätsbewußtsein der Familie. Der imposante Hof, ein Anwesen aus verschiedenen Häusern bestehend, liegt inmitten der Weinlandschaft an der Südsteirischen Weinstraße. Frau Lieschnegg ist sehr bemüht, auch um ihre Urlaubsgäste und bietet neben Jause und Wein noch eine Weinliteraturecke oder den neuen Verkostraum an. Eine Fotocollage in der Stube stammt von zufriedenen Gästen. Unübersehbar ist die Jagdleidenschaft des Hausherrn, der immer witzig und zu Späßen aufgelegt ist. Nach dem Tag der offenen Kellertüre gibt es auch noch ein Weinlesefest.
Speisen: Aufstriche, Belegtes Brot, Brettljause, Geselchtes, Käferbohnensalat, Käseauswahl, Leberaufstrich, Liptauer, Preßwurst, saure Wurst, Schweinsbrüstl, Strauben, Verhackert, Verhackertwürstl, Schinken, Schafkäse, Spagatkrapfen, Schoko-Schnitten
Weine: Chardonnay/Morillon, Cuvee, Gelber Muskateller, Riesling x Sylvaner, Muskateller, Sämling, Traminer, Weißburgunder, Welschriesling, Zweigelt blau, Zweigelt barrique
Verkaufstellen: Groß-St. Florian
Fruchtsaft: Apfel-, Ribisel-, Traubensaft

BUSCHENSCHANK-WEINGUT LORENZ (104)

Inhaber: Johann u. Gertrud **PRONEGG**
Vulgoname: Lorenz
Adresse: Einöd 8, **A-8442 KITZECK**
Telefon: 03456/2311, **Fax:** 03456/2311-4
Busverbindung: Fresing oder Kitzeck ca. 1,5 km
nächster Bahnhof: Leibnitz
Öffnungszeiten: ganzjährig; täglich außer Di von 10 Uhr bis 23 Uhr
Ab-Hof-Verkauf: Wein, Edelbrände, Traubensaft
Weinkost: ja
Musik: auf Bestellung
Ausstattung: Innen 150 Sitzplätze, außen 100 Sitzplätze
Zimmer: 1 x 1, 8 x 2; Urlaub am Weinbauernhof
Anbaufläche: 6,5 ha
Wege: Wanderweg Nr. 3
Busse: ja
Spielplatz: vorhanden
Sturm: ja
Kastanien: ja
Zufahrt: Autobahn (Leibnitz), Richtung Gleinstätten – Fresing, rechts nach Kitzeck, nach einigen Kilometern Abzweigung links (Tafel)
Besonderheiten: Ein schon seit über 100 Jahren bestehender Weinbaubetrieb, dessen Tradition von Weinbaumeister Johann Pronegg fortgesetzt wird. An der Südseite von Kit-

zeck gelegen hat man einen herrlichen Blick über die Weinhügel, in den besten Lagen. Unter der Weinlaube oder in den sympathischen Stuben schätzen die Gäste die Jause aus bäuerlicher Erzeugung, serviert von der charmanten Frau Gertrud. Die gemütliche Ausstrahlung des Weingutes findet ihre Fortsetzung im Gästehaus, das durch seine ruhige Lage für einen erholsamen Urlaub spricht. Kinderspielplätze stehen zur Unterhaltung der jüngsten Gäste zur Verfügung.

Speisen: Germmehlspeisen, Geselchtes, Kürbiskernaufstrich, Leberstreichwurst, Lendbratl, Liptauer, Preßwurst, Rettichsalat, saure Bohnen, Schinken, Schmalzbrot, Schweinsbrüstl, Spagatkrapfen, Speckbrot, Steirisches Buffet, Sulz, Verhackert, Verhackertwürstl

Weine: Chardonnay/Morillon, Muskat Sylvaner/Sauvignon blanc, Rheinriesling, Ruländer/Grauburgunder, Sämling, Schilcher, Weißburgunder, Welschriesling, Zweigelt blau, Cabernet Sauvignon, Steirische Hoheit

Edelbrände: Apfel-, Birnen-, Wein-, Brombeer-, Schilchertrauben-, Muskattraubenbrand

Sekt: Winzersekt

Fruchtsaft: Apfel-, Traubensaft

BUSCHENSCHANK LUDWIGSHOF (105)

Inhaber: Ing. Wolfram **ZIERER**

Vulgoname: Ludwigshof

Adresse: Eckberg 25, **A-8462 GAMLITZ**

Telefon: 03453/2475, **Fax:** 03453/2475

Busverbindung: Ofner Bus-Haltestelle Ferlinz 300 m

nächster Bahnhof: Ehrenhausen ca. 6 km

Öffnungszeiten: von April bis Oktober; Fr, Sa, So von 14 Uhr bis 22 Uhr, Restliche Tage auf telefonische Voranmeldung

Ab-Hof-Verkauf: Wein, Edelbrände, Säfte

Weinkost: auf Anfrage

Ausstattung: Innen 40 Sitzplätze (2 Räume), außen 40 Sitzplätze

Anbaufläche: 5 ha

Sturm: ja

Kastanien: ja

Zufahrt: Von Gamlitz die Südsteirische Weinstraße Richtung Langegg, nach ca. 3 km links, ca. 100 m bis zum Hof (Beschilderung)

Besonderheiten: Nur wenig abseits der Straße sitzt man inmitten von Weingärten mit herrlichem Rundumblick. Ein Punkt, der Malergruppen anzieht. Es finden auch immer wieder Ausstellungen von Bildern heimischer Künstler statt. Im Haus hängen einige 150 Jahre alte Ölgemälde, gemalt von einem bekannten Künstler aus den adeligen Vorfahren des jetzigen Besitzers. Das Gutshaus ist über 250 Jahre alt, mit einem schönen Steingewölbekeller. Wolfram Zierer übernahm in den 70er Jahren den damals noch extensiv geführten Betrieb und spezialisierte sich auf den Weinbau. Er besuchte die Weinbauschulen Silberberg und Klosterneuburg. In Sachen Wein setzt er auf Qualität und Fruchtigkeit der Weine bei schonender Kelterung. Auch hier mischt bereits die Jugend mit, Sohn Klaus ist selbst schon Weinbaumeister und beschäftigt sich intensiv mit Sortencuvees. Die Selle der ruhigen, familiären Buschenschank ist Frau Hannelore, die sehr um ihre Gäste bemüht ist.

Speisen: Belegtes Brot, Brettljause, Geselchtes, Germmehlspeisen, Leberaufstrich, Liptauer, Verhackert, Verhackertwürstl, Steirisches Buffet
Weine: Blauburger, Gelber Muskateller, Traminer, Chardonnay/Morillon, Müller Thurgau, Sämling, Schilcher, Welschriesling, Zweigelt blau, Blauer Portugieser, Sortencuveé
Edelbrände: Kriecherl-, Trauben-, Zwetschkenbrand
Fruchtsaft: Apfel-, Traubensaft

BUSCHENSCHANK MAIER (106)

Inhaber: Johann **MAIER**
Vulgoname: Trottner
Adresse: Radiga 17, **A-8453 ST. JOHANN**
Telefon: 03456/3853
Busverbindung: Haltestelle Gündorf 1 km, St. Johann 2 km
Öffnungszeiten: ganzjährig; täglich von 9 Uhr bis 23 Uhr
Ab-Hof-Verkauf: Kernöl, Geselchtes, Frischfleisch, Wein, Edelbrände
Weinkost: auf Anfrage
Ausstattung: Innen 10 – 15 Sitzplätze, außen 40 Sitzplätze (Innenhof)
Anbaufläche: 3 ha
Sturm: ja
Kastanien: ja
Besonderheiten: Eine kleine, von den Eltern Maier, betriebene Buschenschank inmitten des Bauernhofes in völliger Ruhe, nur das Gackern der Hühner ist zu hören. Der Weingarten liegt bei der zweiten Buschenschank in Eichberg-Trautenburg.
Speisen: Aufstriche, selbstgebackenes Brot, Bauernbuffet, Belegtes Brot, Brettljause, Buchteln, Geselchtes, Grammelbrot, Grammelfett, Käseauswahl, Kübelfleisch, Leberaufstrich, Liptauer, saure Preßwurst, saure Wurst, Schinken, Schmalzbrot, Schweinsbrüstl, Strauben, Sulz, Verhackert, Verhackertwürstl
Weine: Gemischter Satz – weiß, Chardonnay/Morillon, Müller Thurgau, Muskat Sylvaner/Sauvignon blanc, Ruländer/Grauburgunder, Sämling, Schilcher, Weißburgunder, Welschriesling, Zweigelt blau
Edelbrände: Apfel-, Birnen-, Zwetschkenbrand, Grappa
angesetzte Schnäpse: Weichsel-, Himbeer-, Brombeer-, Zirbenschnaps
Fruchtsaft: Apfelsaft

BUSCHENSCHANK MAIER (107)

Inhaber: Fam. **MAIER**
Vulgoname: Winkelbauer
Adresse: Eichberg-Trautenburg 102, **A-8452 GROSSKLEIN**
Telefon: 03456/3027, **Fax:** 03456/3027
Öffnungszeiten: ganzjährig; täglich von 9 Uhr bis 23 Uhr
Ab-Hof-Verkauf: Kernöl, Geselchtes, Wein, Edelbrände
Weinkost: auf Anfrage
Musik: auf Bestellung
Ausstattung: Innen 60 Sitzplätze, außen 50 Sitzplätze (Terrasse)
Zimmer: 5 x 2, Matratzenlager für 20 Rad- oder Motorradfahrer
Anbaufläche: 4 ha
Sturm: ja

Kastanien: ja
Besonderheiten: Die Buschenschank liegt auf 630 m Höhe, inmitten von Weingärten, mit einem Blick bis zur Koralm und nach Slowenien. Für musikalische Unterhaltung sorgt zeitweise die Tochter auf der Zieharmonika. Als Silberberg-absolvent ist Sohn Martin im Betrieb voll integriert. In diesem Familienbetrieb gibt es neben anderen Tieren noch eine Schweinezucht. Frischfleisch zum Mitnehmen oder Platten und Buffets auf Vorbestellung, werden gerne gefertigt.
Speisen: Aufstriche, selbstgebackenes Brot, Bauernbuffet, Belegtes Brot, Brettljause, Brüstl, Geselchtes, Grammelbrot, Grammelfett, Käseauswahl, Kübelfleisch, Leberaufstrich,

Liptauer, saure Preßwurst, saure Wurst, Schinken, Schmalzbrot, Schweinsbrüstl, Strauben, Sulz, Verhackert, Verhackertwürstl

Weine: gemischter Satz – weiß und rot, Chardonnay/Morillon, Müller Thurgau, Muskat Sylvaner/Sauvignon blanc, Muskateller, Rheinriesling, Ruländer/Grauburgunder, Sämling, Schilcher, Weißburgunder, Welschriesling, Zweigelt

Edelbrände: Apfel-, Birnen-, Zwetschken-, Trebernbrand

angesetzte Schnäpse: Weichsel-, Himbeer-, Brombeer-, Zirbenschnaps

Fruchtsaft: Apfelsaft

BUSCHENSCHANK URBANIKELLER (108)

Inhaber: Helmut u. Brigitte **MAITZ**

Vulgoname: Urbanikeller

Adresse: Ratsch 100, **A-8461 RATSCH**

Telefon: 03454/53 39

Öffnungszeiten: März bis November, Fr, Sa, So

Ab-Hof-Verkauf: Wein u. diverse Auslesen, Spätlesen, Traubensaft

Weinkost: auf Anmeldung

Ausstattung: Innen 20 Sitzplätze, außen 20 Sitzplätze (Terrasse)

Zimmer: 2 x 2

Anbaufläche: 3,5 ha

Speisen: Brettljause, Belegtes Brot , Brüstl, Leberpastete, - ein Querschnitt durch die Hausspezialitäten, Weinstrauben, Steirischer Reindling.

Weine: Gelber Muskateller, Müller Thurgau, Rheinriesling, Sämling, Sauvignon blanc, Traminer, Welschriesling, Weißburgunder

Zufahrt: A9, Abfahrt Vogau - Straß, über Ehrenhausen nach Gamlitz, in der Ortsmitte links in die Eckberger Weinstraße abbiegen bergauf, nach einigen Kilometern links Richtung Ehrenhausen, beim Gasthof Tscheppe links, nach der Rebenburg - Maitz gelegen

Besonderheiten: Neben einer Dankeskapelle in ruhiger Lage findet man die Wochenendbuschenschank im kleinen Rahmen mit persönlicher Betreuung. In gemütlicher Atmosphäre serviert Frau Brigitte spezielle Jausen, wie auch den „Steirischen" Reindling. Seit kurzem heimelige Übernachtungsmöglichkeiten, mit alten Möbeln ausgestattet. Schutzringmitglied.

Fruchtsaft: Apfel-, Holunderblüten-, Traubensaft

BUSCHENSCHANK MAITZ (109)

Inhaber: Wolfgang **MAITZ**

Vulgoname: Rebenburg

Adresse: Ratsch 45, **A-8461 RATSCH**

Telefon: 03453/2153, **Fax:** 03453/21537

Öffnungszeiten: Ostern bis Mitte November; täglich außer Di von 14 Uhr bis 22 Uhr

Ab-Hof-Verkauf: Wein, Edelbrände, Säfte, Honig

Weinkost: auf Anfrage

Ausstattung: Innen 50 Sitzplätze, außen 50 Sitzplätze

Zimmer: 12 x 2

Anbaufläche: 4,5 ha

Pachtfläche: 2 ha

Wege: Weinbergwanderweg Nr. 7, Wanderweg Nr. 6

Spielplatz: vorhanden

Sturm: ja

Zufahrt: Von Norden, aus Richtung Graz kommend, auf der Autobahn A9 bis zur Abfahrt Vogau-Straß, von hier über Ehrenhausen nach Gamlitz, in der Ortsmitte links, in die

Eckberger Weinstraße abbiegen, nun solange bergauf bis zum Wegweiser Südsteirische Weinstraße, hier wieder links Richtung Ehrenhausen, beim Gasthof Tscheppe links.

Besonderheiten: Erholung und Wein heißt hier die Devise. Die Eltern Josef und Maria setzten 1957 den Grundstein für den seit 1964 bestehenden Qualitätsbuschenschank. Mit viel Einsatz bemühen sich Wolfgang und Maria, die zweite Generation, seit 1978 Qualität und Komfort auf ein hohes Niveau zu bringen. Weinbau- und Kellermeister Wolfgang Maitz sammelte Erfahrung in einem großen deutschen Betrieb. Er ist auch Gründungsmitglied des Schutzringes, setzt auf naturnahen Weinbau und kann auf zahlreiche Auszeichnungen und Medaillen verweisen. Die jüngsten Familienmitglieder Rosemarie, Wolfgang, Magdalena und Stefanie engagieren sich ebenfalls im Betrieb. Sohn Wolfgang ist Absolvent der Weinbauschule Silberberg. Drei Generationen am Hof setzen sich voll für den Wein ein, sogar der Opa mit seinen 85 Jahren ist noch im Weingarten anzutreffen. Im großen Keller stehen moderne Stahltanks neben geschnitzten alten Holzfässern. Umgeben von Weingärten in herrlicher ruhiger Lage kümmert sich Frau Maria um ihre Gäste. Hauseigene Spezialitäten aus Küche und Garten werden in der rustikalen Stube oder im Garten mit dem Salettl neben dem Klapotez serviert. Das Hauswappen ziert der Heilige Urban.

Speisen: Aufstriche, Bauchfleisch, Belegtes Brot, Brettljause, Germmehlspeisen, Geselchtes, Grammelfett, Grammelbrot, Hauswurst, Käseauswahl, Kräutertopfen, Kürbiskernaufstrich, Leberaufstrich, saure Preßwurst, Schafkäse, Brüstl

Weine: Gelber Muskateller, Gewürztraminer, Muskat Sylvaner/Sauvignon blanc, Sämling, Traminer, Weißburgunder, Welschriesling, Zweigelt blau, Zweigelt rose, Klevner

Edelbrände: Apfel-, Birnen-, Trauben-, Trebernbrand

Fruchtsaft: Apfel-, Traubensaft

BUSCHENSCHANK MALLI (110)

Inhaber: Anton u. Johanna **MALLI**

Vulgoname: Knabl

Adresse: Einöd 38, **A-8442 KITZECK**

Telefon: 03456/3159

Busverbindung: Haltestelle Heimschuh 2 km

nächster Bahnhof: Leibnitz

Öffnungszeiten: ganzjährig; täglich von 10 Uhr bis 23 Uhr

Ab-Hof-Verkauf: Wein, Edelbrände

Ausstattung: Innen 40 Sitzplätze, außen 15 Sitzplätze

Anbaufläche: 2 ha

Zufahrt: Leibnitz – Heimschuh – rechts Richtung Kitzeck

Besonderheiten: In ruhiger und sonniger Lage hat man einen schönen Blick ins Sulmtal. Der Weingarten befindet sich oberhalb des Hauses. In dem Buschenschank treffen sich Einheimische und Feriengäste. Doch die Attraktion ist die Wiese zum Paragleiten.

Speisen: Aufstriche, Bauernjause, Belegtes Brot, Brettljause, Geselchtes, Hauswurst, selbstgebackenes Brot, Leberstreichwurst, Rohschinken, Schinken, Speck, Verhackert, Verhackertwürstl, Käsestangerl

Weine: Weißburgunder, Welschriesling, Zweigelt blau

Edelbrände: Kriecherl-, Wein-, Zwetschken-, Maschanskabrand, Obstler

Fruchtsaft: Apfel-, Traubensaft

BUSCHENSCHANK MARIANDL (111)

Inhaber: Marianne u. Franz **TOMANITSCH**

Vulgoname: Hexenhäusl

Adresse: Schönegg 1, **A-8430 LEIBNITZ**

Telefon: 03452/73491 oder 83360 (priv.)

Busverbindung: Heimschuh 3,5 km

Öffnungszeiten: ganzjährig; Fr, Sa, So von 15 Uhr bis 22 Uhr

Ab-Hof-Verkauf: Wein, Obstler

Ausstattung: Innen 70 Sitzplätze, außen 70 Sitzplätze

Busse: auf Anfrage

Sturm: ja

Kastanien: ja

Zufahrt: Sie fahren von Heimschuh Richtung Arnfels, beim Sägewerk links, beim Bildstock wieder links, Richtung Unterfahrenbach, bei der Kapelle links, bei der nächsten Kreuzung wieder links, noch 200 m durch den Wald hinauf

Besonderheiten: Mitten im Grünen versteckt unter Bäumen, daneben die Weingärten, liegt das Hexenhäusl der lustigen Frau Marianne. Mittlerweile gibt es einen Wintergarten, den die Stammgäste für Feiern und Geburtstage nützen.

Speisen: Belegtes Brot, selbstgebackenes Brot, Brettljause, Brüstl, Buchteln, Germmehlspeisen, Leberstreichwurst, Schweinsbraten, Verhackert, Stanglkrapfen

Weine: gemischter Satz – weiß

Edelbrände: Obstler

Fruchtsaft: Apfelsaft

BUSCHENSCHANK D. U. TH. MARKO (112)

Inhaber: David u. Theresia **MARKO**
Vulgoname: Winkler
Adresse: Ottenberg 3, **A-8461 EHRENHAUSEN**
Telefon: 03453/2823, **Fax:** 03453/2823
Busverbindung: Ehrenhausen 4 km
nächster Bahnhof: Ehrenhausen 4 km
Öffnungszeiten: von Mai bis Oktober; täglich von 17 Uhr bis 23 Uhr, Freitag ab 14 Uhr, Samstag u. Sonntag ganztägig
Ab-Hof-Verkauf: Wein, Säfte, Edelbrände, Obst
Ausstattung: Innen 20 Sitzplätze, außen ca. 35 Sitzplätze
Anbaufläche: 3 ha
Wege: Radwanderweg und Wanderwege
Sturm: ja
Kastanien: ja
Zufahrt: A9-Abfahrt Vogau-Straß, entweder über Ehrenhausen, nach dem Lagerhaus links, Richtung Ottenberg oder von der Südsteirischen Weinstraße, kurz nach Berghausen vor den Zollhütten, rechts der Beschilderung nach
Besonderheiten: Frau Theresia ist eine Mehlspeisspezialistin und einem „Plauscherl" nicht abgeneigt. In ruhiger Lage, inmitten des Weinlandes hat man einen herrlichen Blick auf das Schloß Ehrenhausen. Als Wahrzeichen des Hauses Marko stehen zwei Pappeln bei der Einfahrt des Hofes, in das auch Radfahrer gerne einkehren. Der Hausherr und der Sohn als Silberbergabsolventen sind für den Wein zuständig. Der Bauernhof mit seinen Tieren ist für Kinder eine willkommene Abwechslung.
Speisen: selbstgebackenes Brot, Belegtes Brot, Brettljause, Germmehlspeisen, Grammelfett, Krapfen, Kübelfleisch, Verhackert, Weinstrauben, Eiersalat, Germweckerl, Schweinsherz sauer, Topfenaufstrich
Weine: Müller Thurgau, Muskat Sylvaner/Sauvignon blanc, Weißburgunder, Welschriesling, Blaufränkischer
Edelbrände: Birnen-, Zwetschken-, Obstbrand
angesetzte Schnäpse: verschiedene Liköre
Fruchtsaft: Apfel-, Holunderblüten-, Traubensaft, Pfirsichnektar

BUSCHENSCHANK F. U. J. MARKO (113)

Inhaber: Friedrich u. Josefa **MARKO**
Adresse: Ratsch 14, **A-8461 RATSCH**
Telefon: 03453/4375
Busverbindung: Haltestelle Bullmann 1 km
nächster Bahnhof: Ehrenhausen 8 km
Öffnungszeiten: ganzjährig; täglich von 10 Uhr bis 22 Uhr
Ab-Hof-Verkauf: Wein, Apfelsaft
Ausstattung: Innen 20 Sitzplätze, außen 50 Sitzplätze (teilweise überdacht)
Anbaufläche: 1 ha
Wege: Wanderweg Nr. 6
Sturm: ja
Kastanien: ja
Besonderheiten: Von Gamlitz kommend am Ortsanfang von Ratsch gelegen ist dieser Buschenschank eine Anlaufstelle für Wanderer, Radfahrer und Einheimische. Ein kinderfreundlicher Familienbetrieb, der viele Tiere wie Enten, Tauben, Katzen, Hund, Hühner, Rinder und Schweine beherbergt.
Speisen: Belegtes Brot, Brettljause, Grammelfett, Hausplatte, Hauswürstl, Leberaufstrich, Liptauer, saure Preßwurst, Verhackert, Käsebrot, Germmehlspeisen
Weine: gemischter Satz – weiß, Müller Thurgau, Muskat Sylvaner/Sauvignon blanc, Sämling, Weißburgunder
Fruchtsaft: Apfelsaft

BUSCHENSCHANK MEIXNER (114)

Inhaber: Anna u. Ernst **MEIXNER**
Adresse: Grubtal 33, **A-8462 GAMLITZ**
Telefon: 03453/3023
Busverbindung: Gamlitz ca. 2,5 km
nächster Bahnhof: Ehrenhausen ca. 6 km
Öffnungszeiten: von Mai bis Oktober; täglich
Ab-Hof-Verkauf: Wein
Ausstattung: Innen 30 Sitzplätze, außen 10 Sitzplätze (Terrasse)
Anbaufläche: 1,5 ha
Sturm: ja
Kastanien: fallweise
Zufahrt: In Gamlitz bei der Raiffeisenbank Richtung Grubtal, nach der Buschenschank Dreisiebner-Muster am Höhenrücken links
Besonderheiten: Eine von den drei, vom Fremdenverkehr fast vergessenen Buschenschenken von Grubtal, an einem Höhenrücken mit schönster Aussicht nach Gamlitz, Seggau und Frauenberg gelegen. Vorwiegend von Einheimischen besucht wird in nächster Zeit erwogen, nur mehr Trauben zu verkaufen.
Speisen: Brettljause, Leberstreichwurst, Verhackert

Weine: Müller Thurgau, Muskateller, Welschriesling, Zweigelt blau
Edelbrände: Kriecherl-, Zwetschkenbrand
Fruchtsaft: Apfelsaft

BUSCHENSCHANK-WEINGUT SCHLOSS GAMLITZ (115)

Inhaber: Arnold **MELCHER**
Adresse: Eckberger Weinstraße 32, **A-8462 GAMLITZ**
Telefon: 03453/2363, **Fax:** 03453/4550
E-mail: weingut.melcher@magnet.at
Busverbindung: Haltestelle Gamlitz Ort 100 m
nächster Bahnhof: Ehrenhausen 3 km
Öffnungszeiten: ganzjährig; täglich von 10 Uhr bis 22 Uhr

Ab-Hof-Verkauf: Wein, Edelbrände, Kernöl
Weinkost: auf Anfrage im alten Schloßkeller
Ausstattung: Innen 100 Sitzplätze (2 Räume), außen 80 Sitzplätze (Schloßhof) – erweiterbar
Anbaufläche: 7,5 ha
Zufahrt: A9-Abfahrt Vogau/Straß, Ehrenhausen. Gamlitz – Ortsmitte, links, nach wenigen Metern rechts an der Eckberger Straße
Besonderheiten: Spätestens seit der Landesausstellung Weinkultur ist das Schloß Gamlitz allen ein Begriff. Hier wird Weinkultur live geboten, ob im großen Weinmuseum oder in der hauseigenen Vinothek. Ausstellungen, Konzerte, Lesungen und die jährliche Edelbrand-Ausstellung der Steirischen Trilogie sind weitere Aktivitäten des Hauses. Frischen Wind bringt der Weinbau- und Kellermeister Schloßjunior Arnold Melcher in das alte Gemäuer. Er hat seit kurzem die Führung übernommen und damit kommt lebendiger Stil ins lässige Leben. Der weinerfahrene Vater Ing. Siegfried Melcher steht ihm mit Rat und Tat zur Seite. Für den Buschenschank und die Galerie zeichnet sich Mama Jolanda, eine ehemalige Simultandolmetscherin und Stewardess, verantwortlich. Leben und Leben lassen scheint hier das Motto zu sein und daher nimmt sie sich auch Zeit mit den Gästen ein Glaserl zu trinken. Brandneu sind die Sisi-Weine, ein Muskateller 96 und ein Blaufränkischer 97, die in erster Linie für den japanischen Markt gedacht sind. Nach einigen Eigentümerwechseln ist das 1111 erbaute Schloß seit dem Jahre 1900 im Besitz der Familie Melcher.
Speisen: Aufstriche, Bauchfleisch, Belegtes Brot, Brettljause, Geselchtes, Leberaufstrich, Liptauer, Schafkäse, Sulz, Flugentenbrust
Weine: Gelber Muskateller, Chardonnay/Morillon, Müller Thurgau, Muskat Sylvaner/Sauvignon blanc, Rheinriesling, Schilcher, Weißburgunder
Edelbrände: Kriecherl-, Wein-, Birnen-, Trebern-, Himbeer-, Erdbeerbrand, Obstler
Sekt: ja – Schilcherfrizzante
Fruchtsaft: Traubensaft

BUSCHENSCHANK MENHART (116)

Inhaber: Helene **MENHART**
Vulgoname: Kopper
Adresse: Pößnitz 87, **A-8463 LEUTSCHACH**
Telefon: 03454/483, **Fax:** 03454/707019 (Tourismusverband)
Busverbindung: Gamlitz 3 km
Öffnungszeiten: ganzjährig; täglich von 9 Uhr bis 23 Uhr
Ab-Hof-Verkauf: Wein, Edelbrände
Weinkost: auf Anfrage
Musik: auf Bestellung
Ausstattung: Innen 80 Sitzplätze, außen 50 Sitzplätze (Terrasse)
Zimmer: 3 x 2, 2 Ferienwohnungen
Anbaufläche: 2 ha
Wege: Wanderweg Nr. 3, Radroute
Busse: auf Anfrage
Spielplatz: vorhanden
Sturm: ja
Kastanien: ja
Besonderheiten: Kleiner landwirtschaftlicher Familienbetrieb direkt an der südsteirischen Weinstraße gelegen. Je

nach Bedarf steht eine sonnige Terrasse oder eine schattige Laube zur Verfügung. Die angebotenen kulinarischen Spezialitäten stammen ausschließlich aus hauseigener Produktion. Für ihre Bemühungen bei „Urlaub am Weinbauernhof" erhielten sie 3 Trauben. Beim Weinbau hilft bereits der Sohn, als Silberbergabsolvent.

Speisen: Aufstriche, Bauchfleisch, selbstgebackenes Brot, Bauernbuffet (auf Bestellung), Belegtes Brot, Brettljause, Brüstl, Buchteln, Germmehlspeisen, Hauswurst, Käseauswahl, Kübelfleisch, Kürbiskernaufstrich, Leberaufstrich, Lendbratl, Liptauer, Rettichsalat, Schweinsbrüstl, Strauben, Sulz, Verhackert, Verhackertwürstl

Weine: Altsteirischer Mischsatz, Chardonnay/Morillon, Grüner Sylvaner, Muskat Sylvaner/Sauvignon blanc, Muskateller, Sämling, Traminer, Welschriesling, Zweigelt blau

Edelbrände: Apfel-, Trebern-, Wein-, Zwetschkenbrand, Obstler, Grappa, Slibowitz

Fruchtsaft: Apfel-, Holunderblüten-, Ribisel-, Traubensaft

BUSCHENSCHANK K. U. M. MENHART (117) *

Inhaber: Karl u. Maria **MENHART**

Adresse: Seggauberg 11, **A-8430 LEIBNITZ**

Telefon: 03452/86924

Ab-Hof-Verkauf: Müller Thurgau Muskateller, Weißburgunder, Welschriesling

BUSCHENSCHANK MISCHINGER (118)

Inhaber: Josef **MISCHINGER**

Vulgoname: Höllerlippi

Adresse: Sausal 70, **A-8443 PISTORF**

Telefon: 03456/2440

Busverbindung: Haltestelle Maierhof (Tankstelle) 2 km

nächster Bahnhof: Leibnitz 13 km

Öffnungszeiten: ganzjährig; täglich von 9 Uhr bis 23 Uhr

Ab-Hof-Verkauf: Wein, Edelbrände

Ausstattung: Innen 40 Sitzplätze, außen 50 Sitzplätze

Anbaufläche: 1 ha

Wege: Wanderweg Nr. 3

Busse: auf Anfrage

Sturm: ja

Kastanien: ja

Zufahrt: Autobahnabfahrt Leibnitz, Richtung Gleinstätten, in Maierhof bei der Tankstelle rechts ca. 2 km, der Beschilderung nach

Besonderheiten: Die Seele des Hauses, Frau Maria, ist bekannt für die gute Brettljause, die man in der Weinlaube bei herrlicher Fernsicht genießen kann. Als Neuerung wurde das Stallgebäude, mit einer schönen Sitzterrasse zur Buschenschank umfunktioniert. Der Weingarten beginnt gleich bei der Weinlaube.

Speisen: Aufstriche, Brettljause, Germmehlspeisen, Hausplatte, Jause, Rohschinken, saure Preßwurst, Schinken, Sulz, Verhackert, Verhackertwürstl, Apfelstrudel

Weine: Müller Thurgau, Sämling, Weißburgunder, Welschriesling, Zweigelt blau, Orange-Riesling

Edelbrände: Apfel-, Birnen-, Kriecherl-, Zwetschken-, Trebernbrand

angesetzte Schnäpse: Weichselschnaps

Fruchtsaft: Apfel-, Trauben-, Weichselsaft

BUSCHENSCHANK MÖRTH-POMMER (119)

Inhaber: Franz u. Aurelia **MÖRTH-POMMER**

Adresse: Oberfahrenbach 60, **A-8452 GROSSKLEIN**

Telefon: 03456/2260

Busverbindung: Großklein 4 km

nächster Bahnhof: Leibnitz 11 km

Öffnungszeiten: ganzjährig, Weihnachten 3 Wochen geschlossen; täglich von 13 Uhr bis 22 Uhr

Ab-Hof-Verkauf: Wein, Edelbrände, Säfte

Weinkost: auf Anfrage

Ausstattung: Innen 20 Sitzplätze, außen 24 Sitzplätze

Anbaufläche: 3,4 ha

Wege: Wanderweg der südsteirischen Harmonie

Sturm: ja

Zufahrt: A9-Abfahrt Leibnitz, Richtung Arnfels, am Ortsende von Heimschuh (Elektro Kramer), rechts der Tafel Unter-Oberfahrenbach nach ca. 4 km

Besonderheiten: Ein junges engagiertes Ehepaar, das vor einigen Jahren mit dem Buschenschank begann. Mittlerweile bekamen sie für ihren Wein etliche Medaillen. Ihr Etikett zeigt das Gemeindewappen, das auf den Weinbau der Kelten in dieser Gegend verweist. Ein Novum ab dem Frühjahr 1998 ist die „Steirische Harmonie" – ein Zusammenschluß von 14 bis 17 Weinbauern mit verschiedensten Aktivitäten. Ein gemeinsamer Wein, ein Wanderweg mit

Schaukästen und Schauräumen von einem Betrieb zum anderen. Man darf gespannt sein.

Speisen: Belegtes Brot, Brettljause, Germmehlspeisen, Geselchtes, Kräutertopfen, Leberstreichwurst, Kräutertopfen, Verhackert, Verhackertwürstl

Weine: Chardonnay/Morillon, Müller Thurgau, Schilcher, Muskat Sylvaner/Sauvignon blanc, Grüner Sylvaner, Ruländer/Grauburgunder, Weißburgunder, Welschriesling, Altsteirischer Mischsatz, Zweigelt blau

Edelbrände: Apfel-, Kriecherl-, Wein-, Zwetschken-, Traubenbrand

angesetzte Schnäpse: Isabellalikör

Fruchtsaft: Apfel-, Trauben-, Mischsaft (Quitte, Apfel)

BUSCHENSCHANK J. MUSTER (120)

Inhaber: Johanna **MUSTER**

Adresse: Fötschach 62, **A-8463 LEUTSCHACH**

Telefon: 03454/6373

Öffnungszeiten: ganzjährig; täglich von 9 Uhr bis 23 Uhr

Ab-Hof-Verkauf: Wein

Ausstattung: Innen 50 Sitzplätze, außen 20 Sitzplätze (Terrasse)

Wege: Wanderweg Nr. 3

Sturm: ja

Kastanien: ja

Speisen: Belegtes Brot, Brettljause, Buchteln, Strauben

Weine: Bacchus, Welschriesling

BUSCHENSCHANK R. MUSTER (121)

Inhaber: Rudolf **MUSTER**

Vulgoname: Graf-Hof

Adresse: Schloßberg 38, **A-8463 LEUTSCHACH**

Telefon: 03454/388, **Fax:** 03454/388

Busverbindung: Leutschach 2 km

Öffnungszeiten: ganzjährig; täglich von 14 Uhr bis 20 Uhr, im Winter auf telefonische Voranmeldung

Ab-Hof-Verkauf: Wein, Edelbrände

Weinkost: auf Anfrage

Ausstattung: Innen 50 Sitzplätze, außen 50 Sitzplätze (Gastgarten und Laube)

Zimmer: 2 Ferienwohnungen

Anbaufläche: 8 ha

Wege: Wanderweg Nr. 2

Sturm: ja

Kastanien: ja

Besonderheiten: Dieses Weingut samt Buschenschank liegt mitten im Weinbaugebiet von Schloßberg. Vom Garten und der Weinlaube kann man den herrlichen Blick auf die Weinberge genießen. Die ältesten Aufzeichnungen des „Graf-Hofes“ gehen bis auf das Jahr 1755 zurück und sind im Mariatheresianischen Kataster zu finden. Zu dieser Zeit wurden bereits 3,5 ha Weingartenfläche bewirtschaftet. Der Graf-Hof wurde im Jahre 1979 von der Familie Muster übernommen und mit viel Liebe und Sorgfalt restauriert. Der Junior des Betriebes besuchte die Weinbauschule in Klosterneuburg und praktizierte ein Jahr in Kalifornien. Ihm gelangen viele Spitzenweine, der Aufbau internationaler Verbindungen, daher ist auch die Zustellung in ganz Österreich problemlos. Mitglied der Weingalerie Leutschach.

Speisen: Brettljause, Germmehlspeisen, Geselchtes, Hausbrot, Hauswürstl, Käseauswahl, Leberaufstrich, Schweinsbrüstl, Verhackert, Verhackertwürstl

Weine: Chardonnay/Morillon, Muskateller, Schilcher, Welschriesling, Zweigelt blau, Sauvignon blanc, Riesling Sylvaner, Jungsteirer

Verkaufstellen: in verschiedenen Vinotheken Österreichs

Edelbrände: Zwetschkenbrand, Obstler

Fruchtsaft: Apfel-, Traubensaft

WEINHOF STANI GUSTL (122)

Inhaber: Fam. **NEKREP**

Vulgoname: Stani Gustl

Adresse: Eckberg 72, **A-8462 GAMLITZ**

Telefon: 03453/2248, **Fax:** 03453/5748

Busverbindung: Haltestelle GH Ferlinz 200 m

nächster Bahnhof: Ehrenhausen ca. 5,5 km

Öffnungszeiten: ganzjährig; täglich außer Di, Ende Juni/ Anfang Juli geschlossen, Januar bis März auch Mo geschlossen

Ab-Hof-Verkauf: Wein, Edelbrände, Kernöl, Traubensaft, Äpfel, Birnen

Weinkost: auf Anfrage

Ausstattung: Innen 40 und 25 Sitzplätze, außen 70 (Terrasse)

Zimmer: 3 x 2

Anbaufläche: 7,5 ha

Busse: auf Anfrage

Spielplatz: vorhanden

Sturm: ja

Zufahrt: Die Weinstraße von Gamlitz Richtung Langegg – auf der Eckbergstraße rechts gelegen (großer Parkplatz).

Besonderheiten: Mitten in einer reizvollen Landschaft direkt an der Südsteirischen Weinstraße liegt dieses bekannte Haus. Seit 1877 wird in diesem Betrieb Wein angebaut, in dem alt und jung zusammenarbeiten. Die Buchteln bäckt ausschließlich die Oma. Der Sohn, als Silberbergabsolvent

arbeitet ebenfalls im elterlichen Betrieb mit. An Neuerungen gibt es einen großen Arbeitskeller, der beide Häuser verbindet, darüber eine Terrasse und straßenseitig der große Parkplatz. Viele Zimmergäste genießen nach ihren Wanderungen nicht nur den Ausblick von der Terrasse, sondern auch die Gemütlichkeit und die Geselligkeit der Familie. Frau Nekrep setzt sich oft auf einen Plausch zu den Gästen und der Herr des Hauses weiß auch immer Geschichten zu erzählen. Eine Stammtischrunde spielt hier Karten, wovon Fotos von lustigen Abenden an den Wänden hängen. Im Gästebuch sind auch politische Besuche verzeichnet. Eine konstante Bilderausstellung einer Hobbymalerin mit Motiven aus der Gegend gibt es ebenfalls zu sehen.

Speisen: Aufstriche, Brettljause, Buchteln, Hauswurst, Geselchtes, Speck

Weine: Cuvee, Chardonnay/Morillon, Müller Thurgau, Muskat Sylvaner/Sauvignon blanc, Rheinriesling, Sämling, Schilcher, Traminer, Weißburgunder, Welschriesling, Zweigelt blau, Zweigelt rose

Edelbrände: Apfel-, Birnen-, Kriecherl-, Kümmel-, Wein-, Zwetschkenbrand

Fruchtsaft: Apfel-, Holunderblüten-, Ribisel-, Johannisbeersaft, Birnennektar

BUSCHENSCHANK NEUKIRCHNER (123)

Inhaber: Josef u. Erna **NEUKIRCHNER**

Adresse: Lagerstraße 16, **A-8403 LEBRING**

Telefon: 03182/7383

Busverbindung: Haltestelle Gasthaus Matzer 500 m

nächster Bahnhof: Lebring 800 m

Öffnungszeiten: ganzjährig; täglich außer Do von 9 Uhr bis 23 Uhr
Ab-Hof-Verkauf: Wein, Edelbrände
Ausstattung: Innen 85 Sitzplätze, außen 60 Sitzplätze
Anbaufläche: 2 ha
Wege: Radwanderweg R 5
Busse: auf Anfrage
Spielplatz: vorhanden
Sturm: ja
Zufahrt: Autobahn (Abfahrt Lebring) – Richtung Autobahnmeisterei – Eisenbahnunterführung durch – Tafel (Buschenschank)
Besonderheiten: Mitten im Ort, doch abseits der Hauptstraße ist dieses Haus auch der Sitz der Lebringer „Schnitzerrunde". Die geschnitzten Möbel bilden zum Teil auch die Ausstattung des Lokales. Im Winter gibt es ein Angebot von Schnitzkursen. Das persönliche Service, im Familienbetrieb, ist selbstverständlich. Die Weingärten befinden sich etwas entfernt in St. Nikolai im Sausal.
Speisen: Bauernjause, Belegtes Brot, Leberstreichwurst, Verhackert
Weine: gemischter Satz – weiß, Müller Thurgau, Welschriesling, Zweigelt blau, Kerner
Edelbrände: Grappa, Zwetschken-, Kümmelbrand
Most: ja
Fruchtsaft: Apfel-, Ribisel-, Traubensaft

BUSCHENSCHANK OSWALD (124) *

BUSCHENSCHANK PANSINGER (125)

Inhaber: Josef PANSINGER
Vulgoname: Gartner
Adresse: Lamperstätten 28, **A-8505 ST. NIKOLAI**
Telefon: 03185/2283
Busverbindung: Haltestelle Knotz 600 m (Bus Preding)
nächster Bahnhof: Leibnitz
Öffnungszeiten: ganzjährig; täglich von 10 Uhr bis 23 Uhr
Ausstattung: Innen 60 Sitzplätze, außen 26 Sitzplätze
Anbaufläche: 1,5 ha
Wege: Wanderweg Nr. 5 und Nr. 11
Busse: auf Anfrage
Sturm: ja
Zufahrt: Über Preding – Zehendorf – Lamperstätten
Besonderheiten: Einen herrlichen Blick hat man vom Garten oder der Terrasse zum Waldschachersee. Die Eigenbauprodukte stammen vom angeschlossenen Bauernhof.
Speisen: Aufstriche, Belegtes Brot, Brettljause, Germmehlspeisen, Hauswurst, Jause, Leberstreichwurst, Liptauer, Verhackert, Verhackertwürstl, Buchteln
Weine: gemischter Satz – weiß
Fruchtsaft: Apfel-, Johannisbeersaft

BUSCHENSCHANK PASCHEK (126)

Inhaber: Fam. **PASCHEK**
Vulgoname: Kranermichl
Adresse: Eichberg 57, **A-8454 ARNFELS**
Telefon: 03455/290
Busverbindung: Haltestelle Arnfels 4 km
Öffnungszeiten: ganzjährig; täglich
Ab-Hof-Verkauf: Wein, Edelbrände, Traubensaft
Weinkost: auf Anmeldung

Musik: ja
Ausstattung: Innen 70 Personen (3 Räume), außen 30 Personen
Zimmer: 4 x 2 (ab 1999)
Anbaufläche: 1,7 ha
Wege: Arnfelser Wanderweg
Spielplatz: vorhanden
Sturm: ja
Kastanien: ja

Besonderheiten: Ein alteingesessener uriger Buschenschank. Ideal für Kinder durch die ruhige Lage. Auch ein beliebtes Ziel von Wanderern, die gerne bei Frau Aurelia, genannt Reli, Rast machen. Am Wochenende geht es meist lustig zu, denn da gibt es Hausmusik. Der Sohn, Weinbau- und Kellermeister, spielt dann auf der Zieharmonika.
Speisen: selbstgebackenes Brot, Aufstriche, Belegtes Brot, Brettljause, Germmehlspeisen, Geselchtes, Kübelfleisch, Verhackertwürstl
Weine: Muskateller, Rheinriesling, Schilcher, Weißburgunder, Welschriesling, Zweigelt blau
Edelbrände: Apfel-, Birnen-, Trestern-, Kriecherl, Zwetschken-, Weinbrand
angesetzte Schnäpse: Lärchen-, Zirben-, Nuß-, Tannenwipfelschnaps
Fruchtsaft: Apfel-, Traubensaft

BUSCHENSCHANK PASCHEK (127)

Inhaber: Friederike **PASCHEK**
Adresse: Kleinlieschen 27, **A-8455 OBERHAAG**
Telefon: 03455/6750
Öffnungszeiten: von Mai bis November; täglich von 9 Uhr bis 23 Uhr

Ab-Hof-Verkauf: Wein
Musik: Harmonika
Ausstattung: Innen 30 Sitzplätze, außen 30 Sitzplätze
Anbaufläche: 0,5 ha
Sturm: ja
Kastanien: ja
Zufahrt: Eine Möglichkeit besteht über Arnfels, nach Oberhaag, dort zwischen Gasthof und Gemeindeamt ca. 2,5 km, beschildert, den Berg hinauf
Besonderheiten: Von hier oben reicht die Aussicht über St. Johann, Arnfels oft bis nach Graz. Wie in vielen Fällen wird auch hier die Landwirtschaft als Nebenerwerb geführt, daher liegt die Verantwortung der Buschenschank auf den Schultern von Frau Friederike.
Speisen: Aufstriche, Belegtes Brot, Brettljause, Geselchtes, Grammelaufstrich, Grammelbrot, Grammelfett, Hauswürstl, Jause, Leberaufstrich, Leberwurst, Schmalzbrot, Schweinsbraten, Verhackert, Verhackertwürstl
Weine: Hauswein, Müller Thurgau, Zweigelt blau
Fruchtsaft: Apfel-, Traubensaft

BUSCHENSCHANK PAUL (128) *

BUSCHENSCHANK PERNER (129)

Inhaber: Anton **PERNER**
Vulgoname: Jungbauer
Adresse: Retznei 38, **A-8461 EHRENHAUSEN**
Telefon: 03453/2549, **Fax:** 03453/2549
Busverbindung: Retznei 1,5 km
nächster Bahnhof: Ehrenhausen 3 km
Öffnungszeiten: ganzjährig; täglich von 10 Uhr bis 22 Uhr
Ab-Hof-Verkauf: Wein, Traubensaft, Kernöl
Weinkost: auf Anfrage
Ausstattung: Innen 80 Sitzplätze, außen 50 Sitzplätze
Anbaufläche: 4,5 ha
Wege: Wanderweg Nr. 3
Sturm: ja
Zufahrt: A9-Abfahrt Vogau nach Ehrenhausen, nach der Brücke, vor der Bahnübersetzung rechts nach Retznei, Richtung Schwimmbad, von dieser Kreuzung rechts ca. 1 km
Besonderheiten: In ruhiger Lage, abseits vom Weinstraßenrummel liegt dieses Haus. Von der angeschlossenen Landwirtschaft gibt es die selbsterzeugte Ware. Die Weinhänge liegen von Retznei über Eckberg bis nach St. Peter a.O. verstreut. Vom äußerst positiven Sohn des Hauses, Sil-

berbergabsolvent, Weinbau- und Kellermeister, wird man noch hören. Wegen eines Umbaues ist derzeit geschlossen und wann 1999 wieder aufgesperrt wird, ist telefonisch zu erfragen.

Speisen: Aufstriche, Belegtes Brot, Brettljause, Geselchtes, Hauswurst, Verhackert

Weine: Gelber Muskateller, Chardonnay/Morillon, Müller Thurgau, Muskat Sylvaner/Sauvignon blanc, Sämling, Weißburgunder, Welschriesling, Zweigelt blau

Edelbrände: Zwetschkenbrand

Fruchtsaft: Traubensaft

BUSCHENSCHANK PERSTLING (130)

Inhaber: Walter **PERSTLING**

Vulgoname: Koglnebel

Adresse: Rettenberg 6, **A-8444 ST. ANDRÄ**

Telefon: 03456/3586

Busverbindung: Sausalbus

Öffnungszeiten: ganzjährig; täglich von 10 Uhr bis 23 Uhr

Ab-Hof-Verkauf: Wein

Ausstattung: Innen 35 Sitzplätze, außen 35 Sitzplätze

Anbaufläche: 2 ha

Busse: auf Anfrage

Spielplatz: vorhanden

Sturm: ja

Kastanien: ja

Zufahrt: Kitzeck – Richtung Klapotez – Höch bei Volksschule vorbei, bei Verkehrsspiegel geradeaus ca. einen km (Tafel links)

Besonderheiten: In ruhiger Lage und schönem Ausblick zur Koralpe und Slowenien sorgt die Familie Perstling für seine Gäste. Die Produkte des Bauernhofes, von Rindern und Schweinen werden ausschließlich für den Buschenschank verwendet.

Speisen: Aufstriche, selbstgebackenes Brot, Bauernjause, Bauernsalat, Belegtes Brot, Germmehlspeisen, Geselchtes, Grammelfett, saure Preßwurst, Schmalzbrot, Schweinsbrüstl, Speck, Speckbrot, Verhackert, Verhackertwürstl

Weine: gemischter Satz – weiß, Sämling, Schilcher, Weißburgunder, Welschriesling, Zweigelt rose

Edelbrände: Grappa, Obstler angesetzte Schnäpse: Kräuterschnaps

Fruchtsaft: Apfel-, Traubensaft

BUSCHENSCHANK PILCH (131)

Inhaber: Fam. **PILCH**

Adresse: Ottenberg 34, **A-8461 EHRENHAUSEN**

Telefon: 03453/2582, **Fax:** 03453/2582-4

nächster Bahnhof: Ehrenhausen ca. 6,5 km

Öffnungszeiten: ganzjährig; täglich von 14 Uhr bis 22 Uhr, geschlossen Weihnachten, bis 1. März, nur Wochenende geöffnet

Ab-Hof-Verkauf: Wein, Apfelsaft, Traubensaft, Edelbrände, Äpfel

Weinkost: auf Anfrage

Ausstattung: Innen 70 Sitzplätze (3 Räume), außen 50 Sitzplätze (Terrasse)

Zimmer: 5 x 2

Anbaufläche: 5 ha

Wege: Weitwanderweg Nr. 3, Regionalwanderweg Nr. 6

Spielplatz: vorhanden

Sturm: ja

Zufahrt: Entweder über die Autobahnabfahrt Spielfeld ca. 6,5 km die Südsteirische Weinstraße entlang oder die Autobahnabfahrt St.Veit/Vogau, in Ehrenhausen über Berghausen auf die Südsteirische Weinstraße und dort nach der Vinothek Resch rechts wenige Meter der Beschilderung nach

Besonderheiten: In Ottenberg, wenige Meter neben der Weinstraße, in einer herrlich ruhigen Aussichtslage, umgeben von Weingärten findet man diesen Buschenschank. Bei der Einfahrt grüßt der wunderschöne Bauerngarten von Frau Rosa. Der Hof ist seit 1817 im Familienbesitz. Neben der Landwirtschaft und riesigen Obstplantagen ist der Wein im Vormarsch. Vier Generationen leben hier am Hof, der ursprüngliche Namensgeber Großvater Viktor Zweytick, Anton und Rosa Pilch und deren Söhne Rudolf und Anton mit Frau und Kindern. Der frühere Name des Weingutes Pilch-Zweytick wurde nun auf Pilch reduziert. Die Brüder teilen sich die Arbeitsgebiete. Der eine ist mehr für den Obstbau und die Edelbrände zuständig, der andere kompetenter in Sachen Wein. Beim Tag der offenen Kellertüre konnte man sehen, wieviel Schwung und Neuerungen die Jugend gebracht hat. Sie setzen auf Qualität und das ist der Weg zum Erfolg, wie die Prämierungen zeigen. Schutzringbetrieb, Mitglied der „Trilogie".

Speisen: Belegtes Brot, Brettljause, Germmehlspeisen, Geselchtes, Grammelbrot, Hauswurst, Leberstreichwurst, Liptauer, saure Preßwurst, Schweinsbraten, Speck, Verhackert, Käsebrot, Bratlfettbrot

Weine: Gelber Muskateller, Muskat Sylvaner/Sauvignon blanc, Ruländer/Grauburgunder, Sämling, Weißburgunder, Welschriesling, Zweigelt blau, Zweigelt rose, Chardonnay/Morillon

Edelbrände: Apfel-, Kriecherl-, Birnen-, Zwetschken-, Traubenbrand

Fruchtsaft: Apfel-, Traubensaft

BUSCHENSCHANK PRIMUS POLZ (132)

Inhaber: Martha **POLZ**

Vulgoname: Bresner

Adresse: Graßnitzberg 53, **A-8471 SPIELFELD**

Telefon: 03453/3911, **Fax:** 03453/4241

Busverbindung: Spielfeld ca. 4 km

nächster Bahnhof: Spielfeld ca. 4 km

Öffnungszeiten: ganzjährig; täglich von 11 Uhr bis 22 Uhr

Ab-Hof-Verkauf: Wein, Edelbrände

Weinkost: auf Anfrage

Ausstattung: Innen 30 Sitzplätze, außen 50 Sitzplätze

Zimmer: 5 x 2

Anbaufläche: 4,5 ha

Wege: Rebenwanderweg

Spielplatz: vorhanden

Sturm: ja

Kastanien: fallweise

Zufahrt: Autobahnabfahrt Spielfeld, links Richtung Grenze, nach wenigen hundert Metern vor der Raiffeisenkasse rechts durch die Eisenbahnunterführung durch, ca. 3 km. Die zweite Möglichkeit ist von Spielfeld über die südsteirische Weinstraße nach dem Zollhaus links, dann wieder links der Beschilderung nach (grüne Tannenbuschen)

Besonderheiten: Dort, wo der grüne Buschen weht, in einem besonderen Kleinklima, nahe dem Granzübergang Spielfeld, liegt dieser Buschenschank mit Bauernhof. Der Hof ist seit 1884 im Familienbesitz und 1970 wurde von Primus Polz von Mischbetrieb auf Weinbau umgestellt. Als gelernter Kellner besuchte er die Weinbauschule Silberberg und machte in Langenlois den Weinbau- und Kellermeister. Er beschäftigte sich neben dem Weinbau auch noch mit Rebzucht in Form einer Rebschule. Eine Besonderheit ist sein Sämling „Non Pressure", wo das Traubengut , das durch Eigendruck herunterrinnt, gesammelt wird. Die engagierte Frau Martha, selbst in einem Buschenschank aufgewachsen, verwöhnt die Gäste im 300 Jahre alten Bauernhaus. Sie ist fast immer am Hof, denn sie versorgt auch Urlaubsgäste. Seit dem plötzlichen Ableben ihres Mannes wird sie von der weinbaukundigen Tochter unterstützt. Von den Söhnen ist einer Klosterneuburgabsolvent, der andere Handelsakademiker.

Speisen: Belegtes Brot, Brettljause, Germmehlspeisen, Käseauswahl, Leberstreichwurst, Liptauer, saure Preßwurst, saure Bohnen, Brüstl, Verhackert, Verhackertwürstl, Bratlfett

Weine: Gelber Muskateller, Chardonnay/Morillon, Müller Thurgau, Sämling, Schilcher, Traminer, Weißburgunder, Welschriesling, Zweigelt blau, Roter Traminer

Edelbrände: Kriecherl-, Pfirsich-, Wein-, Sämlingbrand, Obstler

angesetzte Schnäpse: Zwetschken-, Pfirsich-, Weichsel-, Schwarzbeeren-, Kräuterbitterschnaps

Fruchtsaft: Apfelsaft

BUSCHENSCHANK POLZ (133)

Inhaber: Johanna u. Reinhold **POLZ**
Johanna **KOHLENBERGER** (Tochter)
Adresse: Graßnitzberg 54, **A-8471 Spielfeld**
Telefon: 03453/2730, **Fax:** 03453/23016
Busverbindung: Spielfeld ca. 4 km
nächster Bahnhof: Spielfeld ca. 4 km
Öffnungszeiten: ganzjährig; täglich außer So von 15 Uhr bis 22 Uhr, Mai/Juni und September/Oktober So geöffnet, vorher anrufen, da zeitliche Änderungen möglich.
Ab-Hof-Verkauf: Wein, Edelbrände, Sekt, Äpfel
Weinkost: auf Anfrage
Ausstattung: Innen 50 Sitzplätze, außen 50 Sitzplätze
Anbaufläche: 20 ha
Pachtfläche: 9,5 ha

Zufahrt: Autobahnabfahrt Spielfeld, entweder Richtung Grenze, rechts den Katzengraben oder von Spielfeld ca. 3 km die südsteirische Weinstraße und kurz nach dem Zollhaus rechts der Beschilderung nach
Besonderheiten: Wie ein kleines Dorf präsentiert sich der Familienbetrieb mit Wohnhaus, Preßhaus, Kellerei und Nebengebäuden. Beim Weinbau wird schon seit Großvaters Zeiten auf Qualität Wert gelegt. Der Buschenschank, seit ca. 1950 von Mutter und Töchtern betrieben, mit Brot aus Vollwertmehl und anderen Schmankerln. Man sitzt inmitten von Weinbergen oder beim alten Preßstein. Weinbaumäßig haben die Brüder Polz ein Imperium geschaffen mit Qualitätsweinen der besten Rieden rund um Graßnitzberg, Rebenhof-Aubell und seit neuestem mit den steilen Hängen des verunglückten Herbert König in Kittenberg.
Speisen: Aufstriche, selbstgebackenes Brot, Bauernbuffet, Brettljause, Brüstl, Buchteln, Germmehlspeisen, Käseauswahl, Leberaufstrich, Liptauer, saure Preßwurst, Schinken, Speck, Strauben, Verhackert, Ripperl
Weine: Gelber Muskateller, Chardonnay/Morillon, Muskat Sylvaner/Sauvignon blanc, Gewürztraminer, Ruländer/ Grauburgunder, Weißburgunder, Welschriesling, Zweigelt blau, Junker, Urbani-Cuvee
Edelbrände: Apfel-, Trebern-, Williams-, Weinbrand
Fruchtsaft: Apfel-, Traubensaft

BUSCHENSCHANK PONGRATZ (134)

Inhaber: Franz u. Hermine **PONGRATZ**
Adresse: Kranachberg 73, **A-8462 GAMLITZ**
Telefon: 03453/4477, **Fax:** 03453/4477
Busverbindung: Gamlitz 4,5 km
nächster Bahnhof: Ehrenhausen 6 km
Öffnungszeiten: ganzjährig; Do bis So, andere Zeit auf Voranmeldung
Ab-Hof-Verkauf: Wein, Säfte, Edelbrände
Weinkost: auf Anfrage
Ausstattung: Innen 50 Sitzplätze, außen 60 Sitzplätze
Zimmer: 4 x 2
Anbaufläche: 7 ha
Wege: Wanderweg Nr. 3, „Vital durch die Jahreszeiten"
Sturm: ja
Kastanien: auf Anfrage

Zufahrt: A9-Abfahrt Vogau/Straß, Ehrenhausen, Gamlitz Ortsende Richtung Eibiswald, rechts zum Weinbaugebiet Labitschberg, nach ca. 2 km, vor der Buschenschank Tinnauer links den Berg hinauf

Besonderheiten: Seit mehr als 100 Jahren ist dieses Weingut in Labitschberg bei Gamlitz im Familienbesitz. Nun ist der Buschenschank verlegt worden in das Elternhaus der Frau, an einen noch schöneren Platz. So wird die Tradition ebenfalls weiter fortgesetzt. Ein altes Stallgebäude mit Gewölbe aus dem 18. Jahrhundert wurde mit viel Gefühl und vorhandenen Materialien renoviert. Ein Platz der Harmonie und Ruhe ausstrahlt. Eine Umgebung, wo sich die „Schwalben"-Weine und die Jause bestens genießen lassen.

Speisen: selbstgebackenes Brot, Belegtes Brot, Brettljause, Germmehlspeisen, Geselchtes, Leberaufstrich, Liptauer, Verhackert, Spezialweckerl mit Sesam, Sonnenblumen

Weine: Chardonnay/Morillon, Muskat Sylvaner/Sauvignon blanc, Muskateller, Ruländer/Grauburgunder, Sämling, Weißburgunder, Welschriesling, Zweigelt blau

Edelbrände: Kriecherl-, Birnen-, Trebern-, Zwetschkenbrand

Fruchtsaft: Apfel-, Traubensaft

BUSCHENSCHANK POSTL (135)

Inhaber: Gottfried **POSTL**
Vulgoname: Koschutta
Adresse: Schloßberg 2, **A-8463 LEUTSCHACH**
Telefon: 03454/365

Busverbindung: Leutschach 2,5 km
Öffnungszeiten: ganzjährig; täglich von 10 Uhr bis 23 Uhr
Ab-Hof-Verkauf: Wein, Edelbrände, Kernöl
Musik: auf Bestellung
Ausstattung: Innen 30 Sitzplätze, außen 20 Sitzplätze
Zimmer: 3 x 2, Urlaub am Weinbauernhof
Anbaufläche: 1,4 ha
Wege: Wanderweg Nr. 1
Spielplatz: vorhanden
Sturm: ja
Kastanien: ja

Besonderheiten: Am Fuße der Hl. Geistklamm in ruhiger Lage gelegen läßt es sich hier herrlich urlauben.

Speisen: Aufstriche, selbstgebackenes Brot, Bauernbuffet, Bauernjause, Belegtes Brot, Brettljause, Brüstl, Buchteln, Eiaufstrich, Germmehlspeisen, Geselchtes, Grammelaufstrich, Hausplatte, Hauswürstl, Jause, Käferbohnensalat, Käseauswahl, Kübelfleisch, Leberaufstrich, Liptauer, Nußpotitze, Schmalzbrot, Schweinsbraten, Schweinsbrüstl, Verhackert, Verhackertwürstl

Weine: Müller Thurgau, Muskateller, Muskat Sylvaner/Sauvignon blanc, Weißburgunder, Welschriesling

Edelbrände: Kriecherlbrand, Obstler

angesetzte Schnäpse: Weichselschnaps

Fruchtsaft: Ribisel-, Traubensaft

BUSCHENSCHANK PÖLZL (136)

Inhaber: Johann u. Annemarie **PÖLZL**
Vulgoname: Großzierer
Adresse: Oberfahrenbach 36, **A-8452 GROSSKLEIN**
Telefon: 03454/6403

Öffnungszeiten: ganzjährig; täglich, am 15. jeden Monats geschlossen

Ab-Hof-Verkauf: Wein, Säfte, Edelbrände, Pfirsiche
Weinkost: auf Anfrage
Ausstattung: Innen 50 Sitzplätze, außen 25 Sitzplätze
Zimmer: 3 x 2
Anbaufläche: 2 ha
Spielplatz: vorhanden
Sturm: ja
Kastanien: ja

Zufahrt: Viele Wege führen zum „Pölzl", eine Möglichkeit über die Autobahnabfahrt Leibnitz, Heimschuh oder Großklein, der Beschilderung nach oder über den Kreuzberg,

danach zweimal links von Gamlitz und Leutschach vor dem Kreuzberg rechts (Beschilderung)

Besonderheiten: Eine rührige Familie, die viele Aktivitäten setzt. Sie sind auch bei den „Saggautaler Erlebnistagen" dabei, die von Besichtigungen, Brotbacken, Wanderungen und von vielen anderen „Erlebnissen"durchsetzt sind. Zum Haus gehört ein buntgemischter Bauernhof mit Tieren, wie Katzen, Hasen, Hühnern und Kühen. Auch die Jugend hilft fest mit, die Töchter wie auch der Sohn als Silberbergabsolvent. Der Buschenschank befindet sich in einem Blockhaus, ganz rustikal eingerichtet mit einer Kachelofenstube.

Speisen: selbsterzeugte Fleischspezialitäten, Aufstriche, Bohnen mit Rettich, Holzofenbrot, Germmehlspeisen

Weine: Gelber Muskateller, gemischter Satz – weiß, Ruländer/Grauburgunder, Schilcher, Sämling, Weißburgunder, Welschriesling, Zweigelt blau

Edelbrände: Apfel-, Trebern-, Zwetschken-, Ribiselbrand

Fruchtsaft: Apfel-, Ribisel-, Traubensaft

BUSCHENSCHANK PRATTER (137)

Inhaber: Alois u. Maria **PRATTER**
Vulgoname: Bucher
Adresse: Grubtal 47, **A-8462 GAMLITZ**
Telefon: 03453/32945
Busverbindung: Gamlitz 3 km
nächster Bahnhof: Ehrenhausen ca. 6 km
Öffnungszeiten: ganzjährig; täglich von 12 Uhr bis 22 Uhr
Ausstattung: Innen 20 Sitzplätze, außen 20 Sitzplätze (Laube)
Anbaufläche: 0,32 ha
Sturm: ja

Zufahrt: In Gamlitz bei der Raiffeisenbank Richtung Grubtal, am Höhenrücken links halten bis zum „Marterl" und dahinter dem bemalten Haus

Besonderheiten: Eine frühere Winzerkeusche wurde umgebaut. Sie liegt abseits des Touristenstroms. Auch ein fast nur von Einheimischen besuchter Buschenschank. Die Aussicht reicht von Frauenberg bis Kitzeck. Die meist fröhliche Frau des Hauses ist auch viel im Weingarten und da kann es schon mal sein, daß man auf die Jause warten muß.

Speisen: Aufstriche, Brettljause, Verhackert
Weine: Müller Thurgau
Edelbrände: Kriecherlbrand

BUSCHENSCHANK PRETTNER (138)

Inhaber: Rupert Johann **KNAPP**
Vulgoname: Müllerkeusch'n
Adresse: Sulztal 16, **A-8461 EHRENHAUSEN**
Telefon: 03453/2561, **Fax:** 03453/2561
Busverbindung: Schulbus 200 m, Ofner-Bus-Haltestelle 2 km

Öffnungszeiten: ganzjährig; täglich
Ab-Hof-Verkauf: Obst, Wein, Edelbrände, Honig, Kernöl, Säfte
Weinkost: auf Anmeldung
Ausstattung: Innen 45 Sitzplätze, außen 60 Sitzplätze (Gartenterrasse)
Anbaufläche: 1 ha
Wege: Wanderweg Nr. 6 (Sulztal)
Busse: ja
Sturm: ja
Kastanien: ja
Parkplatz: vorhanden
Zufahrt: Von Ehrenhausen über Berghausen kommend mitten auf der Südsteirischen Weinstraße oder über Gamlitz Richtung Leutschach nach wenigen Kilometern die Weinstraße links Richtung Ehrenhausen
Besonderheiten: Wo an der Weinstraße im Herbst meist der Junior Prettner die Kastanien schupft ist die „Jazzgitti" zu Hause. So wird die resche und tüchtige Brigitte oft von ihren Nachbarn genannt. Eine Frau, die ihr Herz am richtigen Fleck hat. Sie ist die Frau Kellermeister, ebenso für das leibliche Wohl der Gäste zuständig, hat Witz und Humor und ist um keine Antwort verlegen. Ebenso wie ihr Vater, der sich auch gerne unterhält. Von den beiden Sitzterrassen hat man einen Panoramablick bis nach Slowenien.
Speisen: Aufstriche, Belegtes Brot, Brettljause, Käsebrot, Germmehlspeisen, Geselchtes, Liptauer, Speckbrot, Verhackert, Verhackertwürstl
Weine: Cuvee, Sämling, Schilcher, Welschriesling, Zweigelt blau
Edelbrände: Kriecherl-, Zwetschken-, Golden Delecious-brand
angesetzte Schnäpse: je nach Saison
Fruchtsaft: Apfel-, Trauben-, Johannisbeersaft

BUSCHENSCHANK A. PRONEGG (139)

Inhaber: Alois **PRONEGG**
Adresse: Am Hochsteg 3, **A-8430 TILLMITSCH**
Telefon: 03452/6088
Öffnungszeiten: ganzjährig; Fr, Sa, So, Feiertag von 17 Uhr bis 22 Uhr, So und Feiertag ab 15 Uhr

BUSCHENSCHANK K. PRONEGG (140) *

BUSCHENSCHANK SAMENKÖNIG (141)

Inhaber: Franz **PSCHAIT**
Adresse: Sulztal 10, **A-8461 EHRENHAUSEN**
Telefon: 03453/4584
Öffnungszeiten: Mai bis November; täglich von 12 bis 22 Uhr
Ab-Hof-Verkauf: Wein, Kernöl, Knabberkerne, Teppiche
Musik: Hausmusik
Ausstattung: Innen 30 Sitzplätze, außen 40 Sitzplätze
Busse: auf Anfrage
Sturm: ja
Kastanien: ja
Zufahrt: Über die A9, Abfahrt Vogau/Straß, über Ehrenhausen nach Gamlitz. In der Ortsmitte links die Eckbergstraße ca. 5 km den Berg hinauf, dann wenige Meter bergab, rechts gelegen

Besonderheiten: Direkt an der Weinstraße ist der bärtige Pschait Franz im Herbst eine Anlaufstelle für Maroni und Sturm. Als Samenkönig – selbstbenannt – tourt er mit seinen „Körndln" durch das ganze Land – bis nach Tirol. Seine Mutter baute den Weinbaubetrieb und den Buschenschank auf. Er und seine Frau bauten ihn weiter aus. In der Zwischensaison werden Naturschafwollteppiche gewebt und neue Marktlücken ausgelotet. Alles, was sich rösten läßt, wird hier je nach Saison gebraten. Wenn er seine Maroni in der großen Pfanne schupft, der blonde Bart und die Mähne schwingen, dann rennt der Schmäh. Er ist ein wahrliches Original, einer der besten Maronischupfer der Gegend und viele bleiben aus Neugierde stehen – was es da wohl Besonderes gibt. Denn er meint, die meisten Menschen kommen wegen seiner Lebensphilosophie hierher. Ständige Teppichausstellung.

Speisen: Belegtes Brot, Brettljause, Liptauer, Verhackert, Hauswürstl, Kürbiskernaufstrich, Liptauer, Nußpotitze, Buchteln, Weinstrauben, gebratene Kürbiskerne, gebratener Kukuruz

Weine: Welschriesling, Weißburgunder

Fruchtsaft: Apfel-, Birnen-, Holunderblüten-, Kriecherl-, Traubensaft

BUSCHENSCHANK PUGL (142)

Inhaber: Josef PUGL

Vulgoname: Stöcklseidl

Adresse: Nestelberg 32, **A-8452 GROSSKLEIN**

Telefon: 03456/2662, **Fax:** 03456/2662

Busverbindung: Großklein 2,5 km

Öffnungszeiten: ganzjährig; täglich außer Mo von 11 Uhr bis 22 Uhr

Ab-Hof-Verkauf: Wein, Edelbrände, Säfte, Pfirsiche

Weinkost: auf Anfrage

Musik: Hausmusik

Ausstattung: Innen 100 Sitzplätze (4 Räume), außen 100 Sitzplätze (Terrasse mit Laube)

Zimmer: 1 x 2, Ferienwohnung (8 Betten)

Anbaufläche: 4 ha

Busse: auf Anfrage

Spielplatz: vorhanden

Sturm: ja

Kastanien: ja

Zufahrt: A9-Abfahrt Leibnitz, Richtung Arnfels, am Ortsanfang von Großklein links nach ca. 1 km rechts wieder ca. 1 km bis zum Hof (Beschilderung)

Besonderheiten: Hier kann man in ruhiger, sonniger Lage mit eigenem Kinderspielplatz und Tischtennis, umgeben von Weingärten und Obstbäumen mit herrlichem Ausblick bis weit über die Bezirksgrenze hinaus, mit vielen Wandermöglichkeiten ins südsteirische Weingebiet, seinen Urlaub verbringen. 1964 wurde der Weinbaubetrieb vom Silberbergabsolventen Josef Pugl gegründet. Seit einem Jahr führt Sohn Josef voll Schwung und neuen Ideen den Betrieb. Auf Wunsch unterhält er auch die Gäste mit der Steirischen Harmonika. Die vier Gasträume sind mit altem Holz und einem Kachelofen urig und gemütlich eingerichtet.

Speisen: Belegtes Brot, Brettljause, Germmehlspeisen, Verhackertwürstl

Weine: Chardonnay/Morillon, Müller Thurgau, Muskat Sylvaner/Sauvignon blanc, Schilcher, Weißburgunder, Welschriesling, Zweigelt blau

Edelbrände: Apfel-, Birnen-, Pfirsich-, Trebernbrand

angesetzte Schnäpse: Pfirsich-, Weichsellikör

Fruchtsaft: Apfel-, Traubensaft

BUSCHENSCHANK RAAB-HOLZER (143)

Inhaber: Franz u. Josefine **RAAB**

Vulgoname: Holzer

Adresse: Oberlupitscheni 30, **A-8462 GAMLITZ**

Telefon: 03453/2732

Öffnungszeiten: ganzjährig; täglich außer Di und Mi von 10 Uhr bis 23 Uhr

Ab-Hof-Verkauf: Wein, Edelbrände, Kernöl, Pfirsich

Weinkost: auf Anfrage

Musik: auf Bestellung

Ausstattung: größerer Gastraum, teilweise überdachte Terrasse

Anbaufläche: 3 ha

Wege: Wanderweg Nr. 9

Busse: auf Anfrage

Spielplatz: vorhanden

Sturm: ja

Kastanien: ja

Besonderheiten: In Oberlupitscheni trifft die Gemeinde Seggauberg auf die Postleitzahl von Gamlitz. In dieser altbekannten Buschenschank genießen Stammgäste und

Urlauber die Ruhe unter der Laube. Auch eine Weinverkostung im Gewölbekeller ist möglich oder versuchen Sie ihr Anglerglück im darunterliegenden Teich.
Speisen: Belegtes Brot, Brettljause, Brüstl, Germmehlspeisen, Hausbrot, Hausplatte, Käseauswahl, Leberstreichwurst, Liptauer, Rettichsalat, Ripperl, saure Bohnen, saure Preßwurst, Steirisches Buffet (auf Bestellung), Verhackert, Verhackertwürstl, Bratlfettbrot, Bauernsalat

Weine: gemischter Satz – weiß, Chardonnay/Morillon, Muskateller, Traminer, Weißburgunder, Welschriesling, Zweigelt blau
Edelbrände: Apfel-, Birnen-, Pfirsichbrand, Obstler
angesetzte Schnäpse: Holunderschnaps
Fruchtsaft: Apfel-, Traubensaft, Pfirsichnektar

BUSCHENSCHANK REITERER (144)

Inhaber: Joseph u. Sophie **REITERER**
Vulgoname: Thomahiasl
Adresse: Einöd 10, **A-8442 KITZECK**
Telefon: 03456/2537
Busverbindung: Haltestelle direkt neben dem Haus
nächster Bahnhof: Leibnitz
Öffnungszeiten: ganzjährig; täglich von 13 Uhr bis 23 Uhr
Ab-Hof-Verkauf: Wein, Edelbrände
Weinkost: auf Anfrage
Ausstattung: Innen 60 Sitzplätze, außen 40 Sitzplätze
Anbaufläche: 3,5 ha

Busse: auf Anfrage (Wochenende nicht)
Spielplatz: vorhanden
Sturm: ja
Kastanien: ja
Zufahrt: Autobahnabfahrt Leibnitz Richtung Eibiswald. In Fresing Richtung Kitzeck, vor Ortsausfahrt Fresing rechts abbiegen.
Besonderheiten: Der „Thomahiasl" wurde erstmals 1890 erwähnt. Dieser gemütliche, kleinere Buschenschank besteht seit 1970 und wird als Familienbetrieb geführt. Im Freien gibt es neben der Weinlaube noch Sitzgelegenheiten mitten im Weingarten.
Speisen: Aufstriche, Brüstl, Bauernsalat, Belegtes Brot, Brettljause, Buchteln, Germmehlspeisen, Geselchtes, Grammelaufstrich, Hausplatte, Hauswurst, Käseauswahl, Leberaufstrich, Leberpastete, Liptauer, Preßwurst, Ripperl, saure Preßwurst, Schinken, Schmalzbrot, Verhackert, Verhackertwürstl
Weine: gemischter Satz – weiß, Müller Thurgau, Ruländer/Grauburgunder, Sämling, Schilcher, Weißburgunder, Welschriesling, Zweigelt blau, Zweigelt rose, Muskat Ottonel
Edelbrände: Kriecherl-, Zwetschken-, Traubenbrand, Obstler
Fruchtsaft: Apfel-, Trauben-, Johannisbeersaft

BUSCHENSCHANK RENNER (145)

Inhaber: Aurelia u. Walburga **RENNER**
Adresse: Glanz 83, **A-8463 LEUTSCHACH**
Telefon: 03454/319
Busverbindung: Haltestelle Sulztal-Eckberg 50 m

nächster Bahnhof: Ehrenhausen ca. 11 km
Öffnungszeiten: ganzjährig, Allerheiligen geschlossen; täglich außer Di von 10 Uhr bis 22 Uhr, Dezember bis April Mo, Di geschlossen
Ab-Hof-Verkauf: Wein, Säfte
Weinkost: auf Anfrage (Verkoststüberl)
Ausstattung: Innen 150 Sitzplätze (3 Räume), außen 100 Sitzplätze
Anbaufläche: 6,7 ha
Wege: Weitwanderweg Nr. 3
Busse: auf Anfrage
Spielplatz: vorhanden
Sturm: ja
Kastanien: ja
Zufahrt: Von Gamlitz die Südsteirische Weinstraße über den Eckberg Richtung Langegg, wenige Hundert Meter vor dem Gasthaus Mahorko, linkerhand
Besonderheiten: Unübersehbar und mit Blumenschmuck versehen steht dieses gepflegte große Haus auf einer Kuppe direkt an der Weinstraße und bietet eine traumhafte Fernsicht. Eine richtige „Wirtin" ist Frau Aurelia, freundlichst,

umsichtig, einfach bemüht um ihre Gäste. Schon als Kind war es ihr Wunsch in diesem Metier zu arbeiten und sie ist mit Leidenschaft dabei. Sie macht die besten Säfte und ist auch sonst auf natürliche Produktion bedacht. Ihre Buchteln sind bekannt. „Doch der Wein, das sei Sache der Männer", meinte sie. Nun sind beide nicht mehr. Zuständig für den Wein ist jetzt ihre Tochter Walburga. Diese großartige Frau führt den Betrieb mit noch mehr Einsatz mit ihrer Tochter und ihrem Enkel weiter.

Speisen: selbstgebackenes Brot, Belegtes Brot, Brettljause, Brüstl, Buchteln, Geselchtes, Hausplatte, Hauswurst, Käferbohnensalat, Liptauer, Preßwurst, Rettichsalat, Schmalzbrot, Speckbrot, Strauben, Verhackert, Bratlfett
Weine: Gelber Muskateller, Gewürztraminer, Grüner Sylvaner, Müller Thurgau, Sämling, Schilcher, Weißburgunder, Welschriesling, Zweigelt blau, Zweigelt rose
Fruchtsaft: Apfel-, Holunderblüten-, Ribisel-, Traubensaft

BUSCHENSCHANK J. RENNER (146) *

BUSCHENSCHANK FAM. REPOLUSK (147)

Inhaber: Fam. **REPOLUSK**
Vulgoname: Oberer Zotzel
Adresse: Glanz 51, **A-8463 LEUTSCHACH**
Telefon: 03454/332
Busverbindung: Haltestelle Abzweigung Karnerberg
Öffnungszeiten: ganzjährig; täglich von 13 Uhr bis 22 Uhr
Ab-Hof-Verkauf: Wein, Säfte
Weinkost: auf Anfrage
Ausstattung: Innen 60 Sitzplätze, außen 60 Sitzplätze
Zimmer: 3 x 2, 2 Ferienwohnungen
Anbaufläche: 2,5 ha
Busse: auf Anfrage
Spielplatz: vorhanden
Sturm: ja
Kastanien: ja
Zufahrt: A9-Abfahrt Vogau/Straß nach Gamlitz. Die Eckbergstraße Richtung Leutschach. nach der Abzweigung zur Buschenschank Fellner rechts den Berg hinauf
Besonderheiten: Auf einer kleinen Anhöhe gelegen, mit herrlichem Rundumblick bis nach Slowenien sitzt man unter einem Kastanienbaum oder im 250 Jahre alten Haus. Als gebürtige Kärnterin ist sie nicht nur gut im „Reindling" backen, sondern auch Spezialistin bei den Weinstrauben. Die sangesfreudige Frau Ilse ist auch beim Chor in Gamlitz vertreten. Sie ist gesellig und sitzt gerne bei ihren Stammgästen. Wieder eine der tüchtigen Frauen, die nach dem Verlust des Mannes mit dem Sohn den Weinbaubetrieb führt.
Speisen: Belegtes Brot, Brettljause, Grammelaufstrich, Hauswurst, Kräutertopfen, Schinken, Speckbrot, Verhackert, Käsebrot, Weinstrauben

Weine: Chardonnay/Morillon, Traminer, Weißburgunder, Welschriesling, Zweigelt rose
Edelbrände: Kriecherlbrand
Fruchtsaft: Traubensaft (weiß und rot)

BUSCHENSCHANK REPOLUSK (148)

Inhaber: Fam. **REPOLUSK**
Vulgoname: Koschuh
Adresse: Glanz 41, **A-8463 LEUTSCHACH**
Telefon: 03454/313, **Fax:** 03453/313
Busverbindung: Haltestelle Mahorko 100 m
Öffnungszeiten: von März bis 15. Dezember; täglich außer Di von 10 Uhr bis 22 Uhr
Ab-Hof-Verkauf: Wein, Edelbrände, Kernöl
Weinkost: auf Anfrage
Ausstattung: Innen 140 Sitzplätze (3 Räume), außen 70 Sitzplätze

Anbaufläche: 9 ha
Wege: Weitwanderweg Nr. 3
Busse: ja – Voranmeldung
Spielplatz: ja – Spielecke im Haus
Sturm: ja
Kastanien: ja
Zufahrt: Über Gamlitz die Südsteirische Weinstraße Richtung Langegg, 100 m vor dem Gasthaus Mahorko
Besonderheiten: Die Buschenschank liegt direkt an der Südsteirischen Weinstraße, die zwischen Wohngebäude und Weinkeller verläuft, umgeben von steilen Weinbergen, mit Blick in die windischen Bühel. Schon im Mittelalter wurde auf den Repolusk-Rieden Wein angebaut und aus dieser Zeit stammt auch das Hauswappen. Das Weingut ist seit über 200 Jahren im Familienbesitz. Karl Repolusk – er war übrigens der erste Weinbaumeister Österreichs – baute das Weingut auf. Nun führen seine Frau, Tochter und Schwiegersohn Roland den Betrieb weiter. Roland Repolusk besuchte die Weinbauschule in Silberberg, ist Weinbau- und Kellermeister und legt Wert auf qualitätsbewußte Produktion. Sonst sind Mutter und Tochter auch kreativ tätig, beim Malen und im Stoffdruck. Beim „Welschlauf" – jährlich Anfang Mai – ist auch das Haus Repolusk eine der Labestationen.
Speisen: Aufstriche, selbstgebackenes Brot, Belegtes Brot, Brettljause, Geselchtes, Grammelfett, Hauswurst, Käferbohnensalat, Käseauswahl, Schafkäse, Kräutertopfen, Leberaufstrich, Liptauer, saure Preßwurst, Schinkenbrot, Verhackert, Weinstrauben, Gugelhupf, Kürbiskerntorte
Weine: Gelber Muskateller, Chardonnay/Morillon, Muskat Sylvaner/Sauvignon blanc, Schilcher, Traminer, Weißburgunder, Welschriesling, Zweigelt blau, Hauswein
Edelbrände: Apfel-, Birnen-, Kriecherl-, Zwetschken-, Muskateller-, Tresternbrand
Sekt: Filius (klassische Methode)
Fruchtsaft: Apfel-, Ribisel-, Traubensaft

BUSCHENSCHANK RIEDL (149)

Inhaber: Johann **RIEDL**
Vulgoname: Fostl
Adresse: Petzles 9, **A-8505 ST. NIKOLAI**
Telefon: 03456/2388
Busverbindung: Silberberg 5 km
Öffnungszeiten: ganzjährig; täglich außer Mo von 10 Uhr bis 22 Uhr
Ab-Hof-Verkauf: Wein
Ausstattung: Innen 35 Sitzplätze, außen 20 Sitzplätze
Anbaufläche: 0,5 ha
Sturm: ja
Zufahrt: A9-Abfahrt Leibnitz, nach der Weinbauschule Silberberg rechts Richtung St. Nikolai, nach ca. 2 km die

Straße über Unter- und Oberneurath nach Petzles bis zum links an der Straße gelegenen gelben Haus

Besonderheiten: Dieser kleine Buschenschank besteht seit 1954 und wird meist von Einheimischen besucht. Der Hof wurde erstmals 1898 erwähnt. Von der Laube aus genießt man einen schönen Blick nach Kitzeck. Auch hier bereiten sich Veränderungen vor – die Jugend rückt nach. Der Neffe des Hauses, als Silberbergabsolvent schon lange beim bekannten Weingut Regele beschäftigt, bereitet sich auf die Weinbau- und Kellermeisterprüfung vor. Er wird beim „Riedl" der Nachfolger.

Speisen: Belegtes Brot, Brettljause, Geselchtes, Verhackert, Verhackertwürstl

Weine: Müller Thurgau, Weißburgunder, Welschriesling

BUSCHENSCHANK RINGBAUER (150)

Inhaber: Heinrich **RINGBAUER**
Adresse: Graßnitzberg 22, **A-8471 SPIELFELD**
Telefon: 03453/2777
nächster Bahnhof: Spielfeld 3 km
Öffnungszeiten: ganzjährig, täglich außer Do
Urlaub: Energieferien, August
Ausstattung: Innen 30 Sitzplätze (2 Räume), außen 40 Sitzplätze (Hof)
Anbaufläche: 1 ha
Wege: Rebenwanderweg, Weitwanderweg Nr. 3
Sturm: ja
Kastanien: ja

Besonderheiten: Dieser nette, familiäre Buschenschank liegt direkt am Beginn der Südsteirischen Weinstraße und besteht seit über 20 Jahren. Ein altes Plakat zeigt noch von den früheren Zeiten des Platschbergrennens, bei dem auch Gunther Philipp mitfuhr. Es bedient sie der äußerst freundliche Herr Ringbauer, unterstützt von seiner Familie. Ein uriger Buschenschank, der nicht nur Einheimische, sondern auch Touristen anzieht.

Speisen: Aufstriche, Belegtes Brot, Brettljause, Lendbratl, Bauernsalat, Käferbohnensalat, Schweinsbrüstl, Selchwürstl, Bratlfettbrot, Käsebrot

Weine: gemischter Satz – weiß, Zweigelt rot

BUSCHENSCHANK RUSS (151) *

BUSCHENSCHANK H. U. E. SABATHI (152)

Inhaber: Hermine u. Erwin **SABATHI**
Adresse: Pößnitz 48, **A-8463 LEUTSCHACH**
Telefon: 03454/265, **Fax:** 03454/265-6
Busverbindung: Leutschach

nächster Bahnhof: Ehrenhausen
Öffnungszeiten: ganzjährig; täglich von 9 Uhr bis 22 Uhr
Ab-Hof-Verkauf: Wein, Edelbrände, Kernöl
Weinkost: auf Anfrage
Ausstattung: Innen gemütliche Stube, außen große Terrasse
Zimmer: 5 x 2; Urlaub am Weinbauernhof
Anbaufläche: 9 ha
Spielplatz: vorhanden

Besonderheiten: Ein Familienbetrieb direkt an der Weinstraße, mit Blick in Richtung der Weinberge und guter Ausgangslage zum Wandern und Radfahren. Die in einer Südkessellage wachsenden Reben und die Hand für den Wein bringen Erwin Sabathi mittlerweile viele Auszeichnungen. Auch hier ist die Jugend nachgerückt und zeigt beste Erfolge. Er gehört zu den Top 100 österreichischen Winzern. Die „Merveilleux"-Weine sind nicht zu verachten.

Speisen: Brettljause, Geselchtes, selbstgebackenes Brot und verschiedene andere Spezialitäten aus hauseigener Schlachtung

Weine: Gelber Muskateller, Chardonnay/Morillon, Sämling, Schilcher, Weißburgunder, Welschriesling, Sauvignon blanc, Grauburgunder, Zweigelt blau

Edelbrände: Birnen-, Kriecherl-, Trebern-, Zwetschken, Trauben-, Quittenbrand

Fruchtsaft: Apfel-, Traubensaft

BUSCHENSCHANK J. U. F. SABATHI (153)

Inhaber: Johann u. Frieda **SABATHI**
Adresse: Pößnitz 142, **A-8463 LEUTSCHACH**
Telefon: 03454/495, **Fax:** 03454/495
Öffnungszeiten: ganzjährig; täglich von 9 Uhr bis 23 Uhr
Ab-Hof-Verkauf: Wein, Edelbrände, Kernöl, Honig
Weinkost: ja

Musik: Hausmusik
Ausstattung: 2 Gasträume (90 Personen), Sitzgarten und Laube (30 Personen)
Zimmer: 5 x 2
Anbaufläche: 5 ha
Wege: Wanderweg Nr. 3
Busse: ja – Anmeldung
Spielplatz: vorhanden
Sturm: ja
Kastanien: ja
Besonderheiten: Hier werden Sie sich mit Ihren Kindern wohlfühlen. Etwas abseits gelegen, können die Kinder Ponyreiten. Katzen und Rinder bilden den weiteren Viehbestand. Inmitten von Weinbergen läßt es sich wandern, Wein trinken, die Fernsicht, die Hausmusik oder die Kellerführung genießen.
Speisen: Aufstriche, selbstgebackenes Brot, Bauernjause, Belegtes Brot, Brettljause, Brüstl, Geselchtes, Grammelbrot, Hausbrot, Hausplatte, Hauswürstl, Käferbohnensalat, Käseauswahl, Kübelfleisch, Leberaufstrich, Liptauer, Rettichsalat, Rohschinken, Schafkäse, Speckbrot, Steirisches Buffet, Verhackert, Verhackertwürstl, Strauben
Weine: Chardonnay/Morillon, Muskateller, Sämling, Schilcher, Traminer, Weißburgunder, Welschriesling, Zweigelt blau
Edelbrände: Apfel-, Birnen-, Kriecherl-, Weinbrand, Slibowitz
Fruchtsaft: Traubensaft

BUSCHENSCHANK SACKL (154)

Inhaber: Karl **SACKL**
Adresse: Sausal 114, **A-8443 PISTORF**
Telefon: 03457/2526
Busverbindung: Maierhof ca. 2 km entfernt
nächster Bahnhof: Leibnitz 18 km
Öffnungszeiten: von April (Ostern) bis Ende November; Sa, So, Feiertag von 14 Uhr bis 23 Uhr
Ab-Hof-Verkauf: Wein
Ausstattung: Innen 40 Sitzplätze, außen 80 Sitzplätze
Anbaufläche: 0,32 ha
Wege: Wanderweg Nr. 3
Busse: nur auf Anfrage
Sturm: ja
Kastanien: ja
Zufahrt: Autobahnabfahrt Leibnitz – Richtung Fresing – Gleinstätten. In Maierhof bei der Tankstelle rechts steil den Berg hinauf, nach ca. 2 km bei der Beschilderung rechts abbiegen, nach ca. 500 m auf der linken Seite
Besonderheiten: Einen herrlichen Blick bis zur Koralm hat dieses über 200 Jahre alte Winzerhaus, das mittlerweile ausgebaut wurde. Die alte Stube ist noch vorhanden. Man findet Platz im erweiterten Sitzgarten, inmitten von Weinreben, unter der Laube oder beim lauschigen Plätzchen unter den Lindenbäumen. Der Weinkeller, einem alten Keller nachempfunden, ist ein eigenes Gebäude, neben dem Buschenschank.
Speisen: Belegtes Brot, Brettljause, Geselchtes, Krapfen, Kürbiskernaufstrich, Leberstreichwurst, Liptauer, Schinken, Strauben, Verhackert, Verhackertwürstl
Weine: Weißburgunder, Zweigelt blau
angesetzte Schnäpse: Weichselschnaps
Fruchtsaft: Apfelsaft

BUSCHENSCHANK M. SACKL (155) *

BUSCHENSCHANK SILBERSCHNEIDER (156)

Inhaber: Fam. Josef u. Helga **SILBERSCHNEIDER**
Vulgoname: Nußmüllerkeller
Adresse: Burgstall 11, **A-8452 GROSSKLEIN**
Telefon: 03457/3581
Busverbindung: Kleinklein 2 km
Öffnungszeiten: ganzjährig; Sa, So von 13 Uhr bis 22 Uhr, sonst auf Anfrage
Ab-Hof-Verkauf: Wein, Traubensaft, Frischfleisch
Ausstattung: Innen 50 Sitzplätze (2 Räume), außen 50 Sitzplätze
Anbaufläche: 1 ha
Zufahrt: Von Gleinstätten Richtung Maierhof/Gleinstätten, weist in Kleinklein die Tafel links zum Weinbau Silberschneider, nach ca. 2 km, kurz nach der Kapelle rechts den Wanderweg hinein
Besonderheiten: Schon vor mehr als 2500 Jahren wurde hier, am historisch bedeutenden Burgstallkogel, wo sich der Weinbaubetrieb befindet, von den Kelten Weinbau betrieben. Von Ausgrabungen umgeben wird man in diesem ruhig gelegenen, umgebauten Winzerhaus mit hauseigenen Köstlichkeiten verwöhnt. Der Bauernhof, wo selbst geschlachtet und alles feinstens verarbeitet wird, liegt in nächster Nähe. Die Weingärten liegen am Fuße des Grillkogels, der aufgelassene Steinbruch dahinter. Die von einem Künstler gestalteten Weinetiketten zieren verschiedenste Ausgrabungsstücke aus der unmittelbaren Umgebung. Als Silberbergabsolvent entlastet der Sohn den Vater und wird auch den Betrieb übernehmen (wahrscheinlich ab 1999 nur mehr Ab-Hof-Verkauf).
Speisen: Aufstriche, selbstgebackenes Brot, Belegtes Brot, Brettljause, Geselchtes, Verhackert, Verhackertwürstl
Weine: Müller Thurgau, Muskat Sylvaner/Sauvignon blanc, Schilcher, Weißburgunder, Welschriesling, Zweigelt blau
Fruchtsaft: Apfel-, Traubensaft

BUSCHENSCHANK SILLY (157)

Inhaber: Franz **SILLY**
Adresse: Neudorf 5, **A-8424 GABERSDORF**
Telefon: 03452/73900
Öffnungszeiten: ganzjährig; täglich außer So von 14 Uhr bis 22 Uhr
Ab-Hof-Verkauf: Wein, Apfelsaft
Ausstattung: Innen 40 Sitzplätze, außen 20 Sitzplätze
Anbaufläche: 2 ha
Zufahrt: Autobahnabfahrt Leibnitz, Bundesstraße Richtung Spielfeld, nach dem Kreisverkehr in Landscha nach ca. 100 m bei der Kapelle links nach Gabersdorf, weiter nach Neudorf und dort beim Feuerwehrhaus rechts den Berg hinauf
Besonderheiten: Auf diesem ruhig gelegenen Bauernhof mit Blick auf die Weinberge kamen bisher mehr Einheimische und Stammgäste. Die Eltern hatten bis jetzt weniger Zeit für den Buschenschank. Ein Sohn sorgte schon für Aufsehen in der Weinszene, als jüngster und äußerst revolutionärer Kellermeister des Schlosses Seggau. Der andere Sohn, Silberbergabsolvent scharrt schon in den Startlöchern. 1997 war der Betrieb erstmals bei der Junkerweinverkostung dabei und man darf weiterhin gespannt sein auf die Entwicklung im Wein und den Buschenschank. Selbstgebackenes Brot und Bauernkrapfen sind hier selbstverständlich.
Speisen: Aufstriche, selbstgebackenes Brot, Belegtes Brot, Brettljause, Geselchtes, Hauswurst, Krapfen, Leberaufstrich, saure Preßwurst, Verhackert
Weine: Müller Thurgau, Muskat Sylvaner/Sauvignon blanc, Sämling, Weißburgunder, Chardonnay/Morillon, Welschriesling, Zweigelt blau
Fruchtsaft: Apfel-, Traubensaft

BUSCHENSCHANK SKERGETH (158)

Inhaber: Barbara **SKERGETH**
Vulgoname: Schrödl
Adresse: Eckberg 34, **A-8462 GAMLITZ**
Telefon: 03453/6305, **Fax:** 03453/6305
Busverbindung: Gamlitz 3 km
Öffnungszeiten: ganzjährig; täglich von 10 Uhr bis 23 Uhr
Ab-Hof-Verkauf: Wein, Apfelsaft, Traubensaft, Edelbrände, Kernöl, Honig, Marmelade, Geschenksflaschen
Ausstattung: Innen 35 Sitzplätze, außen 20 Sitzplätze
Zimmer: 2 x 2
Anbaufläche: 3 ha (Weingarten)
Wege: Wanderweg Nr. 7
Busse: auf Anfrage
Sturm: ja
Kastanien: ja
Zufahrt: Von Gamlitz 4 km die Südsteirische Weinstraße den Berg hinauf, zeigt ein Schild rechts fast an der Kuppe zu diesem Haus

Besonderheiten: In ruhiger Lage, 300 m von der Weinstraße, hat man die Weite des Weinlandes von Steinbach, über Sernau bis zur Koralm vor sich. Viele Wanderer machen hier ihren Einkehrschwung. Auf Bestellung gibt es Buffets, die Frau Justine mit ihrer Schwiegertochter, einer ausgebildeten Köchin, zubereitet.
Speisen: selbstgebackenes Brot, Bauernbuffet (auf Bestellung), Belegtes Brot, Brettljause, Leberaufstrich, Liptauer, Verhackert, Verhackertwürstl, Käsebrot, Grammelfett, Weinstrauben, Spagatkrapfen
Weine: Gelber Muskateller, Muskat Sylvaner/Sauvignon blanc, Sämling, Schilcher, Welschriesling, Zweigelt blau
Edelbrände: Kriecherl-, Marillen-, Birnen-, Zwetschken-, Traubenbrand
Fruchtsaft: Trauben-, Apfelsaft

BUSCHENSCHANK A. U. H. SKOFF (159)

Inhaber: August u. Hildegard **SKOFF**
Adresse: Kranachberg 96, **A-8462 GAMLITZ**
Telefon: 03453/42 50, **Fax:** 03453/42 50-4
Busverbindung: Haltestelle Kaufhaus Resch (Ofner-Bus) 250 m
nächster Bahnhof: Ehrenhausen ca. 7 km
Öffnungszeiten: von Februar bis Dezember; täglich außer Mo u. Di von 13 Uhr bis 22 Uhr
Ab-Hof-Verkauf: Wein, Edelbrände
Weinkost: ja
Musik: auf Bestellung
Ausstattung: Innen 70 Sitzplätze, außen 130 Sitzplätze
Anbaufläche: 2 ha
Wege: viele Wandermöglichkeiten
Busse: auf Anfrage
Sturm: ja
Kastanien: ja
Parkplatz: vorhanden

Zufahrt: Auf dem Weg von Leutschach, wenige Kilometer außerhalb von Gamlitz, nach dem Ortsschild von Kranachberg, weist rechts das Schild zum großen Klapotez
Besonderheiten: Kennzeichnende Merkmale des Weingutes sind die überaus einladende Terrasse mit einem herrlichen Panoramablick und der markante Klapotez vor dem Buschenschank. In unmittelbarer Nähe zum Weingut inmitten einer herrlichen Naturkulisse, befinden sich die Weingärten von August und Hilde Skoff. Während die Weingarten- und Kellerarbeit Chefsache sind, kümmert sich Hilde Skoff um den Buschenschank. Die ordnende Hand der flotten Hausfrau ist unübersehbar. Kulinarisch wird man mit dem ganzen Zauber der südsteirischen Jausenvielfalt verwöhnt. Kinder können unbeschwert und ohne Gefahr spielen und herumtollen. Einen „Höhenflug" gab es vor einigen Jahren für den Zweigelt Rosé. Auf einem Flug von London nach Hongkong wurde dieser zwiebelfarbene Skoff-Wein in luftigen 10.000 Metern Höhe in einer 747er von British Airways präsentiert und bei einer Degustation verkostet.

Speisen: selbstgebackenes Brot, Kübelfleisch, Brettljause, Schweinsbrüstl, Preßwurst, Liptauer, Grammelbrot, Verhackert, Kürbiskernaufstrich, Bauernsalat, Buffet auf Bestellung
Weine: Welschriesling, Sämling, Muskateller, Weißburgunder, Zweigelt blau, Zweigelt rose, Rivaner
Edelbrände: Weinbrand, Obstler
angesetzte Schnäpse: Weichselschnaps
Fruchtsaft: Traubensaft

BUSCHENSCHANK F. U. I. SKOFF (160) *

BUSCHENSCHANK H. U. M. SKOFF (161)

Inhaber: Herbert u. Maria **SKOFF**
Adresse: Weinleiten 85, **A-8462 GAMLITZ**
Telefon: 03453/4555
Busverbindung: Gamlitz 600 m
nächster Bahnhof: Ehrenhausen 1 km
Öffnungszeiten: ganzjährig; täglich außer Di von 10 Uhr bis 22 Uhr
Ab-Hof-Verkauf: Wein, Edelbrände, Äpfel, Kernöl
Weinkost: auf Anfrage
Musik: auf Bestellung
Ausstattung: Innen 50 Sitzplätze, außen 50 Sitzplätze (Terrasse)
Anbaufläche: 1,5 ha
Wege: Wanderweg Nr 1 und Nr. 3
Busse: auf Anfrage
Sturm: ja
Zufahrt: A9-Abfahrt Vogau/Straß nach Ehrenhausen, dort in der „Ortsenge" bei der Weggabelung den Berg hinauf der Beschilderung nach
Besonderheiten: In erhöhter, ruhiger Lage mit Blick zum Wildoner Berg und Schloß Seggau wurde neben dem Bauernhof das alte Bauernhaus zu einem modernen Buschenschank umgebaut. Ein geselliges Haus, in dem der Sparverein „Goldene Rebe" genauso zu Gast ist, wie die Schnapserrunde aus der Obersteiermark. Jedes Jahr findet auch hier das Maibaumaufstellen statt. Von vielen anderen Veranstaltungen ist die Attraktion das Faßdaubenrennen. An die 50 Fahrer, Einheimische und Gäste nehmen daran teil. Für Frauen und Kinder gibt es ein Sackrutschen.
Speisen: selbstgebackenes Brot, Belegtes Brot, Brettljause, Brüstl, Grammelaufstrich, Käferbohnensalat, Kübelfleisch, Leberaufstrich, Liptauer, saure Preßwurst, Speck, Verhackert, Käsebrot, Haussalat, luftgetrockneter Speck, Paprikaspeck
Weine: gemischter Satz – weiß, Chardonnay/Morillon, Ruländer/Grauburgunder, Sämling, Weißburgunder, Welschriesling, Zweigelt blau
Verkaufstellen: Bauernmarkt Seiersberg (Gasthaus Baumgartner)
Edelbrände: Kriecherl-, Marillen-, Wein-, Trauben-, Zwetschkenbrand
angesetzte Schnäpse: Weichsel-, Honigschnaps
Fruchtsaft: Apfel-, Traubensaft

BUSCHENSCHANK P. U. A. SKOFF (162)

Inhaber: Peter u. Anna **SKOFF**
Vulgoname: Stani
Adresse: Kranachberg 50, **A-8462 GAMLITZ**
Telefon: 03454/6104, **Fax:** 03454/6104-4
Busverbindung: Kranach 2 km
nächster Bahnhof: Ehrenhausen 10 km
Öffnungszeiten: von März bis Dezember; täglich von 13 Uhr bis 22 Uhr
Ab-Hof-Verkauf: Wein, Säfte, Edelbrände
Weinkost: auf Anfrage
Ausstattung: Innen 40 Sitzplätze, außen 20 Sitzplätze (Terrasse)
Zimmer: 5 x 2
Anbaufläche: 6,6 ha
Wege: Wanderweg Nr. 6, LB 1-Radlweg
Spielplatz: vorhanden
Sturm: ja
Kastanien: ja
Zufahrt: A9-Abfahrt Vogau nach Ehrenhausen, Gamlitz, weiter Richtung Leutschach, wenige Kilometer danach weist rechts eine der vielen Tafeln zur Buschenschank
Besonderheiten: Wenn Sie abseits der Straße, in Ruhe, mit einer atemberaubenden „Weitsicht" (Oststeiermark bis Slowenien) von einer überdachten Terrasse besten Wein trinken wollen, kommen Sie hierher. Frau Anna verwöhnt

Sie mit besten hausgemachten Jausen. Ein Gästeabholdienst, eine Liegewiese und ein Kinderspielplatz werden ebenfalls angeboten. 1788 wurde der Hof als Adam vulgo Stani erstmals erwähnt und ist seit 1920 im Besitz der

Familie Skoff. Die Weinbautradition setzt sich bei den Söhnen fort, Silberberg- und Klosterneuburgabsolventen mit Lehre beim berühmten Weinbauer Tement. Eine Radlerjause gibt es hier in der ersten Buschenschankradlstation des von Gamlitz kommenden Radweges. Extra Parkplätze für Fahrräder sind vorhanden. Im gemütlichen Buschenschankraum neben dem schönen Mariazeller Bauernschrank serviert der Hausherr beste Weine. Schutzringmitglied.

Speisen: selbstgebackenes Brot, Belegtes Brot, Brettljause, Käseauswahl, Leberaufstrich, Liptauer, saure Preßwurst, Verhackert, Gustoplatte, selbstgebackene Weckerl

Weine: Welschriesling, Riesling Sylvaner, Chardonnay/Morillon, Weißburgunder, Gewürztraminer, Muskateller, Muskat Sylvaner/Sauvignon blanc, Sämling, Schilcher, Zweigelt blau

Edelbrände: Trauben-, Trebern-, Wein-, Pflaumenbrand

Fruchtsaft: Apfel-, Traubensaft

BUSCHENSCHANK WALTER SKOFF (163)

Inhaber: Weinbaumeister Walter u. Evelyn **SKOFF**

Adresse: Eckberg 16, **A-8462 GAMLITZ**

Telefon: 03453/4243, **Fax:** 03453/4243-17

nächster Bahnhof: Ehrenhausen 5 km

Öffnungszeiten: von März bis Dezember; täglich außer Mi von 14 Uhr bis 23 Uhr, Präsentationsraum-Öffnungszeiten: Mo bis Do von 8 bis 16.30 Uhr, Fr von 8 bis 15 Uhr

Ab-Hof-Verkauf: Wein, Säfte, Kernöl, Edelbrände, Sekt

Weinkost: ja

Ausstattung: Innen 150 Sitzplätze (3 Räume), außen 130 Sitzplätze (Terrasse)

Zimmer: 3 x 2, 2 x 3

Anbaufläche: 12 ha

Wege: Wanderweg um den Urlkogel

Busse: auf Anfrage

Spielplatz: vorhanden

Zufahrt: A9-Abfahrt Vogau-Straß, über Ehrenhausen nach Gamlitz, dort die Eckbergstraße einige Kilometer den Berg hinauf, rechts nahe der Straße gelegen

Besonderheiten: Eines der Weingüter, das im Blickpunkt des Weininteresses liegt, führen Walter und Evelyn Skoff an der südsteirischen Weinstraße. 1984 haben sie den Betrieb von den Eltern übernommen und stetig ausgebaut. Ihre Qualitätsstrategie hat ihnen unter anderem beim Sauvignon, gelben Muskateller und Morillon viele Preise, wie beim Salon und Gold beim „World Wing Championship" eingebracht. Der „zukunftsorientierte Blonde" hat mit dem neuen Gewölbekeller seinen Willen zur Perfektion ein Denkmal gesetzt. In einer Brennerei neben dem Eingang, einem Verkostraum mit einem Gewölbe aus alten Ziegeln und einem langgezogenen Barriquekeller hat er sich seinen Traum verwirklicht. Neben dem größten privaten Schau-

weinkeller gibt es den technisch perfekt ausgestatteten Arbeitskeller. In einigen Jahren wird hier die 3. Generation arbeiten, denn der Junior besucht die Weinbauschule in Klosterneuburg und die Tochter die Hauswirtschaftsschule. Sie wird die „Muster"-Buschenschenkerin und hilft schon seit Kindesbeinen mit Begeisterung mit. Frau Evelyn und Walter Skoffs Schwester Marianne verwöhnen ihre Gäste in den gemütlichen holzgetäfelten Stuben oder auf der Terrasse mit herrlicher Aussicht auf die südsteirischen Weinhügeln.

Speisen: Belegtes Brot, Brettljause, Brüstl, Germmehlspeisen, Geselchtes, Käseauswahl, Kräutertopfen, Leberaufstrich, Liptauer, Ripperl, saure Preßwurst, Schafkäse, Speck, Verhackert, luftgetrockneter Schopf, Fleischaufstrich, Grammelschmalzbrot, Brot mit Gorgonzola, Salate

Weine: Muskateller, Schilcher, Weißburgunder, Welschriesling, Zweigelt blau, Sauvignon blanc, Cuveetüre, Schaurebe Cuvee

Edelbrände: Birnen-, Zwetschken-, Trauben-, Golden Delicious-Brand

Fruchtsaft: Apfel-, Traubensaft

BUSCHENSCHANK J. U. A. SKRINGER (164)

Inhaber: Johann u. Anneliese **SKRINGER**
Vulgoname: Karsabathi
Adresse: Eichberg-Trautenburg 28, **A-8453 ST. JOHANN i.S.**
Telefon: 03456/2666, **Fax:** 03456/2666
Busverbindung: Arnfels 3 km
Öffnungszeiten: nur auf telefonische Voranmeldung
Ab-Hof-Verkauf: Wein
Weinkost: ja
Ausstattung: Innen 40 Sitzplätze, außen 40 Sitzplätze (Terrasse, Laube)
Anbaufläche: 4,5 ha
Wege: Wanderweg Nr. 4
Sturm: ja
Kastanien: ja
Besonderheiten: Seit drei Generationen wird hier Weinbau betrieben. Der Bauernhof und der Buschenschank, auf 580 m Seehöhe gelegen, dienten im 16. Jahrhundert als Türkenlager. Heute noch besteht die alte Schmiede der Türken, sowie der alte Keller, ein aus Stein tief in der Erde befindliches Gewölbe. Das Augenmerk des jungen Kellermeisters und Silberbergabsolventen Johann Skringer liegt auf der Steigerung der Weinqualität, was sich in vielen Auszeichnungen niederschlägt. Der engagierte junge Mann legt auch Wert auf naturnahen Weinbau.
Speisen: Aufstriche, selbstgebackenes Brot, Bauernjause, Bauernsalat, Belegtes Brot, Brettljause, Brüstl, Germmehlspeisen, Grammelbrot, Hausplatte, Käferbohnensalat, Käseauswahl, Kräutertopfen, Kürbiskernaufstrich, Leberstreichwurst, Liptauer, saure Bohnen, saure Preßwurst
Weine: Gelber Muskateller, Chardonnay/Morillon, Muskat Sylvaner/Sauvignon blanc, Ruländer/Grauburgunder, Weißburgunder, Welschriesling, Landwein rot (Zweigelt)
Verkaufstellen: Vinothek in Salzburg, Hamburg/Regensburg, Meinl – Graben, Wien, Döllerer – Golling, Salzburg
Fruchtsaft: Apfel-, Traubensaft

BUSCHENSCHANK JOSEF SKRINGER (165)

Inhaber: Josef **SKRINGER**
Vulgoname: Ranz
Adresse: Eichberg-Trautenburg 53, **A-8453 ST. JOHANN i.S.**
Telefon: 03455/7755
Busverbindung: St. Johann 3 km
Öffnungszeiten: ganzjährig; täglich von 9 Uhr bis 23 Uhr
Ab-Hof-Verkauf: Wein, Kürbiskernöl, Edelbrände
Weinkost: auf Anfrage
Ausstattung: Innen 45 Sitzplätze, außen 50 Sitzplätze
Anbaufläche: 3 ha
Wege: Wanderweg Nr. 4
Busse: Kleinbusse auf Anfrage
Sturm: ja
Kastanien: ja
Zufahrt: A9-Abfahrt Leibnitz, über Heimschuh, Großklein, Gündorf nach St. Johann. Dort links der Beschilderung nach den Berg hinauf
Besonderheiten: Ein kinderfreundlicher Buschenschank mit Hunden und Katzen und einem herrlichen Ausblick in Waldnähe. Für Sportliche gibt es eine Lehm-Natur-Kegelbahn. Mittlerweile bewirtschaftet der äußerst umweltbewußte Sohn Josef – hier heißen sie seit Generationen so – den Hof. Mitgliedsbetrieb der Steirischen Idylle.
Speisen: Aufstriche, selbstgebackenes Brot, Bauernbuffet, Belegtes Brot, Brettljause, Germmehlspeisen, Geselchtes, Grammelaufstrich, Hauswürstl, Käferbohnensalat, Kübelfleisch, Leberaufstrich, Liptauer, saure Preßwurst, Speck, Sulz, Verhackert, Verhackertwürstl
Weine: Altsteirischer Mischsatz, Müller Thurgau, Muskat Sylvaner/Sauvignon blanc, Ruländer/Grauburgunder, Sämling, Schilcher, Weißburgunder, Welschriesling, Zweigelt blau
Edelbrände: Birnen-, Kriecherl-, Pfirsich-, Johannisbeerbrand
Fruchtsaft: Apfel-, Traubensaft

BUSCHENSCHANK SPATH (166)

Inhaber: Franz u. Anna **SPATH**
Vulgoname: Leppert
Adresse: Flamberg 49, **A-8505 ST. NIKOLAI**
Telefon: 03185/8665
Öffnungszeiten: ganzjährig; fallweise
Ab-Hof-Verkauf: Wein, Edelbrände
Ausstattung: Innen 20 Sitzplätze, außen 15 Sitzplätze
Anbaufläche: 0,7 ha
Besonderheiten: Der Buschenschank befindet sich im neuen Haus, der Weinkeller ist im Kellerstöckl nebenan. Von der Weinlaube aus sieht man auf die vier Kirchen von Kitzeck, St. Nikolai, Preding und Hengsberg. Solange Frau Anna noch kann wird ausgeschenkt. Doch es ist ratsam vorher anzurufen.

Speisen: Belegtes Brot, Brettljause, Hauswürstl
Weine: gemischter Satz – weiß
Edelbrände: Obstler, Kriecherl-, Zwetschkenbrand

BUSCHENSCHANK SCHANTL (167)

Inhaber: Anton **SCHANTL**
Adresse: Eckberg 106, **A-8462 GAMLITZ**
Telefon: 03453/4356
Busverbindung: Gamlitz 1,5 km
nächster Bahnhof: Ehrenhausen 4,5 km

Öffnungszeiten: von April bis November; Fr, Sa, So von 14 Uhr bis 22 Uhr
Ab-Hof-Verkauf: Wein, Edelbrände
Weinkost: auf Anfrage
Musik: auf Bestellung
Ausstattung: Innen 45 Sitzplätze, außen 50 Sitzplätze
Anbaufläche: 2,5 ha
Wege: Wanderweg Nr. 5 (Kompaß-Karte)
Busse: auf Anfrage
Sturm: ja
Kastanien: ja
Besonderheiten: Von Gamlitz wenige Kilometer die Weinstraße den Berg hinauf weist das Schild links zum ruhig gelegenen Bauernhof. Ideal für Kinder und Familien, inmitten der Weinberge mit Blick auf Gamlitz und einer herrlichen Weitsicht bis zur Riegersburg in die Oststeiermark. Hier können Sie Tontauben schießen, reiten, wandern oder sich mit einer hausgemachten Jause verwöhnen lassen. Viele Attraktionen gibt es hier in Bezug auf den Pferdesport. Der Reitclub Eckberg hat hier seinen Standort und im Sommer findet am Hof eine Pferdeweihe statt. Geplant sind ein Kutschenwettbewerb und weitere Skijörings. Beim letzten Skijöring in Leutschach brachten sie einen Preis nach Hause.
Speisen: Aufstriche, selbstgebackenes Brot, Bauernbuffet (auf Bestellung), Belegtes Brot, Brettljause, Buchteln, Germmehlspeisen, Grammelaufstrich, Grammelbrot, Hauswürstl, Krapfen, Leberaufstrich, Liptauer, saure Preßwurst, Strauben, Verhackert, Nußkipferl
Weine: Müller Thurgau, Schilcher, Welschriesling, Zweigelt blau, Zweigelt rose
angesetzte Schnäpse: Kirsch-, Weintraubenschnaps

BUSCHENSCHANK SCHANTL (168)

Inhaber: Ing. David u. Herta **SCHANTL**
Adresse: Graßnitzberg 93, **A-8471 SPIELFELD**
Telefon: 03452/74454
Busverbindung: Spielfeld ca. 2 km
nächster Bahnhof: Spielfeld ca. 2 km
Öffnungszeiten: von August bis Oktober täglich, sonst gegen Voranmeldung
Ab-Hof-Verkauf: Wein
Weinkost: auf Anfrage (Weingartenführung)
Ausstattung: Innen ca. 50 Sitzplätze, außen 40 Sitzplätze
Anbaufläche: 1 ha
Wege: Rebenwanderweg
Busse: auf Anfrage
Spielplatz: vorhanden
Sturm: ja
Kastanien: ja
Zufahrt: Autobahnabfahrt Spielfeld, durch das Viadukt die Weinstraße Richtung Langegg ca. 3 km, links oberhalb der Straße gelegen oder über Ehrenhausen nach Platsch
Besonderheiten: Genügend zu erzählen weiß Herr Ing. Schantl von Weinbau und von Rebenzucht. War er doch als Weinbaulehrer in Silberberg und bei der landwirtschaftlichen chemischen Versuchsanstalt in Graz beschäftigt. 1951 kreuzte er Müller Thurgau und Ruländer zur sogenannten „Schantl-Rebe“ und in den 60er Jahren kreierte er den „Goldriesling“, eine Züchtung aus Welschriesling und Müller Thurgau. Die Trauben dieser Züchtungen reifen

früher als die üblichen steirischen Sorten. Doch scheint ihn als Rebenzüchter ein Künstlerschicksal zu ereilen, wird es noch Jahrzehnte bis zu einer Aufnahme ins österreichische Rebsortiment dauern. Der Buschenschank bietet außerdem eine herrliche Rundumsicht vom Koralmgebiet bis in die Oststeiermark.

Speisen: Aufstriche, Hauswurst, Kübelfleisch

Weine: Welschriesling, Ruländer/Grauburgunder, Sämling, Chardonnay/Morillon, Schilcher, Schantlrebe, Goldriesling, Sauvignon blanc

Fruchtsaft: Apfelsaft

BUSCHENSCHANK SCHAUER (169)

Inhaber: Karl u. Elisabeth **SCHAUER**
Vulgoname: Freitag
Adresse: Greith 21, **A-8442 KITZECK**
Telefon: 03456/3521, **Fax:** 03456/3521-4
Busverbindung: Haltestelle Lambauer 300 m
nächster Bahnhof: Leibnitz
Öffnungszeiten: von März bis Dezember; täglich außer Di von 13 Uhr bis 23 Uhr
Ab-Hof-Verkauf: Wein, Edelbrände
Weinkost: auf Anfrage
Ausstattung: Innen 50 Sitzplätze, außen 50 Sitzplätze
Zimmer: 5 x 2
Anbaufläche: 7 ha
Wege: Wanderweg Nr. 1 (Kroisgraben)
Spielplatz: vorhanden

Sturm: ja
Kastanien: ja
Besonderheiten: Der Hof wurde erstmals 1640 erwähnt und wird von der 22. Generation bewirtschaftet. Den Buschenschank gibt es seit 1970. Eine ruhige, südwestseitige Hoflage mit schöner Aussicht, Sitzterrasse und Laube vor dem Haus. Eine gemütliche Atmosphäre vermitteln der Gastraum mit dem offenen Kamin oder das Stüberl mit dem Kachelofen. Bei Urlaub am Bauernhof wurden sie mit „Vier Blumen" ausgezeichnet.

Speisen: Aufstriche, Bauchfleisch, selbstgebackenes Brot, Bauernjause, Bauernsalat, Belegtes Brot, Brettljause, Brüstl, Germmehlspeisen, Geselchtes, Grammelaufstrich, Hausbrot, Hausplatte, Hauswurst, Jause, Käferbohnensalat, Käseauswahl, Kräutertopfen, Kübelfleisch, Kürbiskernaufstrich, Leberaufstrich, Leberstreichwurst, Lendbratl, Nußpotitze, Preßwurst, Rettichsalat, Ripperl, saure Preßwurst, Schinken, Schmalzbrot, Schweinsbrüstl, Speck, Speckbrot, Steirisches Buffet, Strauben, Strudel, Verhackert

Weine: Chardonnay/Morillon, Gewürztraminer, Goldburger, Müller Thurgau, Muskat Sylvaner/Sauvignon blanc, Rheinriesling, Ruländer/Grauburgunder, Sämling, Schilcher, Weißburgunder, Welschriesling, Zweigelt blau

Edelbrände: Apfel-, Birnen-, Kriecherl-, Traubenbrand
angesetzte Schnäpse: Weichselschnaps
Fruchtsaft: Apfel-, Traubensaft

BUSCHENSCHANK J. SCHAUTZER (170)

Inhaber: Johann **SCHAUTZER**
Vulgoname: Hiri
Adresse: Sernau 19, **A-8462 GAMLITZ**
Telefon: 03453/3524
Busverbindung: Gamlitz 3 km
nächster Bahnhof: Ehrenhausen 6 km
Öffnungszeiten: ganzjährig; Fr, Sa, So, Feiertag von 14 Uhr bis 23 Uhr
Ab-Hof-Verkauf: Wein, Edelbrände, Säfte, Brot (auf Bestellung)
Ausstattung: Innen 35 Sitzplätze, außen 40 Sitzplätze
Anbaufläche: 2 ha
Wege: Wanderweg Nr. 3, Radweg
Busse: auf Anfrage
Sturm: ja
Kastanien: ja

Besonderheiten: An der Gebietsgrenze zwischen Sernau und Steinbach in ruhiger erhöhter Lage mit schönem Blick über das südsteirische Weinbaugebiet gelegen. Frau Elisabeth kredenzt ihren Gästen selbstgebackenes Brot. Sie hat gerne Menschen um sich und setzt sich dazu an die Tische, die noch von der alten Presse stammen. Sohn Erwin, der die Weinbauschule Silberberg besuchte, ist verstärkt im Weinbau tätig und sehr bemüht um neue Weinbaukunden. Junge Leute kommen gerne hierher zum Dart-, Federball- oder Kartenspielen. Auch hier sucht Herr Erwin nach weiteren Freizeitaktivitäten.
Speisen: selbstgebackenes Brot, Belegtes Brot, Brettljause, Geselchtes, Leberaufstrich, Schweinsbraten, Verhackert, Verhackertwürstl, Strauben (auf Bestellung)
Weine: Welschriesling, Weißburgunder, Chardonnay/Morillon, Muskateller, Muskat Sylvaner/Sauvignon blanc, Zweigelt blau
Edelbrände: Kriecherl-, Zwetschken-, Birnenbrand
angesetzte Schnäpse: Weichselschnaps
Fruchtsaft: Apfel-, Traubensaft

BUSCHENSCHANK SCHAUTZER (171)

Inhaber: Viktoria **SCHAUTZER**
Vulgoname: Klein Lanzl
Adresse: Sernau 32, **A-8462 GAMLITZ**
Telefon: 03454/6372
Busverbindung: Gamlitz 5 km
Öffnungszeiten: ganzjährig; täglich von 10 Uhr bis 22 Uhr
Ab-Hof-Verkauf: Wein, Säfte, Trauben
Ausstattung: Innen 30 Sitzplätze, außen 50 Sitzplätze (Sitzgarten)
Anbaufläche: 2 ha
Wege: Weinland-Wanderweg und Radweg Nr. 25
Sturm: ja
Kastanien: ja
Zufahrt: Von Gamlitz Richtung Leutschach, links Richtung Sernau/Steinbach, weiter rechts nach Sernau ca. 5 km den Berg hinauf, liegt rechts der Buschenschank
Besonderheiten: Ein Buschenschank ganz oben am Berg in ruhiger Lage mit Rundumblick ins steirische Weinland und bis Slowenien. Ein beliebter Einkehrschwung auch für Wanderer und Radfahrer. Sie werden bestens betreut von der tüchtigen Frau Viktoria und ihren vier Kindern. Der Jagdbrief an der Wand weist auf das Hobby von Frau Viktoria, der Jagd, der sie besonders in den ruhigeren Monaten nachgeht. Sollten Sie die Frau des Hauses in einem anderen Buschenschank sehen, ist es wahrscheinlich ihre Zwillingsschwester.

Speisen: Belegtes Brot, Brettljause, Buchteln, Geselchtes, selbstgebackenes Brot, Krapfen, Leberaufstrich, Liptauer, Schweinsbraten, Speckbrot, Verhackert, Grammelfett, Selchwürstl
Weine: Blauburger, Müller Thurgau, Rheinriesling, Sämling, Weißburgunder, Welschriesling, Zweigelt blau
Fruchtsaft: Apfel-, Traubensaft

BUSCHENSCHANK SCHIRMANN (172) *

BUSCHENSCHANK SCHLIEFSTEINER (173) *

BUSCHENSCHANK SCHNABEL (174)

Inhaber: Josefa **SCHNABEL**
Vulgoname: Temmellipp
Adresse: Höch 51, **A-8444 ST. ANDRÄ**
Telefon: 03456/3386
Busverbindung: Haltestelle Volksschule 1 km (Sausalbus)
nächster Bahnhof: Leibnitz
Öffnungszeiten: ganzjährig; täglich von 10 Uhr bis 23 Uhr
Ab-Hof-Verkauf: Wein, Edelbrände
Ausstattung: Innen 35 Sitzplätze, außen 60 Sitzplätze
Anbaufläche: 0,5 ha
Wege: Wanderweg Nr. 5
Busse: nur auf Anfrage

Spielplatz: vorhanden
Sturm: ja
Kastanien: ja
Zufahrt: Von Kitzeck (oder St. Andrä – Höch) zum Demmerkogel, bei der Volksschule vorbei, Richtung „Klapotez", beim Schusterkreuz und Stefanhansl-Kreuz jeweils links abbiegen, ca. 1 km durch den Wald
Besonderheiten: Wenn Sie bei einem romantischen Spaziergang am Demmerkogel, am Wanderweg Nr. 5 oder 7 Rast machen wollen, können Sie das hier unter einer Weinlaube. Ruhig und schön gelegen, mit bester Aussicht. Die Aussichtswarte liegt nur wenige Minuten entfernt, der große Klapotez ca. zehn Minuten. Die Gäste schätzen die Betreuung der liebenswerten Frau Josefa und ihrer Kinder und die Jause vom danebenliegenden Bauernhof.
Speisen: Aufstriche, Bauernjause, Germmehlspeisen, Grammelfett, Käferbohnensalat, Leberstreichwurst, saure Bohnen, saure Preßwurst, Schinken, Schmalzbrot, Speck, Speckbrot, Steirisches Buffet, Verhackert, Verhackertwürstl
Weine: gemischter Satz – weiß, gemischter Satz – rot, Müller Thurgau, Sämling, Weißburgunder, Welschriesling, Zweigelt rosé
Edelbrände: Birnen-, Kriecherlbrand
angesetzte Schnäpse: Himbeer-, Weichselschnaps
Fruchtsaft: Apfel-, Johannisbeersaft

BUSCHENSCHANK SCHNABL (175)

Inhaber: Franz u. Monika **SCHNABL**
Vulgoname: Gollunder
Adresse: Sernau 6, **A-8462 GAMLITZ**
Telefon: 03453/3010, **Fax:** 03453/3010
Busverbindung: Gamlitz 3 km
nächster Bahnhof: Ehrenhausen 6 km
Öffnungszeiten: von Februar bis Dezember, Weihnachten geschlossen; täglich außer Mi von 14 Uhr bis 22 Uhr
Ab-Hof-Verkauf: Wein, Säfte, Edelbrände
Weinkost: auf Anfrage
Ausstattung: Innen 30 Sitzplätze (2 Räume), außen 50 Sitzplätze (Terrasse)
Anbaufläche: 4 ha
Sturm: ja
Kastanien: ja
Zufahrt: Von Gamlitz Richtung Arnfels biegt beim Ortsende links die Straße Richtung Sernau und Steinbach. Nach wenigen Metern gabelt sich die Straße. Man fährt die Steinbachstraße ca. 1,5 km bis zum rechtsgelegenen, beschilderten Hof
Besonderheiten: Die herzliche blonde Frau Monika ist um das Wohl der Familie und der Gäste besorgt, doch auch auf Messen und der Destillata ist sie dabei. Ihr Mann ist nicht nur Weinbauer, sondern auch Schnapsbrenner des Jahres bei der Destillata geworden. Mittlerweile kann er auf über 40 Medaillen verweisen. Er war auch der erste Steirer, der bei der Destillata teilnahm. Natürlich ist er auch bei der steirischen Trilogie mit dabei. Bereits in der dritten Generation bewirtschaften sie mit ihrem Sohn Mathias, Silberbergabsolvent, den Weinbaubetrieb. Das Haus aus 1836, mit

dem alten Keller, wurde erweitert und umgebaut. Auf Wunsch der Hausfrau kam in die Küche ein „runder" gesetzter Herd. Gemütlich sitzt es sich in der Stube mit dem grünen Kachelofen. Mein besonderer Platz ist auf der schönen Holzveranda.
Speisen: Belegtes Brot, Brettljause, Hausplatte, Leberaufstrich, Liptauer, Rohschinken, Brüstl, Speckbrot, Verhackert, Verhackertwürstl, Kübelfleisch, Käsebrot, Aufschnitt, Salatschüssel, selbstgebackenes Brot (Holzbackofen)
Weine: Gelber Muskateller, Chardonnay/Morillon, Müller Thurgau, Muskat Sylvaner/Sauvignon blanc, Rheinriesling, Ruländer/Grauburgunder, Weißburgunder, Welschriesling, Zweigelt blau
Edelbrände: Kriecherl-, Marillen-, Pfirsich-, Wein-, Birnen-, Zwetschken-, Quitten-, Kirsch-, Himbeer-, Johannisbeer-, Trauben-, Trebern-, Pflaumen-, Apfelbrand
angesetzte Schnäpse: Kümmel-, Weichselschnaps
Fruchtsaft: Apfel-, Traubensaft

BUSCHENSCHANK A. U. M. SCHNEEBERGER (176)

Inhaber: August u. Magdalena **SCHNEEBERGER**
Vulgoname: Schmölzer
Adresse: Altkerschegg 72, **A-8444 ST. ANDRÄ**
Telefon: 03185/8247
Busverbindung: Haltestelle Grillbauer/Post (Sausalbus)

nächster Bahnhof: Leibnitz
Öffnungszeiten: von Februar bis Dezember, (Faschingdienstag bis 23.12.); täglich außer Do von 8 Uhr bis 23 Uhr
Ab-Hof-Verkauf: Wein, Edelbrände
Weinkost: ja
Ausstattung: Innen 75 Sitzplätze, außen 100 Sitzplätze (überdacht)
Anbaufläche: 4,5 ha
Busse: ja
Spielplatz: vorhanden
Sturm: ja
Kastanien: ja
Zufahrt: Von Preding Richtung Gleinstätten, Abzweigung Neudorf
Besonderheiten: Im Augustinerkeller reift der Sausaler Wein im Eichenfaß. Genießen sie ihn mit einer hausgemachten Jause im Jägerstüberl, in der Weinstube oder auf der großen überdachten Terrasse mit Blick auf den Waldschachersee und herrlicher Fernsicht bis nach Graz. Auf Wunsch gibt es Jahrgangsverkostungen vom Faschingdienstag bis Mitte April. Herr Schneebeerger ist auch Projektleiter des Wein- und Kulturkellers Schloß Harrachegg.
Speisen: Brettljause, Geselchtes, Grammelaufstrich, Hausplatte, Käferbohnensalat, Käseauswahl, Krapfen, Leberstreichwurst, Rettichsalat, saure Preßwurst, Speck, Speckbrot, Verhackert, Verhackertwürstl, Bratlfett
Weine: Cuvee, Müller Thurgau, Muskat Sylvaner/Sauvignon blanc, Ruländer/Grauburgunder, Traminer, Weißburgunder, Welschriesling, Chardonnay/Morillon, Zweigelt blau, Zweigelt rose, Klevner
Edelbrände: Weinbrand

BUSCHENSCHANK J. U. H. SCHNEEBERGER (177)

Inhaber: Johann u. Heide **SCHNEEBERGER**
Vulgoname: Reschleitenbauer
Adresse: Pernitsch 19, **A-8451 HEIMSCHUH**
Telefon: 03452/83934, **Fax:** 03452/86398
Busverbindung: Heimschuh 5 km
Öffnungszeiten: von Februar bis Ostern Sa, So, ab Ostern bis Weihnachten; täglich von 9 Uhr bis 22 Uhr
Ab-Hof-Verkauf: Wein, Traubensaft, Edelbrände, Kernöl
Weinkost: auf Anfrage
Ausstattung: Innen 300 Sitzplätze, außen 150 Sitzplätze
Anbaufläche: 15 ha
Wege: Kitzecker Rundwanderweg, Heimschuher Wanderweg
Busse: auf Anfrage
Spielplatz: vorhanden

Sturm: ja
Kastanien: fallweise
Zufahrt: Die A9-Abfahrt Leibnitz, Richtung Arnfels, in Heimschuh bei der Tankstelle rechts Richtung Fresing, die erste Straße rechts immer beschildert, den Wellinggraben bei Unterneurath rechts um den Berg herum

Besonderheiten: Das österreichweit geschützte Etikett zieren Schmetterlinge aus dem Gebiet der Südsteiermark, die vom aussterben bedroht sind. Daher werden nur nützlingsschonende Spritzmittel verwendet. Der Betrieb wird seit 1870 als Weinbaubetrieb geführt. Die Jausenspezialitäten kommen aus der eigenen Landwirtschaft und das Brot wird noch selbst gebacken. Eine dynamische Familie bei der alles durchorganisiert ist und mit einer starken Frau. Zwei sonnige Terrassen laden im Freien ein. Im Inneren finden sich Räume für jeden Anlaß, ob für Familienfeiern, Kurse, Vereine oder Versammlungen – alle sollen zufriedengestellt werden.

Speisen: selbstgebackenes Brot, Bauernbuffet, Bauernsalat, Belegtes Brot, Brettljause, Brüstl, Eiaufstrich, Fischaufstrich, Germmehlspeisen, Grammelfett, Käferbohnensalat, Käseauswahl, Kürbiskernaufstrich, Leberstreichwurst, Liptauer, Ripperl, Schinken, Schweinsbraten, Speckbrot, Strauben, Sulz, Verhackert, Verhackertwürstl, Bratlfett

Weine: Chardonnay/Morillon, Muskat Sylvaner/Sauvignon blanc, Muskateller, Rheinriesling, Ruländer/Grauburgunder, Sämling, Schilcher, Weißburgunder, Welschriesling, Zweigelt blau, Zweigelt rose, Uhudler

Edelbrände: Grappa, Obstler, Birnenbrand, Schilchergrappa

Sekt: Butterfly – Rieslingsekt

Fruchtsaft: Trauben-, steirischer Mischfruchtsaft

BUSCHENSCHANK SCHOBERHOF (178)

Inhaber: Karl u. Maria **SCHOBER**
Adresse: Gersdorf 88, **A-8471 SPIELFELD**
Telefon: 03453/2689
Busverbindung: Gersdorf 20 m
Öffnungszeiten: ganzjährig; täglich außer Mi
Ab-Hof-Verkauf: Wein, Kernöl, Honig
Ausstattung: Innen 50 Sitzplätze, außen 40 Sitzplätze
Zimmer: 2 x 2
Anbaufläche: 1 ha
Spielplatz: vorhanden
Sturm: ja
Zufahrt: A9-Abfahrt Gersdorf, durch den Ort und am Ende des Ortes links sieht man die Buschenschanktafel

Besonderheiten: Dieses Haus ist ca. 300 m vom Murradweg R 2 entfernt und wird als Labestation sehr geschätzt. Die Nähe des Bahnhofes wird von den Radfahrern und für Betriebsausflüge sehr geschätzt. Bei dieser sympathischen Familie sind Sparvereine, Einheimische, aber auch Touristen zu Gast. Von der danebenliegenden Landwirtschaft kommt alles selbsterzeugt. Besonders beliebt sind die hausgemachte Preßwurst und Omas Buchteln. Ob einmal eine von den drei Töchtern den Weingarten am Seggauberg bewirtschaften wird? Das hat aber noch Zeit.

Speisen: Aufstriche, selbstgebackenes Brot, Belegtes Brot, Brettljause, Germmehlspeisen (Nußkipferl), Geselchtes, Verhackert, Verhackertwürstl, Preßwurst

Fruchtsaft: Apfelsaft

BUSCHENSCHANK SCHREINER (179)

Inhaber: Gottfried **SCHREINER**
Vulgoname: Karfranz
Adresse: Wagendorf 34, **A-8423 ST. VEIT**
Telefon: 03453/2480
Busverbindung: Wagendorf 100 m
nächster Bahnhof: Ehrenhausen 5 km
Öffnungszeiten: ganzjährig; täglich
Ab-Hof-Verkauf: Wein
Ausstattung: Innen 45 Sitzplätze, außen 10 Sitzplätze
Anbaufläche: 1 ha
Busse: auf Anfrage
Sturm: ja
Kastanien: ja

Besonderheiten: Neben den großen Buschenschenken gibt es mitten in Wagendorf auch noch eine kleine Einkehr. Wenn die Arbeit am Bauernhof oder am Feld zuviel ist, kann schon sein, daß keiner zuhause ist. Die zwei „Alten" arbeiten solange es noch geht, denn der Wein war immer beim Haus und Jugend gibt es keine.

Speisen: Belegtes Brot, Brettljause, Geselchtes, Verhackert, Verhackertwürstl

Weine: gemischter Satz – weiß, Sämling, Weißburgunder, Welschriesling, Zweigelt blau

Edelbrände: Zwetschkenbrand

BUSCHENSCHANK SCHROTTER (180)

Inhaber: Thomas **SCHROTTER**
Vulgoname: Weingut Mühlherrn
Adresse: Steinriegel 77, **A-8442 KITZECK**
Telefon: 03456/3418

Busverbindung: Haltestelle bei Kirche 500 m (Sausalbus)
nächster Bahnhof: Leibnitz
Öffnungszeiten: ganzjährig; täglich außer Mi von 14 Uhr bis 23 Uhr
Ab-Hof-Verkauf: Wein, Edelbrände, Kernöl, Weinessig
Weinkost: auf Anfrage

Ausstattung: Innen 70 Sitzplätze, außen 60 Sitzplätze
Anbaufläche: 5 ha
Wege: Wanderweg Nr. 1
Busse: ja
Spielplatz: vorhanden
Sturm: ja
Kastanien: ja
Zufahrt: Leibnitz – Heimschuh – Fresing – Kitzeck, nach der Kirche 500 m rechts
Besonderheiten: An der Kitzecker Weinstraße gelegen, hat man in diesem neuen Haus im alten Stil eine weite Fernsicht bis zu den Karawanken und nach Ungarn. Der Weinkeller befindet sich im alten Herrenhaus des „Greglhofes", wo Medaillenweine lagern. Der Sohn des Hauses ist mittlerweile Absolvent der Weinbauschule Klosterneuburg.
Speisen: Aufstriche, Bauchfleisch, Steirisches Buffet, Bauernjause, Bauernsalat, Belegtes Brot, Brettljause, Brüstl, Buchteln, Germmehlspeisen, Geselchtes, Grammelaufstrich, Hausplatte, Hauswurst, Käferbohnensalat, Käseauswahl, Kübelfleisch, Leberaufstrich, Liptauer, Nußpotitze, Rettichsalat, Ripperl, saure Preßwurst, saure Wurst
Weine: Chardonnay/Morillon, Muskat Sylvaner/Sauvignon blanc, Rheinriesling, Schilcher, Weißburgunder, Welschriesling, Zweigelt blau
Edelbrände: Apfel-, Zwetschken-, Holunderbrand, Grappa, 5jähriger Weinbrand
angesetzte Schnäpse: Weichsellikör
Fruchtsaft: Apfel-, Ribisel-, Traubensaft

BUSCHENSCHANK SCHUPANEZ (181)

Inhaber: Martha **SCHUPANEZ**
Adresse: Pößnitz 155, **A-8463 LEUTSCHACH**
Telefon: 03454/6308
Öffnungszeiten: von April bis Oktober; nur auf Anfrage
Ab-Hof-Verkauf: Wein, Edelbrände, Kernöl
Ausstattung: Innen 20 Sitzplätze, außen 30 Sitzplätze
Zimmer: 2 x 2, Ferienwohnung im alten Winzerhaus für 4 Personen (ganzjährig)
Anbaufläche: 0,5 ha
Spielplatz: vorhanden
Sturm: ja
Kastanien: ja
Zufahrt: A9-Abfahrt Vogau über Ehrenhausen, Gamlitz, Langegg, Richtung Leutschach. In Pößnitz kurz vor dem Weingut Eduard Tscheppe links Richtung Moserhof – Panoramastraße, der Beschilderung Schupanez ca. 1 km nach oder über Fötschach bei der Sabathikapelle links
Besonderheiten: Die idyllische Lage inmitten von Weingärten, Wiesen und Obstanlagen bietet sich für Urlaub am Weinbauernhof an. Im alten Winzerhaus wurde ganz in Holz eine behagliche Ferienwohnung eingerichtet. Den Gästen steht auch eine Pendelkegelbahn zur Verfügung. Der seit über 20 Jahren bestehende Buschenschank wird nur mehr fallweise und auf Anmeldung geöffnet.
Speisen: Aufstriche, selbstgebackenes Brot, Bauernsalat, Belegtes Brot, Brettljause, Brüstl, Germmehlspeisen, Geselchtes, Grammelaufstrich, Käferbohnensalat, Käseauswahl, Kübelfleisch, Liptauer, saure Bohnen, saure Preßwurst, Schmalzbrot, Schweinsbraten, Surbraten, Verhackert, Verhackertwürstl
Weine: gemischter Satz – weiß, Müller Thurgau, Muskateller, Welschriesling
Edelbrände: Apfel-, Birnen-, Kriecherl-, Marillen-, Nuß-, Weichsel-, Wein-, Kümmel-, Muskateller Trebern-, Rieslingweinbrand, Obstler, Slibowitz
angesetzte Schnäpse: Weichsel-, Heidelbeer-, Nußschnaps, Wermuth

BUSCHENSCHANK R. SCHUPANEZ (182) *

BUSCHENSCHANK JOSL (183)

Inhaber: Christian **SCHUSTER**
Vulgoname: Josl
Adresse: Steinriegel 5, **A-8442 KITZECK**
Telefon: 03456/3205
Busverbindung: Haltestelle Kirchplatz Kitzeck 700 m
nächster Bahnhof: Leibnitz ca. 16 km
Öffnungszeiten: ganzjährig; täglich von 9 Uhr bis 23 Uhr
Ab-Hof-Verkauf: Wein, Edelbrände
Ausstattung: Innen 20 Sitzplätze, außen 50 Sitzplätze
Anbaufläche: 0,6 ha
Wege: Rundwanderweg Nr. 1
Spielplatz: vorhanden
Sturm: ja
Kastanien: ja
Zufahrt: Leibnitz–Heimschuh–Fresing–Kitzeck, vor Kirche in Kitzeck rechts abbiegen, 200 m Gabelung links
Besonderheiten: 1908 kam dieser Besitz in die Familie. Das alte Gebäude wurde immer weiter ausgebaut, bis 1971 auch ein Buschenschank eröffnet wurde. Von einer Blumenterrasse, mit südlichem Flair, genießt man den Blick weithin zu den windischen Büheln.

Speisen: Aufstriche, Belegtes Brot, Brettljause, Germmehlspeisen, Geselchtes, Hauswurst, Kübelfleisch, Kürbiskernaufstrich, Leberaufstrich, Liptauer, Schinken, Speck, Verhackert
Weine: gemischter Satz – weiß, Welschriesling, Zweigelt blau
Edelbrände: Grappa, Kriecherl-, Trebern-, Zwetschkenbrand
angesetzte Schnäpse: Kräuterschnaps
Fruchtsaft: Apfel-, Ribisel-, Traubensaft

BUSCHENSCHANK SCHUSTER (184)

Inhaber: Ingrid u. Hubert **SCHUSTER**
Vulgoname: Stefferhansl
Adresse: Höch 82, **A-8441 FRESING**
Telefon: 03456/2194
Öffnungszeiten: ganzjährig; täglich von 9 Uhr bis 23 Uhr,
Ab-Hof-Verkauf: Wein, Edelbrände
Ausstattung: Innen 15 Sitzplätze, außen 20 Sitzplätze
Anbaufläche: 0,4 ha
Wege: Rundwanderweg Nr. 2
Sturm: ja
Zufahrt: Kitzeck – Sausalstraße Richtung St. Andrä, bei Kalkriegl abbiegen aber Richtung Hochbrudersegg
Besonderheiten: Am Rundwanderweg Nr. 2 gelegen. Rechts das alte Haus, links das neue Haus, dazwischen die Laube mit herrlichem Blick bis zur Koralpe.
Speisen: Aufstriche, selbstgebackenes Brot, Bauernjause, Belegtes Brot, Geselchtes, Grammelaufstrich, Grammelfett, Hausplatte, Hauswurst, Leberaufstrich, Liptauer, Preßwurst, Schinken, Schmalzbrot, Verhackert
Weine: gemischter Satz – weiß, Weißburgunder, Welschriesling
Edelbrände: Birnen-, Kriecherl-, Zwetschkenbrand
Fruchtsaft: Apfelsaft

BUSCHENSCHANK SCHUSTERLENZ (185) (in Planung)

Inhaber: Ing. Hermann **REITERER**
Vulgoname: Schusterlenz
Adresse: Eichberg 14, **A-8454 ARNFELS**
Telefon: 03455/307, **Fax:** 03455/307-4, **Mobil:** 0664/1603154
Weinverkauf: 8453 St. Johann i. S.
Busverbindung: Haltestelle Schloß Arnfels ca. 500 m

Zimmer: Ferienwohnung für 6 Personen
Weine: Sauvignon blanc, Welschriesling, Weißburgunder
Weinkost: ja – auf Anfrage (kommentierte Verkostung)
Anbaufläche: 0,9 ha
Weine: Muskat Sylvaner/Sauvignon blanc, Weißburgunder, Welschriesling

BUSCHENSCHANK STANGL (186) *

BUSCHENSCHANK STAUDER (187)

Inhaber: Evelyn u. Hannes **STAUDER**
Adresse: Hauptplatz 14, **A-8461 EHRENHAUSEN**
Telefon: 03453/2532
Busverbindung: Haltestelle vor dem Haus (Ofner-Bus)
nächster Bahnhof: Ehrenhausen 200 m
Öffnungszeiten: ganzjährig; täglich außer Mo, ab Ostern Sonn- u. Feiertag geöffnet, ab 1. November Sonn- u. Feiertag ab Mittag geschlossen

Ab-Hof-Verkauf: Wein
Musik: auf Bestellung
Ausstattung: Innen 45 Sitzplätze, außen 10 Sitzplätze, 70 Sitzplätze (überdachte Terrasse)
Anbaufläche: 3 ha
Wege: Radfahrweg R 2
Sturm: ja
Kastanien: ja
Besonderheiten: Mitten im Ortszentrum liegt dieser Buschenschank. Das im Jahre 1552 erbaute blaue Haus ist seit über 350 Jahren im Familienbesitz – ein beliebter Treff für Einheimische und Betriebsfeiern und Radfahrer, die hier einen eigenen Parkplatz vorfinden. Man findet Platz in der rustikalen Stube oder im großen Innenhof. Dort findet am Freitag nachmittag der Bauernmarkt statt. Die junge blonde Frau Evelyn ist voller Aktivitäten, ob es um den Fetzenmarkt, das Maibaumumschneiden oder den Welschlauf geht, überall hilft sie mit. In sonniger Lage reifen die Trauben am nahegelegenen Ratscher Nußberg, wo sie als „Weingartenkosmetikerin" tätig ist.
Speisen: Belegtes Brot, Brettljause, Grammelbrot, Leberaufstrich, Liptauer, Speck, Steirisches Buffet (auf Bestellung), Verhackert, Verhackertwürstl, Eibrot, Bratlfettbrot, saure Bohnen, Käse sauer
Weine: Welschriesling, Zweigelt blau

BUSCHENSCHANK STEFANSHOF (188) *

WEINGUT LINDENBURG (189)

Inhaber: Gertraud **STELZL**
Vulgoname: Schipfer
Adresse: Ratsch 36, **A-8461 RATSCH**
Telefon: 03453/2675, **Fax:** 03453/2675
Busverbindung: Gamlitz 3 km
nächster Bahnhof: Ehrenhausen 6 km
Öffnungszeiten: von April (Ostern) bis Oktober; Fr, Sa, So von 14 Uhr bis 22 Uhr
Ab-Hof-Verkauf: Wein, Edelbrände, Essige, Marmelade, Wachteleier, Apfelsaft, Traubenkernöl
Weinkost: auf Anfrage
Ausstattung: Innen 50 Sitzplätze, außen 50 Sitzplätze
Zimmer: 3 x 2

Anbaufläche: 3 ha
Wege: Wanderweg Nr. 6
Spielplatz: ja (Tischtennis)
Sturm: ja
Kastanien: ja
Zufahrt: A9-Abfahrt Vogau/Straß über Ehrenhausen nach Gamlitz, dort bei der Tankstelle scharf links nach Ratsch, nach ca. zwei km die Abzweigung rechts den Berg hinauf (beschildert)
Besonderheiten: Eingebettet zwischen Weinbergen reicht der Blick von hier auf die Weinstraße und bis zur Riegersburg. 1874 wurde dieses Haus, genannt „Lindenburg", erstmals erwähnt und 1990 umgebaut. Neben dem Buschenschankraum befindet sich der repräsentative Verkaufsraum und die Vinothek. Die tüchtige Frau Gertraud schupft den Betrieb. Tochter Sylvia, als Silberbergabsolventin, Praktikantin im bekannten Weingut Salomon und Schloß Gobelsburg ist für Wein, Edelbrände und Marmeladen zuständig. Zur Zeit ist sie als amtierende Weinprinzessin viel unterwegs. Wie im Familienbetrieb üblich helfen alle zusammen. Denn nicht nur beim Wein, sondern auch bei den Edelbränden hat Frau Stelzl jede Menge Medaillen, ob von der Steirischen Trilogie oder von der Destillata. Sie ist auf Messen präsent und kürzlich traf ich sie beim Frauenschnapsverkosten. Eine couragierte und engagierte Frau, die ihren Mann steht und nie ihren Humor verloren hat.

Speisen: selbstgebackenes Brot, Belegtes Brot, Brettljause, Geselchtes, Kürbiskernaufstrich, Leberaufstrich, Liptauer, saure Preßwurst, Steirisches Buffet, Verhackert, Verhackertwürstl, Germmehlspeisen, Käsebrot
Weine: Gelber Muskateller, Chardonnay/Morillon, Müller Thurgau, Sämling, Schilcher, Weißburgunder, Welschriesling, Zweigelt blau
Edelbrände: Apfel-, Trebern-, Wein-, Birnen-, Quitten-, Holunder-, Kriecherl-, Zwetschken-, Weichsel-, Pfirsich-, Mispel-, Kernobst-, Dirndl-, Beerenbrand
angesetzte Schnäpse: Hagebuttenlikör
Fruchtsaft: Apfel-, Birnen-, Melissen-, Traubensaft, Lindenblütensirup

BUSCHENSCHANK J. STELZL (190) *

BUSCHENSCHANK STELZL (191)

Inhaber: Johann u. Justine **STELZL**
Vulgoname: Altenbacher
Adresse: Altenbach 48, **A-8455 OBERHAAG**
Telefon: 03455/6118
Busverbindung: Unterhaag 2,5 km
Öffnungszeiten: ganzjährig; täglich außer Mo von 13 Uhr bis 22 Uhr
Musik: Hausmusik
Ausstattung: Innen 30 Sitzplätze, außen 50 Sitzplätze (Garten)
Anbaufläche: 1,5 ha
Wege: Kapellenwanderweg
Busse: auf Anfrage
Spielplatz: vorhanden
Sturm: ja
Kastanien: ja
Zufahrt: A9-Abfahrt Leibnitz, Richtung Arnfels, in St. Johann rechts Richtung Oberhaag über Wuggau nach Unterhaag und dort links den Wegzeigern ca. 2,5 km zur Buschenschank

Besonderheiten: In einem urigen Bauernhaus zum Wohlfühlen sorgt die sangesfreudige Familie für musikalische Unterhaltung. Frau „Justi" spielt Gitarre und ihr Mann singt dazu. Wenn Sie das „Streithanslied" hören wollen, sollten Sie hinfahren. Ein richtiger uriger Bauernhof in ruhiger Lage, wo der Buschenschank noch eine alte Stube mit einem gesetzten Herd hat. Modernst sind mittlerweile der Schlacht- und Verkaufsraum. Auch der Reitplatz ist in Betrieb für den Reitverein Oberhaag. Als aktives Mitglied beim Tourismusverein ist Herr Stelzl auch Mitbegründer des Kapellenweges, der entlang von Wegkreuzen und Kapellen führt.

Speisen: Aufstriche, Belegtes Brot, Brettljause, Brüstl, Geselchtes, Rettich mit Bohnen, Sulz, Verhackert, Verhackertwürstl

Weine: gemischter Satz – weiß, Schilcher

Edelbrände: Kriecherl-, Zwetschkenbrand

Fruchtsaft: Holunder-, Traubensaft

BUSCHENSCHANK STERNAT (192)

Inhaber: Johann u. Anna **STERNAT**

Vulgoname: Schmalzpeter

Adresse: Eichberg-Trautenburg 94, **A-8454 ARNFELS**

Telefon: 03455/442, **Fax:** 03455/442

Busverbindung: Arnfels 3 km

Öffnungszeiten: ganzjährig; täglich von 10 Uhr bis 23 Uhr

Ab-Hof-Verkauf: Wein, Edelbrände, Saft

Weinkost: Kellerführung, Vinothek

Musik: auf Bestellung

Ausstattung: Innen 50 Sitzplätze, außen 50 Sitzplätze (Terrasse)

Anbaufläche: 5,2 ha

Wege: Wanderweg Nr. 4

Busse: auf Anfrage

Sturm: ja

Kastanien: ja

Besonderheiten: Der Weinbaubetrieb liegt am Eichberg in der Südsteiermark. Die Weingärten liegen südseitig auf steilen Hügeln, wodurch eine besonders hohe Reife der Trauben und somit eine ausgezeichnete Qualität der Weine erreicht wird. Die naturnahe integrierte Produktion der Trauben und die behutsame Kellertechnik sind die wichtigsten Grundlagen der erfolgreichen Weinerzeugung. Für Kinder gibt es viele Spielmöglichkeiten.

Speisen: Bauernbuffet, Belegtes Brot, Brettljause, Hausplatte, Hauswürstl, Topfenaufstrich, Käsebrot, Leberaufstrich, saure Preßwurst, Strauben, Verhackert

Weine: Chardonnay/Morillon, Müller Thurgau, Muskat Sylvaner/Sauvignon blanc, Muskateller, Ruländer/Grauburgunder, Schilcher, Weißburgunder, Welschriesling, Zweigelt blau

Edelbrände: Pfirsich-, Trebernbrand

angesetzte Schnäpse: Weichsel-, Himbeerschnaps

Fruchtsaft: Traubensaft

BUSCHENSCHANK STOFF (193)

Inhaber: Rupert u. Irmgard **STOFF**

Vulgoname: Winkelmachl

Adresse: Brudersegg 6, **A-8441 FRESING**

Telefon: 03456/2597

Busverbindung: Fresing 2 km

nächster Bahnhof: Leibnitz 12 km

Öffnungszeiten: März bis Dezember; täglich außer Mo von 10 Uhr bis 23 Uhr

Ab-Hof-Verkauf: Wein, Edelbrände, Säfte

Weinkost: nur auf Anfrage

Ausstattung: Innen 20 Sitzplätze, außen 40 Sitzplätze

Zimmer: 4 x 2

Anbaufläche: 2 ha

Wege: Wanderweg Nr. 2

Spielplatz: vorhanden

Sturm: ja

Kastanien: ja

Besonderheiten: Dort wo die Sackstraße endet, der Wanderweg Nr. 2 vorbei führt, unterhalb der Demmerkogelaussichtswarte, liegt dieser Buschenschank mit herrlicher Aussicht. Neben den auswärtigen Gästen fühlt sich auch der Sparverein inmitten von Weingärten wohl. Wer hier Urlaub verbringen möchte, wird sogar vom Bahnhof Leibnitz abgeholt.
Speisen: Aufstriche, Belegtes Brot, Brettljause, Brüstl, Germmehlspeisen, Hauswurst, Käferbohnensalat, Käseauswahl, Leberstreichwurst, Verhackert
Weine: Sämling, Weißburgunder, Welschriesling, Riesling x Sylvaner, Zweigelt rose
Edelbrände: Apfel-, Birnen-, Kriecherl-, Pfirsich-, Zwetschken-, Traubenbrand
Fruchtsaft: Apfel-, Traubensaft

BUSCHENSCHANK STRABLEGG (194)

Inhaber: Franz **STRABLEGG**
Vulgoname: Pilch
Adresse: Eichberg-Trautenburg 54, **A-8454 ARNFELS**
Telefon: 03455/429, **Fax:** 03455/429
Busverbindung: Arnfels 3 km
Öffnungszeiten: von März bis Oktober; täglich von 15 Uhr bis 23 Uhr
Ab-Hof-Verkauf: Wein
Weinkost: auf Anfrage
Ausstattung: Innen 50 Sitzplätze, außen 60 Sitzplätze (Terrasse mit Weinlaube)
Anbaufläche: 12,5 ha
Wege: Wanderweg Nr. 4
Spielplatz: vorhanden
Sturm: ja
Kastanien: ja
Besonderheiten: Neben ihrem großen Bauernhof sind die Strableggs in ihrem gemütlichen Buschenschank um persönlichen Kontakt bemüht. Von der Terrasse mit Weinlaube hat man einen herrlichen Blick von der Hl. Geist Kirche (Slowenien) bis zur Koralpe. Die Weine von Weinbaumeister Strablegg sind mittlerweile bekannt durch die guten Plazierungen beim österreichischen Weinsalon und den Landesweinkosten.
Speisen: Aufstriche, selbstgebackenes Brot, Bauernjause, Belegtes Brot, Brettljause, Germmehlspeisen, Geselchtes, Hausbrot, Hausplatte, Hauswürstl, Kübelfleisch, Kürbiskernaufstrich, Leberpastete, Liptauer, Schmalzbrot, Schweinsbraten, Verhackert, Verhackertwürstl
Weine: Chardonnay/Morillon, Cuvee, Gelber Muskateller, Grüner Sylvaner, Müller Thurgau, Muskat Sylvaner/Sauvignon blanc, Muskateller, Rheinriesling, Ruländer/Grauburgunder, Sämling, Schilcher, Traminer, Weißburgunder, Welschriesling, Zweigelt blau

Verkaufstellen: Vinothek in Wien, Obersteiermark, Leibnitz, Graz
Sekt: Muskateller Sekt (je nach Saison), Schilcher Frizzante
Fruchtsaft: Apfel-, Traubensaft

BUSCHENSCHANK PETERL (195)

Inhaber: Johann **STRAMETZ**
Vulgoname: Peterl
Adresse: Greith 16, **A-8442 KITZECK**
Telefon: 03456/3616
Busverbindung: Haltestelle 200 m
nächster Bahnhof: Leibnitz

Öffnungszeiten: ganzjährig; täglich außer Di von 14 Uhr bis 23 Uhr
Ab-Hof-Verkauf: Wein, Kriecherlbrand
Ausstattung: Innen 40 Sitzplätze, außen 80 Sitzplätze
Anbaufläche: 1,5 ha
Wege: Wanderweg Nr. 8 und Nr. 7
Sturm: ja
Zufahrt: Kitzeck – ca. 2 km Richtung Demmerkogel, linke Seite
Besonderheiten: Gemütlich ruhige Lage inmitten der Weinberge. Die Weinfässer lagern in einem 400 Jahre alten Gewölbekeller, der einmal ein Zehentkeller war.
Speisen: Aufstriche, selbstgebackenes Brot, Belegtes Brot, Brettljause, Geselchtes, Grammelbrot, Kräutertopfen, Liptauer, Schinken, Schweinsbrüstl, Verhackert, Verhackertwürstl
Weine: Müller Thurgau, Sämling, Schilcher, Weißburgunder, Welschriesling, Zweigelt blau
Edelbrände: Apfel-, Birnen-, Kräuter-, Zwetschken-, Kriecherlbrand
Fruchtsaft: Apfel-, Traubensaft

BUSCHENSCHANK STRAUSS (196)

Inhaber: Herbert **STRAUSS**
Vulgoname: Wenzl
Adresse: Petzles 6, **A-8505 ST. NIKOLAI**
Telefon: 03456/3485
nächster Bahnhof: Leibnitz 8 km
Öffnungszeiten: ganzjährig; täglich außer Mi von 10 Uhr bis 23 Uhr
Ab-Hof-Verkauf: Wein, Edelbrände, Geselchtes
Weinkost: ja
Musik: Hausmusik
Ausstattung: Innen 100 Sitzplätze (auch überdachte Terrasse), außen 50 Sitzplätze
Anbaufläche: 4,5 ha
Wege: Wanderweg Nr. 5
Busse: ja – auf Anmeldung
Spielplatz: vorhanden
Sturm: ja
Kastanien: ja
Zufahrt: Autobahnabfahrt Leibnitz, nach der Weinbauschule Silberberg rechts Richtung St. Nikolai, in Muggenau (Haltestelle Kittenberg) links durch Neurath, beim Ortsanfang von Petzles auf der rechten Seite gelegen
Besonderheiten: Ein Bauernhof, als Familienbetrieb geführt, mit Hausschlachtung, bei der alle Produkte den Gästen zu Gute kommen. Diese seit über 20 Jahren bestehende Buschenschank, mit schöner Aussicht, wird gerne für Geburtstagsfeiern und Feste besucht. Hier wird noch Hausmusik gepflegt, bei der der Hausherr Herbert Strauss mit der Ziehharmonika die Gäste unterhält.
Speisen: Aufstriche, selbstgebackenes Brot, Bauernjause, Bauernsalat, Belegtes Brot, Brettljause, Germmehlspeisen, Geselchtes, Grammelaufstrich, Grammelfett, Hauswurst, Jause, Käferbohnensalat, Leberstreichwurst, Liptauer, Preß-

wurst, Rohschinken, Schinken, Schmalzbrot, Speck, Speckbrot, Steirisches Buffet, Verhackert, Verhackertwürstl
Weine: Chardonnay/Morillon, Muskateller, Rheinriesling, Ruländer/Grauburgunder, Schilcher, Traminer, Weißburgunder, Welschriesling, Zweigelt rose
Edelbrände: Obstler, Weichsel-, Traubenbrand
angesetzte Schnäpse: Kräuterschnaps
Sekt: Weißburgundersekt
Fruchtsaft: Apfel-, Traubensaft

BUSCHENSCHANK STROHMAIER (197)

Inhaber: Claudia **STROHMAIER**
Vulgoname: Schmiedfastl
Adresse: Höch 14, **A-8444 ST. ANDRÄ**
Telefon: 03456/2810

Busverbindung: Haltestelle 300 m (Sausalbus)
nächster Bahnhof: Leibnitz
Öffnungszeiten: ganzjährig; Fr, Sa, So von 14 Uhr bis 23 Uhr
Ab-Hof-Verkauf: Wein, Mostessig, Traubensaft
Ausstattung: Innen 80 Sitzplätze, außen 40 Sitzplätze
Anbaufläche: 1 ha
Wege: Wanderweg Nr. 2
Busse: auf Anfrage
Spielplatz: vorhanden
Sturm: ja
Kastanien: ja
Besonderheiten: An der gemauerten Schank bedient Sie mit viel Engagement Frau Claudia. Sie hat diesen Besitz vor einigen Jahren von der Oma übernommen. Mittlerweile steht hier ein neues Haus im ländlichen Stil mit großzügigen Räumlichkeiten in heller Esche ausgestattet und Dekoration an den Wänden. Von der sonnigen Terrasse, vor dem Haus, genießt man eine wunderschöne Aussicht Richtung Koralpe und Karawanken.
Speisen: Aufstriche, selbstgebackenes Brot, Käseauswahl, Leberstreichwurst, Liptauer, Verhackert, Verhackertwürstl, Knoblauchaufstrich
Weine: Müller Thurgau, Muskat Sylvaner/Sauvignon blanc, Weißburgunder, Welschriesling, Zweigelt blau
Fruchtsaft: Apfel-, Traubensaft
Sonstige Getränke: Hollersekt gespritzt

BUSCHENSCHANK E. U. E. STROHMEIER (198)

Inhaber: Erwin u. Elfriede **STROHMEIER**
Vulgoname: Trobi
Adresse: Oberfahrenbach 41, **A-8452 GROSSKLEIN**
Telefon: 03454/374 oder 463
Busverbindung: Haltestelle Großklein 6 km
Öffnungszeiten: von Februar bis Dezember; täglich außer Mo von 10 Uhr bis 22 Uhr
Ab-Hof-Verkauf: Wein, Säfte, Edelbrände
Weinkost: auf Anfrage
Ausstattung: Innen 90 Sitzplätze, außen 60 Sitzplätze (Terrasse)
Anbaufläche: 7 (ha)
Sturm: ja
Kastanien: ja
Zufahrt: A9-Abfahrt Leibnitz Richtung Arnfels, in Heimschuh links Richtung Großklein oder Oberfahrenbach der Beschilderung nach

Besonderheiten: Ruhigst liegt dieses Anwesen in einer herrlichen Landschaft mit Panoramablick (Hirschgehege). Die Gäste haben die Wahl im 200 Jahre alten Bauernhaus zu sitzen oder sich im ehemaligen Stall bewirten zu lassen. Dieses alte Gebäude mit Gewölben wurde umgebaut, rustikal und gemütlich mit einem Kachelofen eingerichtet. In den vier Gasträumen wird man von der Familie Strohmeier verwöhnt.
Speisen: selbstgebackenes Brot, zünftige Jause sowie Mehlspeisen
Weine: Gelber Muskateller, Rheinriesling, Chardonnay/Morillon, Müller Thurgau, Ruländer/Grauburgunder, Sämling, Traminer, Weißburgunder, Welschriesling, Zweigelt blau, Zweigelt rose
Edelbrände: Apfel-, Kriecherl-, Traubenbrand
Fruchtsaft: Apfel-, Traubensaft

BUSCHENSCHANK J. U. G. STROHMEIER (199)

Inhaber: Johann u. Gertrude **STROHMEIER**
Vulgoname: Kinihansl
Adresse: Eichberg 71, **A-8453 ST. JOHANN**
Telefon: 03455/6501
Busverbindung: St. Johann/Gündorf 500 m
Öffnungszeiten: ganzjährig; täglich außer Mo von 10 Uhr bis 23 Uhr
Ab-Hof-Verkauf: Wein, Edelbrände, Hausgemachtes vom Schwein
Ausstattung: Innen 40 Sitzplätze, außen 40 Sitzplätze

Anbaufläche: 2 ha
Sturm: ja
Kastanien: ja
Besonderheiten: In einer wunderschönen Lage mit einer Aussicht zur Koralpe bis Kärnten und Slowenien erstrahlt das alte Bauernhaus in neuem Glanz. Neben dem Weingarten wird noch eine kleine Wirtschaft mit Schweinen und Rindern betrieben. Für das leibliche Wohl der Stammgäste und Urlauber sorgt Frau Gertrude.
Speisen: Aufstriche, selbstgebackenes Brot, Bauernbuffet (auf Bestellung), Belegtes Brot, Brettljause, Buchteln, Brüstl, Geselchtes, Kübelfleisch, Leberaufstrich, Liptauer, Schmalzbrot, Speck, Verhackert, Verhackertwürstl
Weine: Altsteirischer Mischsatz, gemischter Satz – weiß, Chardonnay/Morillon, Müller Thurgau, Sämling, Schilcher, Weißburgunder, Welschriesling, Zweigelt blau
Verkaufstellen: Goldes Großklein
Edelbrände: Zwetschken-, Traubenbrand
angesetzte Schnäpse: Weichsel-, Schwarzbeerschnaps
Fruchtsaft: Apfelsaft

BUSCHENSCHANK STÜBINGER (200)

Inhaber: Johanna **STÜBINGER**
Vulgoname: Farber
Adresse: Wolfsberg i. Schw. 31, **A-8421 WOLFSBERG I. SCHW.**
Telefon: 03184/2467
Busverbindung: Haltestelle Wolfsberg 200 m (Weiß-Bus)
Öffnungszeiten: ganzjährig; täglich von 10 Uhr bis 22 Uhr,
Ausstattung: Innen 20 Sitzplätze
Anbaufläche: 0,25 ha
Zufahrt: A9-Abfahrt Lebring nach Wolfsberg i. Schwarzautal, gegenüber dem Schlachthof Scheucher
Besonderheiten: Mitten im Ort liegt die meist von Einheimischen besuchte kleine Buschenschank. Der Weingarten in Gamlitz/Eckberg, die Landwirtschaft hier beim Haus. Wenn sie einkaufen sind oder am Bauernhof die Arbeit überhand nimmt, wird die Buschenschank geschlossen. Wer weiß, wie lange noch ausgeschenkt wird, denn Nachfolger gibt es keine.
Speisen: Belegtes Brot, Brettljause, Geselchtes
Weine: Müller Thurgau, Welschriesling, Blauer Portugieser

BUSCHENSCHANK TEMMEL (201)

Inhaber: Franz u. Brigitte **TEMMEL**
Vulgoname: Kronerlschneider
Adresse: Sausal 57, **A-8444 ST. ANDRÄ**
Telefon: 03185/8235, **Fax:** 03185/8235
Busverbindung: Haltestelle Kreuzpeterl 1,5 km oder Sausalbus
nächster Bahnhof: Wettmannstätten 4 km

Öffnungszeiten: von März bis Dezember, Januar und Februar für Gesellschaften auf Anmeldung; täglich von 13 Uhr bis 23 Uhr
Ab-Hof-Verkauf: Wein, Edelbrände, Kernöl, Pfirsichnektar
Weinkost: ja
Musik: auf Bestellung
Ausstattung: Innen 50 Sitzplätze, außen 50 Sitzplätze
Anbaufläche: 3 ha
Spielplatz: vorhanden
Sturm: ja
Kastanien: ja
Zufahrt: Preding – Neudorf – Sausaler Weinstraße Richtung Demmerkogel
Besonderheiten: Ein gemütliches Haus in ruhiger, idyllischer Lage mit Blick auf den Waldschacher See. Als Silberbergabsolvent, Weinbau- und Kellermeister kann der Hausherr auf viele Auszeichnungen, wie auch Plazierungen im Salon verweisen. Neu ist auch der romantische Faßkeller als Schauweinkeller.
Speisen: Aufstriche, Bauernjause, Belegtes Brot, Eiaufstrich, Germmehlspeisen, Geselchtes, Grammelaufstrich, Grammelbrot, Hausplatte, Hauswürstl, Käferbohnensalat, Käse-

auswahl, Kräutertopfen, Leberstreichwurst, Liptauer, Ripperl, Rohschinken, saure Preßwurst, Schinken, Schmalzbrot, Schweinsbraten, Schweinsbrüstl, Speck, Speckbrot, Steirisches Buffet, Strauben, Verhackert, Verhackertwürstl

Weine: Altsteirischer Mischsatz, Cuvee, Müller Thurgau, Muskat Sylvaner/Sauvignon blanc, Sämling, Schilcher, Weißburgunder, Welschriesling, Zweigelt blau

Edelbrände: Birnen-, Kriecherl-, Pfirsich-, Zwetschken-, Traubenbrand, Slibowitz

Fruchtsaft: Apfel-, Traubensaft, Pfirsichnektar

BUSCHENSCHANK F. THIERSCHÄDL (202) *

BUSCHENSCHANK THIERSCHÄDL (203)

Inhaber: Josef u. Wilhelmine **THIERSCHÄDL**

Adresse: St. Veit a.V. 3, **A-8423 ST. VEIT A. V.**

Telefon: 03453/2406

Busverbindung: Haltestelle St. Veit a.V. 50 m

Öffnungszeiten: ganzjährig; täglich von 10 Uhr bis 22 Uhr, Sa und So nachmittags geschlossen

Ausstattung: Innen 20 Sitzplätze, außen 6 Sitzplätze

Anbaufläche: 1 ha

Zufahrt: A9-Abfahrt Vogau/Straß, in den Ort St. Veit a.V. entweder vor der Kirche zur Karosseriewerkstätte oder die Kirche umrunden zum Haus gegenüber der Konditorei

Besonderheiten: Viele ältere Leute kommen gerne zu Frau Wilhelmine, doch Samstag/Sonntag nachmittags möchte sie für die Familie Zeit haben. Trotz eines extra Buschenschankraumes sitzen ihre Stammgäste bei ihr in der Küche. Jeder hat seinen angestammten Sitzplatz. Sie ist immer für die Leute da und wurde für die Pensionisten zu ihrer „Königin". Die Weingärten liegen in Gamlitz.

Speisen: Aufstriche, Belegtes Brot, Brettljause, Selchwürstl

Weine: gemischter Satz – weiß, Schilcher

BUSCHENSCHANK TINNAUER (204)

Inhaber: Johann u. Rosa **TINNAUER**

Vulgoname: Roatn

Adresse: Labitschberg 42, **A-8462 GAMLITZ**

Telefon: 03453/2391, **Fax:** 03453/2391-23

Busverbindung: Haltestelle Gamlitz 4 km

nächster Bahnhof: Ehrenhausen 7 km

Öffnungszeiten: von Mitte Februar bis Dezember; täglich außer Mo

Ab-Hof-Verkauf: Wein, Edelbrände, Kernöl

Weinkost: auf Anfrage

Ausstattung: Innen 50 Sitzplätze (3 Räume), außen 50 Sitzplätze

Zimmer: 4 x 2; Urlaub am Weinbauernhof (4 Blumen)

Anbaufläche: 3,5 ha

Zufahrt: A9-Abfahrt Vogau/Straß, nach Gamlitz Richtung Leutschach, nach ca. 2 km rechts der Beschilderung nach Labitschberg

Besonderheiten: Wenige Kilometer außerhalb von Gamlitz inmitten von Weinbergen, läßt sich hier ein herrlicher Panoramablick genießen. In dem seit über 15 Jahren bestehenden Buschenschank werden sie von der Familie Tinnauer verwöhnt. Die fesche schwarzhaarige Frau Rosa legt auf naturnahe Küche Wert. Auch Pfingstmehlspeisen, wie die Poganize, oder ein steirisches Buffet gehören in ihr Programm. Ein „Enfant terrible" war Herr Johann früher und hat kräftig umgerührt in der Wein- und Schnapsszene. Er ist auch der Initiator der Steirischen Trilogie der Früch-

te. Als Obmann dieser Edelbrand-Präsentation vergibt er jährlich Auszeichnungen und eine Ausstellung von August bis Anfang November findet im Schloß Gamlitz statt. Natürlich kann auch Herr Tinnauer neben Wein-Auszeichnungen auf Schnaps-Medaillen und den Schnapsbrenner des Jahres verweisen.

Speisen: Aufstriche, Bauernsalat, Brettljause, Germmehlspeisen, Geselchtes, Käferbohnensalat, Käseauswahl, Kräutertopfen, Leberaufstrich, saure Preßwurst, Brüstl, Speck, Sulz, Verhackert, Verhackertwürstl, Holzhackeraufstrich, Luftgetrocknetes vom Schopf

Weine: Gelber Muskateller, Chardonnay/Morillon, Müller Thurgau, Muskat Sylvaner/Sauvignon blanc, Schilcher, Weißburgunder, Welschriesling, Zweigelt blau, Hauswein

Edelbrände: Apfel-, Kriecherl-, Marillen-, Holunder-, Himbeer-, Trebern-, Birnen-, Zwetschken-, Kriecherl-, Traubenbrand

Fruchtsaft: Apfelsaft

BUSCHENSCHANK WEIN- U. BLUMENHOF TRABOS (205)

Inhaber: Josef u. Gerti **TRABOS**

Vulgoname: Sobetz

Adresse: Kranach 30, **A-8462 GAMLITZ**

Telefon: 03454/430, **Fax:** 03454/6830

Busverbindung: Haltestelle Grenzbrücke 2 km

nächster Bahnhof: Ehrenhausen ca. 9,5 km

Öffnungszeiten: von Mitte Februar bis Mitte Dezember (letzter So vor 24. Dezember); täglich außer Mi, Do von 10 bis 23 Uhr

Ab-Hof-Verkauf: Wein, Edelbrände, Säfte

Weinkost: auf Anfrage

Ausstattung: Innen 110 Sitzplätze, außen 100 Sitzplätze (Terrasse)

Zimmer: im Ausbau

Anbaufläche: 5,2 ha

Busse: ja – auf Anmeldung

Sturm: ja

Kastanien: ja

Zufahrt: A9-Abfahrt Vogau/Straß, über Ehrenhausen, Gamlitz, über die B 69 in Richtung Leutschach, Eibiswald, rechts den Berg hinauf (beschildert)

Besonderheiten: Eine besonders herzliche und bemühte Familie, die nie stehen bleibt. Sie wollen Traditionelles mit Neuem verbinden, aber dabei alles wachsen lassen. Der Motor bei allem scheint Frau Gerti zu sein, die trotz der vielen Arbeit am Hof auch noch Zeit für die Politik findet. Als äußerst engagierte Frau ist sie stets bemüht, ihre Gäste mit hausgemachten Spezialitäten zu verwöhnen. Auch bei den Blumen hat sie ihren Ehrgeiz und wurde beim Landesblumenschmuckwettbewerb 1995 zum schönsten Buschenschank der Steiermark gekürt. Die Eltern legen Wert auf die Ausbildung der Töchter. Daher besuchen die Zwillinge die Weinbauschule Silberberg und helfen tüchtigst im Betrieb mit. Die dritte Tochter ist ebenfalls mit einem Weinbauern verheiratet. Als ruhige Ergänzung ist Herr Trabos in Sachen Wein in steter Entwicklung. Neben vielen anderen Preisen ist ihm der Einzug in den Salon gelungen.

Speisen: selbstgebackenes Brot, hausgemachte Spezialitäten wie: Brettljause, Belegtes Brot, Brüstlbrot, Aufstriche, Käseteller, saure Preßwurst, Käferbohnensalat, Kranacher Bauernsalat, Steirischer Tomatensalat, Weinstrauben, Krapfen, Buchteln, Polsterzipfel

Weine: Welschriesling, Müller Thurgau, Weißburgunder, Muskat Sylvaner/Sauvignon blanc, Chardonnay/Morillon, Muskateller, Sämling, Zweigelt blau, Schilcher, Blauburger

Edelbrände: Birnen-, Kriecherl-, Quitten-, Apfel-, Muskateller-, Zwetschkenbrand

Fruchtsaft: Apfel-, Trauben-, Holunderblüten-, Johannisbeersaft

BUSCHENSCHANK TRABOS (206)

Inhaber: Josef **TRABOS**

Vulgoname: Oberer Packer

Adresse: Kranach 44, **A-8463 LEUTSCHACH**

Telefon: 03454/6428

Öffnungszeiten: von April bis Oktober; Fr, Sa, So von 13 Uhr bis 22 Uhr

Ab-Hof-Verkauf: Wein, Obst

Ausstattung: Innen 30 Sitzplätze, außen 20 Sitzplätze

Anbaufläche: 2 ha
Sturm: ja
Kastanien: ja
Zufahrt: A9-Abfahrt Vogau nach Gamlitz Richtung Arnfels, kurz vor dem Karnerberg geht nach ca. 9 km rechts die Straße zu dieser Buschenschank (unbeschildert)
Besonderheiten: Eine bäuerliche Buschenschank mit herrlicher Aussicht – in der Nähe des Eichberghofes. Die Tierliebhaber finden hier Fasane, Hasen, Pfaue, Nachteulen, Wellensittiche, Pferde – um nur einige aufzuzählen. Nur mehr im kleinen Rahmen wird hier ausgeschenkt, da Frau Trabos alleine nicht mehr alles schafft, obwohl sie Kübelfleisch und das Brot selbst zubereitet. Vielleicht tritt der Enkel in ihre Fußstapfen.
Speisen: selbstgebackenes Brot, Belegtes Brot, Brettljause, Hauswurst, Kübelfleisch, Leberaufstrich, Verhackert
Weine: Gelber Muskateller, Sämling, Welschriesling
Fruchtsaft: Apfelsaft

GRENZBUSCHENSCHANK TRUNK (207)

Inhaber: Karl **TRUNK**
Adresse: Sulztal 47, **A–8461 EHRENHAUSEN**
Telefon: 03453/6813
Busverbindung: Haltestelle Sulztal-Eckberg ca. 1 km (Gendarmarie)
nächster Bahnhof: Ehrenhausen ca. 13 km
Öffnungszeiten: von April bis November; täglich von 10 Uhr bis 22 Uhr
Ab-Hof-Verkauf: Wein, Säfte, Edelbrände, Trauben
Weinkost: auf Anfrage (kommentiert)
Ausstattung: Innen 20 Sitzplätze, außen 50 Sitzplätze (Weinlaube)
Zimmer: 4 x 2
Anbaufläche: 3 ha
Wege: Wanderweg Nr. 6
Spielplatz: vorhanden
Sturm: ja
Kastanien: ja
Zufahrt: Von Gamlitz die Südsteirische Weinstraße über Eckberg Richtung Langegg, nach ca. 7 km links der Beschilderung nach.
Besonderheiten: Umgeben von drei Heiligen liegt dieser idyllische Buschenschank. In einem Weingarten der Familie Trunk steht die Hl. Cäcilia, beim slowenischen Nachbarn Laurencic der Hl. Johannes und beim slowenischen Dreisiebner der Hl. Georg. Vom lauschigen Platzerl mitten im Weingarten unter der Weinlaube hat man eine herrliche Rundumsicht nach Slowenien und zu den südsteirischen Weinhügeln. Die Grundgrenze ist gleichzeitig die Staatsgrenze und die Straße zum slowenischen Dreisiebner in 30 m Entfernung ist durch einen Schlagbaum getrennt. Der Weinbaubetrieb wurde 1835 gegründet, auch der Buschenschank besteht schon seit Jahrzehnten. Goldmedaillen von Schutzringweinkosten und Landesedelbrandkosten, auch von der Trilogie hängen an den Wände des Silberbergabsolventen, Weinbau- und Kellermeisters. Ein Sohn, auch Silberbergabsolvent tritt schon in die Fußstapfen des Vaters. Doch wenn sich die Jägerschaft hier trifft ist

nur der Hausherr zuständig. Seine liebenswerte Frau werkt meist im Hintergrund im Buschenschank, auch die Oma hilft mit, deren herrlichen Garten man beim Aufgang bewundern kann. Alle strahlen eine Herzlichkeit aus, wie auch das „lachende Weinetikett“ anläßlich eines Geburtstages des Hausherrn zeigt. Sonst zieren die Weinetiketten ein Bild des Grazer Malers August Trummer.
Speisen: Belegtes Brot, Brettljause, Germmehlspeisen, Käseauswahl, Kürbiskernaufstrich, Leberstreichwurst, saure Preßwurst, Brüstl, Speck, Verhackert, Verhackertwürstl, Bratlfett, Käsebrot
Weine: Gelber Muskateller, Chardonnay/Morillon, Müller Thurgau, Muskat Sylvaner/Sauvignon blanc, Sämling, Weißburgunder, Welschriesling, Zweigelt blau
Edelbrände: Apfel-, Kriecherl-, Himbeer-, Wein-, Birnen-, Zwetschken-, Kirschbrand
Fruchtsaft: Apfel-, Traubensaft

BUSCHENSCHANK TSCHEPPE (208)

Inhaber: Friedrich u. Maria **TSCHEPPE**
Adresse: Fötschach 127, **A-8463 LEUTSCHACH**
Telefon: 03454/395
Busverbindung: Leutschach 1,5 km
Öffnungszeiten: ganzjährig; täglich von 10 Uhr bis 23 Uhr
Ab-Hof-Verkauf: Wein, Edelbrände

Weinkost: ja
Ausstattung: Innen 100 Sitzplätze, außen 70 Sitzplätze
Zimmer: 3 x 2
Anbaufläche: 5,5 ha
Wege: Wanderweg Nr. 3
Busse: ja – auf Anmeldung
Sturm: ja
Kastanien: ja
Besonderheiten: Vom alten ins neue Haus gezogen bemüht sich dieser Familienbetrieb sehr um seine Gäste. Von der Terrasse genießt man eine traumhafte Rundumsicht von der Koralpe bis Slowenien.
Speisen: Aufstriche, selbstgebackenes Brot, Bauernjause, Belegtes Brot, Brettljause, Brüstl, Geselchtes, Grammelaufstrich, Hausplatte, Hauswürstl, Krapfen, Kräutertopfen, Leberpastete, Leberwurst, Liptauer, Schweinsbrüstl, Strauben, Verhackert, Verhackertwürstl
Weine: Chardonnay/Morillon, Grüner Sylvaner, Muskat Sylvaner/Sauvignon blanc, Muskateller, Rheinriesling, Sämling, Schilcher, Weißburgunder, Welschriesling, Zweigelt blau
Edelbrände: Birnen-, Kriecherl-, Trebern-, Weichselbrand, Grappa, Slibowitz
angesetzte Schnäpse: Kümmelschnaps
Fruchtsaft: Apfel-, Traubensaft

BUSCHENSCHANK TSCHERMONEGG (209)

Inhaber: Fam. **TSCHERMONEGG**
Adresse: Glanz 50, **A-8463 LEUTSCHACH**
Telefon: 03454/326, **Fax:** 03454/326-50
Busverbindung: Gasthof Mahorko ca. 1 km
Öffnungszeiten: von März bis Mitte Dezember; täglich außer Mi von 12 Uhr bis 22 Uhr, ab Ostern Mi ab 17 Uhr offen
Ab-Hof-Verkauf: Wein, Edelbrände, Säfte
Weinkost: ja
Ausstattung: Innen 80 Sitzplätze, außen 80 Sitzplätze
Zimmer: 1 x 1, 12 x 2
Anbaufläche: 11 ha
Wege: Weitwanderweg Nr. 3, Wanderweg 503 a, Kleeblattweg
Busse: auf Anfrage
Spielplatz: vorhanden
Sturm: ja
Kastanien: ja
Zufahrt: A9-Abfahrt Vogau/Straß, Ehrenhausen, Gamlitz, in Gamlitz links Richtung Eckberg/Glanz/Südsteirische Weinstraße, nach 7 Kilometern rechts direkt an der Weinstraße
Besonderheiten: Unübersehbar an der höchsten Stelle der Südsteirischen Weinstraße (Lubekogel 570 m) im Gemeindegebiet von Glanz, befindet sich der Familienbetrieb. Die

Rieden Pockenberg, Oberglanzberg und Pößnitzberg werden in der vierten Generation von der Familie Tschermonegg bearbeitet. Die vielen Medaillen und Auszeichnungen zeigen dem Kellermeister Erwin Tschermonegg, daß er am richtigen Weg ist. Seine duftige-saubere Linie spiegelt sich in jeder einzelnen Sorte wider. Im Buschenschank hat man die Möglichkeit neben alteingesessenen deftigen Speisen, vorzügliche südsteirische Schmankerln zu genießen. Von der südseitigen Terrasse hat man einen herrlichen Blick auf die umliegenden Weinhügeln bis hin nach Slowenien.

Speisen: Aufstriche, selbstgebackenes Brot, Bauernsalat, Belegtes Brot, Brüstl, Geselchtes, Grammelaufstrich, Hausplatte, Käferbohnensalat, Käseauswahl, Kräutertopfen, Leberaufstrich, Liptauer, saure Preßwurst, Speck, Verhackert, Bratlfettbrot, Strauben, Salate

Weine: Chardonnay/Morillon, Muskat Sylvaner/Sauvignon blanc, Ruländer/Grauburgunder, Sämling, Traminer, Weißburgunder, Welschriesling, Zweigelt blau, Zweigelt rose, Cabernet Sauvignon

Edelbrände: Apfel-, Birnen-, Kriecherl-, Zwetschken-, Kräuterbrand

Sekt: ja – Glanzer Brut (Muskateller Sekt)

Fruchtsaft: Apfel-, Trauben-, Johannisbeersaft

BUSCHENSCHANK F. TSCHERMONEG (210)

Inhaber: Franz **TSCHERMONEG**

Vulgoname: Klauscher

Adresse: Sulztal 32, **A-8461 EHRENHAUSEN**

Telefon: 03453/4057

Busverbindung: Haltestelle Brolli 200 m

nächster Bahnhof: Ehrenhausen 6,5 km

Öffnungszeiten: ganzjährig; täglich von 9 Uhr bis 22 Uhr

Ab-Hof-Verkauf: Wein, Kernöl, Trauben

Weinkost: auf Anfrage

Ausstattung: Innen 60 Sitzplätze, außen 80 Sitzplätze

Anbaufläche: 3 ha

Wege: Weitwanderweg Nr. 3, Sulztal Wanderweg Nr. 6

Busse: auf Anfrage

Sturm: ja

Kastanien: ja

Zufahrt: A9-Abfahrt Vogau/Straß über Ehrenhausen und Gamlitz ca. 6,5 km die Weinstraße Richtung Langegg liegt linkerhand das Haus

Besonderheiten: Beim grünen Haus auf einer kleinen Kuppe direkt an der Weinstraße gelegen spielt es sich im Herbst ab. Für Sturm und Maroni ist hier eine beliebte Anlaufstelle. Doch auch sonst sorgt die Oma mit Hilfe von

Maria für das leibliche Wohl. Ihre Spezialität – die Stangelkrapfen. Der Hausherr ist voll eingesetzt, untertags auswärts, abends hilft er fleißigst mit und am Wochenende kommen noch die Weingarten- und Kellerarbeit dazu. An der Gemeindegrenze von Eckberg und Sulztal gelegen hat man einen herrlichen Rundumblick von der Koralm über Slowenien bis in die Oststeiermark. Weinbau und Buschenschank gibt es hier schon jahrzehntelang. Das straßenseitig gelegene alte Kellerstöckel wird gerne für geschlossene Gesellschaften genützt. Im Buschenschankraum steht eine alte Zieharmonika für die vielen Stammgäste bereit.

Speisen: Belegtes Brot, Brettljause, Grammelbrot, Leberaufstrich, Liptauer, saure Preßwurst, Brüstl, Verhackertwürstl, Geselchtes, Ripperl, Strauben, Spagatkrapfen

Weine: Gelber Muskateller, Muskat Sylvaner/Sauvignon blanc, Traminer, Welschriesling

Fruchtsaft: Traubensaft

BUSCHENSCHANK TUSCHER (211)

Inhaber: Willi u. Maria **TUSCHER**

Adresse: Schönegg 10, **A-8451 HEIMSCHUH**

Telefon: 03452/86333

Busverbindung: Heimschuh ca. 3 km

Öffnungszeiten: von Februar bis Dezember; Sa, So, Juli geschlossen

Ab-Hof-Verkauf: Wein, Obst

Weinkost: auf Anfrage

Musik: Hausmusik auf Wunsch
Ausstattung: Innen 20 Sitzplätze (3 Räume), außen 20 Sitzplätze (Garten, Terrasse)
Anbaufläche: 2 ha
Busse: auf Anfrage
Sturm: ja
Kastanien: ja
Zufahrt: A9-Abfahrt Leibnitz
Besonderheiten: Bei diesem Familienbetrieb mit fünf Kindern, in der Nähe des Schlosses Seggau, in ruhiger Lage gelegen, kommen alt und jung auf ihre Kosten. Die Kinder können nach Herzenslust toben. Für Stimmung sorgt der humorvolle Hausherr Willi. Frau Maria und die Oma versorgen die Gäste mit Hausgemachtem vom eigenen Bauernhof. Die Weingärten liegen in Grubtal und Labitschberg.
Speisen: Aufstriche, selbstgebackenes Brot, Belegtes Brot, Brettljause, Selchwürstl
Weine: Gelber Muskateller, Müller Thurgau, Weißburgunder, Welschriesling, Zweigelt blau
Edelbrände: Zwetschkenbrand
Fruchtsaft: Apfelsaft

BUSCHENSCHANK ULBL (212)

Inhaber: Sophie **ULBL**
Vulgoname: Schlosser
Adresse: Mattelsberg 36, **A-8452 GROSSKLEIN**
Telefon: 03456/2285
Busverbindung: Haltestelle Großklein 1,5 km
Öffnungszeiten: ganzjährig; täglich von 16 Uhr bis 22 Uhr
Ab-Hof-Verkauf: Wein
Ausstattung: Innen 45 Sitzplätze, außen 45 Sitzplätze
Sturm: ja
Kastanien: ja
Zufahrt: A9-Abfahrt Leibnitz Richtung Arnfels, in Großklein beim Feuerwehrhaus rechts ca. 1 km den Berg hinauf (beschildert)
Besonderheiten: Auch zu dieser schön gelegenen Buschenschank kommen mehr Einheimische, die schon wissen wann die Hausleute offen haben. Denn die Landwirtschaft und die Außenarbeiten lassen keine fixen Zeiten zu.
Speisen: Belegtes Brot, Brettljause, Buchteln, Selchwürstl
Weine: gemischter Satz – weiß, Zweigelt blau

BUSCHENSCHANK WARGA-HACK (213)

Inhaber: Rainer u. Elisabeth **HACK**
Vulgoname: Stupper
Adresse: Gauitsch 20, **A-8442 KITZECK**
Telefon: 03456/2282, **Fax:** 03456/2282-20
Busverbindung: Haltestelle vor dem Haus
Öffnungszeiten: von März bis November; Mi bis So
Ab-Hof-Verkauf: Wein, Edelbrände, Säfte, Obst
Weinkost: auf Anfrage
Ausstattung: Innen 60 Sitzplätze, außen 80 Sitzplätze (Terrasse, Weinlaube)
Zimmer: 1 x 1, 4 x 2, 1 x 3

Anbaufläche: 9 ha
Wege: Wanderweg Nr. 1
Busse: auf Anfrage
Spielplatz: vorhanden
Sturm: ja
Kastanien: ja
Zufahrt: A9-Abfahrt Leibnitz in Richtung Gleinstätten bis Fresing, dann rechts nach Kitzeck (Beschilderung)
Besonderheiten: Mit Blick auf die Weingärten oder die Kirche von Kitzeck genießt man als Feriengast oder als Buschenschankbesucher dieses Traditionshaus. Für kühlere Tage gibt es gemütliche Plätze am offenen Kamin. Die Buschenschank besteht seit 1955. Das Weingut ist seit 1919 im Familienbesitz. Senior Peter Warga baute es auf und

agierte noch als Bürgermeister und Vizebürgermeister. Seinc besondere Liebe galt den Edelbränden. Enkel Rainer setzt diese Tradition weiter fort. Mit den Eltern zusammen führt mittlerweile der engagierte junge Silberbergabsolvent den Betrieb. Als geistigen Ziehvater nennt der junge Mann Franz Hirschmugl, von dem er auch die Riede „Wilhelmshöhe" gepachtet hat. Mit dem Weinpionier Hirschmugl findet ein reger Weingedankenaustausch statt. Mitgliedsbetrieb der steirischen Hoheit.

Speisen: Brettljause, Brüstl, Buchteln, Geselchtes, Grammelfett, Käferbohnensalat, Käseauswahl, Kürbiskernaufstrich, Leberwurst, saure Preßwurst, Verhackert, Blutwurst, Zwiebelkuchen

Weine: gemischter Satz – weiß, Chardonnay/Morillon, Müller Thurgau, Muskat Sylvaner/Sauvignon blanc, Rheinriesling, Ruländer/Grauburgunder, Weißburgunder, Welschriesling, Zweigelt blau

Edelbrände: Kriecherl-, Marillen-, Pfirsich-, Weichsel-, Zwetschken-, Himbeer-, Quitten-, Kirsch-, Holunder-, Vogelbeer-, Schlehdornbrand

angesetzte Schnäpse: Weichsel-, Kräuter-, Nuß-, Schlehdornlikör

Fruchtsaft: Apfel-, Traubensaft, Pfirsichnektar

BUSCHENSCHANK WASMAYR (214)

Inhaber: Josef **WASMAYR**
Vulgoname: Lambauer
Adresse: Flamberg 41, **A-8505 ST. NIKOLAI**
Telefon: 03185/2869, **Fax:** 03185/2869
Busverbindung: Tillmitsch 3 km
nächster Bahnhof: Leibnitz
Öffnungszeiten: April bis Oktober, auf telefonische Anmeldung
Ab-Hof-Verkauf: Wein, Edelbrände
Weinkost: ja
Ausstattung: Innen 30 Sitzplätze, außen 16 Sitzplätze
Anbaufläche: 1 ha
Spielplatz: vorhanden
Sturm: ja
Kastanien: ja
Zufahrt: Autobahnabfahrt Leibnitz, Richtung Gleinstätten, zweite große Kreuzung rechts Richtung Tillmitsch, Obertillmitsch, Maxlon, Flamberg
Besonderheiten: Die Spezialitäten, vorwiegend biologische Produkte, wechseln je nach Jahreszeit. In kultivierter Atmosphäre laden Sie ein Gastraum mit offenem Kamin, eine Weinlaube und ein schöner Arkadenhof zum Verweilen ein.

Speisen: selbstgebackenes Brot, Hausbrot, Jause, Liptauer, saure Preßwurst, Schinken, Speck, Speckbrot, Verhackert, Verhackertwürstl
Weine: Schilcher, Weißburgunder, Welschriesling
Edelbrände: Birnen-, Kriecherl-, Zwetschkenbrand
Most: ja
Fruchtsaft: Apfel-, Traubensaft

BUSCHENSCHANK WECHTITSCH (215)

Inhaber: Fam. **WECHTITSCH**
Vulgoname: Zuser
Adresse: Oberfahrenbach 43, **A-8452 GROSSKLEIN**
Telefon: 03454/354
Busverbindung: Haltestelle Großklein
Öffnungszeiten: ganzjährig; täglich
Ab-Hof-Verkauf: Wein, Säfte
Weinkost: auf Anfrage
Ausstattung: Innen 200 Sitzplätze, außen 100 Sitzplätze (Terrasse)
Anbaufläche: 7 ha
Busse: auf Anfrage
Spielplatz: vorhanden
Sturm: ja

Kastanien: ja
Zufahrt: A9-Abfahrt Leibnitz Richtung Arnfels, am Ortsanfang von Großklein der Beschilderung nach den Berg hinauf

Besonderheiten: In der Nähe der Kreuzbergwarte von Pappeln umsäumt liegt diese seit 1957 weithin bekannte Buschenschank. Ausflugsbusse und Reisegruppen werden hier bestens versorgt. Auf Wunsch werden Sie von den Hausleuten, dem Kreuzbergduo „Gabi und Franz“ unterhalten. Mittlerweile gibt es auch eine Vinothek im Kellerstöckl mit Weinverkostung und Verkauf.
Speisen: Aufstriche, Bauernsalat, Belegtes Brot, Brettljause, Germmehlspeisen, Hausplatte, saure Preßwurst, Selchwürstl, Zunge, Stelze
Weine: Gelber Muskateller, Müller Thurgau, Muskat Sylvaner/Sauvignon blanc, Ruländer/Grauburgunder, Sämling, Schilcher, Weißburgunder, Welschriesling, Zweigelt blau
Fruchtsaft: Apfel-, Holunderblüten-, Traubensaft

BUSCHENSCHANK CRAMER – WEINGUT ALBERT SEIT 1848 (216)

Inhaber: Weinbaumeister Christian v. **CRAMER**
Vulgoname: Weingut Albert
Adresse: Gauitsch 19, **A-8442 KITZECK**
Telefon: 03456/2239 **Fax:** 03456/3456
Busverbindung: Haltestelle Kitzeck 200 m
nächster Bahnhof: Leibnitz ca. 15 km
Öffnungszeiten: von März bis Dezember, Januar, Februar auf Anmeldung; täglich außer Do von 14 Uhr bis 22 Uhr
Ab-Hof-Verkauf: Wein, Edelbrände, Kernöl, Sekt
Weinkost: auf Anmeldung
Ausstattung: Innen 35 Sitzplätze, außen 60 Sitzplätze
Zimmer: 3 x 2
Anbaufläche: 8 ha

Wege: Wanderweg Nr. 1
Spielplatz: vorhanden
Sturm: ja
Zufahrt: A9-Abfahrt Leibnitz, Richtung Gleinstätten. In Fresing rechts den Berg hinauf, beim Tischlerwirt rechts wenige Hundert Meter der Beschilderung nach
Besonderheiten: Der Weinbau hat in diesem Hause schon langjährige Tradition. Die Weinkompetenz und der südsteirische Charme von Vater Wilfried Cramer sind bestens bekannt. Nun führt Sohn Christian, Silberbergabsolvent, Weinbau- und Kellermeister, das Regiment, unterstützt nachwievor von den Eltern. Für die Anekdoten ist immer noch der „Friedl“ zuständig. Weinseminare werden nach Anmeldung abgehalten und Weinproben im über 300 Jahre alten Keller sind ebenfalls möglich. In der kalten Jahreszeit sitzt man in der holzgetäfelten Stube, die viel Atmosphäre ausstrahlt. Von den Plätzen im Freien, am Hügel gelegen, hat man den Blick auf die gegenüberliegende Kitzecker Hügel oder rundum auf die Hügel des Sausals. Die humorvollen Anekdoten des Seniorchefs gibt es auch in einem Bücherl zusammengefaßt.
Speisen: Brettljause, Käseplatte, Rohschinken, Verhackert, Liptauer, Leberpastete, Käsebrot, Sulz, Apfelkrapfen, Hühnersulz
Weine: Müller Thurgau, Muskat Sylvaner/Sauvignon blanc, Muskateller, Sämling, Roter Traminer, Weißburgunder, Welschriesling, Zweigelt blau, Blauer Burgunder, Grauburgunder, Trebien (gemischter Satz)
Verkaufstellen: verschiedene Vinotheken in BRD (Fulda, Kassel, Illertissen, Passau, Ulm)
Edelbrände: Apfel-, Birnen-, Kriecherl-, Nuß-, Pfirsich-, Trebern-, Wein-, Zwetschken-, Wildkirch-, Holunder-, Quittenbrand, Grappa
Sekt: Schilcher-, Rieslingsekt
Fruchtsaft: Apfel-, Traubensaft

BUSCHENSCHANK WEISS-WELLE (217)

Inhaber: Roland u. Edith **WEISS**
Vulgoname: Pestemer
Adresse: Glanz 28, **A-8463 LEUTSCHACH**
Telefon: 03454/243, **Fax:** 03454/243
Busverbindung: Langegg 1 km
Öffnungszeiten: ganzjährig; täglich außer Di von 10 Uhr bis 22 Uhr

Ab-Hof-Verkauf: Wein
Weinkost: auf Anfrage
Ausstattung: Innen 40 Sitzplätze, außen 40 Sitzplätze
Anbaufläche: 2,5 ha
Spielplatz: vorhanden
Sturm: ja
Kastanien: ja

Besonderheiten: An der Klapotezstraße, in der Nähe des Grenzüberganges Langegg, liegt dieser seit vielen Jahren bestehende Buschenschank ruhig und gemütlich mit Blick ins slowenische Weinland. Daneben gibt es noch einen landwirtschaftlichen Betrieb mit allerlei Tieren. Schutzringbetrieb.
Speisen: Belegtes Brot, Brettljause, Bauernsalat, Käsebrot, Geselchtes, Grammelbrot, Leberwurst, Liptauer, Schweinsbrüstl, Speckbrot, Verhackertwürstl, saures Rindfleisch mit Kernöl, Klapotezbrot
Weine: Chardonnay/Morillon, Müller Thurgau, Muskat Sylvaner/Sauvignon blanc, Sämling, Traminer, Weißburgunder, Welschriesling
Fruchtsaft: Apfel-, Holunderblüten-, Ribisel-, Traubensaft

BUSCHENSCHANK WIEDNER (218)

Inhaber: Johann **WIEDNER**
Vulgoname: Kogelhaider
Adresse: Obergreith 67, **A–8455 Oberhaag**
Telefon: 03465/3368
Öffnungszeiten: ganzjährig; täglich von 16 Uhr bis 22 Uhr
Ab-Hof-Verkauf: Wein
Ausstattung: Innen 25 Sitzplätze, außen 20 Sitzplätze
Sturm: ja
Zufahrt: A9-Abfahrt Leibnitz und Gleinstätten, links über Gasselsdorf – St. Ulrich der Beschilderung nach den Berg hinauf
Besonderheiten: Ein kleiner Buschenschank, mehr von Einheimischen besucht. Die Hausleute haben viel in der Landwirtschaft und auswärts zu arbeiten, daher ist nicht immer geöffnet. Wie es im nächsten Jahr ist und ob die Jugend weitermacht, ist ungeklärt.
Speisen: Belegtes Brot, Brettljause
Weine: gemischter Satz – weiß

BUSCHENSCHANK WIESER (219)

Inhaber: Reinhold u. Gertrud **WIESER**
Vulgoname: König
Adresse: Kranach 10, **A-8463 LEUTSCHACH**
Telefon: 03454/359, **Fax:** 03454/359-5
Öffnungszeiten: ganzjährig; täglich außer So, Mo, von 9 Uhr bis 23 Uhr, Oktober Ruhetag Mo
Ab-Hof-Verkauf: Wein, Sekt
Weinkost: auf Anfrage
Musik: auf Bestellung (Ziehharmonika im Haus)
Ausstattung: Innen 150 Sitzplätze (2 Gasträume), außen 40 Sitzplätze (Terrasse)

Anbaufläche: 5 ha
Busse: auf Anfrage
Sturm: ja
Kastanien: ja
Zufahrt: A9-Abfahrt Vogau/Straß, Ehrenhausen, Gamlitz, Kranachberg, am Karnerberg rechts ca. 50 m (Beschilderung)
Besonderheiten: Ein ruhig gelegenes Weingut mit Blick über die Weingärten bis zur slowenischen Grenze. Ein Service ist die problemlose Zustellung des Weines im In- und Ausland und verstärkt wird in die Gastronomie geliefert.

Seit kurzem wird das Weingut und der Buschenschank vom Jungweinbauer Reinhold und seiner Frau Gertrud mit viel Schwung geführt.

Speisen: Aufstriche, Belegtes Brot, Brettljause, Brüstl, Grammelaufstrich, Hausplatte, Hauswürstl, Käseauswahl, Leberstreichwurst, Liptauer, Schmalzbrot, Schweinsbrüstl, Krapfen, Verhackert, Verhackertwürstl

Weine: Cuvee, Müller Thurgau, Muskat Sylvaner/Sauvignon blanc, Chardonnay/Morillon, Muskateller, Sämling, Schilcher, Traminer, Weißburgunder, Welschriesling, Zweigelt blau, Zweigelt rose, Blaufränkischer

Verkaufstellen: viele Verkaufsstellen in ganz Österreich

Edelbrände: Slibowitz, Weichselbrand

Fruchtweine: aromatisierter Wein, Pfirsichspritzer rot und weiß

Fruchtsaft: Apfel-, Holunder-, Traubensaft

BUSCHENSCHANK WOHLMUTH (220)

Inhaber: Gerhard u. Maria **WOHLMUTH**

Adresse: Fresing 24, **A-8442 KITZECK**

Telefon: 03456/2303, **Fax:** 03456/2121

Busverbindung: Haltestelle Kapelle 50 m (Sausalbus)

Öffnungszeiten: von April bis Dezember; Fr, Sa von 16 Uhr bis 23 Uhr, andere Zeit gegen Voranmeldung

Ab-Hof-Verkauf: Wein, Edelbrände, Sekt

Weinkost: auf Anfrage

Ausstattung: Innen 25 Sitzplätze

Anbaufläche: 10,5 ha

Zufahrt: A9-Abfahrt Leibnitz, Richtung Gleinstätten. In Fresing bei der Kapelle rechts, nach ca. 50 m Weingut links

Besonderheiten: Das seit 1803 im Familienbesitz befindliche Weingut wird heute von Gerhard und Maria Wohlmuth mit viel Engagement bewirtschaftet. Hier wird ebenfalls auf Qualitätsweinbau Wert gelegt und nur aus der Bouteille ausgeschenkt. Konsequent ist Herr Wohlmuth auf der Suche nach neuen Märkten, überall aktiv, von der Handelskammer bis zu Messen und auf Weinkarten bei Hotels im In- und Ausland zu finden. Das alles ist nur möglich, weil seine attraktive und tüchtige Frau Maria ihm zur Seite steht. Sie zaubert kreative Schmankerln und schupft einfach alles zu Hause mit den drei Kindern. Außerdem ist sie die perfekte Weinfachfrau und auf Messen ebenso präsent. Der Junior Gerhard ist auch schon in den Wein-Fußstapfen und hilft mit den Großeltern kräftig mit. Übrigens die Wohlmuth-Weinflaschen zierte schon vor der Idee der „Steirerflasche“ das Familienwappen als Glasbrand. Ein weiteres Markenzeichen des Hauses sind die jährlich wechselnden Künstleretiketten auf den Weinflaschen. Beim World Wine Championship in Chicago wurde Wohlmuth als das höchstprämierte Weingut der Steiermark ausgezeichnet.

Speisen: Aufstriche, Belegtes Brot, Brettljause, Verhackert, Leberpastete, Topfenaufstrich, steirische Schmankerl wie Zwiebling (Zwiebelstreichwurst)

Weine: Chardonnay/Morillon, Muskat Sylvaner/Sauvignon blanc, Muskateller, Rheinriesling, Ruländer/Grauburgunder, Schilcher, Weißburgunder, Welschriesling, Zweigelt blau, Cabernet Sauvignon, Blaufränkisch, Elitär (Barrique Weine)

Edelbrände: Traubenbrände

Sekt: Jahrgangssekt (Chardonnay)

BUSCHENSCHANK WÖLFL (221)

Inhaber: Maria Anna **SCHILCHER**

Vulgoname: Wölfl

Adresse: Oberfahrenbach 49, **A-8452 GROSSKLEIN**

Telefon: 03456/2629

Busverbindung: Großklein 4 km

Öffnungszeiten: ganzjährig; täglich von 13 Uhr bis 22 Uhr

Ab-Hof-Verkauf: Wein, Säfte, Edelbrände

Weinkost: auf Anfrage

Ausstattung: Innen 25 Sitzplätze, außen 25 Sitzplätze

Anbaufläche: 4 ha
Sturm: ja
Kastanien: ja
Zufahrt: Autobahnabfahrt Leibnitz Richtung Arnfels, am Ortsbeginn von Großklein beim „Klapotez-Schilderwald" links, bei der nächsten Gabelung wieder links, dann der Beschilderung den Berg hinauf
Besonderheiten: Dies ist eines der ältesten Hofensembles in dieser Gegend. Man sagt, daß die Häuser, die den „Eichenkranz" noch haben, vom Türkenkrieg verschont geblieben sind. Seit 1900 ist das Anwesen im Besitz der Familie Schilcher. Die Rauchkuchl ist nur zum Besichtigen, getafelt wird

in der Kachelofenstube und wenn man Glück hat, spielen die „Stani Brüder" aus Sauberg auf oder der Bud Spencer ähnliche Juniorchef bedient selbst. Von den Sitzbänken im Freien hat man einen weiten Blick ins Sulmtal. Mittlerweile gibt es in diesem qualitätsorientierten Weinbaubetrieb einen neuen modernen Keller. Das zweite Standbein des Josef Schilcher sind seine Edelbrände, mit denen er bei der Trilogie Preise erreichte. Schutzringbetrieb.
Speisen: selbstgebackenes Brot, Belegtes Brot, Brettljause, Geselchtes, Grammelaufstrich, Leberstreichwurst, Liptauer, Verhackert
Weine: Gelber Muskateller, Müller Thurgau, Muskat Sylvaner/Sauvignon blanc, Sämling, Chardonnay/Morillon, Weißburgunder, Welschriesling, Zweigelt blau
Edelbrände: Apfel-, Kriecherl-, Pfirsich-, Trebern-, Zwetschken-, Mispel-, Quittenbrand
angesetzte Schnäpse: Weichselschnaps
Fruchtsaft: Apfel-, Traubensaft

BUSCHENSCHANK WUKONIG (222) *

BUSCHENSCHANK WURZINGER (223)

Inhaber: Johann u. Gertrude **WURZINGER**
Vulgoname: Puff
Adresse: Leibnitzer Straße 36, **A-8403 LEBRING**
Telefon: 03182/7168
Busverbindung: Lebring
nächster Bahnhof: Lebring
Öffnungszeiten: ganzjährig; täglich von 8 Uhr bis 23 Uhr
Ab-Hof-Verkauf: Wein, Frischfleisch, Geselchtes, Wurst
Weinkost: auf Anfrage
Ausstattung: Innen 150 Sitzplätze, außen 50 Sitzplätze (Terrasse)
Anbaufläche: 3,2 ha
Wege: Murradweg R 2, Römerradweg R 6
Busse: auf Anfrage
Spielplatz: vorhanden
Sturm: ja
Kastanien: ja
Besonderheiten: Die Buschenschank liegt an zwei Radwanderwegen (R 2 – Murradweg, R 6 – Römerradweg). Der Betrieb besteht seit 1856, die Buschenschank seit über 20 Jahren. Die großen Räumlichkeiten bieten Ausflugsbussen gute Möglichkeiten einzukehren. Durch die ruhige Lage können sich auch Kinder austoben. In der angeschlossenen Landwirtschaft werden alle Produkte selbst erzeugt. Jeden ersten des Monats gibt es Frischfleischverkauf (Vorbestellung).
Speisen: Aufstriche, selbstgebackenes Brot, Belegtes Brot, Geselchtes, Hauswurst, Jause, Käseauswahl, Leberpastete, Liptauer, Schweinsbrüstl, Speck, Speckbrot, Verhackert, Verhackertwürstl, Steirisches Buffet (auf Bestellung), Käsewurst, Trockenwurst
Weine: gemischter Satz – weiß, Muskateller, Traminer, Muskat Sylvaner/Sauvignon blanc, Ruländer, Weißburgunder, Welschriesling, Zweigelt blau
Fruchtsaft: Apfel-, Johannisbeersaft

BUSCHENSCHANK WUTTI (224)

Inhaber: Ernst u. Margarethe **WUTTI**
Vulgoname: Gödl
Adresse: Eichberg-Trautenburg 87, **A-8463 LEUTSCHACH**
Telefon: 03454/301

Busverbindung: Leutschach 1,5 km
Öffnungszeiten: ganzjährig; täglich von 9 Uhr bis 23 Uhr
Ab-Hof-Verkauf: Wein, Edelbrände, Fleischprodukte, Kernöl
Weinkost: ja
Ausstattung: Innen 70 Sitzplätze, außen 70 Sitzplätze
Anbaufläche: 9 ha
Busse: auf Anfrage
Spielplatz: vorhanden
Sturm: ja
Kastanien: ja
Zufahrt: A9-Abfahrt Vogau, über Ehrenhausen, Gamlitz, nach Leutschach. Dort ca. 2 km Richtung Arnfels, dann wenige Meter rechts hinauf der Beschilderung nach
Besonderheiten: Idyllisch liegt dieser Buschenschank, der seit 1954 als Familienbetrieb geführt wird. Der Wein wird trotz der großen Mengen noch großteils in Fässern gelagert. Der über 120 Jahre alte und 35 m hohe Kastanienbaum ist das besondere Merkmal dieses Betriebes.

Speisen: Aufstriche, Bauernbuffet, selbstgebackenes Brot, Bauernjause, Belegtes Brot, Brettljause, Geselchtes, Hauswurst, Kübelfleisch, Leberaufstrich, Preßwurst, Rohschinken, Verhackert, Verhackertwürstl, fallweise Mehlspeisen
Weine: Chardonnay/Morillon, Müller Thurgau, Muskateller, Ruländer/Grauburgunder, Sämling, Schilcher, Traminer, Weißburgunder, Welschriesling, Zweigelt blau
Verkaufstellen: Feldkirchen (Kärnten), Hörbranz (Vorarlberg), Bad Aussee
Edelbrände: Grappa, Pfirsich-, Zwetschkenbrand
angesetzte Schnäpse: Schwarzbeerschnaps
Fruchtsaft: Traubensaft

BUSCHENSCHANK ZACH (225)

Inhaber: Johann u. Susanne **ZACH**
Vulgoname: Weber
Adresse: Wagnastraße 106, **A-8435 WAGNA**
Telefon: 03452/76265
Öffnungszeiten: von November bis Mai; täglich von 10 Uhr bis 23 Uhr
Ab-Hof-Verkauf: Wein, Sturm
Ausstattung: Innen 25–30 Sitzplätze
Sturm: ja
Kastanien: ja
Besonderheiten: Zur Sturmzeit wird aufgesperrt und geöffnet ist, solange der Weinvorrat reicht.
Speisen: Aufstriche, Bauernjause, Brettljause, Hauswürstl, Jause
Weine: gemischter Satz – weiß

BUSCHENSCHANK ZECK (226)

Inhaber: Josef u. Klaudia **ZECK**
Vulgoname: Resch
Adresse: Eichberg 64, **A-8453 St. Johann i.S.**
Telefon: 03456/3038 (privat)
Busverbindung: St. Johann i.S. 2 km
Öffnungszeiten: von April bis November; Sa, So von 13 Uhr bis 23 Uhr, sonst nach Vereinbarung
Ab-Hof-Verkauf: Wein, Edelbrände, Geselchtes, Kernöl
Weinkost: ja
Musik: auf Bestellung
Anbaufläche: 1,5 ha
Wege: Wanderweg Nr. 4
Spielplatz: vorhanden

Sturm: ja
Kastanien: ja
Besonderheiten: Im ruhig gelegenem Weingartenhaus am Eichberg wird ausgeschenkt. Sie bevorzugen den sanften Tourismus und eine gemütliche Atmosphäre. Der Weingarten war bis 1793 im Eigentum der Herrschaft Arnfels, seit 1873 im Familienbesitz der Familie Zeck.
Speisen: Aufstriche, Bauchfleisch, Belegtes Brot, Brettljause, Geselchtes, Hausplatte, Hauswürstl, Käseauswahl, Kübelfleisch, Kürbiskernaufstrich, Leberpastete, Leberstreichwurst, Liptauer, Nußpotitze, Ripperl, Verhackert, Verhackertwürstl
Weine: Müller Thurgau, Muskateller, Ruländer/Grauburgunder, Sämling, Schilcher, Weißburgunder, Welschriesling, Zweigelt blau
Edelbrände: Weinbrand
Fruchtsaft: Traubensaft

BUSCHENSCHANK F. U. A. ZITZ (227)

Inhaber: Franz u. Aloisia **ZITZ**
Vulgoname: Pauritsch
Adresse: Fötschach 49, **A-8463 LEUTSCHACH**
Telefon: 03454/402

Öffnungszeiten: ganzjährig; täglich außer Di von 10 Uhr bis 21 Uhr
Ab-Hof-Verkauf: Wein, Edelbrände
Weinkost: auf Anfrage
Musik: Hausherr Musiker
Ausstattung: Innen 80–100 Sitzplätze, Sitzgelegenheit im Freien
Anbaufläche: 2 ha
Wege: Wanderweg Nr. 3 und Nr. 4
Busse: auf Anmeldung
Spielplatz: vorhanden
Sturm: ja
Kastanien: ja
Besonderheiten: In ruhiger Lage, umgeben von Weinbergen kann es lustig hergehen, wenn der Hausherr aufspielt. Er spielt sogar in einer Band mit.
Speisen: Brettljause, Geselchtes, Verhackert, Verhackertwürstl
Weine: Bacchus, Müller Thurgau, Rheinriesling, Sämling, Zweigelt blau
Edelbrände: Kriecherlbrand
Fruchtsaft: Pfirsichnektar

BUSCHENSCHANK G. ZITZ (228)

Inhaber: Gertrude **ZITZ**
Vulgoname: Jauschnegg
Adresse: Eichberg 61, **A-8454 ARNFELS**
Telefon: 03455/8264
Öffnungszeiten: ganzjährig; täglich von 10 Uhr bis 23 Uhr
Ab-Hof-Verkauf: Wein, Edelbrände, Saft, Obst, Geselchtes, Rindfleisch, Würstl, Verhackert
Weinkost: ja
Musik: auf Bestellung
Ausstattung: Innen 50 Sitzplätze, Sitzgarten
Zimmer: 4 x 2, Urlaub am Bauernhof
Anbaufläche: 4 ha
Busse: ja
Spielplatz: vorhanden
Sturm: ja
Kastanien: ja
Besonderheiten: Waldnähe, ruhige Lage und schöne Wanderwege bietet dieser seit 1960 bestehende Buschenschank. 1920 wurde das Haus mit noch älterem Holzteil von den Großeltern angekauft und vielseitig bewirtschaftet. Mitglied bei der steirischen Idylle.
Speisen: Aufstriche, selbstgebackenes Brot, Bauernbuffet, Bauernjause, Bauernsalat, Belegtes Brot, Brettljause, Brüstl, Buchteln, Germmehlspeisen, Geselchtes, Grammelaufstrich, Bratlfettbrot, Grammelfett, Hausplatte, Hauswürstl, Käferbohnensalat, Käseauswahl, Krapfen, Kräutertopfen, Leberaufstrich, Lendbratl, Liptauer, Nußpotitze, Preßwurst

Weine: Cuvee, Gelber Muskateller, Chardonnay/Morillon, Müller Thurgau, Muskat Sylvaner/Sauvignon blanc, Muskateller, Ruländer/Grauburgunder, Sämling, Schilcher, Weißburgunder, Welschriesling, Zweigelt blau, Blauer Wildbacher
Edelbrände: Apfel-, Birnen-, Marillen-, Nuß-, Pfirsich-, Weichsel-, Wein-, Zwetschkenbrand, Grappa, Slibowitz, Obstler
angesetzte Schnäpse: Kräuter-, Nußschnaps
Fruchtsaft: Apfel-, Holunderblüten-, Traubensaft

BUSCHENSCHANK J. ZITZ (229) *

(ab 1999 geschlossen)

Inhaber: Josefine Zitz
Vulgoname: Lampl
Adresse: Eichberg-Trautenburg 31, **A-8453 ST. JOHANN i.S.**
Telefon: 03455/6315

BUSCHENSCHANK ZÖBL (230) *

BUSCHENSCHANK ZWEIDICK (231)

Inhaber: August **ZWEIDICK**
Adresse: Pernitsch 1, **A-8451 HEIMSCHUH**
Telefon: 03452/72503
Öffnungszeiten: ganzjährig; täglich außer Mi von 9 Uhr bis 22 Uhr
Ausstattung: Innen 15 Sitzplätze, außen 20 Sitzplätze
Anbaufläche: 0,7 ha
Zufahrt: A9-Abfahrt Leibnitz, Richtung Arnfels, Gleinstätten, bei der Kreuzung mit der großen Tankstelle wenige Meter rechts Richtung Kitzeck, Gleinstätten, dort die erste Straße rechts wieder rechts nach Pernitsch, bei den Müllcontainern rechts zum Bauernhof mit der Kapelle
Besonderheiten: Ein kleiner familiärer Buschenschank, wo wegen der angeschlossenen Landwirtschaft ganzjährig immer wer zu Hause ist. Ein alter Hof mit einer Hauskapelle. Im Buschenschankhaus treffen sich gerne Einheimische bei einem „gemischten Satz", denn Weinbau gab es schon immer beim Haus.
Speisen: Belegtes Brot, Brettljause, Geselchtes, Leberstreichwurst, Verhackert, Verhackertwürstl
Weine: gemischter Satz – weiß, gemischter Satz – rot

BUSCHENSCHANK J. U. W. ZWEYTICK (232)

Inhaber: Johann u. Waltraud **ZWEYTICK**
Adresse: Unterlupitscheni 49, **A-8461 EHRENHAUSEN**
Telefon: 03453/4778
Busverbindung: Haltestelle Retznei 2 km
nächster Bahnhof: Ehrenhausen 3,5 km
Öffnungszeiten: ganzjährig; täglich von 9 Uhr bis 22 Uhr
Ab-Hof-Verkauf: Wein, Edelbrände
Ausstattung: Innen 30 Sitzplätze, außen 30 Sitzplätze
Anbaufläche: 1 ha
Wege: Wanderweg Nr. 3
Sturm: ja
Zufahrt: A9-Abfahrt Vogau/Straß nach Ehrenhausen, nach der Brücke rechts nach Retznei, bei der kleinen Brücke Richtung Schwimmbad, an der Kreuzung rechts ca. 1 km bis zur Buschenschank
Besonderheiten: Am Giebel des Hauses sieht man ein Gemälde des Hl. Urban, dem Schutzpatron der Weinbauern. Mitten in den Weinbergen gelegen, genießen viele Wanderer die schöne Fernsicht. Es lohnt sich hierher zu

fahren, denn für jeden gibt es ein Plätzchen, ob im Lusthaus, in der Laube oder beim Klapotetz. Eine bemühte Familie, in der Frau Waltraud die Gäste mit selbsterzeugten Speisen verwöhnt.
Speisen: Belegtes Brot, Brettljause, Germmehlspeisen, Geselchtes, Leberstreichwurst, Verhackert, Selchwürstl
Weine: Gelber Muskateller, Müller Thurgau, Muskat Sylvaner/Sauvignon blanc, Sämling, Welschriesling, Zweigelt blau
Edelbrände: Obstler, Zwetschken-, Kriecherl-, Pfirsichbrand
Fruchtsaft: Apfel-, Traubensaft

BUSCHENSCHANK ZWEYTICK (233)

Inhaber: Alois u. Robert **ZWEYTICK**
Vulgoname: Schweinzger
Adresse: Ratsch 7, **A-8461 RATSCH**
Telefon: 03453/27 51, **Fax:** 03453/27 51

Busverbindung: Haltestelle 150 m
nächster Bahnhof: Ehrenhausen
Öffnungszeiten: ganzjährig; täglich
Ab-Hof-Verkauf: Wein, Edelbrände
Weinkost: auf Anfrage
Ausstattung: Innen 50 Sitzplätze, außen 50 Sitzplätze
Zimmer: 3 x 2, 1 x 3
Anbaufläche: 5,5 ha
Wege: Wanderwege Nr. 6 und Nr. 7
Busse: auf Anfrage
Sturm: ja
Kastanien: ja
Besonderheiten: Der Weinbau von Alois Zweytick ist ein Vollerwerbsbetrieb. Das Wohnhaus und die Weingärten liegen nahe an der Südsteirischen Weinstraße mitten auf einem Hügel, der ringsum von Weinbergen und kleinen Laubwäldern umgeben ist. Dort ist auch der Buschenschank mit den Gästezimmern untergebracht, von dem man einen schönen Ausblick und herrliche Wanderwege in die umgebende Weinlandschaft genießen kann. Traditionsgemäß wird der Weinbau als Familienbetrieb geführt. Um die mittlerweilen internationalen Gäste bemüht sich Frau Christine, in ihrer mütterlich freundlichen Art. In die Weinbaufußstapfen des Vaters folgt sein Sohn Robert als Klosterneuburgabsolvent.
Speisen: Aufstriche, Brettljause, Verhackert, Verhackertwürstl, hausgemachte Fleischspezialitäten
Weine: Chardonnay/Morillon, Müller Thurgau, Muskat Sylvaner/Sauvignon blanc, Muskateller, Sämling, Schilcher, Traminer, Weißburgunder, Welschriesling, Zweigelt blau
Edelbrände: Apfel-, Birnen-, Kriecherl-, Zwetschken-, Traubenbrand
Fruchtsaft: Traubensaft

BUSCHENSCHANK CH. U. J. ZWEYTICK (234)

Inhaber: Christine u. Johann **ZWEYTICK**
Adresse: Ratsch 58, **A-8461 RATSCH**
Telefon: 03453/2364
Busverbindung: Haltestelle Knaus-Hofmann 100 m
nächster Bahnhof: Ehrenhausen ca. 6 km
Öffnungszeiten: April bis Oktober; täglich außer Mo von 15 Uhr bis 19 Uhr, telefonische Anmeldung erwünscht
Ab-Hof-Verkauf: Wein, Traubensaft, Edelbrände, Blüten- u. Kastanienhonig
Weinkost: ja – Anmeldung
Ausstattung: Innen 40 Sitzplätze, außen 60 Sitzplätze
Anbaufläche: 6 ha
Wege: Weitwanderweg 03
Zufahrt: Entweder über die A9-Abfahrt Spielfeld, einige Kilometer die Weinstraße entlang führt rechterhand die Beschilderung zum Hof oder Abfahrt Vogau über Ehrenhausen, Gamlitz
Besonderheiten: Das Haus wurde erstmals 1600 erwähnt. Zwischen Wohnhaus und Wirtschaftsgebäude sitzt es sich gemütlich im Garten mit dem alten Nußbaum oder in der

urigen Stube. Ein altbekannter Buschenschank, die durch Sohn Hannes noch bekannter wurde. Er zog von der Weinstraße ins Parlament als Nationalratsabgeordneter. Doch die Seele des Hauses „Mama Christine" blieb, die im Hintergrund die Fäden zieht und alles zusammenhält. Unterstützt wird sie von ihrem Mann, den Töchtern am Wochenende und im Weinbau von Sohn Ewald. Er sprang für seinen Bruder ein und hat sich mittlerweile auch bei den Edelbränden einen Namen gemacht. Jede freie Minute widmet sich „Abgeordneter Hannes" seinem Wein – im Weingarten und Keller. Am Wiener Parkett und in anderen Ländern wirbt er für den steirischen Wein.

Speisen: Aufstriche, Belegtes Brot, Brettljause, Germmehlspeisen, Käseauswahl, Kräutertopfen, Kürbiskernaufstrich, Leberwurst, Schafkäse, Brüstl, Verhackertwürstl

Weine: Gelber Muskateller, Chardonnay/Morillon, Muskat Sylvaner/Sauvignon blanc, Sämling, Schilcher, Ruländer/Grauburgunder, Traminer, Weißburgunder, Welschriesling, Zweigelt blau

Edelbrände: Apfel-, Birnen-, Kriecherl-, Marillen-, Trebern-, Zwetschken-, Quitten-, Weichsel-, Himbeerbrand

Fruchtsaft: Traubensaft

BUSCHENSCHANK O. U. H. ADAM (235)

Inhaber: Otmar u. Helga **ADAM**
Vulgoname: Scherer
Adresse: Steinbach 53, **A-8462 GAMLITZ**
Telefon: 03453/3830
Busverbindung: Gamlitz 4 km
nächster Bahnhof: Ehrenhausen 7 km
Öffnungszeiten: ganzjährig; Mai bis Oktober täglich außer Mo, Di, November bis April Fr, Sa, So von 13 Uhr bis 22 Uhr
Ab-Hof-Verkauf: Wein, Säfte
Weinkost: im über 100 Jahre alten Weinkeller
Ausstattung: Innen 30 Sitzplätze, außen 50 Sitzplätze
Zimmer: 3 x 2, Urlaub am Weinbauernhof
Anbaufläche: 4 ha
Wege: Wanderweg Nr. 3 und Nr. 4
Spielplatz: vorhanden
Sturm: ja
Kastanien: ja
Zufahrt: Autobahnabfahrt Vogau nach Gamlitz Richtung Leutschach, nach dem Ortsende von Gamlitz links, Abzweigung Steinbach Richtung Sernau, nach 3 km scharf links ca. 1 km, nach einer Hofdurchfahrt bis zum Ende der Asphaltstraße (Von Gamlitz ca. 4 km)

Besonderheiten: Am Schererkogel, einem bezaubernden Platz, befindet sich seit Herbst 1995 ein Buschenschank, geführt vom bemühten Ehepaar Adam. Der Blick reicht von der Koralpe, über den Schöckl zum Stradner Kogel und im Süden bis nach Slowenien. Seit 1905 befindet sich dieser ruhigst gelegene Betrieb im Familienbesitz. Vom Silbergabsolventen, mittlerweile Keller- und Weinbaumeister Otmar Adam wird dieser Betrieb, zusammen mit seiner Frau Helga, seit 1992 geführt. Beim Preßhaus am Kogel unter oder neben dem Lindenbaum gibt es lauschige Sitzplätze, natürlich mit Selbstbedienung.

Speisen: selbstgebackenes Brot, Belegtes Brot, Brettljause, Bauernsalat, Grammelbrot, Hausplatte, Kräutertopfen, Leberstreichwurst, Liptauer, Schweinsbrüstl, Verhackert, Verhackertwürstl, Käsebrot, Poganzen, Krapfen

Weine: Gelber Muskateller, Scheurebe, Riesling Sylvaner, Muskat Sylvaner/Sauvignon blanc, Chardonnay/Morillon, Grauburgunder, Weißburgunder, Welschriesling, Zweigelt blau, Zweigelt rose, Sandriegel weiß und rot (1 l)

Fruchtsaft: Apfel-, Traubensaft

BUSCHENSCHANK MUSTER STUB'N (236)

Inhaber: Anton u. Pauline **MUSTER**
Adresse: Graßnitzberg 18, **A-8471 SPIELFELD**
Telefon: 03453/2891; **Mobil:** 0664/4816928
nächster Bahnhof: Spielfeld – Straß 2 km
Öffnungszeiten: von April bis Dezember; Do bis So von 14 Uhr bis 22 Uhr

Weinkost: auf Anfrage (Vinothek)
Musik: auf Bestellung
Ausstattung: Innen 50 Sitzplätze (2 Räume), außen 50 Sitzplätze
Anbaufläche: 1 ha
Wege: Rebenwanderweg
Busse: auf Anfrage
Spielplatz: vorhanden
Zufahrt: A9, Ausfahrt Spielfeld, durch das Viadukt ca. 2 km der Beschilderung nach
Besonderheiten: In den Weingärten von Graßnitzberg finden sie seit einigen Jahren ein Buschenschank, deren Beliebtheitsgrad meist eine Vorbestellung notwendig macht. Anton und Pauline Muster ist es gelungen, ein über 200 Jahre altes Haus, mit strohgedecktem Holzteil vorbildlich zu restaurieren und 1994 mit einem Buschenschank wieder zum Leben zu erwecken. Im Inneren findet man Platz an der mit alten Ziegeln gemauerten Theke oder an den geschmackvoll dekorierten Tischen neben der alten Baumpresse. Bäuerliches Gerät wurde von den „Musters" mit Begeisterung zusammengetragen und hier liebevoll plaziert. Im zweiten Raum, einer alten Bauernstube mit kleinen Fenstern, wärmt in der kalten Jahreszeit der grüne Kachelofen. Von der Terrasse oder den Platzerln unter den Obstbäumen genießt man den Blick in die Weingärten und nach Slowenien. Wenn Sie zum Glaserl Wein noch eine Hausspezialität, wie das „Rotlärcherne" essen, ist die Gemütlichkeit perfekt. Stolz erzählt der Chef, meist mit blauem Schurz, von seinem nächsten Plan, einer Vinothek, auch mit Weinen von anderen Weinbauern aus der Region.
Speisen: Bauernsalat, Belegtes Brot, Brettljause, Brüstl, Germmehlspeisen, Käferbohnensalat, Kübelfleisch, Leberaufstrich, saure Preßwurst, SchinkenIN, Speck, Verhackertwürstl, Käsebrot, Rotlärchernes (luftgetrocknetes geselchtes Karree), Kürbisknabberkerne
Weine: gemischter Satz – weiß, Weißburgunder, Welschriesling
Fruchtsaft: Apfel-, Birnen-, Traubensaft

BUSCHENSCHANK F. BAUMANN (237)

Inhaber: Franz u. Maria **BAUMANN**
Vulgoname: Hauptmann
Adresse: Seggauberg 70, **A-8430 LEIBNITZ**
Telefon: 03452/83995
Busverbindung: Schulbus GH Baumann 50 m
nächster Bahnhof: Leibnitz
Öffnungszeiten: ganzjährig; täglich außer Di von 10 Uhr bis 22 Uhr
Ab-Hof-Verkauf: ja
Ausstattung: Innen ca. 150 Sitzplätze, außen 100 Sitzplätze (großer Sitzgarten)
Anbaufläche: 2 ha
Wege: Sulmtaler Wanderweg
Busse: erwünscht – auf Anmeldung
Spielplatz: vorhanden
Kastanien: auf Anfrage

Parkplatz: vorhanden

Besonderheiten: Mitten im Weingartengebiet von Seggauberg, mit herrlichem Ausblick auf das Koralpengebiet liegt dieses Haus. Ein Familienbetrieb mit persönlicher Atmosphäre und Hausspezialitäten aus eigener Schlachtung. Von vielen Leibnitzern nicht nur der guten Jause und des „reschen" Rettenbacher Weines wegen begehrt, sondern auch wegen der herzlichen Betreuung durch die „Buschenschankmutter" Frau Maria. Gerne kommen Radfahrer und Wanderer hierher. Auch ein Sparverein hat hier sein zu Hause.

Speisen: selbstgebackenes Brot, Bauernsalat, Belegtes Brot, Brettljause, Geselchtes, Grammelaufstrich, Käferbohnensalat, Leberstreichwurst, Preßwurst, Ripperl, saure Bohnen, saure Preßwurst, Schweinsbrüstl, Verhackert, Verhackertwürstl, Buchteln, Stanglkrapfen, Boganazen, Mitzis Bauernsalat

Weine: gemischter Satz – weiß, Müller Thurgau, Weißburgunder, Muskateller, Sämling, Traminer, Welschriesling, Zweigelt blau

Edelbrände: Birnen-, Zwetschken-, Kriecherlbrand

Fruchtsaft: Apfel-, Johannisbeersaft

BUSCHENSCHANK ASSIGAL (238)

Inhaber: August u. Maria **ASSIGAL**
Vulgoname: Karner
Adresse: Seggauberg 45, **A-8430 LEIBNITZ**
Telefon: 03452/86811, **Fax:** 03452/86811
Busverbindung: Schulbus Feuerwehrhaus
nächster Bahnhof: Leibnitz 4 km
Öffnungszeiten: von März bis Dezember; Do, Fr, Sa, So, Feiertag von 14 Uhr bis 22 Uhr
Ab-Hof-Verkauf: Wein, Edelbrände
Weinkost: auf Anfrage (Kellerführung)
Ausstattung: Innen 70 Sitzplätze, außen 55 Sitzplätze (Terrasse)
Zimmer: 5 x 2;
Anbaufläche: 5 ha
Wege: Sulmtalradweg R 1, Wanderwege
Busse: auf Anfrage
Spielplatz: vorhanden
Sturm: ja
Kastanien: ja

Besonderheiten: Der Beginn lag in der Landwirtschaft, später kam der Weinbau dazu, auf die sich die Familie spezia-

lisiert hat. Herr Assigal ist auch Absolvent der Weinbauschule Silberberg. Seit 1994 betreibt die Familie Assigal mit den zwei Töchtern einen Buschenschank in herrlicher Lage am Seggauberg mit Blick über Leibnitz. Viele Urlauber spazieren vom Schloß herüber, auch Radfahrer, Wanderer und Badegäste vom nahen Sulmsee kehren gerne hier ein. Am „Traubenbrett" stehen die Hausspezialitäten. Tochter Beate, ganz prominent, Silberbergabsolventin, war von 1992 – 1994 Weinprinzessin. Bei diesem Familienbetrieb helfen alle mit, denn auch Urlaub am Weinbauernhof wird angeboten. Schutzringbetrieb.

Speisen: Aufstriche, Belegtes Brot, Brettljause, Germmehlspeisen, Käseauswahl, Kürbiskernaufstrich, Liptauer, saure Preßwurst, Schweinsbrüstl, Verhackert, Verhackertwürstl, Haussalat

Weine: Chardonnay/Morillon, Müller Thurgau, Muskateller, Ruländer/Grauburgunder, Sämling, Schilcher, Weißburgunder, Welschriesling, Zweigelt blau

Edelbrände: Grappa, Birnenbrand

Fruchtsaft: Traubensaft (vom Schilcher)

BUSCHENSCHANK ORTHANSL (239)

Inhaber: Rupert **GRITSCH**
Vulgoname: Orthansl
Adresse: Grottenhof 44, **A-8430 LEIBNITZ**
Telefon: 03452/72097, **Fax:** 03452/72097 (ab 1999)
Busverbindung: Haltestelle Kaindorf/Grottenhof 300 m
nächster Bahnhof: Leibnitz
Öffnungszeiten: Mitte Februar bis Mitte Dezember; Fr, Sa, So von 14 Uhr bis 22 Uhr

Ab-Hof-Verkauf: Wein, Säfte
Musik: auf Bestellung
Ausstattung: Innen 90 Sitzplätze, außen 90 Sitzplätze (Terrasse)
Anbaufläche: 1 ha
Wege: Sulmtalradweg, Wanderweg Kreuzkogel
Busse: auf Anfrage
Spielplatz: vorhanden
Sturm: ja
Zufahrt: Autobahnabfahrt Leibnitz, Richtung Gleinstätten, Arnfels, nach wenigen Kilometern beim Bauernmuseum rechts, Richtung Gasthaus Staribacher, bei der Weggabelung rechts der Beschilderung nach, kommt nach ca. 300 m rechts der Bauernhof mit dem blauen Haus
Besonderheiten: Seit 1995 gibt es hier ruhigst gelegen im blauen Haus mit angeschlossenem Bauernhof einen Buschenschank. Es ist übrigens das Heimathaus des bekannten Malers August Trummer, daher hängen auch soviele Bilder von ihm an den Wänden. Unweit sind auch die Häuser des schon verstorbenen Malers Carl Rotky und des Schriftstellers Paul Anton Keller. Eine schöne und ruhige Ecke dieses Grottenhof. „Morgen gratis Wein" steht am Holzschild über der Eingangstüre. Dies testen die bunt gemischten Gäste, alt und jung, vom Urlauber bis zum Radlfahrer. Begehrt ist dieses Haus auch für Feiern vom Geburtstag bis zur Hochzeit. Frau Aurelias Schweinsbrüstl ist hochbegehrt.
Speisen: Belegtes Brot, Brettljause, Geselchtes, Hausplatte, Leberstreichwurst, Liptauer, saure Preßwurst, Brüstl, Verhackert, Verhackertwürstl, Bratlfettbrot, Käsebrot, Topfenstrudel, Nußpotize
Weine: Hauswein, Weißburgunder, Welschriesling, Ruländer
Fruchtsaft: Apfel-, Trauben-, Holunderblütensaft

BUSCHENSCHANK KLAPSCH (240)

Inhaber: Fam. **KLAPSCH**
Vulgoname: Simongregor
Adresse: Labitschberg 8, **A-8462 Gamlitz**
Telefon: 03453/2498
Busverbindung: Haltestelle Prinegg, Bundesstraße Gamlitz 1 km
nächster Bahnhof: Ehrenhausen ca. 5 km
Öffnungszeiten: von März bis Dezember; Do bis So von 14 Uhr bis 22 Uhr
Ab-Hof-Verkauf: Wein, Traubensaft, Edelbrände
Weinkost: auf Anfrage
Ausstattung: Innen 70 Sitzplätze, außen 70 Sitzplätze (teilweise überdacht)
Anbaufläche: 3 ha
Wege: Wanderweg Nr. 3
Busse: auf Anfrage
Spielplatz: vorhanden
Sturm: ja
Kastanien: ja
Parkplatz: vorhanden
Zufahrt: Von Gamlitz nach Leutschach die erste Einfahrt nach dem Ortsende rechts ca. 1 km der Beschilderung nach
Besonderheiten: Auf einem der weitläufigen Hügel in ruhigster Lage befinden sich die beiden Häuser, worin im linken seit 1995 ein Buschenschank ist. Den Weinbau gab es schon immer beim Haus. Einen herrlichen Blick hat

man von der Terrasse. Im Holzfaß, neben dem gepflegten Gemüsegarten finden sich ebenfalls Sitzplätze. Vater und Mutter bewirtschaften den unterhalb gelegenen Bauernhof mit der Landwirtschaft, woher die besten selbsterzeugten Produkte stammen. Bei der Weingartenarbeit helfen alle zusammen. Für den Keller ist Sohn Roland verantwortlich. Als gelernter Autospengler besuchte er nach verschiedenen Jobs, als Spätberufener mit 21 Jahren die Weinbauschule Silberberg. Mittlerweile ist er nach einer Praxis bei Wolfgang Maitz und in Südafrika mit Leib und Seele Weinbauer und produzierte 1992 seinen ersten Qualitätswein. Seine zweite Liebe gehört den Edelbränden.

Speisen: Belegtes Brot, Brettljause, Brüstl, Hausplatte, Käseauswahl, Leberaufstrich, Liptauer, Verhackert, Geselchtes, Bratlfett, Bohnensalat

Weine: Cuvee, Hauswein, Chardonnay/Morillon, Muskateller, Rheinriesling, Sämling, Welschriesling, Muskat Sylvaner/Sauvignon blanc, Zweigelt blau, Zweigelt rose, Vezzoso

Edelbrände: Kriecherl-, Birnen-, Zwetschken-, Traubenbrand

Fruchtsaft: Apfel-, Traubensaft

BUSCHENSCHANK TRUMMER (241)

Inhaber: Josef **TRUMMER**
Vulgoname: Weinleitenhof
Adresse: Obegg 29, **A-8471 SPIELFELD**
Telefon: 03453/2935
nächster Bahnhof: Spielfeld 1 km
Öffnungszeiten: ganzjährig; täglich von 10 Uhr bis 22 Uhr
Ab-Hof-Verkauf: Wein, Edelbrände
Weinkost: auf Anfrage
Ausstattung: Innen 30 Sitzplätze, außen 50 Sitzplätze
Zimmer: 4 x 2
Anbaufläche: 2,5 ha
Wege: Rebenwanderweg
Busse: auf Anfrage
Sturm: ja
Kastanien: ja – auf Anfrage
Zufahrt: Autobahnabfahrt Spielfeld, Richtung Grenze Slowenien, beim dritten Viadukt (zur Zeit Shell Tankstelle) rechts der Beschilderung nach, wenige hundert Meter den Berg hinauf
Besonderheiten: Das gelbe Haus am Hang mit dem danebenliegenden Kellerstöckl gibt es seit über 150 Jahren, den Buschenschank seit 1994. Nahe der slowenischen Grenze gelegen, hat man von der Terrasse einen herrlichen Weitblick. In diesem Haus spürt man auch, daß auf die Bewahrung des Alten Wert gelegt wird. Hier findet sich noch eine intakte Landwirtschaft mit Ziegen, Schafen, Schweinen

und Hühnern. Dies schlägt sich in besten Produkten nieder. Der Hausherr ist Weinbau- und Kellermeister. Seine tüchtige „zweite Hälfte" brachte er aus der Obersteiermark mit. Sie fühlt sich im Süden wohl und kann bestens mit den Gästen umgehen.

Speisen: Belegtes Brot, Brettljause, selbstgebackenes Brot, Brüstl, Geselchtes, Hausplatte, Käferbohnensalat, Kübelfleisch, Leberaufstrich, Liptauer, Verhackert, Verhackertwürstl, Käsebrot, saure Zunge, auf Anfrage: Steirisches Buffet, Weinstrauben, Stangelkrapfen

Weine: Chardonnay/Morillon, Riesling x Sylvaner, Muskat Sylvaner/Sauvignon blanc, Muskateller, Weißburgunder, Welschriesling, Zweigelt blau

Edelbrände: Holunder-, Heidelbeer-, Vogelbeerbrand (verschiedene Obstbrände je nach Saison)

Fruchtsaft: Traubensaft

BUSCHENSCHANK FELDBACHER (242)

Inhaber: Josefa **FELDBACHER**
Adresse: Wielitsch 26, **A-8461 EHRENHAUSEN**
Telefon: 03453/2601
Öffnungszeiten: von September bis Oktober; Fr, Sa, So von 12 Uhr bis 22 Uhr

Ab-Hof-Verkauf: Wein, Edelbrände, Kernöl
Ausstattung: Innen 20 Sitzplätze, außen 20 Sitzplätze
Anbaufläche: 0,75 ha
Sturm: ja
Kastanien: ja
Zufahrt: Direkt an der Weinstraße, schräg gegenüber der Buschenschank Schantl
Besonderheiten: In St. Veit am Vogau gibt es die Weinstube und die Ölpresse und hier direkt beim Weingarten den Herbstbuschenschank. In einem „Standl" beim Weingartenhaus schenkt der Junior mit der Oma vorwiegend Sturm und Kastanien aus. Urlauber, Radfahrer und viel Jugend sind dort anzutreffen. Im heurigen Jahr wurde wegen zuviel Arbeit ausgesetzt, doch 1999 soll es weitergehen.
Speisen: Aufstriche, Verhackert
Weine: Welschriesling, Weißburgunder, Hauswein
Edelbrände: Obstler, Slibowitz, Birnen-, Weinbrand
Most: ja
Fruchtsaft: Traubensaft

BUSCHENSCHANK FUHRMANN (243)

Inhaber: Gerhard u. Heidemarie **FUHRMANN**
Vulgoname: Kleinskoff
Adresse: Kranach 46, **A-8462 GAMLITZ**
Telefon: 03453/4687
Busverbindung: Haltestelle Resch (Schulbus) 1,5 km
nächster Bahnhof: Ehrenhausen
Öffnungszeiten: ganzjährig; täglich außer Di von 13 Uhr bis 22 Uhr
Ab-Hof-Verkauf: Wein, Edelbrände (Hofladen)
Weinkost: auf Anfrage
Ausstattung: Innen 50 Sitzplätze, außen 60 Sitzplätze
Zimmer: 9 x 2, 3x4 (4 Margariten)
Anbaufläche: 2,7 ha
Wege: lila-weiß-markierter Wanderweg „Vital durch die vier Jahreszeiten"
Busse: Kleinbusse auf Anfrage
Zufahrt: Von Gamlitz Richtung Leutschach zweigt beim Kaufhaus Resch rechts die Straße ab, nach 150 m wieder rechts, ca. 1,3 km den Berg hinauf (gut beschildert)
Besonderheiten: Urlaub wollten sie hier machen und nun sind sie geblieben. Einen Alterssitz suchen – nun wurde Arbeit daraus. Seit einigen Jahren schon führt die energiegeladene Frau Heidemarie mit ihrem Mann und Sohn den Buschenschank. Als geistiges Oberhaupt dirigiert Herr Fuhrmann vom Rollstuhl aus. Als Weinbau-Facharbeiter unterstützt der Sohn die Mutter im Keller und bei der Weingartenarbeit. Der Buschenschank bietet eine jahreszeitlich abgestimmte Angebotspalette und weicht von der Standardbuschenschankküche ab. Es werden Schmankerln von Huhn und Schaf und vielerlei bäuerliche Käsespezialitäten geboten. Vor zehn Jahren wollte Frau Heidemarie aus Landshut mit ihrem Wiener Mann ein Wochenendholzhaus bauen und dann kam alles ganz anders und sie wurden Weinbauern. Es verwundert nicht, daß sie diesen Sommer einen lila-weiß markierten „Energieweg" ins Leben gerufen hat. Dieser Rundwanderweg mit Kneipp- und Fitneßstationen führt von einem Buschenschank zum anderen. Über Tinnauer – Liener (Weinbau- und Teichwirtschaft) zu Steiner – Pongratz – Sabathi und Fuhrmann.

Bei allen Stationen gibt es auch einen Mountainbikeverleih. Frau Heidemarie ist Projektleiterin dieses Projektes „Vital durch die Jahreszeiten". Am 14. November 1997 wurde das erste gemeinsame Produkt der 1. Vitale Gruppenwein 1997 vorgestellt. Schutzringbetrieb.
Speisen: Aufstriche, Belegtes Brot, Brettljause, geräucherte Forellen, Käseauswahl, Kräutertopfen, Leberstreichwurst, Schafkäse, geräucherte Hühnerbrüste und -keulen, Schafgeselchtes, Schafwürstl
Weine: Chardonnay/Morillon, Müller Thurgau, Muskat Sylvaner/Sauvignon blanc, Welschriesling, Zweigelt blau
Edelbrände: Birnen-, Kriecherl-, Trebern-, Zweigelt-, Vogelbeerbrand
Fruchtsaft: Apfel-, Traubensaft

BUSCHENSCHANK STÖCKLERHOF (244)

Inhaber: Kurt u. Elfriede **STÖCKLER**
Adresse: Berghausen 34, **A-8461 EHRENHAUSEN**
Telefon: 03453/6036 und 3879 (privat)
Busverbindung: Haltestelle Zierregg 400 m
nächster Bahnhof: Spielfeld 4 km
Öffnungszeiten: von April bis November; Mi bis So von 13 Uhr bis 22 Uhr
Ab-Hof-Verkauf: Wein
Musik: auf Bestellung
Ausstattung: Innen 60 Sitzplätze, außen 30 Sitzplätze
Anbaufläche: 0,5 ha
Wege: Wanderweg Nr. 2
Busse: auf Anfrage
Spielplatz: vorhanden
Sturm: ja

Kastanien: ja
Zufahrt: Autobahnabfahrt Spielfeld, geradeaus durch die Unterführung den Berg hinauf, an der großen Straßenkreuzung in Berghausen links die Weinstraße ca. 2 km zum rechts an der Straße liegenden Haus
Besonderheiten: Direkt an der Südsteirischen Weinstraße, wenige Kilometer von der Autobahn entfernt, liegt diese kleine Landwirtschaft mit dem renovierten und weiterausgebauten Kellerstöckl. Es bot sich an, die geerbte Landwirtschaft um einen Buschenschank zu bereichern. Frau Elfriede führt nun seit einem Jahr mit ihrem weinkundigen Mann am Wochenende den Buschenschank. Wochentags werden sie von der Tochter unterstützt. Auch der Junior wird schon in Sachen Wein erzogen und peilt die Weinbauschule an. In Luleys Sturmhütte, gleich an der Straße, gibt es im Herbst Sturm und Kastanien.
Speisen: Belegtes Brot, Brettljause, Brüstl, Hauswurst, Leberaufstrich, Liptauer, saure Preßwurst, Strauben, Verhackert, Käsebrot, Topfengolatschen, Bauernschüssel
Weine: gemischter Satz – weiß, Zweigelt blau

BUSCHENSCHANK FELBERJÖRGL (245)

Inhaber: Johann u. Maria **TEMMEL**
Vulgoname: Felberjörgl
Adresse: Höch 47, **A-8442 KITZECK**
Telefon: 03456/3189, **Fax:** 03456/3189
Busverbindung: Haltestelle Sausaler Hof, Schule 100 m
Öffnungszeiten: ganzjährig; täglich von 10 Uhr bis 23 Uhr
Ab-Hof-Verkauf: Wein, Edelbrände, Säfte, Obst
Weinkost: auf Anfrage
Ausstattung: Innen 50 Sitzplätze (2 Räume), außen 70 Sitzplätze
Anbaufläche: 4 ha
Zufahrt: Autobahnabfahrt Wildon, kurz nach dem Waldschacher Teich links der Beschilderung nach Höch – Demmerkogel und in Höhe Sausaler Hof links die Straße hinein (beschildert)
Besonderheiten: Unweit vom „größten Klapotez der Welt" (100 m) trifft man auf ein typisches Bauernhofensemble, den ein wunderschönes „Erzherzog Johann Bauernhaus" aus 1837 ziert. Das Anwesen wurde erstmals im Jahre 1571 erwähnt. Der Familienbuschenschank der „besonderen Art" lädt in der „Urbanistube" zum Verweilen ein, um den Alltag bei gemütlichen Stunden vergessen zu lassen. Da Qualität hier das oberste Gebot ist, wird vom Brot über die Jause bis hin zu Wein und Edelbränden alles im eigenen Betrieb hergestellt. Die Rebflächen befinden sich an den nahegelegenen Rieden Kreuzegg und Höchleit'n.
Speisen: selbstgebackenes Brot, Bauernbuffet, Belegtes Brot, Brettljause, Buchteln, Käferbohnensalat, Leberstreichwurst, Rettichsalat, saure Preßwurst, Topfenaufstrich
Weine: Chardonnay/Morillon, Muskat Sylvaner/Sauvignon blanc, Rheinriesling, Weißburgunder, Welschriesling, Ruländer, Zweigelt blau, Zweigelt rose
Edelbrände: Apfel-, Kriecherl-, Trebern-, Birnenbrand
Fruchtsaft: Apfel-, Traubensaft

BUSCHENSCHANK NEUBAUER (246)

Inhaber: Walter **NEUBAUER**
Vulgoname: Schopper
Adresse: Spielfeld 51, **A-8471 SPIELFELD**
Telefon: 03453/2651, **Fax:** 03453/2651

Busverbindung: Spielfeld ca. 2 km
nächster Bahnhof: Spielfeld ca. 2 km
Öffnungszeiten: von März bis November; täglich außer Mo von 14 Uhr bis 22 Uhr, restliche Zeit auf Anfrage
Ab-Hof-Verkauf: Wein, Edelbrände, Säfte (täglich)
Ausstattung: Innen 35 Sitzplätze, außen 30 Sitzplätze
Zimmer: 2 x 2
Anbaufläche: 7 ha
Wege: Sturmwanderweg
Spielplatz: vorhanden
Zufahrt: A9-Abfahrt Spielfeld, durch das Viadukt Richtung Weinstraße, nach ca. 2 km rechts hinunter (Beschilderung)
Besonderheiten: Als Weinbaubetrieb ist die Familie Neubauer schon lange bekannt, als Buschenschank ist sie neu. An der Auffahrt zur Südsteirischen Weinstraße nahe der Autobahn liegt diese seit Frühjahr 1997 bestehende Einkehr. Lauschige Platzerl und ein Lusthäuschen, der Blick auf das Schloß Spielfeld und die umliegenden Weinhügel laden zum Verweilen ein oder auch zu gemütlichen Wanderungen in die Umgebung. In der rustikalen Stube werden sie von der freundlichen Frau Neubauer verwöhnt. Betriebs-, Weingarten- und Kellerführungen macht der Chef persönlich.
Speisen: Belegtes Brot, Brettljause, Germmehlspeisen, Grammelaufstrich, Kräutertopfen, Kürbiskernaufstrich, Hausplatte, Leberstreichwurst, saure Preßwurst, Verhackert, Verhackertwürstl, Bratenfett, Gemüsebrot
Weine: Gelber Muskateller, Chardonnay/Morillon, Müller Thurgau, Muskat Sylvaner/Sauvignon blanc, Sämling, Weißburgunder, Welschriesling, Zweigelt blau, Zweigelt rose
Edelbrände: Apfel-, Kriecherl-, Trebern-, Zwetschkenbrand
Fruchtsaft: Apfel-, Traubensaft

BUSCHENSCHANK LAMBAUERS KELLERSTÖCKL (247)

Inhaber: Josef u. Gerlinde **LAMBAUER**
Adresse: Sulztal 15, **A-8461 EHRENHAUSEN**
Telefon: 03453/4393
Busverbindung: Haltestelle Bacchuskeller
nächster Bahnhof: Ehrenhausen 7 km
Öffnungszeiten: von März bis Dezember, restliche Zeit auf Anfrage; Do bis So von 16 Uhr bis 22 Uhr, Sa, So ab 14 Uhr
Ab-Hof-Verkauf: Wein, Säfte, Edelbrände
Weinkost: auf Anfrage
Ausstattung: Innen 40 Sitzplätze, außen 40 Sitzplätze
Anbaufläche: 11 ha
Wege: Wanderweg Nr. 6

Zufahrt: A9-Abfahrt Vogau/Straß über Ehrenhausen und Gamlitz die Weinstraße Richtung Langegg, nach ca. 3 km wenige Meter links Richtung Ehrenhausen, Spielfeld und dann rechts der Beschilderung nach
Besonderheiten: Eine mit viel Liebe und Einsatz von Seppi Lambauer gestaltetes Haus, das seit 4. Oktober 1997 seine

Pforten geöffnet hat. Eine Bereicherung für diese Gegend. Im alten Preßhaus, noch mit der alten Presse aus 1888, wurden zwei gemütliche Buschenschankräume adaptiert. Der Ziegelboden, die schöne alte Holzdecke und das Prasseln der Scheiter im Ofen vermitteln Behaglichkeit. Ein alter Hof mit langjährigster Tradition im Weinbau. Sepp Lambauer, als einziger Sohn, umgeben von seinen feschen, auch teilweise Weinbauschwestern, baut sich langsam ein Weinimperium auf. In einem Kessel, mit bester Kleinklimalage liegt sein Hof, umgeben von seinen Weingärten.

Speisen: Belegtes Brot, Brettljause, Brüstl, Germmehlspeisen, Käferbohnensalat, Käseauswahl, Leberaufstrich, Schafkäse, Verhackert, Verhackertwürstl, Topfenaufstrich pikant, Sulztaler Schüsserl

Weine: Grüner Sylvaner, Müller Thurgau, Muskat Sylvaner/Sauvignon blanc, Rheinriesling, Weißburgunder, Welschriesling, Zweigelt blau

Edelbrände: Kriecherl-, Birnen-, Zwetschkenbrand

angesetzte Schnäpse: Nußlikör, Weichsellikör

Fruchtsaft: Apfel-, Traubensaft

BUSCHENSCHANK PICHLER-SCHOBER (248)

Inhaber: Hubert u. Sabine **PICHLER**

Vulgoname: Hasn

Adresse: Mitteregg 26, **A-8505 ST. NIKOLAI i. S.**

Telefon: 03456/3471, **Fax:** 03456/3471

Busverbindung: St. Nikolai 5 km

Öffnungszeiten: Mai bis Oktober; Mi bis So von 14 Uhr bis 22 Uhr, November bis April, Fr, Sa, So

Ab-Hof-Verkauf: Wein, Säfte, Edelbrände

Weinkost: auf Anfrage

Ausstattung: Innen 60 Sitzplätze, außen 60 Sitzplätze

Anbaufläche: 7 ha

Wege: Wanderweg Nr. 2

Spielplatz: vorhanden

Sturm: ja

Kastanien: ja

Zufahrt: Autobahnabfahrt Leibnitz, Richtung Arnfels, nach der Weinbauschule Silberberg rechts Richtung St. Nikolai i. S., durch Unterjahring und Jahring, Abzweigung links nach Mitteregg (Beschilderung)

Besonderheiten: Seit Generationen wird in diesem Betrieb Weinbau betrieben. Als Silberbergabsolvent ist Herr

Hubert auch Weinbau- und Kellermeister. Seine Weine weisen diverse Prämierungen auf, die man im alten Weinkeller verkosten kann. Für den Buschenschankbereich ist seine Frau Sabine, als Hauswirtschaftsmeisterin, unterstützt von Mutter Hilde, zuständig. Ein geräumiges Haus, wo man Platz neben dem Kachelofen und unter oder auf der alten Baumpresse findet.

Speisen: ein ausgewogenes Jausenangebot

Weine: Grüner Sylvaner, Chardonnay/Morillon, Müller Thurgau, Muskat Sylvaner/Sauvignon blanc, Rheinriesling, Ruländer/Grauburgunder, Sämling, Schilcher, Traminer, Weißburgunder, Welschriesling, Zweigelt blau, Zweigelt rose, Blauer Wildbacher

Edelbrände: Apfel-, Birnen-, Pfirsich-, Zwetschken-, Traubenbrand

Sekt: Burgunder Cuvee Sekt, Schilchersekt

Fruchtsaft: Apfel-, Traubensaft

BUSCHENSCHANK STEINER (249)

Inhaber: Robert **STEINER**

Adresse: Labitschberg 40, **A-8462 GAMLITZ**

Telefon: 03453/4054, **Fax:** 03453/4054

Busverbindung: Gamlitz 2 km

nächster Bahnhof: Ehrenhausen 7 km

Öffnungszeiten: ganzjährig; Mi bis Mo von 17 Uhr bis 22 Uhr

Ab-Hof-Verkauf: Wein, Säfte

Weinkost: auf Anfrage

Ausstattung: Innen 50 Sitzplätze, außen 80 Sitzplätze (Sitzterrasse)

Zimmer: 4 x 2

Anbaufläche: 3 ha

Wege: Wanderweg Vital durch die Jahreszeiten

Busse: auf Anfrage

Spielplatz: vorhanden
Sturm: ja
Kastanien: ja
Zufahrt: Nach dem Ortsendeschild von Gamlitz Richtung Eibiswald, zweigt die Straße rechts zum Weinbaugebiet Labitschberg, nach ca. 2 km vor dem Buschenschank Tinnauer links ca. 500 m zum Hof der Familie Steiner
Besonderheiten: Hinter dem Wohnhaus wird seit dem Jahre 1994 im rosa Buschenschankhaus ausgeschenkt, wo es am Wochenende besonders lustig zugeht. Der Chef steht an der Theke, die Frau in der Küche. Die Stube mit Kachelofen ist rustikal in Holz eingerichtet. Auch auf der großen Terrasse oder bei der Naturlaube wird gerne gefeiert. Als Silberbergabsolvent legt Herr Robert besonderes Augenmerk auf seine Weingärten.
Speisen: Belegtes Brot, selbstgebackenes Brot (Holzofen), Brettljause, Brüstl, Germmehlspeisen, Kübelfleisch, Leberaufstrich, „Vitaler Jause", Liptauer, saure Preßwurst, Verhackert, Verhackertwürstl, Käsebrot

Weine: Cuvee (Vitaler Wein), Chardonnay/Morillon, Sämling, Welschriesling, Ruländer, Zweigelt blau
Edelbrände: Kriecherl-, Birnen-, Tresterbrand
angesetzte Schnäpse: Weichsel-, Himbeer-, Johannisbeerschnaps
Fruchtsaft: Apfel-, Traubensaft

BUSCHENSCHANK UHL (250)

Inhaber: Franz **UHL** jun.
Adresse: Ratsch 13, **A-8461 RATSCH**
Telefon: 03453/6044, **Fax:** 03453/6044
Busverbindung: Haltestelle Bullmann 1 km
Öffnungszeiten: von August bis November; täglich von 10 Uhr bis 21 Uhr oder auf telefonische Anfrage
Ab-Hof-Verkauf: Wein, Säfte, Edelbrände
Weinkost: auf Anfrage (Kellerführung)
Ausstattung: Innen 15 Sitzplätze, außen 25 Sitzplätze (überdachte Pergola)
Anbaufläche: 4 ha
Wege: Wanderweg Nr. 86
Zufahrt: A9-Abfahrt Vogau/Straß, nach Gamlitz, nach der Tankstelle links nach Ratsch
Besonderheiten: Mitten im Ort Ratsch ist der jüngste Weinbauer des steirischen Südens zu Hause. Mit 20 Jahren übernahm der Silberbergabsolvent Franz jun. den elterlichen Betrieb. Er geht voll im Weinbau auf und macht Kellerführungen und kommentierte Verkostungen. Er ist bestrebt absolute Qualität zu produzieren und wurde schon mehrfach ausgezeichnet. Er ist ein Medientalent, bei dem erst jüngst im alten Gewölbekeller der Steiner Franz zu Gast war. Wanderer und Weinkäufer gaben den Ausschlag, daß im Herbst der kleine Buschenschank geöffnet ist. Der ist für Stammgäste gedacht, die zum Wein eine Jause wollen – klein und überschaubar gehalten. Am Wochenende gibt es einen Sturmausschank und Kastanien an der Straße.
Speisen: Aufstriche, Belegtes Brot, Brettljause, Germmehlspeisen, saure Preßwurst, Verhackert, Selchwürstl
Weine: Gelber Muskateller, Chardonnay/Morillon, Muskat Sylvaner/Sauvignon blanc, Sämling, Weißburgunder, Riesling x Sylvaner, Welschriesling, Zweigelt blau, Zweigelt rose
Edelbrände: Apfel-, Kriecherl-, Wein-, Trauben-, Zwetschkenbrand, Barrique-Weinbrand
angesetzte Schnäpse: Weichsel-, Heidelbeer-, Himbeerschnaps (Geschenkflaschen)
Fruchtsaft: Apfel-, Traubensaft

BUSCHENSCHANK ROTHSCHÄDL (251)

Inhaber: Anton **ROTHSCHÄDL**
Vulgoname: Poglei
Adresse: Eichberg-Trautenburg 20, **A-8463 LEUTSCHACH**

Telefon: 03454/6363, **Fax:** 03454/6363
Öffnungszeiten: von April (Ostern) bis November; täglich außer Mo von 14 Uhr bis 22 Uhr, September, Oktober täglich geöffnet
Ab-Hof-Verkauf: Wein, Säfte, Edelbrände
Weinkost: auf Voranmeldung
Ausstattung: Innen 24 Sitzplätze, außen 50 Sitzplätze
Anbaufläche: 5 ha
Wege: Wandermöglichkeit zur Kreuzbergwarte
Spielplatz: vorhanden
Zufahrt: A9-Abfahrt Leibnitz Richtung Arnfels, am Ortsanfang von Großklein links der Beschilderung nach zur Kreuzbergwarte, danach der erste Betrieb rechts
Besonderheiten: Wenige Meter neben der Kreuzbergwarte bewirtschaftet der Silberbergabsolvent Toni Rothschädl seine Weingärten mit steinigen und sandigen Böden. Er setzt auf Qualität und naturnahen Weinbau. Viele Medaillen und Auszeichnungen sind der Preis. Seine kluge und herzliche Frau Margit unterstützt ihn in allen Bereichen. Neben dem Qualitätsanspruch will sie vor allem Zeit für ihre Gäste haben. Ihr hausgemachtes Brot mit „Körndln" wird neben ihren Jausenspezialitäten sehr geschätzt. Im über 200 Jahre alten Bauernhaus wird für eine kleine Gästeschar ausgeschenkt. Schutzringbetrieb. Mitglied der Steirischen Idylle.

Speisen: Aufstriche, selbstgebackenes Brot, Belegtes Brot, Brettljause, saure Bohnen, Selchwürstl
Weine: Gelber Muskateller, Chardonnay/Morillon, Muskat Sylvaner/Sauvignon blanc, Ruländer/Grauburgunder, Schilcher, Roter Traminer, Weißburgunder, Welschriesling, Zweigelt blau
Edelbrände: Trebern-, Trauben-, Kriecherl-, Maschanskabrand, Kräuterbrände
Fruchtsaft: Apfel-, Holunderblüten-, Trauben-, Melissensaft

BUSCHENSCHANK SALLMANN (252)

Inhaber: Ernst **SALLMANN**
Vulgoname: Pölzl
Adresse: Eichberg-Trautenburg 27, **A-8453 ST. JOHANN i. S.**
Telefon: 03456/2414 (priv.) oder 3051 (BU)
Busverbindung: Haltestelle Gündorf 3 km
Öffnungszeiten: von April (Ostern) bis November; Sa, So von 14 Uhr bis 22 Uhr
Ab-Hof-Verkauf: Wein, Säfte, Edelbrände
Weinkost: auf Anfrage
Ausstattung: Innen 40 Sitzplätze, außen 30 Sitzplätze
Anbaufläche: 1,3 ha
Sturm: ja
Kastanien: ja
Zufahrt: A9-Abfahrt Leibnitz, Richtung Arnfels, in St. Johann links den Berg hinauf (beschildert)
Besonderheiten: Neben der Landwirtschaft, die in Gündorf liegt, betreibt die Familie Sallmann seit zwei Jahren eine Wochenendbuschenschank. Neben dem alten Haus wird im Kellerstöckl in einem Raum ausgeschenkt.
Speisen: Aufstriche, Belegtes Brot, Brettljause, Germmehlspeisen, Verhackertwürstl, Käsebrot
Weine: Chardonnay/Morillon, Müller Thurgau, Muskat Sylvaner/Sauvignon blanc, Sämling, Weißburgunder, Welschriesling
Edelbrände: Birnen-, Kriecherl-, Pfirsich-, Zwetschkenbrand
Fruchtsaft: Apfel-, Traubensaft

BUSCHENSCHANK HARKAMP – WEIN UND SCHMANKERL (253)

Inhaber: Fam. **HARKAMP**
Vulgoname: Villa Hollerbrand
Adresse: Seggauberg 75, **A-8430 LEIBNITZ**
Telefon: 03185/2280 oder 03452/86509
Busverbindung: Leibnitz ca. 1 km
nächster Bahnhof: Leibnitz 1,5 km
Öffnungszeiten: nur auf Anmeldung

Ab-Hof-Verkauf: Wein, Edelbrände, Säfte
Weinkost: ja – Anmeldung
Ausstattung: Innen 40 Sitzplätze, außen 20 Sitzplätze
Anbaufläche: 7 ha
Wege: Fitneßstrecke der Leibnitzer, der Sulm entlang
Besonderheiten: Im alten Felsenkeller der 1897 erbauten Villa Hollerbrand haben die Brüder Harkamp einen ganz anderen Buschenschank eingerichtet. Bei Wein und Schmankerln, untermalt von klassischer oder italienischer Musik, genießt man und hat durch eine Glastüre Sicht in den Faß-Weinkeller. Ein endlos langer Weinkeller bis in den Felsen hineinreichend. Die Weingärten liegen beim Gasthof in Flamberg, in besonderer Kessellage am Ried Oberburgstall. Einer der Brüder ist Koch, der andere Weinbauer. Weingarten-, Betriebs- und Kellerführungen samt kommentierter Verkostung sind gegen Voranmeldung möglich.
Speisen: Leberaufstrich, Verhackert, Prosciutto, geräucherte Fische, Bohnensalat, Bauernspeck, Käsebrett beleuchtet

Weine: Gelber Muskateller, Chardonnay/Morillon, Müller Thurgau, Muskat Sylvaner/Sauvignon blanc, Rheinriesling, Grauburgunder, Scheurebe, Welschriesling, Weißburgunder, Zweigelt blau, Blauburgunder, Roter Riesling
Edelbrände: Apfel-, Birnen-, Pfirsich-, Trebern-, Weichsel-, Holunder-, Himbeer-, Erdbeerbrand, Obstler
Fruchtsaft: Apfel-, Trauben-, Birnensaft

ERIKA'S BUSCHENSCHANK (254)

Inhaber: Erika **BREINEDER**/Heinz **KRATOCHWILL**
Adresse: Kranach 3, **A-8462 Gamlitz**
Telefon: 03453/5565
Busverbindung: Gamlitz, Haltestelle im Ort ca. 1,5 km
nächster Bahnhof: Ehrenhausen 4,5 km
Öffnungszeiten: von März bis November; Do bis So von 12 Uhr bis 23 Uhr, andere Tage auf telefonische Reservierung
Ausstattung: Innen 70 Sitzplätze, außen 80 Sitzplätze
Zimmer: 3 x 2
Anbaufläche: 1,2 ha
Wege: Wandermöglichkeiten
Spielplatz: vorhanden
Zufahrt: A9-Abfahrt Vogau, über Ehrenhausen, Gamlitz, gerade durch den Ort, Richtung Arnfels. Kurz nach der Abzweigung Steinbach/Sernau rechts der Beschilderung nach

Besonderheiten: Seit Mai 1997 gibt es am sogenannten Jagerberg einen neuen „In"-Buschenschank. Ein Hauptgebäude mit Nebenanlagen umschließen eine große Natursonnenterrasse mit einem einmaligen Rundumblick ins südsteirische Weinland. Eine urgemütliche Atmosphäre vermitteln die vier Stuben. Im Eingangsbereich steht die alte Presse, am Klavier klimpern oft die Gäste, im „Salettl" sitzt eine geschlossene Gesellschaft, an der Theke lehnen die Stammgäste beim bekannten Grazer Heinz Kratochwill. Die beiden holzgetäfelten Stuben vermitteln eine heimelige Atmosphäre. Mit viel Geschmack hat Frau Erika, eine ehemalige Gastwirtin, altes Bauernmobilar zusammengetragen. An den Wänden hängen Bilder aus der privaten Sammlung der Hausherrin.

Speisen: Aufstriche, Bauernsalat, Brettljause, Strudel, Germmehlspeisen, Brüstl, Leberwurst, Liptauer, Preßwurst, Verhackert, Verhackertwürstl, Selchwürstl, Ziegenkäse, Hühnerleberpastete, Schafkäsesalat

Weine: gemischter Satz – weiß, Weißburgunder, Welschriesling, Gelber Muskateller, Muskat Sylvaner/Sauvignon blanc

Most: ja

Fruchtsaft: Apfel-, Trauben-, Holunderblütensaft

BUSCHENSCHANK SÖLL (255)

Inhaber: Maria u. Johannes **SÖLL**

Adresse: Sernau, Steinbach 63 a, **A-8462 GAMLITZ**

Telefon: 03454/6667, **Fax:** 03454/6667-77

Busverbindung: Gamlitz ca. 4 km

nächster Bahnhof: Ehrenhausen ca. 7,5 km

Öffnungszeiten: von Ostern bis November; täglich außer Di von 13 Uhr bis 22 Uhr; Sonntag abends geschlossen, 2. November bis 23. Dezember nur Sa, So geöffnet

Ab-Hof-Verkauf: Wein, Säfte, Edelbrände, Kernöl

Weinkost: auf Anfrage (Weingartenbegehung Sa)

Ausstattung: Innen 40 Sitzplätze (2 Räume), außen 55 Sitzplätze

Zimmer: 1 x 2

Anbaufläche: 10 ha

Wege: Wanderweg Nr. 4

Spielplatz: ja – „Villa Kunterbunt", Tischtennis, Fußballplatz

Sturm: ja

Kastanien: auf Anfrage

Zufahrt: A9-Abfahrt Vogau/Straß nach Gamlitz Richtung Leutschach. Am Ortsende von Gamlitz links, nach wenigen Metern rechts die Sernaustraße 3,6 Kilometer zum links an der Straße gelegenen Haus

Besonderheiten: Beschrieben wird er als „junger Wilder", der kompromißlos seine Weine keltert. Der Silberbergabsolvent Johannes Söll verdiente sich seine Sporen als Verwalter im „Rebenhof-Aubell". Sein Tatendrang ließ ihm neben dem Auszugshaus der Großmutter auf dem alten Gewölbekeller des Stallgebäudes ein geschmackvolles Blockhaus mit Veranda errichten. Mit seiner Frau Maria, aus der Weinbaudynastie Groß, führt er seit 1994 einen Buschenschank. Hier spürt man die Liebe zum Detail, die Speisen werden frisch zubereitet. Die Schnapsflaschen werden von der Hausfrau bemalt. Als Weinbau- und Kellermeister lautet das Motto des jungen Mannes Qualität und naturnaher Anbau. Seine Auszeichnungen bei den Weinen und die Destillata-Medaillen bei den Edelbränden beweisen seine richtige Linie. Mit seinem 97er wird er zu den Aufsteigern des Jahres in Österreich gezählt. Neu ist auch die Vergrößerung der Weingartenfläche durch die Mitbewirtschaftung des elterlichen Hofes und die Unterscheidung der Weine nach Klassik, Fruchtauslese und Reserve. Schutzringmitglied. Salonsieger.

Speisen: Aufstriche, Hauswürstl, Verhackertwürstl, Blutwurst, saure Preßwurst, Geselchtes, Brettljause, Bauernjause, Verhackert, Belegtes Brot, Käseteller, verschiedene Salate, Sauergemüse, Spezielles für Kinder, Mehlspeisen (Wochenende)

Weine: Altsteirischer Mischsatz, Gelber Muskateller, Chardonnay/Morillon, Riesling x Sylvaner, Rheinriesling, Sämling, Weißburgunder, Sauvignon blanc, Welschriesling, Zweigelt blau, Süßweine

Edelbrände: Apfel-, Birnen-, Kriecherl-, Trebern-, Wein-, Zwetschken-, Kirsch-, Pfirsichbrand

angesetzte Schnäpse: Heidelbeer-, Kräuter-, Rosenknopsen-, Waldmeister-, Fichtenwipferl-, Kirsch-, Pfirsichlikör

Fruchtsaft: Apfel-, Holunderblüten-, Traubensaft, Apfelfrucht-, Williamsbirnenfrucht-, Pfirsichnektar

BUSCHENSCHANK BIO-HOF WURZSCHUSTER (256)

Inhaber: Fam. **ADAM**
Vulgoname: Wurzschuster
Adresse: Oberfahrenbach 44, **A-8452 GROSSKLEIN**
Telefon: 03454/401
Busverbindung: Haltestelle Schulbus ca. 400 m (Wablkreuz)
Öffnungszeiten: von August bis Oktober; Sa, So von 14 Uhr bis 20 Uhr, restliche Tage auf Anfrage

Ab-Hof-Verkauf: Wein, Säfte, Most, Edelbrände, Obst, Erdäpfel, Getreideprodukte, Topinambur, Brot, Rindfleisch (auf Vorbestellung), Teekräuter, Kürbiskernöl, Honig, Sauergemüse, Marmeladen – Hofladen Sa-Nachmittag ganzjährig geöffnet
Ausstattung: Innen 40 Sitzplätze, außen 30 Sitzplätze (Weinlaube)
Wege: Philosphenweg, Wurzschusterweg, Maschanskaweg, Wanderwege zur Kreuzbergwarte, Kneippgesundheitsweg
Busse: auf Vorbestellung
Spielplatz: vorhanden
Sturm: ja
Kastanien: ja
Zufahrt: A9-Abfahrt Leibnitz Richtung Eibiswald. Nach dem Ortsanfang von Großklein, Richtung Kreuzbergwarte, wenige Meter davor links der Beschilderung nach
Besonderheiten: Die Gesundheit liegt ihnen am Herzen. Mit der Natur in Frieden leben und mit gutem Gewissen biologische Lebensmittel genießen ist die Devise der fleißigen Familie Adam. Seit 1984 bewirtschaften sie den Betrieb nach den Grundsätzen des organisch-biologischen Landbaues, als Mitglied des Ernte-Verbandes. Ihre Haustiere reichen vom Wollschwein über Kühen, Ochsen, Kälbern, Hühnern, Katzen bis zum Hund. Eine romantische Stube mit einem alten Ziegelgewölbe wurde geschmackvoll hergerichtet. Sie dient als Hofladen und Buschenschenke. Interessant sind die vielen Aktivitäten am Hof, von der Kräuterwanderung bis zum Erntefest der Biobauern im September und verschiedene Vorträge. Angeboten werden auch viele Wandermöglichkeiten, wie zur Kreuzbergwarte, der Philosophenweg und der Kneipp- und Geburtstagsbaum-Pfad, wo man nach dem Keltischen Baumkalender seinen Charakter erkunden kann. Genießen sie diese ländliche Idylle, wo die Ruhe nur vom Gackern der Hühner oder dem Gurren der Tauben unterbrochen ist.
Speisen: Aufstriche, selbstgebackenes Brot, Butterbrot, Brettljause, Verhackert, Käseteller, Gebäck und Gemüse je nach Saison
Weine: Sämling, Zweigelt blau, Zweigelt rose, Schlagerblut, Welschriesling
Edelbrände: Obstler, Trebern-, Anis-, Semmelbirnen-, Kriecherl-, Maschansker-, Holunderblütenbrand, Grappa
Most: Apfelmost
Fruchtsaft: Apfel-, Trauben-, Hollerblüten-, Birnensaft, Ribiselnektar, Mischsäfte

WEINGUT SCHEUCHER (257)

Inhaber: Gottfried u. Johanna **SCHEUCHER**
Adresse: Labuttendorf 20, **A-8423 ST. VEIT A. VOGAU**
Telefon: 03184/2252, **Fax:** 03184/2252
Öffnungszeiten: von April bis Dezember; Voranmeldung erbeten!
Ab-Hof-Verkauf: Wein, Edelbrände, Liköre, Honig, Kernöl, Geschenkskörbe, Wurst, Selchwaren
Weinkost: auf Anfrage
Ausstattung: Innen 20 Sitzplätze, außen 20 Sitzplätze
Anbaufläche: 4 ha
Zufahrt: Autobahnabfahrt St. Veit am Vogau, Richtung Bad Radkersburg, weiter links nach Labuttendorf. Im Ort nach der Tankstelle rechts wenige Meter der Beschilderung nach
Besonderheiten: Als Weingut mit den Rieden am Pößnitzberg in Glanz, ist das Haus schon länger ein Begriff. Der Buschenschank, nur auf Voranmeldung, kam vor sechs Jah-

ren dazu. Im schön gestalteten Kostraum, ein ehemaliger Stall mit Gurtengewölbe wird man mit hausgemachten Spezialitäten verwöhnt. Im großen gepflegten Anwesen, mit blumengeschmücktem Innenhof, gibt es bei der Einfahrt rechts für die Gäste auch eine gemütliche Weinlaube. Aus den umgebenden Kräutertöpfen strömt ein animierender Duft und machen Lust auf die hauseigenen Spezialitäten, die über die normale Jause hinausgehen. Darum ist es besser sich telefonisch anzumelden, damit sich die Frau des Hauses Zeit für ihre blumenhaften Kreationen nehmen kann.

Speisen: Aufstriche, Schafkäse, Hirsch- und Gamssalami, geräucherter Hirsch

Weine: Gelber Muskateller, Chardonnay/Morillon, Muskat Sylvaner/Sauvignon blanc, Rheinriesling, Traminer, Weißburgunder, Welschriesling, Zweigelt blau, Scheurebe

Edelbrände: Zwetschken-, Trebern-, Weinbrand

angesetzte Schnäpse: Nuß-, Himbeer-, Brombeer-, Wildpflaumen-, Weichsellikör

Sekt: Cuvee

Fruchtsaft: Apfel-, Traubensaft

BUSCHENSCHANK OSWALD (258)

Inhaber: Reinhold u. Anna **OSWALD**

Vulgoname: Spitzgodi

Adresse: Eichberg-Trautenburg 74, **A-8463 LEUTSCHACH**

Telefon: 03454/6219

Busverbindung: Haltestelle ca. 2 km „Steinwirt“

Öffnungszeiten: ganzjährig; täglich von 9 Uhr bis 22 Uhr

Ab-Hof-Verkauf: Wein, Säfte, Edelbrände

Ausstattung: Innen 50 Sitzplätze, außen 50 Sitzplätze

Zimmer: 5 x 2, 1 Appartement

Anbaufläche: 1 ha

Wege: Arnfelser Wanderweg Nr. 1

Busse: auf Anfrage

Spielplatz: vorhanden

Sturm: ja

Kastanien: fallweise

Zufahrt: A9-Abfahrt Leibnitz, über Arnfels Richtung Leutschach, in Maltschach links den Berg hinauf (beschildert) oder von Leutschach nach ca. 1 km, rechts bei Tafel Buschenschank Wutti ca. 2 km den Berg hinauf

Besonderheiten: In völliger Ruhe liegt dieses familienfreundliche Haus, mit herrlichem Rundumblick, umgeben von Weinhügeln, Wiesen und Holunderplantagen. Bei dem von den Eltern übernommenen Hof wurde aus dem geplanten Wirtschaftsgebäude das Buschenschankhaus. Seit drei Jahren wird hier ausgeschenkt und zur Zeit lastet die meiste Arbeit auf den Schultern von Frau Anna, da Herr Oswald noch berufstätig ist. Für ihre Urlaubsgäste gilt eine Besonderheit: bei vier Nächtigungen ist am fünften Tag ein romantisches Abendessen frei. Für Wanderungen ist hier ein idealer Ausgangspunkt, wie beispielsweise zur Schauwassermühle.

Speisen: Belegtes Brot, Brettljause, Germmehlspeisen, Hausplatte, Leberaufstrich, Liptauer, Schweinsbraten, Verhackert, Weinstrauben

Weine: Sämling, Schilcher, Welschriesling, Zweigelt blau

Edelbrände: Kriecherl-, Trebern-, Zwetschkenbrand, Obstler

Fruchtsaft: Traubensaft

BUSCHENSCHANK TERTINEGG (259)

Inhaber: Fam. **TERTINEGG**
Adresse: Kranachberg 112, **A-8462 GAMLITZ**
Telefon: 03453/5973 oder 03452/72184
Busverbindung: Haltestelle Kogelwirt 1 km
nächster Bahnhof: Ehrenhausen 7 km
Öffnungszeiten: von März bis Dezember; Fr, Sa, So, Feiertag von 13 Uhr bis 22 Uhr
Ausstattung: Innen 25 Sitzplätze, außen 25 Sitzplätze
Zimmer: Ferienwohnung (6 Personen), Haustiere willkommen
Anbaufläche: 0,5 ha
Wege: LB 1, Kneippwanderweg
Zufahrt: A9-Abfahrt St.Veit/Vogau über Ehrenhausen, durch den Ort Gamlitz, nach 3 km vor dem Gasthaus Kogelwirt rechts hinauf
Besonderheiten: Ein kleiner gemütlicher Buschenschank, wo einem in der Weinlaube die Trauben in den Mund hängen. Auf einer Anhöhe gelegen reicht der Blick einerseits nach Sernau, andererseits nach Frauenberg. Der bärtige Herr Kurt und die schon „eingemeindete" norddeutsche Frau unterhalten sich gerne mit ihren Gästen. Nun ist zur Vermietung der Ferienwohnung seit dem Jahre 1997 noch der Buschenschank dazugekommen. Nebenan liegt die Wochkapelle, deren Einweihung nach dem Wiederaufbau mit einem großen Fest im August 1998 gefeiert wurde. Im Inneren hat der Hausherr einige alte Möbel zusammengetragen und läßt die Hausgäste auf einem Holzpfosten unterschreiben. Für musikalische Gäste stehen eine Zieharmonika oder ein alter „Wurlitzer" zur Verfügung. Sportliche haben die Wahl Rad zu fahren oder der Wanderung „Vital durch die vier Jahreszeiten". Sollte es einmal zu feuchtfröhlich werden, fährt sie das Gratistaxi nach Hause.
Speisen: Belegtes Brot, Brettljause, Brüstl, Leberaufstrich, Liptauer, saure Preßwurst, Verhackert, Verhackertwürstl
Weine: gemischter Satz – weiß (1 l, 2 l), Welschriesling
Fruchtsaft: Apfel-, Traubensaft

BUSCHENSCHANK HÖMERSCHNEIDER (260)

Inhaber: Anton u. Margarete **STELZL**
Vulgoname: Hömerschneider
Adresse: Sausal 17, **A-8443 GLEINSTÄTTEN**
Telefon: 03456/3242
Busverbindung: Haltestelle Maierhof 2 km
Öffnungszeiten: ganzjährig, Weihnachten geschlossen; täglich außer Do von 10 Uhr bis 22 Uhr
Ab-Hof-Verkauf: Wein, Säfte, Edelbrände

Musik: auf Bestellung
Ausstattung: Innen 80 Sitzplätze (2 Räume), außen 120 Sitzplätze
Anbaufläche: 2,5 ha
Wege: Weg zur Theresienkapelle, Pistorfer Rundwanderweg, Kitzecker Wanderweg
Busse: auf Anfrage
Zufahrt: A9-Abfahrt Leibnitz Richtung Gleinstätten, kurz nach dem Ortsende von Maierhof rechts, dann wieder rechts der Beschilderung nach den Plöderlberg hinauf zum gelben Haus

Besonderheiten: Inmitten eines Blumenmeeres sitzt man auf der überdachten Terrasse oder unter der Weinlaube, mit Panoramablick ins Sulmtal und zum Theresienschloß. In großen Holzkübeln stehen die Oleander und man glaubt, tief im Süden zu sein. Das ist das „Hobby" der charmanten blonden Frau Margarethe, die im Familienbetrieb nicht nur die Küche voll im Griff hat, Zeit hat für einen „Schnapser mit den Männern" und mit dem Sparvereinsmitgliedern plaudert, wie mit allen ihren Gästen. Sie ist die „Seelsorgerin" vieler Gäste. Viele Bilder und Pokale zieren die Wände von den Jagdfreunden des Hausherrn, bis zum Autorennfahrer Posch. Alles trifft sich hier. Für Gesellschaften gibt es einen extragroßen Raum mit offenen Kamin. Der 1996 erstmals aufgestellte Klapotez beim Haus wartet heuer noch auf Aufstellhelfer. Der jährlich aufgestellte Maibaum ist schon umgeschnitten und hat per Los sein zu Hause gefunden. Nachdem der Junior des Hauses die Weinbauschule Silberberg besucht, ist die Nachfolge auch gesichert.

Speisen: Belegtes Brot, Brettljause, Brüstl, Buchteln, Germmehlspeisen, Leberaufstrich, Liptauer, saure Bohnen, saure Preßwurst, Strauben, Verhackert, Käseplatte, Topfen-Apfelstrudel

Weine: gemischter Satz – weiß, Ruländer/Grauburgunder, Schilcher, Weißburgunder, Welschriesling, Zweigelt blau

Edelbrände: Apfel-, Kriecherl-, Zwetschken-, Pfirsichbrand

Fruchtsaft: Apfel-, Traubensaft

BUSCHENSCHANK PÖLZL (261)

Inhaber: Fam. **PÖLZL**

Vulgoname: Bernhardtkeller

Adresse: Untergreith 171, **A-8453 ST. JOHANN i. S.**

Telefon: 03457/2316 oder 0664/4819557

Busverbindung: Gleinstätten ca. 2 km

Öffnungszeiten: ganzjährig; täglich außer Mo von 12 Uhr bis 23 Uhr

Ab-Hof-Verkauf: Wein

Ausstattung: Innen 90 Sitzplätze, außen 80 Sitzplätze

Zimmer: im Ausbau

Anbaufläche: 1,8 ha

Wege: LB 5 und Wanderwege

Busse: auf Anfrage

Spielplatz: vorhanden

Sturm: ja

Kastanien: fallweise

Zufahrt: A9-Abfahrt Wildon nach Gleinstätten, Richtung Leutschach, beim Gasthaus Literwirt rechts, dann links ca. 500 m (beschildert)

Besonderheiten: Hier war einmal das zur nahen Georgikirche gehörige Pfarrhaus, das ursprünglich samt den Weingärten von Lukovic dem Schloß Welsberg gehörte. Seit kurzem hat die Familie Pölzl das Haus wieder zum Leben erweckt. Es wurde um- und ausgebaut und im Inneren eine über 500 Jahre alte Holzdecke freigelegt. Unter Mithilfe der Töchter werden die Produkte der Landwirtschaft

in Haslach und des Weines rings um das Haus den Gästen kredenzt. Einheimische, Sparverein, Gesellschaften oder auch die Besucher der Pferdeweihe (Georgisonntag) kehren gerne bei dieser freundlichen Familie ein. Ein Parkplatz befindet sich wenige Meter unterhalb, die alte „Loambudel" gleich neben dem Haus. Ergänzt wird dies alles durch eine herrliche Rundumsicht (Koralpe, Slowenien und Sulmtal).

Speisen: Bauernsalat, Brettljause, Brüstlbrot, Germmehlspeisen, Hauswurst, Kürbiskernaufstrich, Leberaufstrich, Liptauer, saure Bohnen, Sulz, Verhackert, überbelegtes Brot, Käsebrot

Weine: Schilcher, Weißburgunder, Welschriesling, Zweigelt blau

Edelbrände: Trebernbrand

Fruchtsaft: Apfel-, Traubensaft

BUSCHENSCHANK WILDPACHER (262)

Inhaber: Friedrich **WILDPACHER**
Adresse: Untergreith 66, **A-8453 ST. JOHANN I. S.**
Telefon: 03457/2121
Busverbindung: Schulbushaltestelle beim Haus, Linienbus St. Johann 3,5 km
Öffnungszeiten: ganzjährig; täglich von 10 Uhr bis 22 Uhr
Ab-Hof-Verkauf: Wein, Edelbrände, Frischfleisch (Schwein, Rind, Hendl), Würstl, Selchfleisch, Platten
Musik: auf Bestellung (Harmonika im Haus)
Ausstattung: Innen 60 Sitzplätze, außen 100 Sitzplätze
Anbaufläche: 0,75 ha
Wege: Radweg LB 5
Busse: auf Vorbestellung
Spielplatz: vorhanden
Sturm: ja
Zufahrt: A9-Abfahrt Wildon, über Gleinstätten Richtung St. Johann – Arnfels beim Literwirt rechts über den Georgiberg oder durch den Priestergraben, auch über St. Johann möglich (beschildert)
Besonderheiten: Für Direktvermarktung vom Bauernhof sind sie schon lange bekannt. Der Buschenschank kam 1996 dazu. In Planung ist der Streichelzoo. In der gemütlichen Stube aus hellem Holz oder auf der Aussichtsterrasse finden sich Einheimische und andere Gäste, Radfahrer, Sparverein und Kartenrunden. Alle Produkte kommen vom eigenen Bauernhof, die Weingärten liegen in Kitzeck. Die Jause zum Mitnehmen ist hier besonders beliebt. Als Chefin ist sie äußerst aktiv, die energiegeladene Frau Luise, die hier den Laden „schupft“. Sie und Herr Wildpacher sind ein Team, jeder hilft jedem, denn sie sitzt gensauso am Traktor, wie er in der Küche anzutreffen ist. Kein Wunder, daß sich im Winter alles bei ihr in der Küche abspielt.

Speisen: Belegtes Brot, Brettljause, Brüstl, Germkipferl, Sausaler Knöpfe, steir. Rindfleisch, Leberaufstrich, Liptauer, Nußpotitze, Ripperl, saure Bohnen, saure Preßwurst, Strauben, Verhackert, Rindfleischsalat
Weine: Müller Thurgau, Welschriesling, Zweigelt blau
Edelbrände: Birnen-, Kriecherlbrand, Obstler
angesetzte Schnäpse: Himbeer-, Brombeer-, Heidelbeerschnaps
Most: Apfelmost
Fruchtsaft: Apfel-, Melissensaft

BUSCHENSCHANK KEEN (263)

Inhaber: Fam. **PAAR**
Vulgoname: Keen
Adresse: Wagendorf 47, **A-8423 ST. VEIT A. VOGAU**
Telefon: 03453/3671
Busverbindung: Linie Weiß, Haltestelle vor dem Haus
nächster Bahnhof: Ehrenhausen 4 km
Öffnungszeiten: ganzjährig; täglich außer Di von 15 Uhr bis 22 Uhr
Musik: auf Bestellung
Ausstattung: Innen 100 Sitzplätze (4 Räume), außen 60 Sitzplätze (Terrasse)
Anbaufläche: 1,5 ha
Wege: R 2 in der Nähe
Busse: auf Anfrage
Spielplatz: vorhanden
Sturm: ja
Kastanien: fallweise
Parkplatz: vorhanden
Zufahrt: A9-Abfahrt St. Veit/Vogau Richtung Radkersburg, rechts nach St. Veit und gleich beim Friedhof links über eine Brücke nach Wagendorf, ca. 1 km nach der Ortsmitte links gelegen
Besonderheiten: Die zwei gelben Häuser sind seit den 50er Jahren unter Buschenschank „Keen“ bestens bekannt. Die Weingärten liegen in Aflenz bei Grubtal. „Begonnen hat der Buschenschank schon bei der Schwiegermutter“, meint die sympathische Frau Paar, besser bekannt unter Maridl. Ob es die Riesenbrote, die Buchteln, der Schweinsbraten sind oder Mama Maridl selbst, daß die

Leute so gerne kommen, müssen sie selbst herausfinden. In die Küche läßt sie sich nur vormittags einsperren, dann muß sie bei den Gästen sein, als „sprechende Speisekarte“ und Anlaufstelle für jung und alt. Das Jägerstüberl mit den Hirschgeweihlustern ist für geschlossene Runden begehrt. Der Chef ist für den Wein zuständig und ist natürlich auch gerne bei den Gästen. Seit kurzem hat sie auch das erweiterte Gewerbe. Alle Produkte stammen vom Bauernhof oder aus dem Gemüsegarten.

Speisen: Aufstriche, selbstgebackenes Brot, Bauernsalat, Belegtes Brot, Brettljause, Brüstl, Buchteln, Germmehlspeisen, saure Preßwurst, saure Bohnen, Strudel, Maridl-Brote (Riesenapparate), Zwetschkenfleck

Weine: gemischter Satz – weiß (Faßwein), Weißburgunder, Welschriesling, Sämling (Scheucher-Labuttendorf), Rheinriesling (Schloß Seggau)

BUSCHENSCHANK STRABLEGG (264)

Inhaber: Robert u. Gabriele **STRABLEGG**
Vulgoname: Bayerl
Adresse: Graßnitzberg 58, **A-8471 SPIELFELD**
Telefon: 03453/2605, **Fax:** 03453/2605
Busverbindung: Spielfeld 3 km
nächster Bahnhof: Spielfeld 3 km
Öffnungszeiten: ganzjährig; täglich außer Mi von 14 Uhr bis 21 Uhr; geschlossen: Energieferien
Ab-Hof-Verkauf: Wein
Weinkost: auf Anmeldung
Ausstattung: Innen 35 Sitzplätze, außen 35 Sitzplätze
Anbaufläche: 9 ha
Wege: Rebenwanderweg
Sturm: ja
Kastanien: ja
Zufahrt: A9-Abfahrt Spielfeld, 100 m vor dem Grenzübergang beim Viadukt rechts (Tankstelle) ca. 1,5 km den Berg hinauf
Besonderheiten: Im Weinbau hat er sich schon lange einen Namen gemacht, nun gibt es seit Herbst 1997 auch einen Buschenschank. Im Jahre 1989 übernahm der junge Klosterneuburgabsolvent den elterlichen Betrieb. Als Kämpfernatur wollte er expandieren, hinaus in die Welt und war auf internationalen Messen vertreten. Innovation, Investition und nicht zuletzt harte Arbeit führten zu Qualitätsergebnissen mehrfach beim Salon österreichischer Weine und bei anderen Wettbewerben. Nun möchte er die Vermarktung eher vom Buschenschank aus betreiben, mehr bei der Familie bleiben. Er ist einer der immer weiter will und Akzente setzt – man darf gespannt sein. Jedenfalls ist die Lage des Hofes, inmitten die mächtige Linde, ein idealer Platz, um zu genießen, aber auch wo Kinder herumtollen können. Inmitten von Weingärten, Wiesen und Wald finden neben vielen Einheimischen auch andere Gäste dieses lauschige Platzerl in Grenznähe mit besten Weinen und den Küchenköstlichkeiten von Frau Gabi.
Speisen: Aufstriche, selbstgebackenes Brot, Belegtes Brot, Brettljause, Brüstl, Germmehlspeisen, Käferbohnensalat, Kürbiskernaufstrich, Liptauer, Käsebrot, Eiaufstrich
Weine: Chardonnay/Morillon, Sauvignon blanc, Muskateller, Ruländer/Grauburgunder, Schilcher, Weißburgunder, Welschriesling, Zweigelt blau
Sekt: Schilchersekt
Fruchtsaft: Apfelsaft, Pfirsichnektar

1. STEIRISCHER BIO-BUSCHENSCHANK (265)

Inhaber: Gitta u. Klaus **RUPP**
Vulgoname: 1. Steirischer Biobuschenschank
Adresse: Obegg 11, **A-8471 SPIELFELD**
Telefon: 03453/4017, **Fax:** 03453/4017
nächster Bahnhof: Spielfeld 6 km
Öffnungszeiten: von März bis Dezember; Mi bis So von 15 Uhr bis 22 Uhr, Sa, So und Feiertag ab 13 Uhr
Ab-Hof-Verkauf: Wein, Säfte, Edelbrände, Käse
Weinkost: auf Anfrage
Ausstattung: Innen 45 Sitzplätze, außen 80 Sitzplätze (in Etagen)

Zimmer: 5 x 2 im Ökohaus
Anbaufläche: 2,6 ha
Wege: Rebenwanderweg
Spielplatz: vorhanden
Zufahrt: A9-Abfahrt Spielfeld, Richtung Grenze, vor der Tankstelle und Raika-Bank rechts durch das Viadukt ca. 2 km, dann links ca. 300 m (Schotterstraße, dann 100 m Fußweg) – Hinweisschilder
Besonderheiten: Die geheimen Wünsche hat sich das Ehepaar seit dem Sommer 1993 verwirklicht. Gitta kehrte mit ihrem Mann nach Jahren in Deutschland in die Heimat

zurück. Sie betreiben seit damals den 1. Steirischen Biobuschenschank, nahe der österreichisch-slowenischen Grenze, inmitten von Weingärten und Wiesen. Ein altes steirisches Holzhaus wurde abgetragen und hier neu aufgebaut – mit viel Gefühl und Geschmack, was sich auch in der gemütlichen Holzstube mit dem schönen Kachelofen zeigt. Als Mitglied des Ernteverbandes arbeiten sie nach den Richtlinien des organisch biologischen Landbaues. Die Jause stammt von den hofeigenen Schweinen und Schafen. Der Käse wird ebenfalls selbst erzeugt und das Brot von einem benachbarten Biohof bezogen. Originell ist auch ihre Speisekarte, von Fleischlich bis zum Pflanzlichen, wie Betty's Busserl – ein Frischkäse oder „a junges Bürscherl" – ein frischer Bergwein gemeint ist. Sie gehören zu den steirischen Bioweinbauern, die mittlerweile auf Erfolge, wie bei der Bioweinkost beim ORF und andere verweisen können. Voll Tatendrang ist Frau Gitta ständig auf der Suche nach Attraktionen für ihre Gäste. Ihr Mann Klaus, eher im Hintergrund, hat eine Rotkreuzstation für Fahrräder eingerichtet, denn dabei ist er einschlägig vorbelastet. Zur Zeit arbeiten sie mit anderen Weinbauern an dem Projekt „Spielfelder Weingärten in den windischen Büheln" – von einem Rosarium zum anderen.
Speisen: Aufstriche, Belegtes Brot, Brettljause, saure Sülze, Schweinsbraten, saures Schweinefleisch, Lendbratl, Lammgeselchtes, Käseteller, Schafskäse (vier Sorten), Reiberlkas, Frischkäse, Schnittkäse, Bohnensalat, Krautsalat mit warmen Speck, Erdäpfelsalat mit Kernöl, vegetarische Aufstriche
Weine: Welschriesling, Sämling, Ruländer/Grauburgunder, Zweigelt rose, Weißburgunder, Traminer, Blauburger, Blaufränkisch, Chardonnay, Müller Thurgau
Edelbrände: Apfel-, Birnen-, Kriecherl-, Marillen-, Pfirsich-, Trebern-, Kirsch-, Geläger-, Zwetschkenbrand
angesetzte Schnäpse: Apotheker (Magenbitter), Schlehe
Most: ja
Fruchtsaft: Apfel-, Holunderblüten-, Traubensaft
Sonstige Getränke: Schafmilch
Verkaufsstellen: Weihnachtsmarkt in Graz

BUSCHENSCHANK REITERER (266)

Inhaber: Alois u. Susanne **REITERER**
Vulgoname: Kollersimmerl
Adresse: Eichberg-Trautenburg 36, **A-8463 LEUTSCHACH**
Telefon: 03454/64 92
Busverbindung: Haltestelle Leutschach 3,5 km
Öffnungszeiten: ganzjährig; täglich außer Mo von 10 Uhr bis 22 Uhr
Ab-Hof-Verkauf: Wein, Traubensaft, Frischfleisch, Würstl, Grammelfett, Verhackert
Weinkost: auf Anfrage
Musik: auf Bestellung
Ausstattung: Innen 40 Sitzplätze, außen 40 Sitzplätze (Terrasse)
Zimmer: 2 x 2
Anbaufläche: 4,5 ha
Wege: Radweg LB 1, Kreuzbergwarte, Wanderweg im eigenen Weingarten, Weinkulturgarten
Spielplatz: vorhanden
Sturm: ja
Kastanien: ja
Zufahrt: A9-Abfahrt Vogau, Ehrenhausen, Gamlitz, Richtung Leutschach, am Karnerberg rechts (viele Hinweistafeln), rechts Richtung Kreuzberg ca. 2 km bis zum Klapotez links, nächste Gabelung rechts, dann links (beschildert)

Besonderheiten: Der markante Schriftzug gleich auf Etiketten und Beschilderung zeigt den Schwung, den das junge Ehepaar ins Haus bringt. Seit Mitte Juli 1998 gibt es den brandneuen Buschenschank mit der gemütlichen Holzstube und dem herrlichen Blick von der Terrasse. Wein, Fla-

schenverkauf und Hausschlachtung gab es schon bei den Eltern. Nun sorgen Alois und Susanne für das Wohl der Gäste, unterstützt von den Eltern. Ein Kind ist noch klein, das zweite im Anmarsch. Frau Susanne besuchte eine Hauswirtschaftsschule, stammt aus einem Weinbau- und Buschenschankbetrieb und ist Arbeit und Gäste gewöhnt. Er ist Silberbergabsolvent, Weinbau- und Kellermeister, greift überall zu. Sie sind freundlich und bemüht. Sie werden ihren Weg machen. Eine Neuheit ist der im Weingarten oberhalb des Hofes befindliche Kunstklapotez.

Speisen: Aufstriche, Belegtes Brot, Brettljause, Brüstl, Grammelfett, Hausplatte, Hauswürstl, Käseteller, Kürbiskernaufstrich, Leberaufstrich, Liptauer, Rohschinken, Verhackert, Bratlfett, saures Rindfleisch

Weine: Welschriesling, Zweigelt rose, Weißburgunder, Morillon/Chardonnay, Müller Thurgau, Zweigelt blau, Sämling, Rheinriesling, Muskat Sylvaner/Sauvignon blanc, Gelber Muskateller

Edelbrände: Birnen-, Kriecherl-, Pfirsich-, Trebern-, Trauben-, Wein-, Holunder-, Johanisbeer-, Zwetschken-, Maschanska-, Tresternbrand

angesetzte Schnäpse: Nuß-, Weichselschnaps

Fruchtsaft: Apfel-, Traubensaft

BUSCHENSCHANK KOTNIK (267)

Inhaber: Max **KOTNIK**

Vulgoname: Schatul Stock

Adresse: Schloßberg 14, **A-8463 LEUTSCHACH**

Telefon: 03454/6855

Busverbindung: Haltestelle Schulbus 20 m, Haltestelle Leutschach 4,5 km

Öffnungszeiten: ganzjährig; täglich außer Mo von 9 Uhr bis 22 Uhr

Ab-Hof-Verkauf: Wein, Kernöl, Säfte, Frischfleisch, Geselchtes

Weinkost: auf Anfrage

Musik: Steirische Harmonika (Tochter)

Ausstattung: Innen 30 Sitzplätze, außen 70 Sitzplätze (Terrasse, Laube)

Zimmer: 3 x 2

Anbaufläche: 5 ha

Wege: viele Wanderwege

Busse: auf Anmeldung

Spielplatz: vorhanden

Sturm: ja

Kastanien: ja

Zufahrt: A9-Abfahrt Vogau, Ehrenhausen, Gamlitz, Richtung Leutschach, durch den Ort Schloßberg, vor dem Ortsende, Richtung Schloßberg, Remschnigg, die 3. Einfahrt rechts den Berg hinauf ca. 2 km (beschildert)

Besonderheiten: In einer ländlichen Idylle, auf fast 500 m Höhe, eher einer Almregion ähnelnd, mit Wäldern, Wiesen und Kühen, liegt dieser Bauernhof. Die Weingärten liegen auf Südhängen, die Kirche von Hohenegg gegenüber.

Beeindruckend ist die fast 400 Jahre alte Linde, die unter Naturschutz steht und teilweise das Salettl überdeckt. Daneben der Hackstock „zum Nägel einschlagen“. Auch hier gibt es Arbeitsteilung. Wenn der Silberbergabsolvent Herr Max wochentags unterwegs ist, schupft seine Frau den Betrieb. Ist sie im Stall tätig, kann sein, daß man ihn beim Fensterputzen sieht oder in der Küche. Sie meint, „wegen der Tiere muß ich so immer am Hof sein“. Die begeisterte Köchin arbeitet rund um die Uhr und weil sie immer mit Freude bei der Arbeit ist, gelingt ihr auch alles. Beide sind sehr um ihre Gäste bemüht und sitzen oft plaudernd dabei. Der Opa ist auch integriert und sitzt vor der Türe und unterhält ebenfalls die Leute. Hausschlachtung ist hier obligat, dafür gibt es den modernen Schlachtraum im Keller. Wenige Meter entfernt der alte gewölbte Keller mit einer gemütlichen Bar aus Faßdauben.

Speisen: Aufstriche, selbstgebackenes Brot, Belegtes Brot, Brettljause, Brüstl, Buchteln, Germmehlspeisen, Geselchtes, Nußpotitze, Verhackertwürstl, Käsebrot, saures Rindfleisch, Selchwürstl

Weine: Zweigelt rose, Weißburgunder, Morillon/Chardonnay, Müller Thurgau, Zweigelt blau, Muskat Sylvaner/Sauvignon blanc, Schilcher weiß gepreßt, Zweigelt weiß gepreßt

Fruchtsaft: Traubensaft

BUSCHENSCHANK MARKO (268)

Inhaber: Alois **MARKO**

Vulgoname: Hofstätter

Adresse: Eichberg-Trautenburg 99, **A-8463 LEUTSCHACH**

Telefon: 03454/376

Busverbindung: Haltestelle Schulbus 20 m, Haltestelle Leutschach 4 km

Öffnungszeiten: Februar bis Dezember; Freitag, Samstag, Sonntag, Feiertag von 9 Uhr bis 22 Uhr

Ab-Hof-Verkauf: Wein

Weinkost: auf Anfrage

Musik: auf Bestellung

Ausstattung: Innen 45 Sitzplätze, außen 30 Sitzplätze

Anbaufläche: 2 ha

Wege: LB 1 – Eichbergradweg, Wanderweg zur Kreuzbergwarte

Busse: auf Anmeldung

Spielplatz: vorhanden

Sturm: ja

Kastanien: ja

Zufahrt: A9-Abfahrt Vogau, Ehrenhausen, Gamlitz, Richtung Leutschach, am Karnerberg ca. 2 km vor Leutschach rechts (viele Hinweistafeln), ca. 2 km der Beschilderung nach, rechtshalten Richtung Kreuzberg

Besonderheiten: Nicht nur im Herbst, sondern auch an einem heißen Sommertag sitzt es sich hier gemütlich in völliger Ruhe, nur ein Klapotezschlagen ist zu hören. Weinbau gab es schon in der Vorgeneration beim Haus und

vor vier Jahren entschloß sich das bemühte junge Ehepaar zu einem Wochenendbuschenschank. Da der Hausherr wochentags berufstätig ist, ist die Arbeit genau aufgeteilt. Die Hausarbeit und die Handarbeit im Weingarten ist der Frau vorbehalten, Traktorfahrten und Kellerarbeit machen die Männer, auch die Söhne helfen mit. Der Sparverein, Einheimische und Urlaubsgäste genießen die herrliche Aussicht nach Leutschach und zur Heiliggeistkirche nach Slowenien.

Speisen: Aufstriche, selbstgebackenes Brot, Belegtes Brot, Brettljause, Brüstl, Grammelaufstrich, Hausplatte, Hauswürstl, Käseauswahl, Kernölaufstrich, Leberaufstrich, Liptauer, saure Bohnen, saure Preßwurst, Verhackertwürstl, Bratlfett, gemischte Platte (ab 2 Personen), Germmehlspeisen

Weine: Welschriesling, Weißburgunder, Sämling, Schilcher, Muskat Sylvaner/Sauvignon blanc, Zweigelt blau

Fruchtsaft: Traubensaft

BUSCHENSCHANK STERNAT-LENZ (269)

Inhaber: Fam. **STERNAT**
Vulgoname: Lenz
Adresse: Remschnigg 17, **A-8463 LEUTSCHACH**
Telefon: 03455/76 93 (eventl. Nummernänderung)
Busverbindung: Haltestelle Leutschach Plasch-Siedlung 3 km
Öffnungszeiten: Mitte Jänner bis November; täglich außer Mo, Di von 10 Uhr bis 22 Uhr
Ab-Hof-Verkauf: Wein, Edelbrände
Weinkost: auf Anfrage
Ausstattung: Innen 20 Sitzplätze, außen 40 Sitzplätze
Zimmer: 3 x 2, Urlaub am Weinbauernhof (3 Blumen)
Anbaufläche: 1 ha

Wege: Wanderweg Maltschach–Arnfels, Weitwanderweg 03, R 25
Spielplatz: vorhanden
Sturm: ja
Kastanien: ja
Zufahrt: A9-Abfahrt Vogau, Ehrenhausen, Gamlitz, Richtung Leutschach, über den Karnerberg, von Leutschach Richtung Arnfels, ca. 100 m nach dem Sportplatz bei km 54,8 links, ca. 2,5 km den Berg hinauf (Beschilderung)
Besonderheiten: Mit einer herrlichen Aussicht, umgeben von Wald, Obstbäumen und Reben auf 480 m Seehöhe am Remschnigg, zwischen Leutschach und Arnfels, liegt dieser seit 1993 bestehende Buschenschank. In völliger Ruhe ist dieser über 200 Jahre alte Hof ein idealer Ausgangspunkt für zahlreiche markierte Wanderwege, wie z.B. zur Schloßbergwarte am Montikogel. Ein gepflegtes Hofensemble mit lauschigen Plätzchen auf einer Wiese vor dem Haus oder unter dem alten Kastanienbaum. Dieser Bauernhof ist wie geschaffen zum Ausspannen, Seele baumeln lassen oder einfach zum Urlaub machen. Es gibt einen alten Gewölbekeller, in dem beste Qualitätsweine lagern. Neben der vielen Arbeit am Hof und im Weingarten findet der Silberbergabsolvent in den Wintermonaten noch Zeit zum Aquarellieren. Im Haus, Buschenschank und Garten dominieren seine Mutter und die Ehefrau Erika.
Speisen: Aufstriche, Belegtes Brot, Brettljause, Brüstl, Grammelaufstrich, Hausplatte, Hauswürstl, Kürbiskernaufstrich, Leberaufstrich, Liptauer, Verhackert, Käsebrot
Weine: Welschriesling, Weißburgunder, Morillon/Chardonnay, Schilcher, Blauer Wildbacher (rot)
Edelbrände: Apfel-, Birnen-, Zwetschkenbrand
angesetzte Schnäpse: Weichsel-, Himbeer-, Stachelbeerlikör
Fruchtsaft: Apfel-, Ribisel-, Zitronenmelissensaft

BUSCHENSCHANK HARTNERHÜTTE – HA-HÜ (270)

Inhaber: Walter u. Grete **KIRCHLEITNER**
Adresse: Großklein 55, **A-8452 GROSSKLEIN**
Telefon: 03456/2834
Busverbindung: Haltestelle Großklein 300 m
Öffnungszeiten: März bis November; Freitag, Samstag, Sonntag, Feiertag von 13 Uhr bis 22 Uhr, Freitag ab 18 Uhr offen
Ab-Hof-Verkauf: Wein, Kernöl
Ausstattung: Innen 50 Sitzplätze, außen 50 Sitzplätze
Anbaufläche: 1 ha
Wege: R 20, LB 2 (50 m)
Spielplatz: vorhanden
Sturm: ja
Kastanien: ja
Zufahrt: A9-Abfahrt Leibnitz, nach Großklein. In der Ortsmitte bei den drei Gasthöfen rechts ca. 200 m, wieder rechts über ein Brückerl, dann links (beschildert Hartnerhütte)
Besonderheiten: Groß und klein, alt und jung, Radfahrer und Einheimische kommen gerne zur Hartnerhütte. Seit vier Jahren gibt es diesen Buschenschank, der auch ideal für Kinder ist, die hier genug Auslauf haben. Am großen Areal des Bauernhofes wurde statt eines geplanten Saustalls ein

Buschenschank im neuen Blockhaus eingerichtet. Das von außen schlichte Holzhaus ist auch im Inneren gemütlich in hellem Holz eingerichtet. Als Blickfang ist der modellierte Kachelofen mit Sitznischen ein Kunstwerk und Attraktion. Jährlich abwechselnd finden hier Ausstellungen und Lesungen statt. Die gemauerte Theke ist oft zu klein, denn auch die Fußballer treffen sich hier, war doch Herr Kirchleitner 20 Jahre aktiv in Großklein. Auch im Freien sitzt es sich gemütlich, ruhig, daneben der Bauerngarten, die Kukuruzfelder, mit Blick auf Kitzeck, den Demmerkogel und den Mattelsberg. Im Nebenhäuserl, dem sogenannten „Herzerlklo" ist alles auf neuestem Standard. Bewacht wird das Ganze vom gutmütigen Bernhardiner-Schäfermischling Rigo.

Speisen: Aufstriche, selbstgebackenes Brot, Belegtes Brot, Brettljause, Germmehlspeisen, Verhackert, Käsebrot

Weine: Welschriesling, Weißburgunder, Müller Thurgau, Zweigelt blau

Fruchtsaft: Apfel-, Holunder-, Traubensaft

Das Rebenland

- einfach märchenhaft

Leutschach, Eichberg-Trauteburg,
Glanz an der Weinstraße und Schloßberg

Auskünfte:
Tourismusverband "Das Rebenland"
Hauptplatz 2
A- 8463 Leutschach
Tel: 03454/7070-10 Fax:-19
& alle Außenstellen der Österreichwerbung

Unter dem Begriff "*Das Rebenland*" haben sich die Weinbaugemeinden Leutschach, Eichberg-Trautenburg, Glanz an der Weinstraße und Schloßberg zusammengeschlossen.

Zum umfangreichen Freizeitangebot im Rebenland gehören mehr als 100 km Wanderwege, Radwege, ein beheizbares Freibad, ein Beach-Volleyball Platz, eine Asphaltbahn, Tennisplätze, Fischteiche, Reitmöglichkeiten und Kutschenfahrten.

Ausflugsmöglichkeiten:
Kreuzbergwarte, Wein-Kultur-Garten & Schauwassermühle am Eichberg;
Alter Poststein & Turmkeusche in Glanz a. d. W.
Alte Mühlen, Montikogelwarte, Hl.Geist Klamm & Ruine Schmierenberg in Schloßberg
Weingalerie & Nikolauskirche (12.JH) in Leutschach

Diese Ausflugsziele sind durch die Kleeblatt - Wanderungen (Karte im Tourismusbüro erhältlich) miteinander verbunden und durch die Beschilderungen leicht zu finden.

Bodenständige Gastronomiebetriebe sowie zahlreiche Buschenschenken und Direktvermarkter verwöhnen Sie mit kulinarischen Spezialitäten und exzellenten Weinen.

WEINBAUBETRIEBE MIT WEINVERKAUF AB HOF

Weingut Fam. F. ADAM, vlg. Gottscheber, Kranach 78, 8463 Leutschach, Tel. und Fax 03454/6115, Mobil 0664/3816825
Weine: Chardonnay/Morillon, Gelber Muskateller, Grauburgunder, Sauvignon blanc, Sämling 88, Welschriesling, Weißburgunder, Blauer Wildbacher, Zweigelt, Bacchus

Weingut Rupert ADAM, vgl. Koglwirt, Kranach 13, 8462 Gamlitz, Tel. und Fax 03453/2485
Weine: Chardonnay/Morillon, Gelber Muskateller, Sauvignon blanc, Sämling 88, Traminer, Welschriesling, Weißburgunder, Zweigelt

Weingut Franz ALDRIAN, vlg. Karmeliten-Weingut, Wielitsch 75, 8461 Ehrenhausen, Tel. 03453/2975
Weine: Grüner Sylvaner, Riesling, Traminer, Welschriesling, Weißburgunder, Blaufränkisch, Blauburger

Amandus ADAM, vlg. Nussenpaßer, Kranach 37, 8463 Leutschach, Tel. 03454/378

Weinbau - Rebschule Stefan ASSIGAL, vlg. Flucherschneider, Sernau 9, 8462 Gamlitz, Tel. 03453/3736

Weinbau ASSMANN, Kogelberg, 8430 Leibnitz, Tel. 03452/2101
Weine: Welschriesling, Rheinriesling, Weißburgunder, Müller-Thurgau, Muskateller, Sämling 88

Weinbau E. AUBELL, vlg. Rebenhof, Ottenberg 38, 8461 Ehrenhausen, Tel. 03453/2135
Weine: Welschriesling, Klevner, Weißburgunder, Altsteirischer Mischsatz, Riesling x Sylvaner, Scheurebe, Weißer Riesling, Grüner Sylvaner, Morillon, Traminer

Weingut BAUER, vgl. Konrad, Kranachberg 22, 8462 Gamlitz, Tel. und Fax 03454/444
Weine: Chardonnay/Morillon, Gelber Muskateller, Sauvignon blanc, Welschriesling, Weißburgunder, Blauer Wildbacher, Cabernet Sauvignon, Zweigelt

Weinbau BIRNSTINGL, vlg. BOKONIG, Pößnitz 88, 8463 Leutschach, 23, 8463 Leutschach, Tel. 03454/6392
Weine: Morillon, Sämling, Gelber Muskateller, Traminer, Riesling, Welschriesling, Sauvignon blanc, Blauer Wildbacher, Cabement Sauvignon, Blauer Wildbacher, Cabemet Sauvignon, Zweigelt

Weingut BULLMANN, Ratsch a. d. Weinstraße 79, 8461 Ehrenhausen, Tel. 03453/2535 oder 0316/326915, Fax 0316/326915
Weine: Morillon, Müller-Thurgau, Muskateller, Riesling, Ruländer, Sämling 88, Sauvignon blanc, Traminer, Welschriesling, Weißburgunder, Zweigelt

Familienweingut CASUTT, Kranachberg 17, 8462 Gamlitz, Tel. 03453/5356, Fax 03453/5356-4
Weine: Chardonnay/Morillon, Gelber Muskateller, Sauvignon blanc, Welschriesling, Weißburgunder

Weinbau DIETRICH, Eckberg 9, 8462 Gamlitz, Tel. und Fax 03453/4203
Weine: Chardonnay/Morillon, Gelber Muskateller, Müller-Thurgau, Sämling 88, Welschriesling, Weißburgunder, Blauer Burgunder, Zweigelt

Weingut Georg DREISIEBNER, vlg. Unt. Packer, Kranach 23, 8463 Leutschach, Tel. 03454/482
Weine: Grauburgunder, Müller-Thurgau, Riesling, Sauvignon blanc, Sämling 88, Welschriesling, Weißburgunder, Blaufränkisch, Zweigelt, Kerner

Weinbau DWORSCHAK, vlg. Föhrenjakl, Pößnitz 54, 8463 Leutschach, Tel. 03454/436
Weine: Chardonnay/Morillon, Geleber Muskateller, Grüner Sylvaner, Riesling, Sämling 88, Traminer, Welschriesling, Weißburgunder, Zweigelt

Steirischer Weinvertrieb EHRENHAUSEN und KLÖCH Ges.m.b.H., 8461 Ehrenhausen 34, Tel. 03453/2423, Fax 03453/2423-6
Weine: Chardonnay/Morillon, Grauburgunder, Müller-Thurgau, Riesling, Sauvignon blanc, Traminer, Welschriesling, Weißburgunder, Blauer Wildbacher, Zweigelt

Weinbau J. ELSNEGG, Wielitsch 66, 8461 Berghausen, Tel. 03453/31572

Wein- und Obstbau Herbert FELLNER, Kittenberg 13, 8451 Heimschuh, Tel. 03452/86704

Weingut FERLINZ, vgl. Halbbauer, Eckberg 22, 8462 Gamlitz, Tel. 03453/2392, Fax 03453/2392-2, Mobil 0663/9239163
Weine: Gelber Muskateller, Grauburgunder, Müller-Thurgau, Riesling, Sämling 88, Welschriesling, Zweigelt

Weinbau J. FLORIAN, Flamberg 73, 8505 St. Nikolai, Tel. 03185/2023

Weingut FUCHS, vlg. Wellas, Glanz 6, 8463 Leutschach, Tel. und Fax 03454/387
Weine: Chardonnay/Morillon, Gelber Muskateller, Grüner Sylvaner, Sauvignon blanc, Traminer, Welschriesling, Weißburgunder, Blauer Wildbacher, Zweigelt

Weingut GERMUTH, Glanz 34, 8463 Leutschach, Tel. und Fax 03454/6734
Weine: Chardonnay/Morillon, Gelber Muskateller, Gewürztraminer, Müller-Thurgau, Riesling, Sauvignon blanc,

Welschriesling, Weißburgunder, Blauer Wildbacher, Zweigelt
Weingut GERMUTH, vlg. Lopitsch, Glanz 24,
8463 Leutschach, Tel. 03454/383, Fax 03454/6734
Weine: Chardonnay/Morillon, Gelber Muskateller, Gewürztraminer, Müller-Thurgau, Riesling, Sauvignon blanc, Weißburgunder, Blauer Wildbacher, Zweigelt, Mädchentraube, Glanzer Goldrebe
Weinbau GOLLOB, Mattelsberg 63, 8452 Großklein,
Tel. 03456/3046, Fax 03452/715314, Mobil 0664/2219181
Weine: Zweigelt, Blauer Wildbacher, Schlagerblut
Weinbau Johann GÖDL, Sernau 54, 8462 Gamlitz
Weinbau GREBENZ, vlg. Pommer, Kleinklein 10,
8452 Großklein, Tel. 03456/2409, Mobil 0663/036412
Weine: Chardonnay/Morillon, Grüner Sylvaner, Müller-Thurgau, Sämling 88, Welschriesling
Weinbau K. GRASMUCK, 8462 Gamlitz 51,
Tel. 03453/2278
Weinbau Karl GRUNDNER, Wagendorf 132,
8423 St. Veit am Vogau, Tel. 03453/3079
Weine: Chardonnay/Morillon, Sauvignon blanc, Weißburgunder
Weingut und Rebschule GRASMUCK, Obere Hauptstraße 51, 8462 Gamlitz, Tel. 03453/2278, Fax 03453/2278-2
Weine: Morillon, Müller-Thurgau, Riesling, Sauvignon blanc, Sämling 88, Welschriesling, Weißburgunder, Blaufränkisch, Zweigelt
Weinbau HEBER, Steinriegl 52, 8442 Kitzeck,
Tel. 03456/2225, Fax 03456/2225-4
Weine: Chardonnay/Morillon, Riesling, Weißburgunder
Weinbau HERNACH, vlg. Roschitz, Pößnitz 84,
8463 Leutschach, Tel. und Fax 03454/6178
Weine: Chardonnay/Morillon, Gelber Muskateller, Müller-Thurgau, Riesling, Sauvignon blanc, Welschriesling, Weißburgunder
Weingut Dr. Helmut HEIDINGER, vlg. Franckh, Grottenhof 16, 8430 Kaindorf, Tel. und Fax 03452/72352
Weinbau Hugo HIRZER, Pößnitz 38, 8463 Leutschach,
Tel. 03454/343
Weine: Gelber Muskateller, Müller-Thurgau, Riesling, Sauvignon blanc, Traminer, Welschriesling
Weingut HOLLER, Rosenberg 89, 8471 Spielfeld,
Tel. 03453/5078, Mobil 0664/1603691
Weine: Chardonnay, Riesling, Sauvignon blanc, Welschriesling, Weißburgunder, Zweigelt
Weinbau A. JAHRBACHER, Grubtal 55, 8462 Gamlitz,
Tel. 03453/2384 oder 2402
Weinbau E. JÖBSTL, Badendorf 9, 8413 St. Georgen,
Tel. 03183/409
Weine: Welschriesling, Riesling, Weißburgunder, Ruländer, Gelber Muskateller, Zweigelt
Weingut JURITSCH, vlg. Sabathi, Pößnitz 85,
8463 Leutschach, Tel. 03454/6393
Weine: Gelber Musakteller, Müller-Thurgau, Sauvignon blanc, Welschriesling, Weißburgunder, Blauer Wildbacher, Zweigelt
Weinbau KAINZ, vlg. Hambammer, Heimschuh 47,
8451 Heimschuh, Tel. 03452/86094
Weine: Welschriesling, Weißburgunder, Zweigelt
Weingut KAPUN, vlg. Sattler, Kranach 30,
8463 Leutschach, Tel. 03454/488
Weine: Chardonnay/Morillon, Gelber Muskateller, Grauburgunder, Müller-Thurgau, Riesling, Sauvignon blanc, Sämling 88, Welschriesling, Weißburgunder, Zweigelt, Bacchus
Weingut L. KALTENBÄCK, Steinbach 61, 8462 Gamlitz,
Tel. 0316/827720
Weinhof KAPPEL, Steinriegl 25, 8442 Kitzeck,
Tel. 03456/2347, Fax 03456/2347-30
Weine: Chardonnay/Morillon, Gelber Muskateller, Grauburgunder, Müller-Thurgau, Riesling, Sauvignon blanc, Welschriesling, Weißburgunder, Blauer Wildbacher, Zweigelt
Weingut Josef und Brigitte KERN, vlg. Oberer Lierzer, Rettenberg 12, 8441 Fresing, Tel. 03456/2385
Weinbau Margit KLAMPFER, vlg. Heuerbauer, Grottenhof 30, 8430 Kaindorf, Tel. 03452/71523, Fax 03452/84724
Weinbau KODOLITSCH, Seggauberg 65, 8430 Leibnitz,
Tel. 03452/82 418 oder 0316/382463
Weine: Welschriesling, Weißburgunder, Chardonnay, Sauvignon blanc, Riesling x Sylrauer, Schilcher, Blauer Wildbacher
Weinbau KÖFER, vlg. Raunschneider, Eichberg 126,
8452 Großklein, Tel. 03456/2932
Weine: Gelber Muskateller, Welschriesling, Blauer Wildbacher, Zweigelt
Weinbau KÖRBLER, vlg. Rapotz, Remschnigg 16,
8463 Leutschach, Tel. und Fax 03455/360
Weine: Sauvignon blanc, Klevner, Zweigelt
Weinbau Martin KOSCHAK, vlg. Bergler, Nestelberg 43,
8451 Heimschuh, Tel. 03456/2401
Weine: Chardonnay/Morillon, Grauburgunder, Müller-Thurgau, Riesling, Sämling 88, Welschriesling, Weißburgunder, Blaufränkisch, Zweigelt
Weingut J. u. A. KÖGL, vlg. Moarjörgl, 8461 Ratsch a.d.W. 59,

Tel. und Fax 03453/4314
Weinbau E. KUNTNER, Obergreith 48, 8544 St. Ulrich a.G., Tel. 03465/3383
Weine: Schilcher, Weißburgunder, Bergwein, Zweigelt, Blauburger, Blauer Wildbacher
Weinhof KUGEL, Graßnitzberg 42, 8471 Spielfeld, Tel. 03453/2592, Fax 03453/2332
Weine: Chardonnay/morillon, Gelber Muskateller, Grüner Sylvaner, Grauburgunder, Sauvignon blanc, Welschriesling, Weißburgunder, Roter Traminer, Zweigelt
Weinbau KWAS, vlg. Schippinger, Kranach 28, 8463 Leutschach, Tel. 03454/6682
Weine: Chardonnay/Morillon, Goldburger, Gutedel, Grauburgunder, Müller-Thurgau, Riesling, Sauvignon blanc, Sämling 88, Welschriesling, Weißburgunder, St. Laurent, Zweigelt
Weingut LACKNER-TINNACHER, Steinbach 12, 8462 Gamlitz, Tel. 03453/2142, Fax 03453/4841
Weine: Welschriesling, Weißburgunder, Sauvignon blanc, Morillon, Muskateller, Grauburgunder, Riesling, Traminer, Sämling 88, Muskat Ottonel, Zweigelt, St. Laurent
Weingut LAMPRECHT, vlg. Troboschitz, Marburgerstraße 24, 8463 Leutschach, Tel. 03454/278, Mobil 0676/3454278
Weine: Gelber Muskateller, Müller-Thurgau, Riesling, Traminer, Welschriesling, Weißburgunder, Morio Muskat
Weinbau A. u. I. LIST, 8481 Siebing 17, Tel. 03472/8279
Weinbau und Teichwirtschaft LIENER, Labitschberg 27, 8462 Gamlitz, Tel. und Fax 03453/2190
Weine: Chardonnay/Morillon, Müller-Thurgau, Sämling 88, Welschriesling, Weißburgunder
Weingut Kellerei LOPPITSCH, vlg. Fürst, Marburgerstraße 38, 8430 Leibnitz, Tel. und Fax 03452/83151, Mobil 0664/3383089
Weine: Chardonnay/Morillon, Gelber Muskateller, Müller-Thurgau, Riesling, Sämling 88, Welschriesling, Weißburgunder
Weinbau F. MARSO, Sauberg 122-124, 8471 Spielfeld, Tel. 03453/2236
Weine: Riesling x Sylvaner, Riesling ("Sauberger"), Traminer
Weinbau MASSER, vlg. Rentmeister, Pößnitz 39, 8463 Leutschach, Tel. 03454/324
Weine: Chardonnay/Morillon, Müller-Thurgau, Sämling 88, Welschriesling, Zweigelt
Weingut Fam. MASSER, vlg. Vögl, Fötschach 41, 8463 Leutschach, Tel. und Fax 03454/467
Weine: Chardonnay/Morillon, Gelber Muskateller, Gewürztraminer, Grauburgunder, Müller-Thurgau, Sauvignon blanc, Welschriesling, Blauer Wildbacher, Blauburger, Zweigelt
Weingut MENHARD, vlg. Vogt, Pößnitz 70, 8463 Leutschach, Tel. und Fax 03454/6584
Weine: Chardonnay/Morillon, Gelber Muskateller, Grauburgunder, Sauvignon blanc, Welschriesling, Zweigelt
Weinbau MITTEREGGER, vlg. Boyer, Schirka 10, 8403 Lebring, Tel. 03182/2348, Fax 03182/4484
Weine: Gelber Muskateller, Müller-Thurgau, Welschriesling, Weißburgunder, Blauer Wildbacher, Zweigelt
Weingut Domäne MÜLLER, Gut am Ottenberg, Petzelsdorf 63, 8522 Groß St. Florian, Tel. 03464/2155, Fax 03464/2116-4
Weingut MUSTER-TRAUTENHOF, vlg. Trautenhof, Pößnitz 51, 8463 Leutschach, Tel. 03454/6582
Weine: Grauburgunder, Müller-Thrugau, Riesling, Welschriesling, Weißburgunder, Zweigelt
Weingut Rudolf MUSTER, vlg. Poschgan, Pößnitz 46, 8463 Leutschach, Tel. und Fax 03454/255
Weine: Gelber Muskateller, Grauburgunder, Riesling, Sämling 88, Traminer, Welschriesling, Weißburgunder, Blaufränkisch, Zweigelt, Schilcher
Weinhof NARAT-ZITZ, vlg. Rogg, Pößnitz 67, 8463 Leutschach, Tel. und Fax 03454/351, Mobil 0664/3820267
Weine: Chardonnay/morillon, Gelber Muskateller, Müller-Thurgau, Sauvignon blanc, Sämling 88, Welschriesling, Weißburgunder, Blauer Wildbacher, Zweigelt
Weingut OLWITSCHHOF, Steinbach 62, 8462 Gamlitz, Tel. 03454/6263, Fax 03454/6263-6
Weine: Chardonnay/Morillon, Gelber Muskateller, Müller-Thurgau, Riesling, Sauvignon blanc, Traminer, Welschriesling, Zweigelt
Weinbau OSWALD, vlg. Musger, Kleinklein 6, 8452 Großklein, Tel. 03456/2513
Weine: Grauburgunder, Müller-Thurgau, Sämling 88, Welschriesling, Blauer Wildbacher
Weinbau A. PERNER, Unterlupitscheni 38, 8461 Ehrenhausen, Tel. 03453/2549
Weinbau W. PEITLER, Eckberg 45, 8462 Gamlitz, Tel. 03453/2055
Weingut PEITLER, vlg. Spitzi, Schloßberg 127, 8463 Leutschach, Tel. 03452/5522
Weine: Chardonnay/Morillon, Gelber Muskateller, Grauburgunder, Müller-Thurgau, Sauvignon blanc, Sämling 88, Welschriesling, Weißburgunder, Blauburger, Zweigelt
Weinbau Fam. PILCH, Kranach 39, 8462 Gamlitz, Tel. 03453/450

Weine: Gelber Muskateller, Grauburgunder, Sauvignon blanc, Traminer, Welschriesling

Weinbau F. POSCHAUKO, Kranach 9, 8462 Gamlitz, Tel. 03453/20902

Weinbau F. POTZINGER, 8424 Gabersdorf 89, Tel. 03452/2985

Weinbau H. u. M. POTZINGER, 8424 Gabersdorf 12, Tel. 03452/2277
Weine: Welschriesling, Weißburgunder, Chardonnay, Sauvignon blanc, Zweigelt, Scheurebe, Schilcher, Riesling x Sylvaner

Weinbau POLZ-KIEFER, Graßnitzberg 59, 8471 Spielfeld, Tel. und Fax 03453/4650
Weine: Chardonnay/Morillon, Grauburgunder, Grüner Sylvaner, Müller-Thurgau, Sauvignon blanc, Sämling 88, Weißburgunder, Welschriesling, Zweigelt

Weinbau Franz PRUGMAIER, vlg. Kurat, Neudorf/Mur 46, 8424 Gabersdorf, Tel. 03452/82667

Weinbau Karl PRONEGG, vlg. Kristeindl, Kranach 5, 8463 Leutschach, Tel. 03454/261
Weine: Gelber Muskateller, Sauvignon blanc, Weißburgunder, Welschriesling, Ruländer, Traminer, Blauburger, Zweigelt

Weingut PRONEGG, vlg. Krainz, Remschnigg 62, 8463 Leutschach, Tel. 03455/7695
Weine: Gelber Muskateller, Müller-Thurgau, Sämling 88, Welschriesling, Zweigelt, Kerner

Weingut PRÜNTE, vlg. Schneckenkogler, Graßnitzberg 14, 8471 Spielfeld, Tel. 03453/4126, Fax 03453/4936, Mobil 0663/39216
Weine: Chardonnay, Gelber Muskateller, Grauburgunder, Sauvignon blanc, Traminer, Welschriesling, Weißburgunder, Blauer Burgunder

Weinbau PUSCHNIG, vlg. Langhube, Glanz 32, 8463 Leutschach, Tel. und Fax 03454/329
Weine: Chardonnay/Morillon, Grauburgunder, Müller-Thurgau, Muskateller, Riesling, Sauvignon blanc, Sämling 88, Traminer, Welschriesling, Weißburgunder, Cabernet Sauvignon, Schilcher, Zweigelt

Weingut Dr. RAUSCHENBERGER, vlg. Jahrbacher, Schubertstraße 12, 8430 Leibnitz, Tel. 03452/83531, Fax 03452/8312234
Weine: Riesling, Sauvignon blanc, Welschriesling, Weißburgunder

Gasthaus RESCH, Ehrenhausenerstraße 1, 8463 Leutschach, Tel. 03454/271
Weine: Gelber Muskateller, Sauvignon blanc, Welschriesling,

Vinothek Johanna RESCH, Ottenberg 41, 8461 Ehrenhausen, Tel. 03453/3937-0, Fax 03453/3937-22

Weinbau V. u. M. RENNER, Langegg 24, 8463 Leutschach, Tel. 03454/448
Weine: Muskat Sylvaner, Traminer, Müller-Thurgau, Welschriesling, Schilcher, Himbeerwein

Weingut REGELE, Berghausen 34, 8461 Ehrenhausen, Tel. 03453/2426-0, Fax 03453/2426-10
Weine: Chardonnay/Morillon, Gelber Muskateller, Grauburgunder, Muskat Ottonell, Riesling, Sauvignon blanc, Traminer, Welschriesling, Weißburgunder, Blaufränkisch, Blauer Wildbacher, Zweigelt

Weingut RENNER, Pößnitz 79, 8463 Leutschach, Tel. und Fax 03454/6483
Weine: Chardonnay, Gelber Muskateller, Grauburgunder, Riesling, Sauvignon blanc, Welschriesling, Weißburgunder, Blaufränkisch, Zweigelt

Weinbau R. RIEGELNEGG, Steinbach 49, 8462 Gamlitz, Tel. 03453/3053
Weine: Welschriesling, Müller-Thurgau, Sämling 88, Kerner, Bacchus, Zweigelt, Blauburger, Rose

Weingut Karl und Annemarie RIEGELNEGG, Sernau 21, 8462 Gamlitz, Tel. und Fax 03454/490
Weine: Chardonnay/Morillon, Gelber Muskateller, Grauburgunder, Sauvignon blanc, Welschriesling, Weißburgunder, Blauer Wildbacher, Zweigelt

Weingut RUPP, Steinriegl 26, 8442 Kitzeck, Tel. und Fax 03456/2284
Weine: Chardonnay/Morillon, Welschriesling, Weißburgunder, Schilcher, Zweigelt

Weinbau Fam. SAUER, vlg. Speckhoisl, 8452 Großklein 51, Tel. 03456/2382
Weine: Grauburgunder, Müller-Thurgau, Welschriesling, Weißburgunder, Blauer Wildbacher, Zweigelt

Weingut SATTLERHOF, Sernau 2, 8462 Gamlitz, Tel. 03453/2556, Fax 03453/5732
Weine: Chardonnay/Morillon, Grüner Sylvaner, Gelber Muskateller, Grauburgunder, Riesling, Sauvignon blanc, Welschriesling, Weißburgunder, Blauer Burgunder, St. Laurent, Zweigelt

Weinbau J. u. G. SCHWARZL, Ottenberg 32, 8461 Ehrenhausen, Tel. 03453/2820
Weine: Welschriesling, Weißburgunder, Kabinett, Sauvignon blanc, Muskateller, Riesling x Sylvaner, Cuvee, Zweigelt

Weinbau R. SCHANTL, Steinbach 83, 8462 Gamlitz, Tel. 03453/3033

Weingut GEORGI-SCHLÖSSL, Georgischlößchen, 8461 Ehrenhausen, Tel. 03453/2553, Fax 03453/4343, Mobil 0664/4414220
Weine: Chardonnay/Morillon, Gelber Muskateller, Grauburgunder, Grüner Sylvaner, Sauvignon blanc, Welschriesling, Weißburgunder, Cabernet Sauvignon, Zweigelt, Blauer Muskateller

Weingut SCHILHAN, Kranach 8, 8462 Gamlitz, Tel. und Fax 03453/6094, Mobil 0663/831922
Weine: Chardonnay/Morillon, Gelber Muskateller, Sauvignon blanc, Traminer, Welschriesling, Weißburgunder, Schilcher, Zweigelt

Weingut SCHWARZ, Greith 35, 8442 Kitzeck, Tel. 03456/2256 oder 3064, Fax 03456/2256-3
Weine: Chardonnay/Morillon, Grauburgunder, Sauvignon blanc, Welschriesling, Weißburgunder, Blauer Wildbacher

Weingut SCHWARZL, Arnfelserstraße 12, 8463 Leutschach, Tel. und Fax 03454/238, Mobil 0664/3586436
Weine: Chardonnay/Morillon, Gelber Muskateller, Grüner Veltliner, Gewürztraminer, Müller-Thurgau, Sauvignon blanc, Sämling 88, Welschriesling, Weißburgunder, Blauer Wildbacher, Blaufränkisch, Zweigelt

Bischöfliches Weingut Schloß SEGGAU, Seggauberg 1, 8430 Leibnitz, Tel. 03452/82435, Fax 03452/82435-10, Mobil 0663/9136364
Weine: Chardonnay/Morillon, Gelber Muskateller, Grauburgunder, Grüner Sylvaner, Müller-Thurgau, Muskat Ottonel, Riesling, Sauvignon blanc, Sämling 88, Traminer, Welschriesling, Weißburgunder, Blauer Wildbacher, Blaufränkisch, Zweigelt

Landesweingut SILBERBERG, Kogelberg 16, 8430 Leibnitz, Tel. 03452/82339, Fax 03452/82339-17
Weine: Chardonnay, Müller-Thurgau, Riesling, Welschriesling, Weißburgunder, Sauvignon blanc, Traminer, Schilcher, Zweigelt

Weinbau F. SÖLL, Labitschberg 20, 8462 Gamlitz, Tel. 03453/3874 und Augasse 6, 8020 Graz
Weine: Welschriesling, Weißburgunder, Morillon, Zweigelt, Chardonnay

Weinbau P. STRAUSS, Kranachberg 35, 8462 Gamlitz, Tel. 03453/2973

Weinbau R. STRAUSS, Steinberg 73, 8462 Gamlitz, Tel. 03453/2973

Weingut Fam. STELZL, vlg. Kupnigg, Schloßberg 87, 8463 Leutschach, Tel. 03454/441
Weine: Chardonnay/Morillon, Grauburgunder, Müller-Thurgau, Sauvignon blanc, Welschreisling, Weißburgunder, Blauer Wildbacher, Zweigelt

Weingut Karl STRAUSS, vlg. Schopper, Steinbach 16, 8462 Gamlitz, Tel. 03453/3434, Fax 03453/3434-4
Weine: Welschriesling, Weißburgunder, Chardonnay, Muskateller, Sauvignon blanc, Müller-Thurgau, Ruländer, Gewürztraminer, Sämling 88, Blauer Portugieser, St. Laurent, Zweigelt

Weingut STELZL, vlg. Reiterer, Oberfahrenbach 29, 8452 Großklein, Tel. 03454/380
Weine: Chardonnay/Morillon, Müller-Thurgau, Sauvignon blanc, Sämling 88, Welschriesling, Weißburgunder, Blauer Wildbacher, Zweigelt

Weingut STRABLEGG, vlg. Pitschga, Narrath 10, 8452 Großklein, Tel. und Fax 03456/2326
Weine: Chardonnay/Morillon, Gelber Muskateller, Müller-Thurgau, Sauvignon blanc, Sämling 88, Welschriesling, Weißburgunder

Weinkellerei STELZL, vlg. Mühlhalm, 8453 St. Johann im Saggautal 13, Tel. und Fax 03453/325
Weine: Gelber Muskateller, Grauburgunder, Grüner Sylvaner, Weißburgunder, Blauer Wildbacher, Zweigelt

Weinbau A. u. M. TAUCHER, Gauitsch 17, 8442 Kitzeck, Tel. 03456/2365
Weine: Welschriesling, Weißburgunder, Müller-Thurgau, Sämling 88, Traminer, Zweigelt

Weingut TAUSS, Schloßberg 80, 8463 Leutschach, Tel. und Fax 03454/6715
Weine: Grauburgunder, Sauvignon blanc, Traminer, Welschriesling, Weißburgunder, Blaufränkisch, Cabernet Sauvignon

Weinbau Johann und Maria TEMMEL, vlg. Felberjörgl, 8442 Höch 47, Tel. 03456/3189

Weingut Manfred TEMENT, Zieregg 13, 8461 Berghausen, Tel. 03453/4101, Fax 03453/4101-30
Weine: Chardonnay/Morillon, Gelber Muskateller, Grauburgunder, Sauvignon blnac, Traminer, Welschriesling, Weißburgunder, Blaufränkisch, Cabernet Sauvignon, Zweigelt

Weinbau Rudolf THÜNAUER, vlg. Lassenschuster, Eichberg 127, 8452 Großklein, Tel. 03456/2893

Weinbau K. TOPPLER, Nestelberg 66, 8452 Großklein, Tel. 03456/3340

Weingut TRUNK, Fötschach 14, 8463 Leutschach, Tel. 03454/6466
Weine: Chardonnay/Morillon, Gelber Muskateller, Grauburgunder, Sämling 88, Traminer, Welschriesling, Weißburgunder

Weingut Eduard TSCHEPPE, vlg. Kreuzwirt, Pößnitz 168, 8463 Leutschach, Tel. 03454/205 oder 0316/293500, Fax 0316/293500-77
Weine: Chardonnay/Morillon, Gelber Muskateller, Grüner Sylvaner, Grauburgunder, Gewürztraminer, Müller-Thurgau, Riesling, Sauvignon blanc, Welschriesling, Weißburgunder, Blauer Wildbacher, St. Laurent, Zweigelt

Weinbau WEBER, vlg. Musger, 8452 Großklein 35, Tel. 03456/3434
Weine: Chardonnay/Morillon, Müller-Thurgau, Welschriesling, Weißburgunder, Blauer Wildbacher, Zweigelt

Weingut WILDBACHER, vlg. Almer, Eichberg-Trautenburg 56, 8454 Arnfels, Tel. 03455/461
Weine: Chardonnay/Morillon, Gelber Muskateller, Müller-Thurgau, Sauvignon blanc, Sämling 88, Welschriesling, Blauer Wildbacher, Zweigelt

Weingut WRATSCHKO, vlg. Krainer, Marktplatz 9, 8462 Gamlitz, Tel. 03453/2647, Fax 03453/2647-4
Weine: Chardonnay, Gelber Muskateller, Goldburger, Grauburgunder, Müller-Thurgau, Sauvignon blanc, Sämling 88, Welschriesling, Weißburgunder, Blauer Wildbacher, Blauburger, Blauer Burgunder, Blaufränkisch, Zweigelt

Weingut WRATSCHKO-MERDONIK, vlg. Merdonik, Eckberg 67, 8462 Gamlitz, Tel. 03453/6154, Mobil 0664/3820281
Weine: Chardonnay, Gelber Muskateller, Grüner Sylvaner, Müller-Thurgau, Sauvignon blanc, Sämling 88, Welschriesling, Weißburgunder, Blauer Wildbacher, Blauer Portugieser, Zweigelt, Schlager

Weinbau E. WUKONIG, Glanz 18, 8463 Leutschach, Tel. 03453/6132
Weine: Welschriesling, Traminer, Sauvignon blanc, Muskat Sylvaner, Zweigelt

Weinbau ZITZ, vlg. Siegl, Narrath 11, 8452 Großklein, Tel. 03456/2452
Weine: Gelber Muskateller, Müller-Thurgau, Sämling 88, Welschriesling, Weißburgunder

DIE STEIRISCHEN BIO-WEINBAUERN AUF EINEN BLICK:

H. u. D. Dorner, A-8480, Mureck, Grazerstraße 14, Tel. 03472/3750

Ernst Otto Schilder, A-8511, St. Stefan/Stainz, Steinreib 27, Tel. 03463/2454

Silberberg/Remschnigg, A-8430, Leibnitz, Kogelberg 16, Tel. 03452/82339

Johann Thünauer, A-8454, Arnfels, Remschnigg 31, Tel. 03455/390

Thomas Menhard, A-8463, Glanz, Pössnitz 70, Tel. 03454/6584

Franz Adam, A-8452, Großklein, Oberfahrenbach 44, Tel. 03454/401

Alfred Hermann, A-8151, Hitzendorf, Reiteregg 48, Tel. 03123/2477

W. Schmallegger, A-8230, Hartberg, Ring 178, Tel. 03332/61856

Gerhard u. M. Horvath, A-8463, Leutschach, Schloßberg 99, Tel. 03454/6196

Gitta u. Klaus Rupp, A-8471, Spielfeld, Obegg 11, Tel. 03453/4017

Weingut Schönberger, A-8323, St. Marein/G., Am Markt 41, Tel. 03119/28273

Roman Bruckner, A-8230, Hartberg, Ring 229, Tel. 03332/61866

Bernd u. A. Csernicska, A-8511, St. Stefan/Stainz, Pirkhofberg 43 a, Tel. 03463/81710

Anton Spari, A-8562, Mooskirchen, Loreith 1, Tel. 03143/2964

Helmut Passegger, A-8430, Leibnitz, L.-Anzengruberstraße, Tel. 03452/74995

Johann Vötsch, A-8562, Mooskirchen, Rauchegg 16, Tel. 03137/28495

Johann Wagner, A-8333, Riegersburg, Grub I 11, Tel. 03153/7333

MITGLIEDSBETRIEBE DES LANDESVERBANDES „ERNTE – FÜR DAS LEBEN“ – STEIERMARK:

Familie Adam, vlg. Wurzschusterhof, A-8452, Großklein, Oberfahrenbach 44, Tel. 03454/401;
Fruchtsäfte, Weine, Edelbrände, Maschanskermost, Speisegetreide, Erdäpfel

Franz Daum, vlg. Ruchegg, A-8452, Großklein, Nestelberg 41, Tel. 03456/2663; Kräutertee-Mischungen, Kartoffeln, Kürbiskernöl

Gabriele u. Konrad Franz, vlg. Stoff, A-8452, Großklein, Karberg 28, Tel. 03456/3145; Ziegenkäse

Gerhard u. Marlene Horvath, vlg. Kirchenbäck, A-8463, Leutschach, Schloßberg 99, Tel. 03454/6196; Apfel-, Weinessig, Spezialessige, Wein, Grappa
Anna u. Franz Lernbeiss, A-8411, Hengsberg, Schönberg 32, Tel. 03182/4222; Dinkel, Dinkelmehl, Roggen, Roggenmehl, Weizen, Weizenmehl
Thomas Menhard, A-8463, Leutschach, Pößnitz 70, Tel. 03454/6584, Fax: 03454/6584; Welschriesling, Morillon, Sauvignon blanc, Ruländer, Junker, Cuvee, Zweigelt
Eva u. Hugo Mossier, vlg. Christaweber, A-8430, Leibnitz, Dorfstraße 46, Tel. 03452/83472; Frischfleisch, Geselchtes, Würstl, Leberstreichwurst, Preßwurst, Schmalz
Hans Pfeifer, vlg. Krametweber, A-8505, St. Nikolai i. S., Oberjahring 29, Tel. 03185/8069; Freilandgemüse
Maria u. Franz Robier, vlg. Bindertoni, A-8430, Leibnitz, Arnfelserstraße 56, Tel. 03452/83309 oder 0663/9630146; Jungrinderfleisch, Gemüse, Kartoffel, Kürbiskernöl, Getreide, Vollkornbrot
Gitta u. Klaus Rupp, vlg. Goaßnikl, A-8471, Spielfeld, Obegg 11, Tel. 03453/4017; Schafkäse, Weine, Säfte, Edelbrände
Landesweingut Silberberg, A-8454, Arnfels, Remschnigg 31, Tel. 03452/82339; Weine
Aloisia u. Rudolf Süss, A-8452, Großklein, Mantrach 52, Tel. 03456/2608; Getreide, Konfitüren, Knabberkerne, Kernöl, Apfelessig
Margit u. Johann Thünauer, A-8454, Arnfels, Remschnigg 31, Tel. 03455/390; Weine
Regina Tischler, A-8430, Kaindorf, Sulmbahnsiedlung 5, Tel. 03452/83522; Getreide, Brotbackmischungen, Sirup, Konfitüren, Säfte, Obst, Gemüse, Kernöl

MITGLIEDSBETRIEBE DES SCHUTZRINGES FÜR WEIN AUS STEIRISCHEN TRAUBEN

Betriebe mit Flaschenweinverkauf:

Franz Aldrian, A-8461, Ehrenhausen, Wielitsch 75, Tel. 03453/2975
Weingut Bullmann, A-8461, Ehrenhausen, Ratsch 79, Tel. 03453/2535
Robert Grebenz, A-8452, Großklein, Kleinklein 10, Tel. 03456/2409
Karl Grundner, A-8423, St. Veit a. V., Wagendorf 132, Tel. 03453/3079
Alois Kapun, A-8463, Leutschach, Kranach 30, Tel. 03454/488
Christine Krivda, A-8461, Ehrenhausen, Ratsch 32, Tel. 03453/2710
Gerhard Liener, A-8462, Gamlitz, Labitschberg 27 Tel. 03453/2190
Helmut Maitz, A-8461, Ehrenhausen, Ratsch 100, Tel. 03453/5339
Konrad Pilch, A-8462, Gamlitz, Kranach 39, Tel. 03454/450
Valentin Renner, A-8463, Leutschach, Langegg 24, Tel. 03454/448, Fax: 03454/448
Karl Riegelnegg, A-8462, Gamlitz, Sernau 21, Tel. 03454/490, Fax: 03454/490
Otto Riegelnegg, A-8462, Gamlitz, Steinbach 62, Tel. 03454/6263
Johann Schwarzl, A-8461, Ehrenhausen, Ottenberg 32 Tel. 03453/2820
Alois Weber, A-8452, Großklein, Großklein 35, Tel. 03456/3434
Thomas Wildbacher, A-8454, Arnfels, Eichberg-Trautenburg 56, Tel. 03455/461

Betriebe mit Flaschenweinverkauf und Buschenschank:

Rupert Altenbacher, A-8461, Ehrenhausen, Sulztal 21, Tel. 03453/2851
Siegfried Dreisiebner, A-8461, Ehrenhausen, Ottenberg 15, Tel. 03453/2122
Betr. Gem. Dreisiebner-Muster, A-8462, Gamlitz, Grubtal 14, Tel. 03453/2300, Fax: 03453/23004
Alois Gross, A-8461, Ehrenhausen, Ratsch 10, Tel. 03453/2527, Fax: 03453/2728
Otto Kieslinger, A-8430, Leibnitz, Kogelberg 36, Tel. 03452/82780, Fax: 03452/82780
Roland Klapsch, A-8462, Gamlitz, Labitschberg 8, Tel. 03453/2498
Erhard Krenn, A-8462, Gamlitz, Eckberg 28, Tel. 03453/3763
Bruno Kröll, A-8453, St. Johann i. S., Eichberg 69, Tel. 03455/6859
David Marko, A-8461, Ehrenhausen, Ottenberg 3, Tel. 03453/2823
Franz Mörth-Pommer, A-8452, Großklein, Oberfahrenbach 60, Tel. 03456/2260

Franz u. Hermine Pongratz, A-8462, Gamlitz, Labitschberg 30, Tel. 03453/4477, Fax: 03453/4477
Franz Raab, A-8462, Gamlitz, Oberlupitscheni 30, Tel. 03453/2732
Anton Rothschädl, A-8463, Leutschach, Eichberg-Trautenburg 20, Tel. 03454/6363, Fax: 03454/6363
Ing. David Schantl, A-8430, Leibnitz, Josef-Haydn-Weg 13, Tel. 03452/74454
Josef Schilcher, A-8452, Großklein, Oberfahrenbach 49, Tel. 03456/2629
Franz Schnabl, A-8462, Gamlitz, Sernau 6, Tel. 03453/3010, Fax: 03453/3010
August Skoff, A-8462, Gamlitz, Kranach 96, Tel. 03453/4250
Johann Skringer, A-8453, St. Johann i. S., Eichberg-Trautenburg 28, Tel. 03456/2666
Johann Sternat, A-8454, Arnfels, Eichberg-Trautenburg 94, Tel. 03455/442
Franz u. Erika Strablegg, A-8454, Arnfels, Eichberg-Trautenburg 54, Tel. 03455/429, Fax: 03455/429
Josef Trabos, A-8462, Gamlitz, Kranach 30, Tel. 03454/430, Fax: 03454/430
Willibald Tuscher, A-8462, Gamlitz, Grubtal 83, Tel. 03453/3078
Roland Weiss-Welle, A-8463, Leutschach, Glanz 28, Tel. 03454/243
Ing. Wolfram Zierer, A-8462, Gamlitz, Eckberg 25, Tel. 03453/2475
Hannes Zweytick, A-8461, Ehrenhausen, Ratsch 58, Tel. 03453/2364

Betriebe mit Flaschenweinverkauf und Gästezimmer:

Johann Dietrich, A-8462, Gamlitz, Eckberg 9, Tel. 03453/4203, Fax: 03453/4203
Margit Lang-Schigan, A-8461, Ehrenhausen, Ottenberg 31, Tel. 03453/2808
Rebenhof, A-8461, Ehrenhausen, Ottenberg 38, Tel. 03453/2135

Betriebe mit Flaschenweinverkauf, Buschenschank und Gästezimmer:

August Assigal, A-8430, Leibnitz, Seggauberg 45, Tel. 03452/6811
Adolf Dreisiebner, A-8461, Ehrenhausen, Sulztal 44, Tel. 03453/2809, Fax: 03453/2809
Josef Dreisiebner, A-8461, Ehrenhausen, Sulztal 35, Tel. 03453/2590, Fax: 03453/2590
Johann Jaunegg, A-8453, St. Johann i. S., Eichberg-Trautenburg 160, Tel. 03455/6754 und 03455/378, Fax: 03455/6754
Josef Klug, A-8463, Leutschach, Eichberg-Trautenburg 18, Tel. 03454/6163
Wolfgang Maitz, A-8461, Ehrenhausen, Ratsch 45, Tel. 03453/2153, Fax: 03453/21537
Anton Pilch, A-8461, Ehrenhausen, Ottenberg 34, Tel. 03453/2582, Fax: 03453/25824
Josef Pugl, A-8452, Großklein, Nestelberg 32, Tel. 03456/2662, Fax: 03456/2662
Peter Skoff, A-8462, Gamlitz, Kranachberg 50, Tel. 03454/6104, Fax: 03454/61044
Walter Skoff, A-8462, Gamlitz, Eckberg 16, Tel. 03453/4243
Josef Skringer, A-8453, St. Johann i. S., Eichberg-Trautenburg 53, Tel. 03455/7755
Johannes u. Maria Söll, A-8462, Gamlitz, Steinbach 63/A, Tel. 03454/6667, Fax: 03454/666777
Karl Trunk, A-8461, Ehrenhausen, Sulztal 47, Tel. 03453/20813

Betriebe mit Flaschenweinverkauf, Gasthof und Gästezimmer:

Weinlandhof Wratschko, A-8462 Gamlitz, Gamlitz 15, Tel. 03453/2584, Fax: 03453/271510

EIN SERVICE-TAXI FÜR ALLE!

gast – das neue Gamlitzer Service Taxi ist unsere Antwort auf die österreichweit gültige 0,5 Promille-Regelung. Das, vom Gamlitzer Tourismusverband unter der tatkräftigen Mitwirkung von nahezu 100 Betrieben der Region initiierte Projekt rechnet sich von selbst und kommt also ganz ohne öffentliche Gelder aus. Jeder Gast, der in der Region nächtigt, kann vom unentgeltlichen Taxi-Service Gebrauch machen. Das Taxi ist je nach Verfügbarkeit in der Region Gamlitz, Ratsch und Sulztal für die Fahrt zu den einzelnen Mitgliedsbetrieben einsetzbar. Das Beherbergungsunternehmen stellt die dazu notwendige Gast-Card seinen Gästen zur Verfügung.

WEINGÜTER/BUSCHENSCHENKEN:

Weingut Adam O., A-8462, Gamlitz, Steinbach 53, Tel. 03453/3830
Weingut Adam R., A-8462, Leutschach, Kranach 13, Tel. 03453/2485
Weingut Altenbacher, A-8461, Ehrenhausen, Sulztal 26, Tel. 03453/2851
Buschenschank Breineder, A-8462, Leutschach, Kranach 3, Tel. 03453/5565
Weingut Brolli, A-8462, Gamlitz, Eckberg 43, Tel. 03453/2341
Weingut Casutt, A-8462, Leutschach, Kranach 17, Tel. 03453/5356
Weingut Dreisiebner W., A-8461, Ehrenhausen, Sulztal 30, Tel. 03453/4558
Weingut Dreisiebner-Muster, A-8462, Gamlitz, Grubtal 14, Tel. 03453/2300
Weingut Firmenich, A-8461, Ehrenhausen, Berghausen 62, Tel. 03453/2435
Weingut Grasmuck, A-8462, Gamlitz, Obere Hauptstraße 51, Tel. 03453/2278
Weingut Groß, A-8461, Ehrenhausen, Ratsch 10, Tel. 03453/2527
Weingut Kapun, A-8462, Gamlitz, Sernau 29, Tel. 03454/6797
Buschenschank Klapsch, A-8462, Gamlitz, Labitschberg 8, Tel. 03453/2498
Buschenschank Knapp-Prettner, A-8461, Ehrenhausen, Sulztal 16, Tel. 03453/2561
Buschenschank Knaus, A-8461, Ehrenhausen, Sulztal 8, Tel. 03453/4872
Weingut Kögl, A-8461, Ehrenhausen, Ratsch 59, Tel. 03453/4314
Buschenschank Krenn, A-8462, Gamlitz, Eckberg 28, Tel. 03453/3763
Weingut Lackner-Tinnacher, A-8462, Gamlitz, Steinbach 12, Tel. 03453/2142
Buschenschank Lambauer, A-8461, Ehrenhausen, Sulztal 15, Tel. 03453/4393
Buschenschank Liebmann, A-8461, Ehrenhausen, Sulztal 29, Tel. 03453/3022
Buschenschank Liener, A-8462, Gamlitz, Labitschberg 27, Tel. 03453/2190
Weingut Maitz, A-8461, Ehrenhausen, Ratsch 100, Tel. 03453/5339
Buschenschank Marko, A-8461, Ehrenhausen, Ratsch 14, Tel. 03453/4375
Weingut Pilch Konrad, A-8462, Gamlitz, Kranach 39, Tel. 03454/450
Buschenschank Pschait, A-8461, Ehrenhausen, Sulztal 10, Tel. 03453/4584
Buschenschank Renner, A-8463, Leutschach, Glanz 83, Tel. 03454/319
Buschenschank Repolusk, A-8463, Leutschach, Glanz 41, Tel. 03454/313
Weingut Riegelnegg Karl, A-8462, Gamlitz, Sernau 21, Tel. 03454/490
Weingut Olwitschhof Riegelnegg Otto, A-8462, Gamlitz, Steinbach 62, Tel. 03454/6263
Weingut Riegelnegg Rudolf, A-8462, Gamlitz, Steinbach 49, Tel. 03453/3053
Weingut Sattlerhof, A-8462, Gamlitz, Sernau 2a, Tel. 03453/2556
Buschenschank Schantl, A-8462, Gamlitz, Eckberg 106, Tel. 03453/4356
Weingut Schilhan, A-8462, Gamlitz, Kranach 18, Tel. 03453/6094
Buschenschank Schnabl, A-8462, Gamlitz, Sernau 6, Tel. 03453/3010
Buschenschank Skoff A., A-8462, Gamlitz, Kranach 96, Tel. 03453/4250
Buschenschank Skoff H., A-8462, Gamlitz, Weinleitengasse 85, Tel. 03453/4555
Weingut Strauß Jakob, A-8462, Gamlitz, Steinbach 48, Tel. 03453/3018
Weingut Strauß Karl, A-8462, Gamlitz, Steinbach 16, Tel. 03453/3434
Weingut Strauß Rudolf, A-8462, Gamlitz, Steinbach 73, Tel. 03453/2973
Weingut Tinnauer, A-8462, Gamlitz, Steinbach 42 Tel. 03453/3607
Buschenschank Trabos, A-8462, Gamlitz, Kranach 30, Tel. 03454/430
Buschenschank Uhl, A-8461, Ehrenhausen, Ratsch 13, Tel. 03453/6044
Weingut Zweytick H., A-8461, Ehrenhausen, Ratsch 58, Tel. 03453/2364

Hotels/Gasthöfe/Restaurants:

Altes Winzerhaus, A-8462, Gamlitz, Eckberg 11, Tel. 03453/2492
Stiegenwirt Binder, A-8462, Gamlitz, Obere Hauptstraße 48, Tel. 03453/2695
Weingut Brolli Helga, A-8462, Gamlitz, Eckberg 54, Tel. 03453/4212
„Cafe „"Forever"„ Fartek", A-8462, Gamlitz, Karl-Gruber-Gasse 224, Tel. 03453/2131
Jägerwirt Koch, A-8462, Gamlitz, Marktplatz 38, Tel. 03453/2682
Gasthof Krivetz, A-8462, Gamlitz, Karl-Gruber-Gasse 224, Tel. 03453/2131
Gasthof Mahorko, A-8463, Leutschach, Glanz 82, Tel. 03454/290
Weingut Maitz Wolfgang, A-8461, Ehrenhausen, Ratsch 45, Tel. 03453/2153
Konditorei Meixner, A-8462, Gamlitz, Obere Hauptstraße 43, Tel. 03453/4103
Gasthof Nigg, A-8462, Gamlitz, Marktplatz 40, Tel. 03453/2677
Kirchenwirt Pock, A-8462, Gamlitz, Kirchengasse 65, Tel. 03453/4448
Hotel Josef Prein, A-8461, Ehrenhausen, Sulztal 13, Tel. 03453/4575
Genießerrestaurant Sattlerhof, A-8462, Gamlitz, Sernau 2, Tel. 03453/4454
Weingut Tschermonegg, A-8463, Leutschach, Glanz 50, Tel. 03454/326
Gasthof zur alten Post, A-8462, Gamlitz, Marktplatz 37, Tel. 03453/2268
Hotel Weinlandhof Wratschko, A-8462, Gamlitz, Untere Hauptstraße 15, Tel. 03453/2584
Landgasthof Wratschko-Krainer, A-8462, Gamlitz, Marktplatz 9, Tel. 03453/2647

WEINGÜTER/URLAUB AM BAUERNHOF:

Weingut Bauer, A-8462, Gamlitz, Kranach 22, Tel. 03454/444
Weingut Dietrich, A-8462, Gamlitz, Sernau 13, Tel. 03453/3384
Weingut Dreisiebner Stammhaus, A-8461, Ehrenhausen, Sulztal 35, Tel. 03453/2590
Weingut Elsnegg, A-8462, Gamlitz, Eckberg 26, Tel. 03453/4812
Weingut Fuhrmann, A-8462, Gamlitz, Kranach 46, Tel. 03453/4687
Weingut Hack, A-8462, Gamlitz, Eckberg 100, Tel. 03454/303
Weingut Kästenburg Jakobe, A-8461, Ehrenhausen, Ratsch 66, Tel. 03453/2466
Schloßweingut Melcher, A-8462, Gamlitz, Eckberger-Weinstraße 32, Tel. 03453/2363
Weingut Stani Gustl Nekrep, A-8462, Gamlitz, Eckberg 72, Tel. 03453/2248
Weingut Pilch Anton, A-8461, Ehrenhausen, Ottenberg 34, Tel. 03453/2582
Weingut Pongratz F. u. H., A-8462, Gamlitz, Labitschberg 30, Tel. 03453/4477
Obsthof Probst, A-8462, Gamlitz, Obere Hauptstraße 50, Tel. 03453/2693
Weingut Rebenhof Dr. Aubell, A-8461, Ehrenhausen, Ottenberg 38, Tel. 03453/2135
Weingut Sabathi, A-8462, Gamlitz, Kranach 51, Tel. 03453/2900
Weingut Schwarzl, A-8461, Ehrenhausen, Ottenberg 32, Tel. 03453/2820
Weingut Skergeth, A-8462, Gamlitz, Eckberg 34, Tel. 03453/6305
Weingut Skoff Peter, A-8462, Gamlitz, Kranach 50, Tel. 03454/6104
Weingut Skoff Walter, A-8462, Gamlitz, Eckberg 16, Tel. 03453/4243
Weingut Söll, A-8462, Gamlitz, Steinbach 63a, Tel. 03454/6667
Weingut Steiner Ernst, A-8462, Gamlitz, Labitschberg 40, Tel. 03453/4054
Bauernhof Steiner Helene, A-8462, Gamlitz, Gaberhöhe 116, Tel. 03453/3729
Weingut Tinnauer, A-8462, Gamlitz, Labitschberg 42, Tel. 03453/2391
Weingut Tschermoneg F., A-8461, Ehrenhausen, Sulztal 32, Tel. 03453/4057
Weingut Wratschko A., A-8462, Gamlitz, Eckberg 67, Tel. 03453/6154
Weingut Zweytick A., A-8461, Ehrenhausen, Ratsch 7, Tel. 03453/2751

PRIVATZIMMER:

Familie Ebenwalder, A-8462, Gamlitz, Grubtal 36, Tel. 03453/4123
Familie Fiala, A-8462, Gamlitz, Kranach 54, Tel. 03453/3960
Obsthof Familie Glück, A-8462, Gamlitz, Gamlitz 6, Tel. 03453/2521
Familie Grill, A-8462, Gamlitz, Gamlitz 97, Tel. 03453/5327
Haus „Marianne" Kaschowitz, A-8462, Gamlitz, Karl-Gruber-Gasse 245, Tel. 03453/3770
Familie Kicker, A-8462, Gamlitz, Weinleitengasse 247, Tel. 03453/20244
Familie Kögl, A-8462, Gamlitz, Grubtal 105, Tel. 03453/2384
Familie Neumann, A-8462, Gamlitz, Am alten Sportplatz 131, Tel. 03453/4296
Haus „Johanna" Familie Reiner, A-8462, Gamlitz, Steinbachstraße 63, Tel. 03453/5922
Familie Soravia-Fuchs, A-8462, Gamlitz, Grubtal 96, Tel. 0316/842198
Familie Tertinegg, A-8462, Gamlitz, Kranach 112, Tel. 03452/72184
Familie Wagner, A-8461, Ehrenhausen, Sulztal 51, Tel. 03453/3940
Familie Wratschko Norbert, A-8462, Gamlitz, Blumengasse 149, Tel. 03453/2334

KLAPOTEZDOLMETSCH

Altsteirischer Mischsatz	eine Rarität aus alten Rebbeständen. Es wird gemeinsam gelesen, gepreßt und ausgebaut.
Barrique	230 l Eichfaß
Brettljause	auf einem Brett aufgelegt, meist mit Speck, Hauswürsten, Geselchtem, Leberwurst, Verhackert, Käse und Meerrettich
Burgunder Cuvee	Verschnitt von Morillon, Ruländer und Weißburgunder
Cuvee	Weinverschnitt
Gemischter Satz	gemeinsam gelesen, gepreßt und ausgebaut
Geselchtes	Rauchfleisch
Goldriesling	Kreuzung von Müller Thurgau und Welschriesling
Krenn	Meerrettich
Kerner	Riesling x Trollinger
Klapotez	steirisches „Klapper"-Windrad. Vom 25. Juli bis 11. November in Betrieb
Klevner	Weißburgunder
Kübelfleisch	in Verhackert eingelegtes Schweinefleisch
Liptauer	pikanter Quarkaufstrich
Maroni	Edelkastanie
Meßwein	naturbelassener Wein, der den kirchlichen Vorschriften entspricht
Most	durch Pressen gewonnener Obstsaft
Mulchen	Gründüngung im Weingarten
Obstler	Obstweinbrand
Ouvertüre	reinsortiger Jungwein
Ried	Einzellage eines Weinhanges
Rigolen	Umackern des Weingartens
Schutzring	Weinbauerngemeinschaft (90% aus der Südsteiermark) zur Vermarktung von Wein ausschließlich steirischer Trauben. Gemeinsame Etiketten, Kartons, usw.
Slibowitz	Zwetschkenschnaps
Steirische Idylle	Trauben aus dem eigenen Weinanbau von 8 Weinbauern aus Eichberg-Trautenburg. Der Hektarertrag darf 5500 kg nicht übersteigen. Abfüllmenge höchstens 1000 Bouteillen pro Betrieb. Es handelt sich um die Weingüter Adam, Jaunegg, Klug, A. Rothschädl, Johann Skringer, Thomas Wildbacher und Gertrude Zitz.
Steirische Leit'n	die 1l-Gastronomiemarke steirischer Weinbauern
Sturm	Most in Gärung
Treber	Preßrückstände
Triet	Zuckerzwieback mit Wein übergossen
Verhackert	Faschierter Schweinespeck
Vulgoname	Hausname

BUSCHENSCHENKEN ALPHABETISCH GEORDNET

Redaktionsschluß September 1998
*** Derzeit kein Buschenschank**

BUSCHENSCHENKEN NACH AUFSTEIGENDEN ORDNUNGSNUMMERN GEORDNET

141	Pschait	Sulztal	Detail	100
142	Pugl	K 3	G 2	101
143	Raab	K 4	F 5	101
144	Reiterer J. u. S.	Ktzeck	Detail	102
145	Renner H.	K 6	J 5	102
146	Renner J. *	–	–	103
147	Repolusk Fam. (I)	K 5	I/J 4	104
148	Repolusk Fam. (II)	K 6	J 5	104
149	Riedl	K 1	D 3	105
150	Ringbauer	K 6	I 7	105
151	Russ *	–	–	105
152	Sabathi H. u. E.	K 5	K 4	105
153	Sabathi J. u. F.	K 5	J 4	106
154	Sackl K.	K 3	E 1	106
155	Sackl M. *	–	–	106
156	Silberschneider	K 3	F 1	107
157	Silly	K 2	D 7	107
158	Skergeth	K 6	I 5	107
159	Skoff A. u. H.	K 3	H 4	108
160	Skoff F. u. I. *	–	–	108
161	Skoff H. u. M.	K 4	G 6	109
162	Skoff P. u. A.	K 3	H 4	109
163	Skoff W. u. E.	K 4	H 5	110
164	Skringer J. u. A.	K 3	H 2	111
165	Skringer J.	K 5	I 2	111
166	Spath	K 1	C 4	111
167	Schantl A.	K 4	H 6	112
168	Schantl D. u. H.	K 6	I 7	112
169	Schauer	Kitzeck	Detail	113
170	Schautzer J.	K 3	H 4	113
171	Schautzer V.	K 5	I 4	114
172	Schirmann *	–	–	114
173	Schliefsteiner *	–	–	114
174	Schnabel	K 3	E 1	114
175	Schnabl	K 4	H 5	115
176	Schneeberger A. u. M.	K 1	D 1	116
177	Schneeberger J. u. H.	K 3	E 3	116
178	Schober	K 4	G 8	117
179	Schreiner	K 4	F 7	117
180	Schrotter	Kitzeck	Detail	117
181	Schupanez M.	K 5	K 4	118
182	Schupanez R. *	–	–	119
183	Schuster Chr.	Kitzeck	Detail	119
184	Schuster I. u. H.	K 3	E 1	119
185	Reiterer H.	K 5	I 1	119
186	Stangl *	–	–	120
187	Stauder	K 4	G 7	120
188	Fröhlich / Draxler *	–	–	120
189	Stelzl G.	K 4	H 6	120
190	Stelzl J. *	–	–	121
191	Stelzl J. u. J.	K 5	I 1	121
192	Sternat J.	K 5	I 1	122
193	Stoff	Kitzeck	Detail	122
194	Strablegg F.	K 5	I 2	123
195	Strametz	Kitzeck	Detail	123
196	Strauss	K 1	D 3	124
197	Strohmaier C.	K 1	D 1	124
198	Strohmeier E. u. E.	K 3	H 3	125
199	Strohmeier J. u. G.	K 3	H 1	125
200	Stübinger	K 2	B 8	126
201	Temmel F. u. B.	K 1	D 1	126
202	Thierschädl F. *	–	–	127
203	Thierschädl J. u. W.	K 4	F 8	127
204	Tinnauer	K 3	G 4	127
205	Trabos J. u. G.	K 3	H 3	128
206	Trabos J.	K 5	I 3	128
207	Trunk	K 6	Detail	129
208	Tscheppe	K 5	J 4	130
209	Tschermonegg Fam.	K 6	J 5	130
210	Tschermoneg F.	K 6	Detail	131
211	Tuscher	K 3	F 4	131
212	Ulbl	K 3	F 2	132
213	Hack R. u. E.	Kitzeck	Detail	132
214	Wasmayr	K 1	C 4	133
215	Wechtitsch	K 3	H 3	133
216	v. Cramer	Kitzeck	Detail	134
217	Weiss - Welle	K 6	J 5	134
218	Wiedner	K 5	I 1	135
219	Wieser	K 5	I 3	135
220	Wohlmuth	K 3	F 2	136
221	Schilcher	K 3	H 3	136
222	Wukonig *	–	–	137
223	Wurzinger	K 2	B 5	137
224	Wutti	K 5	J 2	137
225	Zach	K 4	F 5	138
226	Zeck	K 3	H 1	138
227	Zitz F. u. A.	K 5	J 3/4	139
228	Zitz G.	K 5	I 1	139
229	Zitz J. *	–	–	140
230	Zöbl *	–	–	140
231	Zweidick	K 3	E 4	140
232	Zweytick J. u. W.	K 4	G 6	140
233	Zweytick A.	K 6	Detail	141
234	Zweytick Chr. u. J.	K 6	Detail	141
235	Adam O. u. H.	K 4	H 5	142
236	Muster A. u. P.	K 6	I 7	143
237	Baumann F. u. M.	K 4	F 5	143
238	Assigal	K 4	E 5	144
239	Gritsch	K 2	D 5	144
240	Klapsch	K 4	G 5	145
241	Trummer	K 6	I 8	146
242	Feldbacher	K 6	I 7	146
243	Fuhrmann	K 3	H 4	147
244	Stöckler	K 6	I 7	148
245	Temmel J. u. M.	K 1	D 2	148
246	Neubauer	K 4	H 8	149
247	Lambauer J. u. G.	K 6	Detail	149
248	Pichler - Schober	K 1	D 2	149

249	Steiner	K 3	G 4	149
250	Uhl	K 6	Detail	151
251	Rothschädl	K 3	H 4	151
252	Sallmann	K 3	H 1	152
253	Harkamp	K 4	E 5	152
254	Breineder / Kratochwill	K 4	H 5	153
255	Söll	K 4	I 4	154
256	Adam Fam.	K 3	H 3	155
257	Scheucher	K 4	E 8	155
258	Oswald R. u. A.	K 5	I 2	156
259	Tertinegg	K 3	G 4	157
260	Stelzl A. u. M.	K 3	E 1	157
261	Pölzl Fam.	K 3	G 1	158
262	Wildpacher	K 3	H 1	159
263	Paar	K 4	F 7	159
264	Strablegg R. u. G.	K 6	I 8	160
265	Rupp	K 6	I 8	160
266	Reiterer A. u. S.	K 5	I 2	161
267	Kotnik	K 5	K 2	162
268	Marko A.	K 5	I 3	163
269	Sternat Fam.	K 5	J 2	164
270	Kirchleitner	K 3	G 2	164

BUSCHENSCHENKEN NACH VULGO- UND BETRIEBSNAMEN GEORDNET

BUSCHENSCHENKEN NACH ORTEN GEORDNET

INHALTSVERZEICHNIS

GLANZ
a.d. Weinstr.

Bezirk Leibnitz,
Postleitzahl 8463

Gemeindeamt:
☎ (03454) 70 66-0
Fax (03454) 70 66-24
Tourismusbüro
☎ (03454) 70 70-10

GLANZ an der Weinstraße

Die landschaftliche Perle an der Südsteirischen Weinstraße zwischen Ehrenhausen, Gamlitz und Leutschach.
Die Gemeinde GLANZ a.d.W. wurde 1123 erstmals urkundlich erwähnt. Im Jahre 1882 ist sie aus der Großgemeinde Leutschach hervorgegangen und wurde damit selbständig. Heute sind wir nach Gamlitz die zweitgrößte steirische Weinbaugemeinde mit einer Fläche von 24 km^2 *und rund 1.500 Einwohnern.*
Die Seehöhe variiert in abwechslungsreichen, landschaftlich reizvollen Facetten zwischen 300 und 650 m in diesem malerischen Hügelland. Reit-, Bike-, Bade-, Tennisspiel- und Wandermöglichkeiten oder Kutschenfahrten sind nur einige der vielen Tourismusangebote.
Weithin bekannt und von den Weinkennern besonders geschätzt sind unsere international ausgezeichneten Weine, die hervorragenden Edelbrände und kulinarischen Köstlichkeiten, die in den 25 modernen oder rustikalen Buschenschenken degustiert werden können.
Unsere Gemeinde ist auch die Heimat von drei Weinköniginnen und einigen Weinprinzessinnen, den Botschafterinnen des Steirischen Weines. Auf einer Länge von ca. 10 km grenzt GLANZ a.d.W. an Slowenien, wodurch sich auch ein Besuch der ca. 20 km entfernten Nachbarbezirksstadt Maribor (Marburg) anbietet. Diese ist das Pendant unserer Bezirksstadt Leibnitz im Erlebnisraum zwischen Mur und Drau.

Das Gemeindewappen

Bereits in den ersten Nachkriegsjahren zählte GLANZ zu den bedeutendsten Weinbaugemeinden der Steiermark, wodurch man sich der Bedeutung des Weinbaues und dessen Zukunft schon früh bewußt war. So hat man als erste Gemeinde die Weintraube als Hoheitszeichen für das Gemeindewappen auserwählt, das uns dann mit Wirkung ab 01. 08. 1955 per Landesgesetz verliehen wurde. Inzwischen tragen auch viele andere Gemeinden eine oder mehrere Weintrauben in veränderter Form in ihrem Gemeindewappen. Diese Weintraube versinnbildlicht die Existenzgrundlage und die Haupteinnahmequelle unserer Hügellandgemeinde im südsteirischen Grenzland. An der Bedeutung des Weinbaues hat sich bis heute nichts verändert, und das Wappen soll auch Sinnbild für die zukünftige Entwicklung sein, die aber ebenso auf unserem historischen Werdegang als zweitgrößte steirische Weinbaugemeinde basiert.

Auskünfte:
TOURISMUSBÜRO
A-8442 Kitzeck i.S.
Tel. 03456/3500 und
alle Außenstellen der
Österreichischen
Tourismuswerbung

Wandern:
50 km gut markierte Wanderwege, eine ausgezeichnete Wanderkarte, Wanderpaß, Wandernadel nach Kitzeck. Auch die Nachbarorte Heimschuh und Großklein verfügen über diese Einrichtung.

Bademöglichkeiten:
Sulmseen, Waldschacher Seen, Städtisches Sulmbad Leibnitz.

Begünstigt durch das besonders milde Klima, das an geschützten Plätzen sogar Feigen reifen läßt, wird hier seit Jahrhunderten der delikate ***Kitzecker Wein*** *gekeltert, der weit über Österreich hinaus berühmt und eine besondere Gaumenfreude für Weinkenner ist. Diesen Wein kann der Gast in zahlreichen Buschenschenken zu deftigen Jausenspezialitäten genießen.*

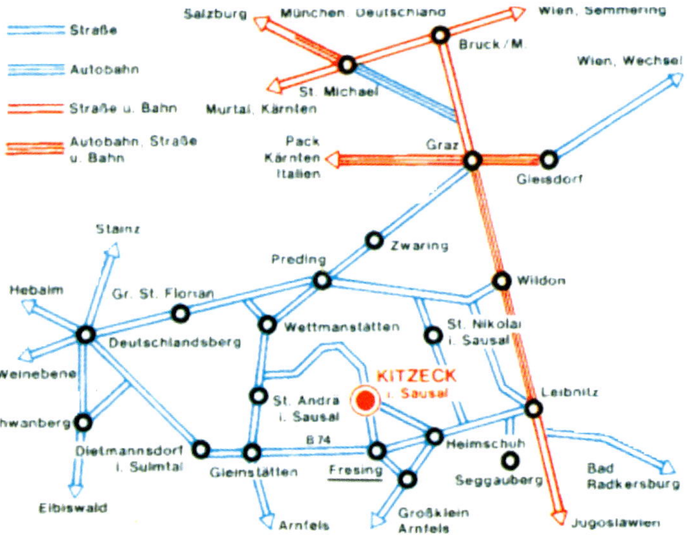

Kitzeck im Sausal

Europas höchst gelegenes Weindorf (564 m)

Das Herz einer malerischen Weinlandschaft ist Kitzeck im Sausal.

Spielfeld

Spielfeld, direkt an der Slowenischen Grenze gelegen, ist aus alter Zeit als „Tor zum nahen Orient", jetzt immer mehr als „Tor zur Südsteirischen Weinstraße" bekannt.

Geschichte: Das Gebiet hat eine lange Siedlungsgeschichte, wie die Hügelgräber und der Ringwall im Herrschaftswald am Bubenberg gelegen. Die Ortschaft unterhalb des Schlosses stand, um den Weg nach Marburg zu schützen und gewann rasch eine große Bedeutung für allerlei Handelsgeschäfte.

Sehenswertes: Das Renaissance-Schloß Spielfeld, ein mächtiger Vierkantbau mit drei breiten Ecktürmen, liegt auf einer Anhöhe südwestlich der Mur. Im Innenhof des Schloßes steht eine Mariensäule aus dem 17. Jh. Die Pfarrkirche **„Zum Heiligen Michael"** wurde bereits 1770 erstmals erwähnt und im 19. Jh. weitgehend erneuert. Ein Erlebnis für Groß und Klein ist sicher der Besuch im kleinen, aber feinen Eisenbahnmuseum, mit Exponaten aus der „guten alten" K&K-Zeit. Freizeitangebot: Zum Aktiv-Programm von Spielfeld gehören selbstverständlich die gemütlichen Wanderungen und Spaziergänge zu den urigen Buschenschenken. Aber natürlich auch die alljährlich veranstalteten **„Spielfelder Weintage"** im August.

Gemeinde Spielfeld
A- 8471 Spielfeld 4
Tel.: 0 34 53/23 07

HEIDELORE STRALLHOFER-HÖDL

LANDLBIRN UND MOSTSCHÄDL

Essen und Trinken beim Mostbauern in Oberösterreich

176 Seiten, durchgehend vierfärbig,
200 Farbabbildungen, viele Karten
starker, kartonierter Umschlag
Format 22 x 24 cm, fadengebunden

ISBN 3-901284-16-8

ÖS 198,–

Ein idealer Reiseführer für den individuellen Tagesausflug oder Urlaub, mit Öffnungszeiten, Beschreibung der Speisen, Ab-Hof-Verkauf und vieles andere mehr.

Darüber hinaus ein sachkundiges Nachschlagewerk über alles im Zusammenhang mit Most: Mostgütesiegel, Mostmuseen, Mostpressen, Obstmostsorten, Mostzubereitung und seine Geheimnisse, ...

Wichtig für Radfahrer: Es werden 4 Mostradtouren genau beschrieben und mit vierfarbigen Karten dargestellt.

HEIDELORE STRALLHOFER-HÖDL

DER WEINKÖNIG VON HERRNBERG

Weinbau, Menschen, Buschenschenken in der Südoststeiermark

176 Seiten, durchgehend vierfärbig,
142 Farbabbildungen,
4 große Übersichtskarten mit Suchraster,
starker, kartonierter,
cellophanierter Umschlag
Format 22 x 24 cm, fadengebunden

ISBN 3-901284-01-X

ÖS 288,-- DM 39,50 SFR 39,-

Wollen Sie Ihre spezielle Buschenschank in der Südoststeiermark finden? In diesem Buch werden 379 Buschenschenken und viele Mostschenken genau beschrieben. Fünf übersichtliche, vierfarbige Karten mit den vier Weinstraßen und den fünf Weinbaubezirken Feldbach, Fürstenfeld, Hartberg, Radkersburg und Weiz ermöglichen Ihnen zusammen mit übersichtlichen Registern das Auffinden der Buschenschenken.
Informative Beiträge über die unverwechselbare Kulturlandschaft, über Eigensinn und Eigenart der Menschen, die dort leben, über Geschichtliches und Weinbaukundliches runden dieses durchgehend vierfarbig bebilderte Werk ab.

HEIDELORE STRALLHOFER-HÖDL

HÖLLERHANSLS SCHILCHERPARADIES

Weinbau, Menschen, Buschenschenken in der Weststeiermark, Graz und Graz / Umgebung

176 Seiten, durchgehend vierfärbig,
138 Farbabbildungen,
große Übersichtskarten mit Suchraster,
starker, kartonierter,
cellophanierter Umschlag
Format 22 x 24 cm, fadengebunden

ISBN 3-901284-03-6

ÖS 298,-- DM 40,90 SFR 39,80

Wollen Sie Ihre spezielle Buschenschank in der Weststeiermark, in Graz oder in Graz-Umgebung finden? In diesem Buch werden nahezu alle Buschenschenken und Mostbuschenschenken beschrieben mit Öffnungszeiten, Wein-Most-Schnaps und Jausenangeboten, genauer Adresse, Telefonnummer und vielem mehr.
Vierfärbige Karten ermöglichen Ihnen, zusammen mit übersichtlichen Registern und klarer Rastereinteilung, das leichte Auffinden der Buschenschenken.

HEIDELORE STRALLHOFER-HÖDL

WEINRITTER UND GIBANZEN

Weinbau, Menschen, Buschenschenken in Nordostslowenien

176 Seiten, durchgehend vierfärbig,
100 Farbabbildungen, 50 SW-Abbildungen
starker, kartonierter,
cellophanierter Umschlag
Format 22 x 24 cm, fadengebunden

ISBN 3-901284-05-2

ÖS 328,-- DM 44,90 SFR 41,90

Dieses Buch gibt Ihnen über das nordöstliche Anbaugebiet (Maribor, Slovenske Gorice, Radgona-Kapela, Prekmurje, Haloze mit Randgebirge, Ljutomer-Ormoz) präzise Informationen. Genau dargestellt werden Buschenschenken, Weingüter und Bauerntourismus. Mehr als 150 Betriebe werden genau beschrieben; übersichtliche Landkarten und Wegbeschreibungen, reichliche Information über Öffnungszeiten, Angebot an Speisen und Getränken, Übernachtungsmöglichkeiten etc.

Karte 1

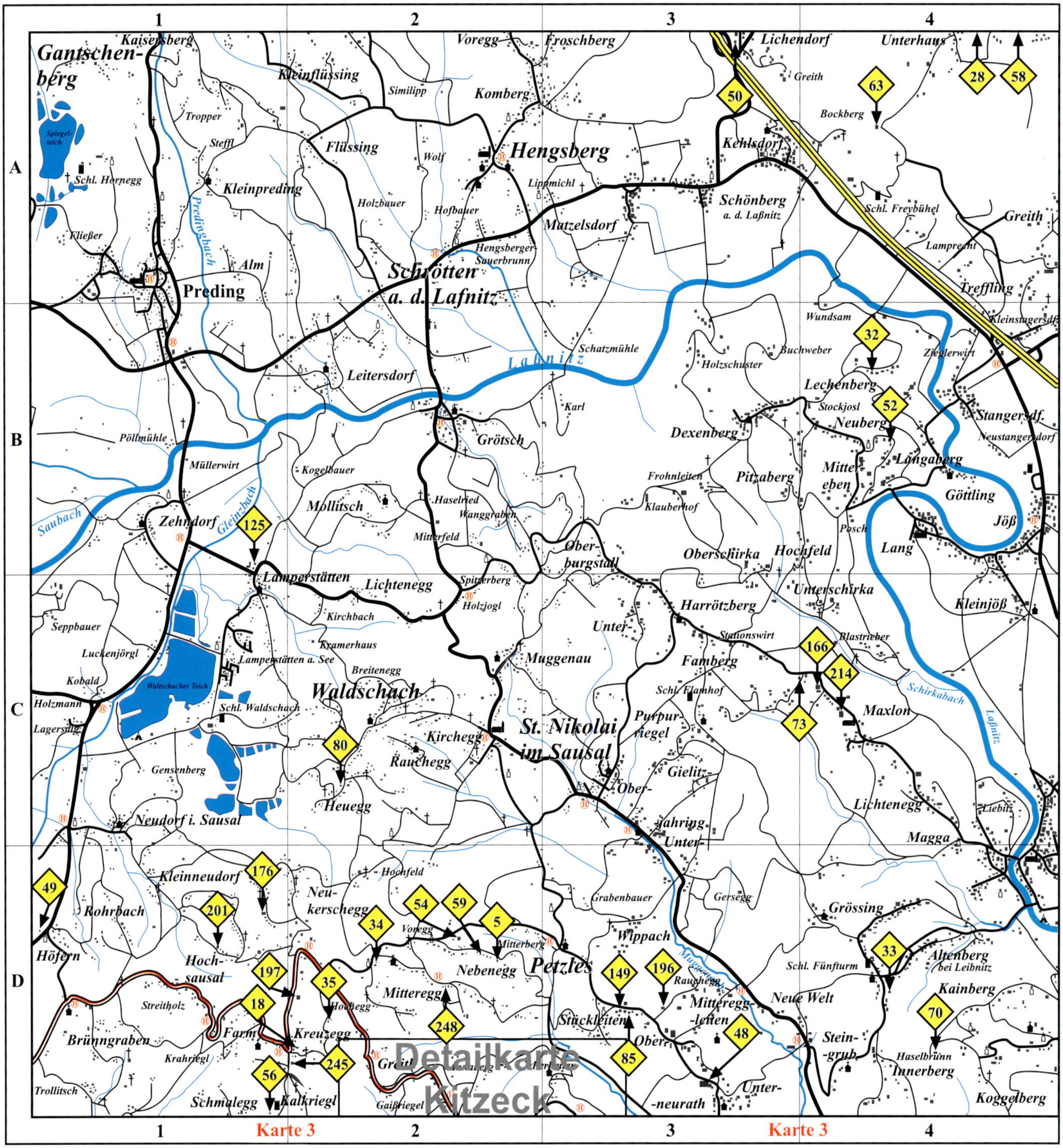

1
2
3
4
A
B
C
D
Gantschenberg
Kaisersberg
Kleinflüssing
Voregg
Froschberg
Lichendorf
Unterhaus
Greith
Similipp
Komberg
Tropper
Spiegelteich
Steffl
Flüssing
Wolf
Hengsberg
Kehlsdorf
Bockberg
Schl. Hornegg
Kleinpreding
Lippmichl
Schönberg
a. d. Laßnitz
Schl. Freybühel
Holzbauer
Hofbauer
Matzelsdorf
Greith
Fließer
Predingbach
Alm
Hengsberger-Sauerbrunn
Lamprecht
Preding
Schrotten
a. d. Lafnitz
Treffling
Wundsam
Kleinstangersdf.
Schatzmühle
Buchweber
Zieglerwirt
Laßnitz
Holzschuster
Leitersdorf
Lechenberg
Stockjosl
Karl
Stangersdf.
Neuberg
Dexenberg
Neustangersdorf
Pöllmühle
Grötsch
Langaberg
Mitter-eben
Müllerwirt
Kogelbauer
Frohnleiten
Pitzaberg
Göttling
Haselried
Möllitsch
Wanggraben
Klauberhof
Saubach
Gleinzbach
Zehndorf
Jöß
Posch
Mitterfeld
Ober-
burgstall
Oberschirka
Hochfeld
Lang
Lamperstätten
Lichtenegg
Spitzerberg
Holzjogl
Unterschirka
Harrötzberg
Kleinjöß
Kirchbach
Seppbauer
Unter-
Stationswirt
Blastrieber
Kramerhaus
Luckenjörgl
Lamperstätten a. See
Muggenau
Famberg
Breitenegg
Kobald
Waltschacher Teich
Waldschach
Schl. Flamhof
Schirkabach
Holzmann
Schl. Waldschach
Maxlon
Lagersdorf
Purpur-
riegel
Kirchegg
St. Nikolai
im Sausal
Laßnitz
Rauchegg
Gensenberg
Gielitz-
Heuegg
Ober-
Lichtenegg
Liebitz
Neudorf i. Sausal
jahring
Unter-
Magga
Hochfeld
Kleinneudorf
Neu-
kerschegg
Grabenbauer
Gersegg
Rohrbach
Grössing
Voregg
Wippach
Mitterberg
Altenberg
bei Leibnitz
Höfern
Schl. Fünfturm
Hoch-
sausal
Nebenegg
Petzles
Rauchegg
Kainberg
Muggenaubach
Streitholz
Mitteregg
Hochegg
Mitteregg-
-leiten
Neue Welt
Stückleiten
Brunngraben
Farm
Kreuzegg
Ober-
Stein-
-grub
Haselbrunn
Krahriegl
Greith
Innerberg
Detailkarte
Kitzeck
Trollitsch
Schmalegg
Kalkriegl
Gaißriegel
-neurath
Unter-
Koggelberg
28
58
50
63
32
52
125
166
214
73
80
176
49
201
54
59
5
34
33
149
196
197
35
18
248
85
48
70
245
56
Karte 3
Karte 3

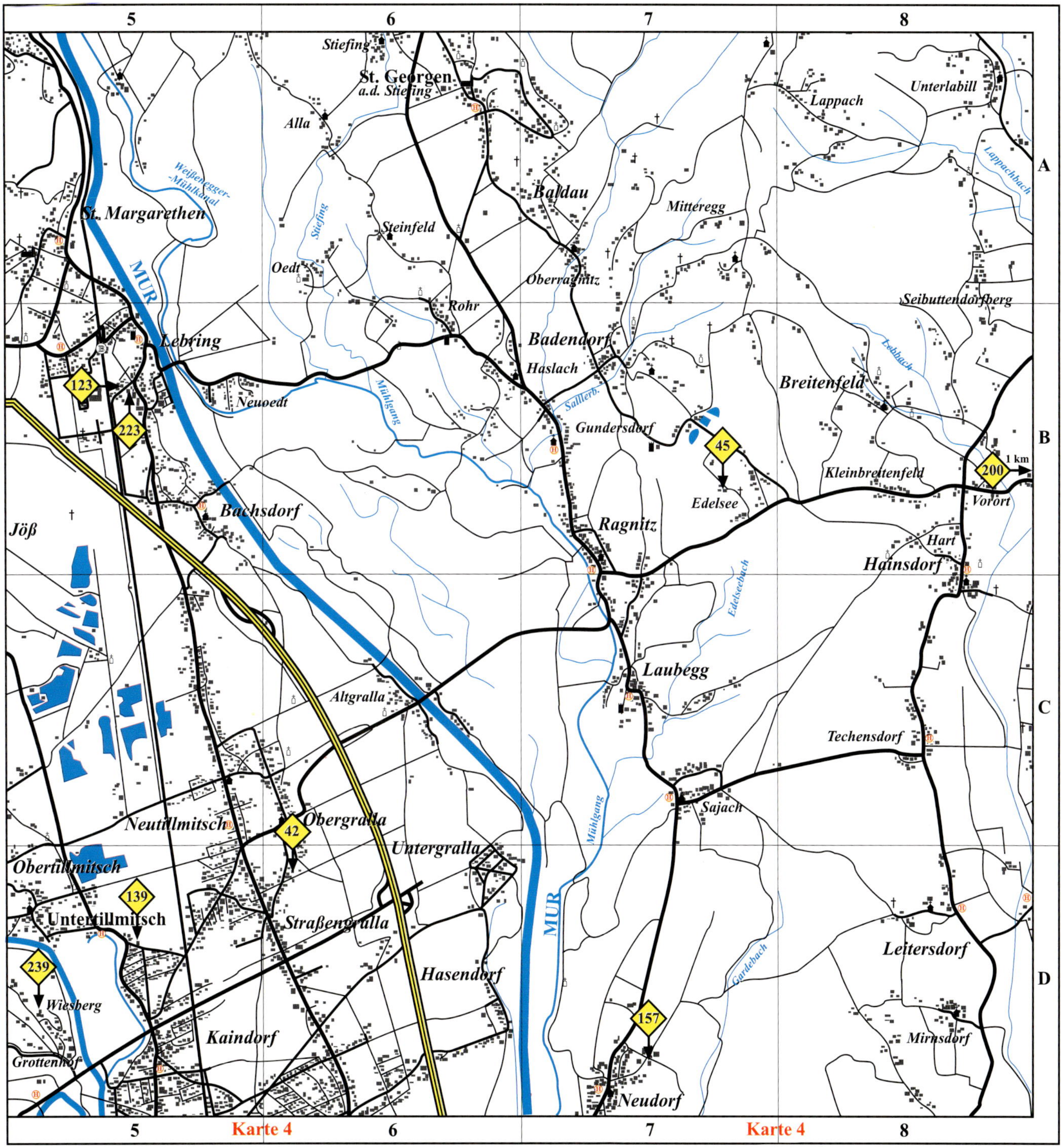

5
6
7
8
A
B
C
D
Stiefing
St. Georgen
a.d. Stiefing
Alla
Unterlabill
Lappach
Lappachbach
Weißenegger-
-Mühlkanal
St. Margarethen
Baldau
Mitteregg
Steinfeld
Stiefing
Oedt
MUR
Oberragnitz
Rohr
Seibuttendorfberg
Lebring
Badendorf
Haslach
Lebbach
Breitenfeld
123
Neuoedt
Mühlgang
Sallerb.
Gundersdorf
223
45
B
Kleinbreitenfeld
200
1 km
Vorort
Edelsee
Bachsdorf
Jöß
Ragnitz
Hart
Hainsdorf
Edelseebach
Laubegg
Altgralla
Techensdorf
Sajach
Neutillmitsch
42
Obergralla
Untergralla
Obertillmitsch
139
Untertillmitsch
Straßengralla
Leitersdorf
239
Hasendorf
Gardebach
Wiesberg
Kaindorf
157
Mirnsdorf
Grottenhof
Neudorf
Mühlgang
MUR
Karte 4
Karte 4

Karte 3

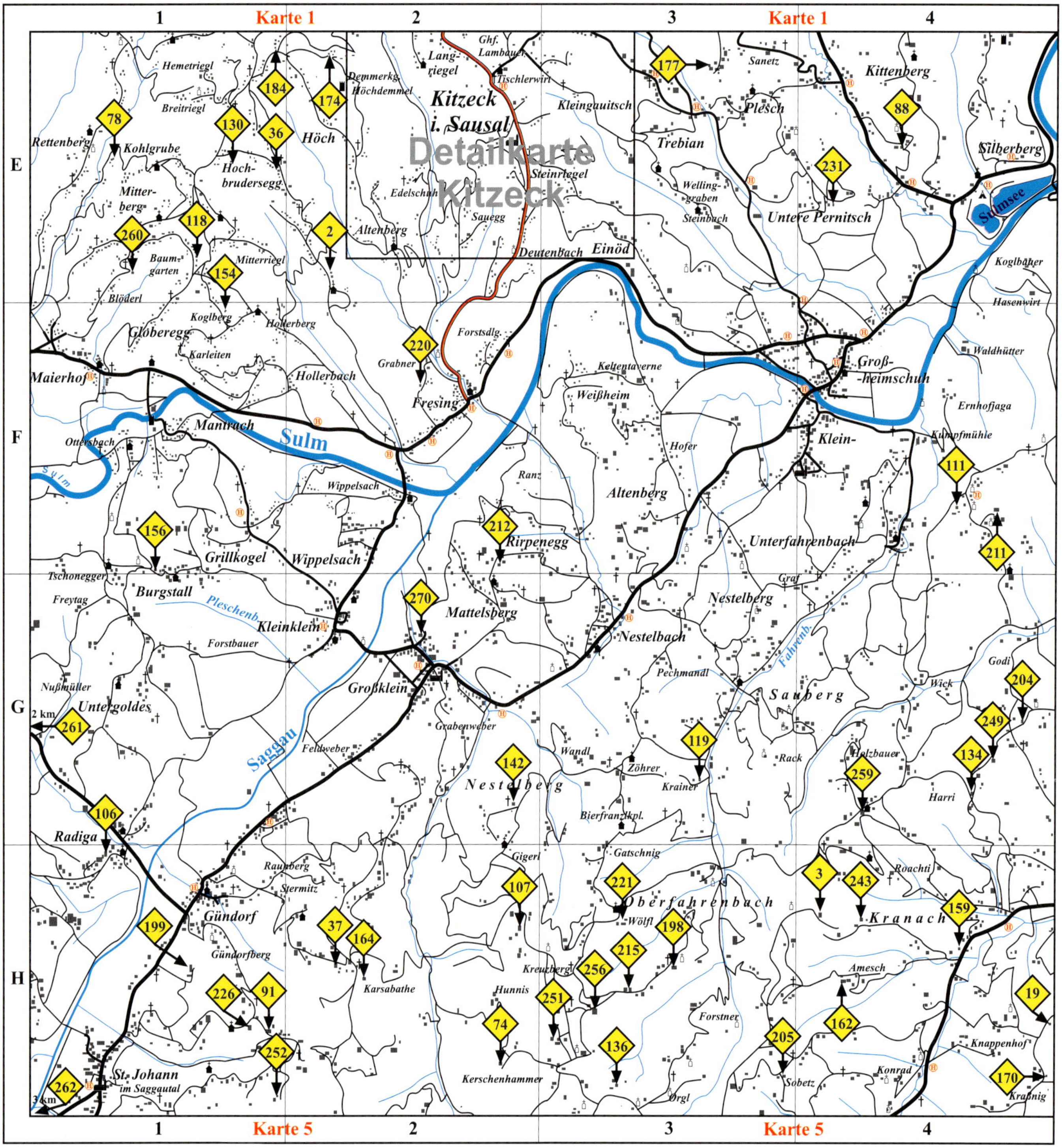
Karte 1
Karte 5
1
2
3
4
E
F
G
H
Detailkarte Kitzeck
Kitzeck i. Sausal
Hemetriegl
Breitriegl
Rettenberg
Kohlgrube
Hoch-
brudersegg
Höch
Demmerkg.
Höchdemmel
Lang-
riegel
Ghf.
Lambauer
Tischlerwirt
Kleingauitsch
Edelschuh
Steinriegel
Sauegg
Altenberg
Deutenbach
Einöd
Sanetz
Plesch
Trebian
Kittenberg
Silberberg
Sulmsee
Welling-
graben
Steinbach
Untere Pernitsch
Mitter-
berg
Baum-
garten
Mitterriegl
Blöderl
Koglberg
Hollerberg
Globeregg
Karleiten
Maierhof
Hollerbach
Grabner
Fresing
Forstsdlg.
Keltentaverne
Weißheim
Groß-
-heimschuh
Klein-
Koglbauer
Hasenwirt
Waldhütter
Ernhofjaga
Kumpfmühle
Mantrach
Sulm
Ottersbach
Sulm
Wippelsach
Ranz
Hofer
Altenberg
Rirpenegg
Unterfahrenbach
Grillkogel
Wippelsach
Tschonegger
Freytag
Burgstall
Pleschenb.
Kleinklein
Forstbauer
Mattelsberg
Nestelbach
Nestelberg
Graf
Pechmandl
Fahrenb.
Sauberg
Godi
Wick
Nußmüller
Untergoldes
2 km
Großklein
Grabenweber
Feldweber
Saggau
Wandl
Zöhrer
Krainer
Rack
Holzbauer
Harri
Nestelberg
Bierfranzlkpl.
Radiga
Gigerl
Gatschnig
Roachti
Raunberg
Stermitz
Oberfahrenbach
Kranach
Wölfl
Gündorf
Gündorfberg
Karsabathe
Kreuzberg
Hunnis
Amesch
Forstner
Knappenhof
Kerschenhammer
Konrad
Sobetz
Orgl
Krahnig
St. Johann
im Saggautal
3 km
78
130
184
36
174
2
118
260
154
177
88
231
220
111
211
156
212
270
204
249
134
119
261
142
259
106
107
221
3
243
159
199
37
164
198
215
256
226
91
251
74
136
205
162
19
252
262
170

Karte 4

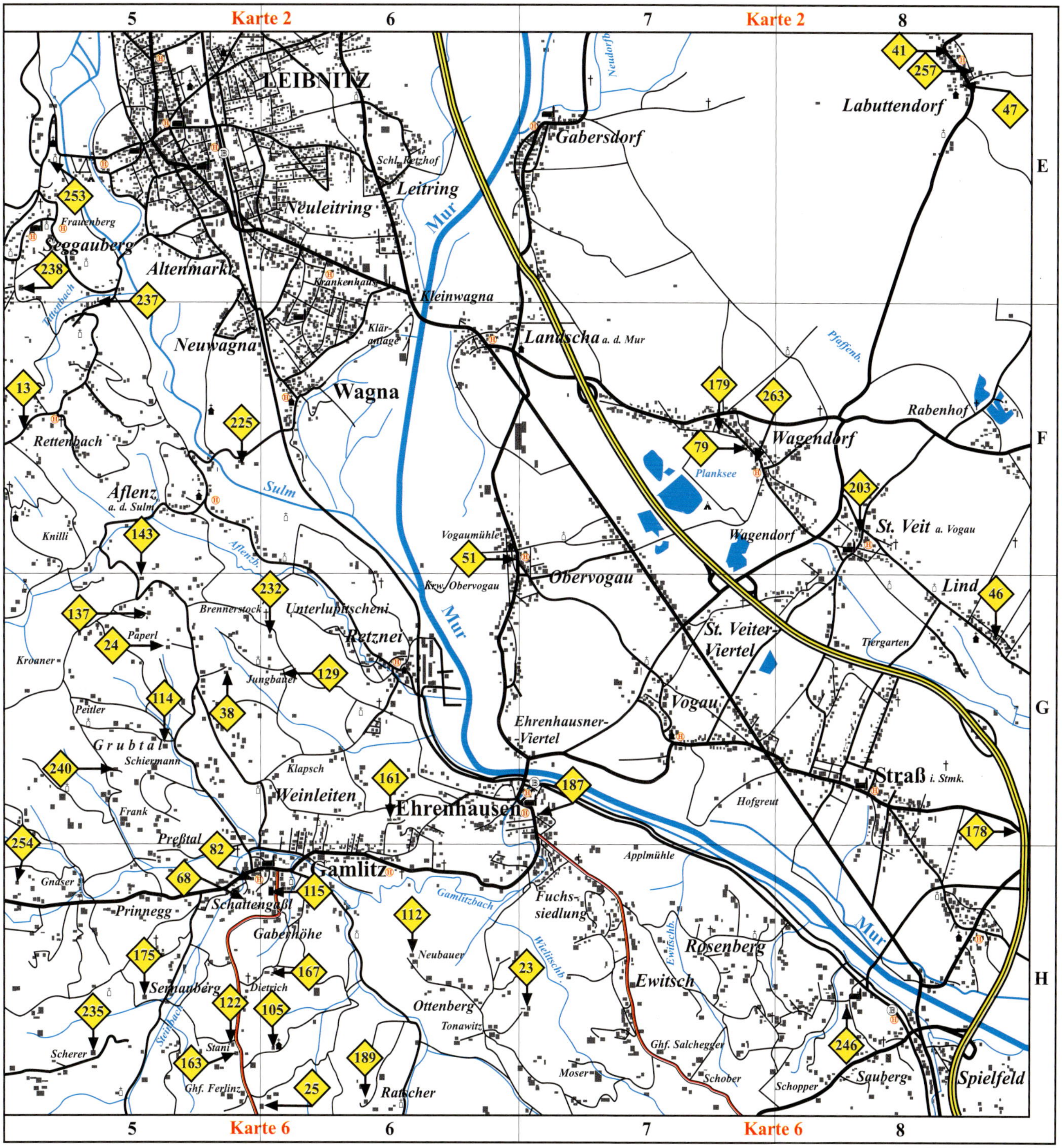

5
Karte 2
6
7
Karte 2
8
E
F
G
H
Karte 6
Karte 6
LEIBNITZ
Gabersdorf
Labuttendorf
Schl. Retzhof
Leitring
Neuleitring
Frauenberg
Seggauberg
Altenmarkt
Krankenhaus
Kleinwagna
Mur
Landscha a. d. Mur
Kläranlage
Neuwagna
Wagna
Rettenbach
Rabenhof
Wagendorf
Planksee
Pfaffenb.
Sulm
Aflenz a. d. Sulm
Knilli
Aflenzb.
Vogaumühle
Obervogau
St. Veit a. Vogau
Wagendorf
Lind
Krw. Obervogau
Brennerstock
Unterlupitscheni
Retznei
Paperl
Kroaner
Jungbauer
St. Veiter-Viertel
Tiergarten
Peitler
Grubtal
Schiermann
Vogau
Ehrenhausner-Viertel
Klapsch
Weinleiten
Ehrenhausen
Straß i. Stmk.
Hofgreut
Frank
Preßtal
Gamlitz
Applmühle
Gnaser
Schattengaßl
Prinnegg
Gamlitzbach
Fuchs-siedlung
Gaberhöhe
Neubauer
Wielitschb.
Ewitschb.
Rosenberg
Ewitsch
Sernauberg
Dietrich
Ottenberg
Tonawitz
Steinbach
Scherer
Stani
Ghf. Ferlinz
Ratscher
Moser
Ghf. Salchegger
Schober
Schopper
Sauberg
Spielfeld
Neudorfb.
41
257
47
253
238
237
13
225
179
263
79
203
143
51
46
232
137
24
129
114
38
240
161
187
178
254
82
68
115
112
175
167
23
122
105
235
163
189
25
246

Karte 5

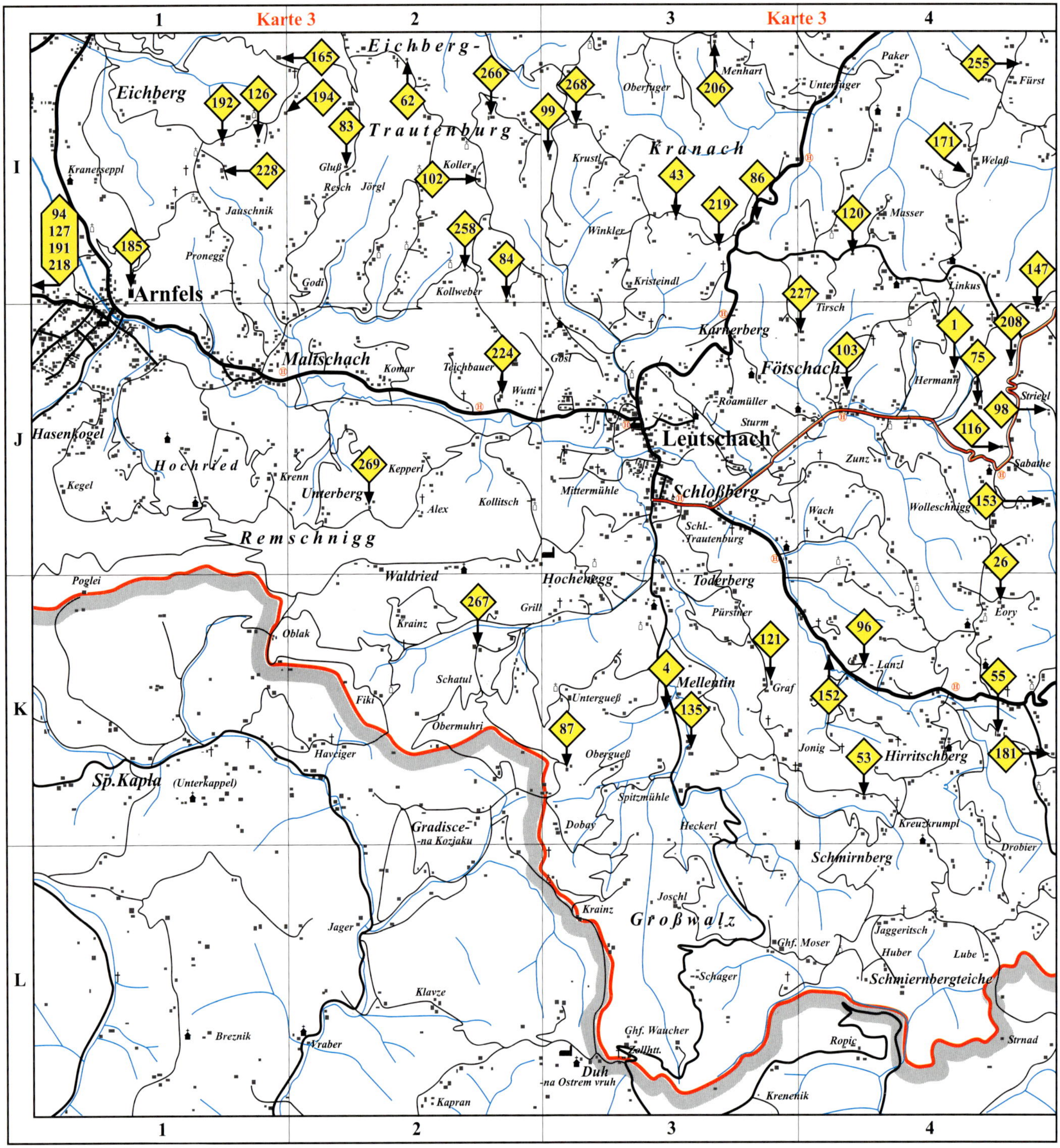
1
Karte 3
2
3
Karte 3
4
I
J
K
L
Eichberg-
Eichberg
Trautenburg
Kranach
Oberfuger
Menhart
Unterfuger
Paker
Fürst
Welaß
Kranerseppl
Jauschnik
Gluß
Resch
Jörgl
Koller
Krustl
Winkler
Musser
Pronegg
Godi
Kollweber
Kristeindl
Linkus
Tirsch
Arnfels
Karnerberg
Fötschach
Hermann
Maltschach
Komar
Teichbauer
Wutti
Gosl
Roamüller
Sturm
Striegl
Leutschach
Hasenkogel
Hochried
Kepperl
Zunz
Sabathe
Kegel
Krenn
Unterberg
Alex
Kollitsch
Mittermühle
Schloßberg
Wach
Wolleschnigg
Schl.-
Trautenburg
Remschnigg
Poglei
Waldried
Hochenegg
Toderberg
Grill
Pürstner
Eory
Oblak
Krainz
Lanzl
Schatul
Mellentin
Graf
Fiki
Untergueß
Obermuhri
Jonig
Hirritschberg
Havciger
Obergueß
Sp.Kapla
(Unterkappel)
Spitzmühle
Kreuzkrumpl
Gradisce-
-na Kozjaku
Dobay
Heckerl
Drobier
Schmirnberg
Joschl
Jager
Krainz
Großwalz
Jaggeritsch
Ghf. Moser
Huber
Lube
Schager
Schmiernbergteiche
Klavze
Breznik
Vraber
Ghf. Waucher
Zollhtt.
Ropic
Strnad
Duh
-na Ostrem vruh
Kapran
Krenenik
165
62
266
268
206
255
192
126
194
83
99
171
228
102
43
86
94
127
191
218
185
258
219
120
84
147
227
1
208
224
103
75
98
116
269
153
26
267
96
121
4
55
152
135
87
53
181
1
2
3
4